칸트의 『실천이성비판』 주해

칸트의 『실천이성비판』 주해

A Commentary on Kant's Critique of Practical Reason

루이스 화이트 벡 지음 | 오창환 옮김

도서출판 길

칸트의 『실천이성비판』 주해

2022년 12월 1일 제1판 제1쇄 인쇄
2022년 12월 5일 제1판 제1쇄 발행

지은이 | 루이스 화이트 벡
옮긴이 | 오창환
펴낸이 | 박우정

기획 | 이승우
편집 | 권나명
전산 | 한향림

펴낸곳 | 도서출판 길
주소 | 06032 서울 강남구 도산대로 25길 16 우리빌딩 201호
전화 | 02) 595-3153 팩스 | 02) 595-3165
등록 | 1997년 6월 17일 제113호

ISBN: 978-89-6445-262-3 93100

이 번역서는 2021년 대한민국 교육부와 한국연구재단의 지원을 받아 수행된 연구임(NRF-2021S1A5B5A16076405).

머리말

이상하게 들리겠지만, 『실천이성비판』은 경시된 저작이다. 이 책에 관해서는 노먼 켐프-스미스(Norman Kemp-Smith)나 허버트 제임스 페이턴(Herbert James Paton) 또는 한스 파이힝거(Hans Vaihinger)가 쓴 『순수이성비판』의 주해에 비견할 만한 연구가 어느 나라 말로도 쓰인 적 없다. 심지어 보다 간략한 주해서도 — 이를테면 헤르만 코엔(Herman Cohen)이나 알프레드 유잉(Alfred Ewing), 또는 토머스 웰던(Thomas Weldon)이 제1비판에 대해 쓴 책들처럼 — 제2비판과 관련해서는 영어로는 없으며 독일어로 유일하게 하나, 즉 카를 슈탕게(Carl Stange)의 저작이 있는 것 같다. 알프레트 보임러(Alfred Bäumler)가 쓴 『판단력비판』의 미완성 주해처럼 칸트 윤리학의 상세한 역사적 배경과 전개 과정을 알려주는 연구서는 없다. 하인리히 카시러(Heinrich Cassirer)는 제2비판서만 제외하고 제1비판서와 제3비판서의 주해를 저술했다. 내가 아는 한, 심지어 주해란 제목이 붙은 책은 19세기 이래 『실천이성비판』과 관련해 출간된 적이 없다.[1] 물론 모든 칸트 개론서, 특히 칸트 윤리학 연구서에서 이 책의 내용이 일부 다루어지고 이따금 더 방대한 저작의 한 장(章)에 할애되어 이 책 전체가 개관·요약되기도 한다. 그러나『실천이성비판』이 문헌적 통일성을 갖춘 완전한 철학적 논고로 연구된 경우는 없었던 것 같다.

칸트의 위대한 저작 중 하나인 이 책이 상대적으로 경시된 데에는 적어도 두 가지 이유가 있겠다. 첫째, 다른 저작들과 달리 이 책의 연구를 위해 주해가 반드시 필요한 것은 아니기 때문이다. 이 책은 다른 비판서와 달리 문체상의 어려움도 적고 철학적으로 애매한 곳도 적다. 제1비판서와 제3비판서의 어지러울 정도의 복잡함과는 대조적으로 제2비판서의 대부분은 단도직입적이고 대체로 단순하다. 그렇지 않다 해도 그 책은 적어도 일독만으로 대강 이해할 만하다.

두 번째 이유는 이해하기 쉽다는 점 때문에 많은 독자가『도덕형이상학 정초』(이하『정초』)를 선호한다는 데 있다. 이 짧은 저작에 대해서는 최근 10년 사이에 영어로 된 세 권의 주해 — 로버트 C. 던컨(Robert C. Duncan), 페이턴, 그리고 윌리엄 데이비드 로스(William David Ross)의 연구 — 가 나왔고, 아마 영국과 미국에서는 칸트의 책 중 가장 널리 읽혔다. 이 책의 영역본만 해도 현재 다섯 종 — 토머스 K. 애벗(Thomas K. Abbot), 루이스 화이트 벡(Lewis White Beck), 카를 J. 프리드리히(Carl J. Friedrich), 오토 맨데이-존(Otto Manthey-Zorn), 페이턴 — 이 출간되었다.『정초』는, 적어도 처음의 두 절만 보면, 칸트의 다른 나머지 저작에 대한 인식을 전제하지 않으며 칸트 체계로부터 다소 독립적이다. 이 책은 분명 그 자체로 도덕철학에 기여할 만한 내적 가치가 있으며, 이 사실

---

1 예외적으로 아우구스트 메서의 주해를 거론할 수 있으나, 이 책은 모든 주요 저작을 망라하면서 대개 단순한 설명에 그쳤다. August Messer, *Kommentar zu Kants ethischen und religionsphilosophischen Hauptschriften*, 1929. 물론 제목이 중요한 건 아니다. 쥘 바니(Jules Barni)의 1851년 저작(*Philosophie de Kant: examen des fondements de la métaphysique des moeurs et de la critique de la raison pratique*)은 역사적이고 문헌적인 연관들의 탐구를 간과하기는 하지만, 가장 넓은 의미에서 일종의 주해이다. 바니는 자신의 저작이 "메마른 주해보다는 진보적이고 유익한 비평이 되기를" 바랐다. 하지만 그 책의 분석적인 장(章)은 "적어도 정확하고 유용한 주해를 제공할" 의도도 있었다(vi, vii).

때문에 더 확장된 비판서보다 교육학적으로 더 이롭게 여겨진다. 『실천이성비판』에서는 『정초』에서 누락된 주제들이 논의되기도 하지만 중첩되는 부분도 꽤 많다. 이렇게 중첩되는 부분들에 한해 『정초』의 더 단순한 해설이 대체로 선호되었으나 『실천이성비판』의 더 명백히 체계적인, 그리고 일부 『정초』와 상이한 논의들은 유감스럽게도 간과되었다. 『실천이성비판』에 대한 대개의 해설과 비평은 단지 『정초』에서 대응물을 갖지 않는 『실천이성비판』의 학설들만을 다루었다. 이리하여 이런 농담도 있을 법하다. 칸트에 입문하는 어느 독자가 빈번히 인용되는, 『실천이성비판』의 몇몇 고립된 구절들만 읽어왔다면 어쩌면 『실천이성비판』이 얼마 안 되는 단편들만 남고 망실된 저작이라고 추론할지도 모른다.

하지만 『정초』는 여기서 우리가 고찰할 더 확장된 작품이 지닌, 비판철학 체계의 한 부분으로서의 가치를 충분히 담지하지 못한다. 오직 『실천이성비판』에서만 칸트 사상의 모든 다채로운 실 가닥이 그의 실천철학의 문양(pattern)으로 엮이기 때문이다. 바꿔 말해 이 문양은 비판철학의 온전한 직물 속에서만 이해될 수 있으며, 그 풍부한 디자인은 세 비판서를 모두 이해한 사람들에게만 분명해질 수 있다. 물론 안타깝게도 이세 권의 책은 『학문으로 등장할 수 있는 미래의 모든 형이상학을 위한 서설』(이하 『형이상학 서설』)과 『정초』 같은 저작보다 더 짧지도 더 대중적이지도 않다.

주해서의 부재는 『실천이성비판』이 경시되고 있다는 신호이며, 부분적으로는 결과이지만 어떤 의미에서는 그 원인이기도 하다. 여기서 내 바람은 이러한 원인을 제거하기 위해 한걸음을 내딛는 것이다. 주해는 이중의 목표를 지닌다. 첫째, 해석학적 연구로서 칸트 철학과 18세기의 도덕철학 ── 그것이 칸트가 대결했던, 그리고 교정하려 했던 사상의 본체인 한에서 ── 의 맥락에서 『실천이성비판』을 자리매김하려는 시도이다. 『실천이성비판』은 자신의 독자가 이 책의 각 부분이 다른 비판서에도 포함된다는 점을 반드시 고려하기를 고집하는 철학자에 의해 전문적 학술서로서 저술되었다. 칸트의 건축술은 노령의 바로크풍 철학자의 현학적인 사상이라고 비웃음을 받아왔다. 그러나 원저자가 무척 중요하게 생각하는 어떤 것이 독자에 의해 당연하게 경시될 수 있다고 믿는 것은 잘못이다.『실천이성비판』과 다른 비판서들 간의 목차와 구조, 그리고 용어법의 평행 관계와 차이는 우리가 저작의 외피를 뚫고 통찰하고자 한다면 지나칠 수 없는 문제가 된다. 독자들이 모호하게 식별하는 배경으로부터 이 논고를 어떻게 전면에 부각할지 궁리한 끝에 나는 칸트와 동시대인들의 학설과『순수이성비판』의 혁명적인 학설들을 몇 번이고 소환하기로 마음먹었다. 특히 앞선 비판서의 인식을 칸트는 이 비판서를 썼을 때 암묵적으로 전제했다. 나는 학식이 깊어 참을성이 적은, 그리고 거의 두 세기 동안의 칸트 연구서들을 신랄하게 비판해온 칸트 연구자들이 군더더기라고 여기고 외면하지 않을 만큼만, 충분히 간결하고 정확하게 이 기본 정보가 제공되기를 바란다. 또한 그 정보가『순수이성비판』에 대한 기억이 희미하고 불확실한 사람들에게도 이 책을 이해하는데 충분히 완전하게, 동시에 단순하게 제공될 수 있기를 바란다. 나는 내가 칸트 연구자도, 초심자도 불만스럽지 않게끔 책을 썼노라 자부할 마음은 없다. 다만 칸트 연구자가 이 책을 읽고 지치거나 노(怒)하지 않기를, 동시에 초심자가 당혹감을 느끼거나 낙담하지 않기를 바랄 뿐이다.

나의 두 번째 목표는 동시대의 철학에 기여할 수 있도록 이 책의 내용을 연구하는 것이다. 우리는 칸트 연구가 철학에서의 새롭고 창조적인 작업을 자극하고 촉진하는 사상의 주기 — 영국 철학에서는 세 번째 주기이고, 미국 철학에서는 두 번째 주기이다 — 를 통과하고 있는 것으로 보인다. 지난 몇 년간 프랑스, 영국, 이탈리아, 미국 등지에서 칸트 연구가 양적으로 증가했을 뿐만 아니라 질적으로도 향상되었다는 사실은 주목할 만하다. 물론 독일에서도 칸트에 대한 관심은 고조되고 있으며, 칸트 연구의 양이나 질이 나날이 높아가는 것으로 보인다. 이는 마치 데이비드 흄(David Hume)의 창조적이고 비판적인 작업과 그 정신이 (미국과 영국에서) 우세해진 사상의 주기가 칸트적 비판주의와 재구성 ― 아마 그 자체로 인정되진 않을지라도 ― 의 부활에 뒤따라 나오는 것처럼 보일 정도다. 따라서 이 책에서 칸트에 대한 해설이 부분적으로 철학적 평가와 결합되는 것은 마땅하다. 단, 그러한 평가를 위해 칸트 자체에 관한 온전한 논고가 필요하지 않은 한에서 그렇다.

그러나 첫 번째 과제는 칸트가 무엇을, 어떻게, 왜 말했는가를 이해하는 것이다. 호의나 적의를 가지고 접근함에 따라 모양이 다양하게 변하는 무정형의 덩어리가 아니라 확고한 대상인 경우에만 우리는 어떤 것을 평가할 수 있다. 과거에는 칸트가 옳으냐 그르냐의 논쟁이 그의 실제 진술과 의도에 대한 가장 기초적인 합의도 결여한 탓에 헛일로 끝나는 경우가 빈번했다.

끝으로 이 책을 쓰는 데 도움을 주신 분들 및 기관들이 내게 베푼 은혜를 기록하고 싶다. 먼저 로체스터 대학이 1957~58년의 기간 동안 연구년을 허락해 나는 이 책을 완성할 수 있었다. 그해에 나는 존 시몬 구겐하임 기념재단의 지원과 로체스터 대학 인문과학부 연구지원위원회의 관대함에 힘입어 독일과 이탈리아에 체류했다. 독일에 체류하는 동안 나는 쾰른 대학의 철학 세미나에 초대받았고 거기서 광범한 자료들을 이용했다. 가족과 동료들은 내게 용기와 조언과 도움을 주었다. 이 책의 한 쪽 한 쪽이 모두 그들에게 진 내 빚의 증거다. 특히 18세기의 라틴어 문헌의 저자들과 관련해 도움을 준 웨이크 포레스트 대학의 크로니예 B. 이어프(Cronje B. Earp) 교수에게 고마움을 전한다.

앞 장의 판화(이 책의 표지에 사용된 도판)는 하인리히 볼프(Heinrich Wolff)의 작품으로 쾨니히스베르크 대학에서 출간된 칸트 탄생 200주년 기념 서적에서 첫선을 보였다.

산 도메니코, 피렌체에서
루이스 화이트 벡

■ 차례

제2부

제3부

『실천이성비판』을 인용할 때, 첫 번째 숫자는 파울 나토르프(Paul Natorp)가 편집한 '베를린 학술원판 칸트 전집'(Königliche Preussische Akademie der Wissenschaften, Berlin, ed., 1913) 제5권(V)의 쪽수를 나타낸다. 괄호 안의 두 번째 숫자는 토머스 K. 애벗(Thomas K. Abbott)의 영역본 제6판(1954년의 재판)의 쪽수를 나타낸다(이 책에서는 저자의 인용 원칙 가운데 하나인 칸트 주저의 영역본 쪽수의 병기 내용을 전부 생략했다—옮긴이). 인용할 때, 책 제목 없이 오직 쪽수만 나와 있는 경우는 항상 『실천이성비판』을 가리킨다. 만일 『실천이성비판』의 구체적 지면이 과도하게 인용되는 것 같아 성가신 독자가 있다면, 인용된 구절은 명백한 것을 기록하고 재차 기록하려는 욕심 때문에 이처럼 많은 양이 쌓아 올려진 것이 아니라는 점을 유념하기 바란다. 『실천이성비판』의 인용 구절에 관한 '찾아보기 I'은 구체적인 인용구에 대한 나의 해설들을 전부 검토하기를 바라는 독자라면 누구나 충분히 유용하게 사용할 수 있을 것이다.

『도덕형이상학 정초』의 인용은 '학술원판 전집' 제4권을 로마 숫자(IV)로, 쪽수를 아라비아 숫자로 표기하고, 괄호 안의 숫자는 위에 언급된 애벗의 영역본에 함께 수록된 번역 쪽수를 나타낸다.

『실천이성비판』과 『도덕형이상학 정초』에 대한 나의 번역이 인용되는 경우가 있으나(이따금 수정을 거치기도 하지만 수정 사항을 따로 표시하지는 않았다), 내 번역서는 '학술원판 전집' 쪽수를 병기하고 있으므로 번역서의 쪽수를 인용할 필요가 없다. 그리고 애벗의 번역서를 선호하는 사람들이 편리하게 이용하기를 바라는 의도에서 애벗의 영역본 쪽수를 병기했다.

『순수이성비판』을 인용할 때, 초판을 'A'로, 재판을 'B'로 표시하고 쪽수를 함께 썼다. 영역본은 노먼 켐프-스미스(Norman Kemp-Smith)의 것을 이용했고 경우에 따라 수정했다.

『판단력비판』을 인용할 때, 많은 경우에 다만 절 번호로 인용했다. 구체적인 쪽수를 나타낼 필요가 있을 때에는 '학술원판 전집' 제5권을 로마 숫자(V)로 표시하고 쪽수를 썼으며, 괄호 안에 '헤프너 고전 도서관'(Hafner Library of Classics)판 존 헨리 버나드(John Henry Bernard)의 영역본 쪽수를 표기했다.

분명히 언급되는 극소수를 제외한 칸트의 다른 저작들은 제목이나 축약된 제목으로 인용되거나 학술원판의 권수와 쪽수로 인용된다. 영어 번역이 쉽게 이용될 수 있다면 영어로 제목을 표시하고, 학술원판 인용 표기 뒤에 번역자의 이름과 번역서 쪽수를 표기했다. 번역서에 관한 상세 서지 사항은 '참고문헌 목록'(Section III)에서 찾을 수 있을 것이다.

때때로 아직 색인 작업이 이루어지지 않아 학술원판에서 찾을 수 없는 구절을 인용할 필요가 있었는데, 이에 대한 참조 사항은 따로 밝히지 않았다.

학생들의 강의 필기록에 의거해 출판된 칸트의 『윤리학 강의』(*Lectures on Ethics*)의 인용 및 참조는 전적으로 루이스 인필드(Louis Infield)의 영역본에 의존했다.

칸트의 편지 교환은 '학술원판 전집' 제2판의 제10권부터 제13권까지, 그리고 전집 제1판의 제23권에서 각 편지의 발신인 내지 수신인, 날짜, 그리고 위치의 언급과 함께 인용된다.

칸트의 『단편들』(*Reflexionen*)은 제20권과 제23권에서 가져온 것을 제외하고는 '학술원판 전집'에서 부여된 일련번호로만 식별된다. 위의 두 권의 단편들은 일련번호가 매겨져 있지 않으므로 권수와 쪽수로 인용된다. 일련번호가 매겨져 있으나 분량이 긴 단편의 구체적인 구절을 지시할 필요가 있을 때에는 '학술원판 전집'의 쪽수 표기도 추가했다.

칸트의 것이 아닌 저작을 언급할 때는 일반적으로 최소한의 서지 사항과 축약된 제목만이 제공된다. '참고문헌 목록'(Section IV)은 이에 대한 상세 정보를 제공한다. 특정 요점과 관련해서만 다루어질 뿐 현재의 연구 전체와는 거의 또는 전혀 관련이 없는 다른 저작들은 서지 사항에 관한 충분한 정보와 함께 각주 안에서 인용된다. 각주에서 언급된 저자명은 '찾아보기 II'에 수록되어 있으나, 참고문헌 목록에만 기재된 저자들은 수록되지 않았다.

■ 옮긴이의 일러두기

• 번역 저본에 대하여

이 책은 Lewis White Beck, *A Commentary on Kant's Critique of Practical Reason*, Chicago & London: The University of Chicago Press, 1960을 우리말로 옮긴 것이다. 이 책을 번역할 때 독일어 번역본 *Kants "Kritik der praktischen Vernunft": ein Kommentar*, übers. von Karl-Heinz Ilting, München: Wilhelm Fink Verlag, 1974도 참조했다.

• 칸트 원전 인용구의 번역에 대하여

저자인 루이스 화이트 벡은 그 자신이 이미 칸트의 영역자이기 때문에 칸트 원전의 인용구를 상당 부분 직접 번역했다. 나는 벡의 번역자이지만, 이 책은 『실천이성비판』을 포함해 칸트의 원전과 직접 관련되기 때문에 칸트 원전의 인용구는 대개 독일어 원문과 대조해 번역했으며, 우리말 번역본이 있는 저작의 경우에는 우리말 번역본도 참조했다. 『실천이성비판』의 인용구 번역과 관련해 초벌 번역을 할 때에는 아카넷판 백종현의 번역을, 마지막 교정 작업에서는 한길사판 한국칸트학회 기획 칸트 전집에 수록된 김종국의 번역을 참조했고, 필요한 경우에 수정했다. 3비판서와 『도덕형이상학 정초』는 펠릭스 마이너(Felix Meiner) 출판사의 철학 도서관(Philosophische Bibliothek) 총서에 수록된 최근의 비판적 판본을 활용했고, 나머지 저작은 '학술원판 전집'을 참조했다. 특히 Das Bonner Kant-Korpus (Hg.), *Elektronische Edition der Gesammelten Werke Immanuel Kants* (http://korpora.zim.uni-due.de/Kant/)를 참조했다.

• 칸트의 저작명 표기에 대하여

칸트가 쓴 글이나 책의 제목은 특별한 경우를 제외하고 모두 번역해 표기했으며, 한국칸트학회 기획 칸트 전집에서 제안된 제목명을 따랐다(http://www.kantgesellschaft.co.kr/collection/intro.asp). 저작명은 처음 등장할 때를 제외하고는 축약했다.

• 그 밖의 사항

개념어의 경우에 괄호 안에 서양 낱말을 병기하되, 영어를 제외한 서양어 ─ 이를테면 독일어, 라틴어, 프랑스어 등 ─ 는 이탤릭체로 표기했다. 병기가 필요한 용어가 칸트 고유의 개념일 경우에는 저자가 원서에서 영어 낱말로 표현할 때조차 칸트가 썼던 독일어를 찾아 병기했다. 원문에서 저자가 이탤릭체로 강조한 낱말은 고딕체로 표시했다.

제1부

제1장

『실천이성비판』의 저술 과정

1. 들어가며

대개의 중요한 철학적 논고들과 달리, 『실천이성비판』은 급조된 저술이다. 그러나 칸트의 다른 몇몇 저작을 손상했던 서두름의 흔적이 이 책에는 거의 나타나 있지 않다. 그가 12년 동안 성찰하면서 여러 차례 작성해온 수고들을 어느 정도 사려 깊게 활용해 『순수이성비판』을 "약 네다섯 달에 걸쳐 완성했음"[1]을 생각하면, 실로 그가 하나의 독립적인 저작을 구상하고 실제로 저술하는 데 들인 짧은 시간은 『순수이성비판』에서 현저하게 결여된 덕목이라 할 수 있다. 첫 비판서와 달리, 두 번째 비판서는 막다른 골목을 탐험하지도 옆길로 새지도 않으면서 전개된 하나의 단일하고 일관된 논증을 고수한다. 말하자면, 거기서는 칸트가 혼잣말하

---

1 「가르베에게 보내는 편지」(1783년 8월 7일); 「멘델스존에게 보내는 편지」(1783년 8월 16일)(X, 338, 345). 인용문은 "주워 꿰매기 이론"(patchwork theory)과의 연관을 나타내지 않는다(H. J. Paton, *Kant's Metaphysics of Experience* I, London, 1936, p. 41 참조).

듯이 중언부언하는 모습이 보이지 않는다. 이 책은 종이 위에 낱말을 쓰기 전에 자신이 말하려 하는 모든 것을 숙고한 사람에게 나타나는 당당한 어조와 직설적인 문체로 저술되었다.

적어도 칸트의 표준적 저술들에 비해 이 책은 대단히 잘 쓰인 작품이다. 많은 사람에게 이것은 마지못한 칭찬처럼 들릴지 모른다. 확실히 칸트의 문체는 사람들이 좋아할 만한 것이 아니며, 심지어 자기 스스로도 못마땅하게 여긴 편이다. 그러나 칸트 자신보다 더 공정하게 그의 문체를 평가했던 사람은 거의 없었으며, 대중적인 방식으로 쓰려고 시도하지 않은 그의 결단은 그가 다루려 했던 소재들의 본성상, 그리고 철학서를 읽으려고 감행하는 사람에 대한 그의 합당한 요구들을 통해 정당화되었다.[2] 다른 이유가 필요하다면, 그의 노년의 저술 활동에서 촉박한 기색이 두드러진다는 변명을 댈 수도 있다. 까다로운 독자는 칸트의 유명한 저작이 전부 생의 말년에야 비로소 세상에 자신의 의중을 공표한, 그리고 결코 건강하지 않았음에도 불구하고 압도적인 양의 학술적 임무를 (근대 대학의 모범에 따라) 짊어졌던 한 노인에 의해, 납득될 수 있을 만한 긴급한 상황에서 저술되었다는 사실을 기억해야 한다.

이러한 상황에서도 그가 그렇게 책을 잘 썼다는 것은 상당히 놀랍다. 문체는 내용을 떼어놓고 고찰될 수 없으며, 칸트 사유의 매우 남성적이고 사실적인(sachlich) 동시에 백과사전적인 문체는 아르투어 쇼펜하우어(Arthur Schopenhauer)가 "훌륭한 건조함"이라 불렀던, 종종 비난받는 칸트의 저술 방식을 허락하고, 또 어쩌면 요구한다.[3] 그것은 때때로의 웅변

---

2 이에 대한 분명한 단서를 찾으려면 『형이상학 서설』의 서문, 마지막 부분을 보라. 날짜 미상의 한 단편(Reflexion 5040)에서 그는 말하기를, "만일 내가 흄처럼 나의 저작을 아름답게 꾸밀 수 있는 능력을 가졌다 해도, 나는 그 능력의 사용을 주저했을 것이다. 나의 건조한 문체가 몇몇 독자들로 하여금 질려 달아나게 한다는 것은 사실이다. 하지만 문제를 불순하게 만들 사람들 중 몇 명으로 하여금 질려 달아나게 하는 것도 필요하지 않은가?"
3 『순수이성비판』, Axviii-xix 참조.

과 표현의 신랄함, 그리고 독자를 고양시키는 어조도 겸비한다. 하지만 불행하게도 이 뛰어난 덕목들에도 불구하고, 부주의한 언어 사용과 과도한 축약[4]이 빈번하며 명료하게 문단을 나누는 기술이 부족한 탓에, 칸트의 글에는 현학적 결함이 있다.

이러한 결점들이 부정될 순 없겠지만, 이는 칸트보다 더 글을 잘 쓰지 못하는 철학자들에 의해서 자주 과장되었다. 칸트 연구자들은 집요한 노력 끝에 자신들이 어떤 복잡한 문장이나 문단의 뿌리에 이르면 저술의 복잡함이 항상 저자의 무능력 탓은 아니며 도리어 많은 경우 그가 표현하는 사상의 요구임을 깨달았다고 고백하곤 한다. 그들은 칸트가 말한 것을 정확하게 더 잘 말하는 것이 불가능한 일은 아니지만, 무척 어려운 일이며, 문체의 단순화는 사상의 단순화를 거의 피할 수 없이 수반함을 자주 실감했다. 단순화의 시도들은 보통 칸트의 의도의 기만과 왜곡으로 귀결될 뿐이며, 설령 단순화에 성공하더라도, 이는 다만 그의 견해를 어리석게 보이도록 만드는 일을 수반한다.

몇몇 구절을 제외하면, 『실천이성비판』에서 문체의 단순화는 불필요하다. 주의 깊은 독자가 칸트의 의도를 식별하는 데 실제로 어려움을 겪을 만한 구절은 거의 없다. 『순수이성비판』을 이해하기 위한 필수 조건이라며 학계에서 전설처럼 떠도는, 문장들의 도표화는 여기서 요구되지 않는다.

---

4 칸트는 자신의 문체에 관한 농담, 적어도 이러한 측면에 관한 농담을 기꺼이 받아들였을 것이다. 카를 F. 첼터(Carl F. Zelter)는 칸트가 듣고 웃었다는 다음과 같은 일화를 요한 볼프강 폰 괴테(Johann Wolfgang von Goethe)에게 전했다. 재무장관 요한 H. 블뢰머(Johann H. Wlömer)는 칸트에게 자기가 칸트의 저작을 얼마간 읽었는데, 자기가 손가락이 더 있었더라면 더 많이 읽었을 것이라고 말했다. 철학자는 물었다. "어째서죠?" 은행가는 답하기를, "오 친구여, 당신의 저술 방식은 내 눈으로 따라가기엔 삽입구와 조건절이 너무 많아 나는 이 낱말에 한 손가락, 저 낱말에 한 손가락을 짚고 또 남은 손가락도 그렇게 써야 합니다. 나는 그 페이지를 끝까지 읽기도 전에 내 모든 손가락을 다 써버리게 된답니다"(K. Vorländer, *Immanuel Kant: Der Mann und das Werk* II, 1924, p. 99).

우리는 이 책의 실제 저술 과정에 대해 많이 알지 못한다. 하지만 제시될 수 있는 증거에 비춰보면, 저술은 1787년 봄에 시작되어 6월에 거의 마무리되고 9월에 끝난다. 단지 실제 저술 과정만 보자면 그렇다. 그러나 대부분의 내용은 적어도 1785년경 그의 내면에 뚜렷이 자리 잡았을 것이다. 하지만 하나의 완결된 저작으로서『실천이성비판』의 집필 계획이 천천히 무르익은 것은 아니다. 그 책은 전부터 예상된 게 아니었고, 칸트는 갑자기, 아마도 마지못해, 이 책을 쓰기로 결단했다.

이 결단을 이해하기 위해서는 칸트가 그동안 어떤 책을 쓰기를 원했고, 구체적으로 계획했는지 살펴볼 수 있도록 그의 저술 이력을 처음부터 돌아볼 필요가 있다.

2. 도덕형이상학을 저술하려는 계획의 지연

1750년대와 1760년대 칸트의 저술 대부분은 자연과학의 영역에 속한다. 하지만 그 시기에도 그의 관심은 순수하게 철학적이었으며, 대개 학문들의 방법과 범위에 대한 물음과 관계되었다. 그런데 이 작업들에서도 그는 기회가 닿을 때마다 당대의 우주론적 사변들에 포함되어 있는, 윤리적이고 종교적인 문제들에 대해 자유롭게 평했다. 그의 이러한 사유 경향은 그의 매우 중요한 자연철학 저작『일반 자연사와 천체 이론』(1755)에서 무엇보다 뚜렷하다.

1764년 베를린 학술원에서 출판된, 이른바『현상논문』(원제:『자연신학 원칙과 도덕 원칙의 명확성에 관한 연구』)은 도덕철학의 문제를 본격적으로 다룬 첫 저작이다. 그 제목이 말해주듯이, 여기서 그의 주된 관심은 윤리학의 토대와 방법에 있었다. 섀프츠베리(Shaftesbury)와 프랜시스 허치슨(Francis Hutcheson)의 도덕감정론과의 연관성, 따라서 경험주의 윤리학과의 연관성이 드러난다고 해석되는 이 논문은 도덕철학에 관한 그의 향후 작업 방향 전체를 암시하는 하나의 질문으로 끝난다. "실천철학의 제1원칙들을 규정하는 것이 …… 단지 인식능력인가, 아니면 감정(욕구능력의 제1의 내적 근거)인가는 해결되어야 할 하나의 물음으로 남아있다."[5]

『현상논문』에서 형이상학은 "우리 인식의 궁극적 근거들에 관한 철학", 즉 "더 보편적인 이성적 통찰이 적용된" 철학으로 간주된다. 수학적 방법과 형이상학적 방법 사이에 가정된 동일성 ─ 당대의 지배적 형이상학에 의해 거의 분명히 승인된 동일성 ─ 을 거부하면서 그는 경험 분석이라는 고유한 방법에 따라 형이상학도 수학의 정리들처럼 확실해 증명이 필요 없는 정리들을 발견할 수 있다고 여겼다.[6] 형이상학에서 증명이 필요 없는 기본 정리들은 수학에서와 같은 정의나 직관적으로 확실한 공리는 아닐지라도, 그 자체로 명증한 이성적 원리일 것이다. 그는 형이상학이 엄밀한 학문으로 성립할 수 있다고 여겼고 자연신학은 이미 그것을 성취했다고 생각했다. 하지만 도덕의 형이상학적 토대는 아직 발견되지 않았다. "현재로서는 아직 도덕의 제1근거들은 필수적인 명증성(*Evidenz*)을 전부 갖추고 있지 않다."[7]

---

5 『현상논문』, II, 300.

6 이러한 의도에서 그는 호의적으로 장-자크 루소(Jean-Jacques Rousseau)를 아이작 뉴턴에 견준다. 그들은 각기 "[신의] 섭리를 정당화하는 것이 숨겨진 법칙에 대한 고찰"임을 발견했기 때문이다(『아름다움과 숭고의 감정에 관한 고찰의 주해』, XX, 58-59). 비슷하게 그는 섀프츠베리와 허치슨, 그리고 흄의 작업이 인간의 다양한 경험적 외관들 가운데서 "인간의 영속적인 본성"을 식별할 수 있는 방법을 포함하고 있다고 높이 평가한다. 그는 이것이 "우리 시대의 위대한 발견 중 하나"라 말했고, 따라서 그는 **일어나야만 하는 것**을 탐구하기 전에 **일어나는 것**을 역사적이고 철학적으로 고찰할 것을 약속했다(『1765~1766년 겨울학기 강의 개설 공고』, II, 311). 이 구절들은 각각 그가 사용하려 했던 분석적 방법에 대해 말하고 있다. 이 방법에 따라 칸트는 관찰로부터 출발해 추상을 통해 경험적 개념들로부터 형이상학적 개념들로 나아간다. 하지만 강의 안내문의 구절은 당시 칸트가 서술적인, 즉 단지 경험적인 윤리학만이 가능하다고 생각했음을 지시하진 않는다. 비록 몇몇 저자들이 이 구절을 증거로 그렇게 해석해왔더라도 그렇다.

7 『현상논문』, II, 298.

칸트는 이 결핍을 곧 충족할 수 있다고 느꼈음에 틀림없다. 그는 이듬 해 요한 H. 람베르트(Johann H. Lambert)에게 보낸 편지에서 자신의 노년기 내내 어떤 형식으로든 자신의 마음을 끌고 심지어 자신을 사로잡게 될 하나의 중대한 계획을 전했다. "실천철학의 형이상학적 기초에 관한" 저작을 쓰려는 계획이었다.[8] 그는 1768년 요한 고트프리트 폰 헤르더(Johann Gottfried von Herder)에게 이 저작의 제목과 진행 상황을 전하며, 당시 그가 "도덕형이상학"을 준비 중이며 1년 안에 완성을 고대한다고 썼다.[9]

설령 당시에 완성되었다 해도, 현재 남아 있지 않아 우리로서는 이 저작의 내용과 구조를 단지 추측할 수 있을 뿐이다. 하물며 우리의 현재 목적을 위해 그러한 추측이 필요한 것도 아니다. 왜냐하면 윤리학에 관한 칸트의 사상이 이 시기에 틀림없이 변화를 겪었을지라도, 당시의 가장 중요한 변화는 바로 형이상학의 본성에 관한 견해에서 일어났기 때문이다. 이에 대한 그의 견해는 당시 그의 윤리학적 견해와 달리, 확실하게 증명되고 서술될 수 있다.

이 변화는 1770년 쾨니히스베르크 대학 교수 취임을 계기로 출판한 『교수취임논문』(Inaugural-Dissertation)(원제는 『감성계와 지성계의 형식과 원리』)에서 뚜렷이 드러난다. 이것은 형이상학에 관한 간결하지만 체계적인 논고이다. 그것은 인식에서의 감성적 요소와 지성적 요소를 구별했

---

8 「람베르트에게 보내는 편지」(1765년 12월 31일)(X, 56).

9 「헤르더에게 보내는 편지」(1768년 5월 9일)(X, 74). 바로 그 책은 출판업자 칸터(Kanter)에 의해 조만간 『도덕적 취향 비판』이라는 제목으로 나올 것으로 알려졌다. "도덕형이상학"이라는 용어는 칸트 이전에는 거의 사용되지 않았다. 막스 분트(Max Wundt)에 따르면, 이는 이스라엘 고틀리프 칸츠(Israel Gottlieb Canz)의 『도덕학 전서』(Disciplinae morales omnes, 1739)에서 유래된 듯하다(Max Wundt, Die deutsche Schulphilosophie im Zeitalter der Aufklärung, Tübingen: Mohr, 1945, p. 223). 또한 크리스티안 볼프(Christian Wolff)보다는 칸트에 더 가까웠던 아돌프 프리드리히 호프만(Adolph Friedrich Hoffman)의 형이상학 및 도덕철학에 대한 구상(Vernunflehre, 1737)에 관해서는 같은 책, p. 251 참조.

을 뿐만 아니라 날카롭게 분리했고, 형이상학에서 지성의 "논리적 사용"과 대비해 "실재적 사용"을 다루었다. 전자는 주어진 판단에서 단지 추론을 이끌어내고, 후자는 진리의 발견에 종사한다. 훗날 포기되는 주장이기는 하지만, 그것은 현상계의 감성적 인식에서 아무것도 빌려오지 않고 지성계의 인식으로서의 형이상학 고유의 방법 및 그 영역에 대한 분명한 주장을 포함하고 있었다. 형이상학은 경험에서 이끌어낸 개념이 아니라 "순수 지성 자체를 통해 주어진" 개념을 다루는 순수 인식이며, 그것은 감성의 원리가 "자기 한계를 넘어 지성적 대상에 간섭하지" 않도록 지도하는 규칙에 따라 추구될 때에만 가능하고 타당한 것으로 간주된다.[10] 물론 그러한 규칙은 우리의 개념들의 뿌리에 대한 분명하고 체계적인 구별에 의존한다. 이 구별은 훗날 그가 이 저작에서 구상했던 형이상학이 불가능하다는 결론에 도달했을 때에도 여전히 고수되었고, 결코 심각하게 수정되지 않았다.

그 후 도덕형이상학은 아주 다른 외관을 띠게 된다. 이전에 "형이상학"이 경험의 분석으로부터 도출된 가장 일반적인 개념적 인식과 거의 동일시되었던 것과 달리, 이제 그것은 어떠한 경험적인 것도 포함하지 않을 뿐만 아니라 경험 너머의 세계와 관계하는 체계철학을 의미하게 된다.[11] 형이상학은 사물 자체에 대한 인식이며, 사물의 현상 개념들, 즉 시간과 공간은 거기에 속하지 않는다. 따라서 도덕형이상학은 섀프츠베리의 경험적 · 인간학적 탐구의 연장일 수 없다. 이때부터 칸트는 변함없이 도덕형이상학이 모든 인간학으로부터, 심지어 인간이 일상사에서 어떻게 처신해야 하는가를 다루는 "실천적 인간학"으로부터도 독립적임을 분명히 했다. 도리어 도덕형이상학은 비(非)감성적 세계에 대한 플라톤주의에 기초해야 한다. "도덕철학은 도덕적 판단의 제1원리를 제공하

---

10 『교수취임논문』, §24.
11 『순수이성비판』, A843＝B871 참조.

는 한에서 오직 순수 지성을 통해 인식되며, 그 자체로 순수 철학[곧 형이상학]에 속한다."[12] 그것은 인간 본성의 어떠한 경험적 개념도 포함하지 않는다.

그가 적어도 한동안 형이상학의 이러한 새로운 길과 목표 설정에 만족했음은 같은 해 람베르트에게 보낸 편지에서도 드러난다. 거기서 그는 어떠한 경험적 원리도 섞여 있지 않은 "순수 도덕철학과 …… 도덕형이상학에 관한 탐구를 올 겨울에 완수"할 계획이라고 쓰고 있다.[13] 하지만 이 막연한 희망과 달리『교수취임논문』은 "침묵의 10년"의 시작을 알렸다. 이후 10년간 그는 거의 아무것도 출판하지 않았고『순수이성비판』의 저술에 초인적 노력을 기울였으며, 다른 한편으로 "도덕형이상학"에 관한 약속은 여전히 되풀이되었지만 작업은 계속 지연되었다.

이듬해 그는 마르쿠스 헤르츠(Marcus Herz)에게 자신이 "감성과 이성의 한계"라는 제목의 책을 집필 중이라고 썼다. 오늘날 우리에게 이 책은『순수이성비판』으로 알려져 있다. 당시 계획된 책은 현상들의 이론("현상학")뿐만 아니라 도덕과 취미, 그리고 형이상학의 이론까지 포함할 예정이었다.[14] 1772년 2월 21일, 그는 다시 헤르츠에게 집필 계획을 전했다. 책의 한 부문이 형이상학을 이루며 그중 한 부분에서 "도덕성의 궁극적 근거들"이 다뤄질 것이고, 3개월 이내에 출판될 예정이었다.[15] 1773년 헤르츠에게 보내는 또 다른 편지에서 그는 "나의 선험론 철학,

---

12 『교수취임논문』, §9. 도덕적 개념은, 그것이 혼란한 것일 때조차 감성적이거나 경험적인 것이 아니라 순수지성 자체에 의해 인식된 것이다. 초기 합리론 철학자들은 "감성적"과 "혼란한"을 인식의 양태를 서술하기 위한 표지로 여겼고, 이 때문에 윤리적 원리들의 모호함은 매우 기이하게도 그들의 전체 철학 중 윤리학의 영역에서 경험론과 합리론을 결합하도록 그들을 이끌었다. 칸트는『교수취임논문』에서 이러한 혼돈이 더 이상 그를 어지럽히지 않는다고, 즉 자신도 한때 거기 빠져들었지만 이제 거기서 벗어났다고 밝혔다.

13 「람베르트에게 보내는 편지」(1770년 9월 2일)(X, 97).

14 「헤르츠에게 보내는 편지」(1771년 6월 7일)(X, 123).

15 「헤르츠에게 보내는 편지」(1772년 2월 21일)(X, 132).

즉 본래적인 의미에서 순수 이성의 비판"[16]인 이 작업을 완수하려는 계획을 전한 뒤, "먼저 앞의 작업을 끝내서 기꺼이 고대하고 있는 다음 작업, 즉 오로지 자연형이상학과 도덕형이상학이라는 두 부문만을 가진 형이상학에 착수할" 계획이라고 말했다.[17]

1772년의 편지는 칸트가 순수 지성계에 대한 선험적 인식의 가능성을 확립하려는『교수취임논문』의 방법에 만족하지 못했음을 드러내기는 하지만, 아직 그가 견고한 지반 위에 사변형이상학을 확립할 수 있다는 기대와 희망을 포기한 흔적은 없다. 그런데 1772년의 편지 이후 칸트는 "흄의 경고"로 인해 "독단의 선잠"에서 깨어나 지성계의 사변형이상학에 대한 꿈을 영원히 포기했다.• 그럼에도 불구하고,『순수이성비판』에서 주력했던 선험론 철학 또는 순수 이성의 비판은 칸트가 보기에 이중적 의미에서 "도덕형이상학"의 전제 조건을 마련했다. 하나는 도덕성의 선험적 법칙들을 체계적으로 제시한다는 점에서, 다른 하나는 전통 형이상학적 물음에 사변적이라기보다 실천적으로 답한다는 점에서 그렇다.

이리하여 마침내 1781년에 출간된『순수이성비판』에서도 칸트는 여전히 도덕형이상학에 대해 말했다. 그는 철학의 두 부문을 구분했다. 하나는 "그 모든 순수 선험적 인식에 있어서 이성의 능력을 탐구하는" 비판 또는 예비적 철학이고, 다른 하나는 "순수 이성에서 유래하는 철학적 인식의 …… 전체를 체계적 연관 속에서 드러내는" 형이상학 또는 "순수 이성의 체계"이다. 이어서 그는 "형이상학은 순수 이성의 사변적 사용에 관한 것과 실천적 사용에 관한 것으로 분할되며, 이에 따라 자연형이상학과 도덕형이상학이 있다"고 말한다.[18] 실천적인 것을 포함한, 이성의

---

16 아마 이 낱말들은 그 무렵에는 책 제목으로 의도되지 않았고, 글자 그대로 "순수 이성의 비판"을 뜻했을 것이다.

17 「헤르츠에게 보내는 편지」(1773년 말)(X, 145).

• [옮긴이]『형이상학 서설』, IV, 260.

18 『순수이성비판』, A841＝B869.

전 능력은 비판의 대상이다. 이는 말하자면, 『순수이성비판』은 두 부문의 형이상학 각각에 예비적임을 뜻한다.[19]

도덕형이상학을 순수 철학의 한 부문으로 언급함에도 불구하고, 『순수이성비판』의 초판에서 칸트는 그 저작의 집필의 기약 없이 오직 "자연 형이상학"만을 계획했다.[20] 선험론 철학은 그것이 대상의 인식에 관계하는 한에서 이성의 모든 원리의 체계인바, 오직 순수 선험적 개념들과 원칙들만을 포함하며, 따라서 윤리학을 배제한다. 물론 당시에도 칸트는 윤리학의 최고 원리들을 선험적이고 지성적인 것으로 여겼으나, 그럼에도 "순수 도덕성의 체계 구축을 위해서는 경험적 개념들이 필연적으로 의무의 개념을 불러일으켜야만 하기 때문이다".[21]

---

19 같은 책, Axii n.

20 같은 책, Axxi.

21 같은 책, B29. 『순수이성비판』은 선험론 철학에서 도덕철학을 배제한다. 이는 도덕철학이 순수하지 않아서가 아니라 선험론 철학이 [우리 사유의] 인지적 요소만을 다루기 때문이다(A801=B829 참조). (형이상학의 개념을 한정한 것과 달리) 칸트는 선험론 철학이 비판 자체와 거의 구분될 수 없을 만큼 선험론 철학의 개념을 확장했다. 그리고 비록 그가 선험론 철학에 도덕철학을 명시적으로 포함시킨 적 없었다 해도, 우리는 『실천이성비판』에 실린 논의들을 통해 선험론 철학의 전 기관을 보게 될 것이다. 거기에는 선험론 철학의 범위를 확장하는 것뿐만 아니라 도덕적 분석 자체의 수준을 심화하려는 의도가 암묵적으로 깔려 있다. 따라서 방금 인용된 구절은 도덕철학의 체계 내에서 경험적 개념들이 **의무의 개념**을 불러일으켜야 한다고 말하는 반면, 이에 대응하는 초판의 구절(A15)에서 그는 덜 조심스럽게 "쾌, 불쾌, 욕구, 경향성 등의 개념들이 전제되어야만 할 것"이라고 말했다. 두 판본 모두에서 그가 덕 이론 또는 응용윤리학과 순수윤리학을 구분한 바에 따르면, 오직 전자만이 경험적 또는 심리학적 원리들에 부분적으로 의존한다(A54-55=B79). 반면에 『실천이성비판』과 『정초』는 이 구절의 의미에서 순수윤리학에 해당된다. 의무 개념과 도덕법칙의 정식화를 위해서는 어떠한 심리학적 개념도 필요하지 않다. 단, 『실천이성비판』에서 도덕법칙과 인간의 관계를 서술하기 위해 심리학적 개념들의 정의가 사용되었다. 그러나 우리가 곧 보겠지만(이 책의 제4장 제6절), 『실천이성비판』의 실제 구성에서, 심지어 『도덕형이상학』에서조차 칸트는 순수윤리학과 응용윤리학을, 또는 형이상학과 비판을, 또는 이 양자와 체계를 분리해 논하기 위해 어떠한 일관된 노력도 기울이지 않았다. 우리는 선험론적 지위와 동일하지 않다 해도, 그것과 매우 흡사한 지위를 가진 어떤 것이 실천적 원리들에 속한다고 여긴 태도가 『실천이성비판』을 『순수이성비판』에 종속

따라서 우리는 "도덕형이상학" 대신에 『순수이성비판』에서 "순수 이성의 규준"(이하 '규준' 장), 즉 순수 이성의 올바른 사용에 관한 선험적 원리들이 진술되는 장을 가진다. 이 사용은 사변적이 아니라 전적으로 다만 실천적이다. '규준' 장은 이를테면 "나는 무엇을 해야만 하는가?"와 같은 실천적 문제에 답하진 않지만, 그가 이론적인 동시에 실천적이라 부른 문제, 이를테면 "내 의무를 다한다면 나는 무엇을 희망해도 좋은가?"에 답한다. 이리하여 영혼 불멸과 신의 현존의 논증이 도입되지만, 그것은 순수 이론이성의 이념들로서 이론적 인식을 위해서는 변증적이고 공허하다. 이 이념들이 그 가치를 인정받아 행복 추구의 길잡이 또는 규제적 원리와 같은 어떤 필연적인 사용이 담보되는 것은 오직 인간의 의지와 관계될 때이다.[22]

그러나 칸트는 순수 이성의 규준에 그리 오래 만족하지 못했다. 그는 곧 『순수이성비판』에서 다루어지지 않은, 그리고 아마 도덕형이상학을 포함하고 있을, 윤리학을 체계적으로 저술하려는, 오랫동안 지연된 기획으로 돌아갔다. 그는 1783년에 "내 윤리학의 첫 부분"을 작업 중이라고 말했다.[23] 그가 가리키는 것이 『정초』인지 아닌지는 불분명하다. 그러나 1785년 4월에 『정초』가 출판되었을 때, 그는 이제 20년 묵은 "도덕형이상학"의 기획을 재차 언급하면서 『정초』는 단지 이를 위한 예비학일 뿐이라고 말했다.[24]

시키는 것이 아니라 ── 도덕형이상학은 아마 그것에 종속되었겠지만 ── 동등한 수준으로 출판을 결단하게 한 요인들 중 하나였을 것이라고 생각한다. 훗날 칸트는 첫 번째 비판서가 모든 형이상학의 예비학으로서 충분하다고 간주하게 되었고, 그는 일관되게 첫 번째 비판서를 언급하면서도 그 올바른 제목이 아니라 두 번째 비판서의 첫 문단(3)에서처럼 "사변이성 비판"이란 표현으로 그것을 암시했다.

22 『순수이성비판』, A806=B834. 이것이 이념들의 유일한 사용이라 말하는 것은 부정확하다. 왜냐하면 이 이념들은 인식에 실질적 기여는 못하더라도 탐구를 규제하기 때문이다.
23 「멘델스존에게 보내는 편지」(1783년 8월 16일)(X, 346-47).
24 『정초』, 391.

『정초』는 '규준' 장과 충분히 구별된다. 계속 지연된 "도덕형이상학"의 또 다른 예비학인 『정초』를 저술하려는 칸트의 결단은 바로 이 둘의 차이를 통해 쉽게 설명될 수 있다. '규준' 장은 자율의 개념 없이, 그리고 첫 번째 비판서에서 이미 다루어진 자유 문제의 해결과 무관하게 도덕적 문제들에 관한 견해를 제출했다. 그런데 자율과 자유, 이 두 개념은 이후 그의 전 실천철학 작업을 지탱하는 주춧돌이다.

내 생각에 1781년과 1784년 사이에 쓴 것이 틀림없는, 낱장문서(Lose Blätter)의 여섯 번째 단편[25]은 『순수이성비판』이 이론적 판단과 관련해 제기한 물음, 즉 '선험적 종합판단은 어떻게 가능한가'를 실천적 판단에 대해 묻는 입장의 변화를 드러낸다. 이 당시에 그는 도덕성이 선험적 종합판단을 요구함을 깨달았고, 이러한 판단은 그 이론적 대응물의 경우와 똑같은 방식으로 정당화될 수 없으며, 그것을 정당화하기 위해서는 '규준' 장에서 쓰인 것보다 훨씬 더 적극적인 자유의 개념이 요구됨을 깨달았기 때문이다. 칸트에게서 선험적 종합판단의 정당화는 사용의 규준이 아니라 그가 어디서나 변함없이 '연역'(Deduktion)이라 부른 것을 요구한다. 그리고 연역의 자리는 '비판'(Kritik)이다.

그러나 비판 대신, 칸트는 1785년에 『정초』를 출간하며 쓰기를,

> 형이상학을 위해 순수 사변이성 비판이 이미 저술되었듯이, 본래 도덕형이상학의 기초로서는 순수 실천이성 비판 외에 다른 것은 없다. 그렇기는 하지만 한편으로는 순수 실천이성 비판이 순수 사변이성 비판처럼 그렇게 아주 필요한 것은 아니다. 왜냐하면, 인간 이성은 도덕적인 것과 관련해서는 가장 평범한 지성[=상식]에서조차도 쉽게 매우 정확하고 세밀하게 사용될 수 있기 때문이다. 이성이 이론적이고 순수한 사용에서는 전적으로 변증적인 데에 반해서 말이다. 다른 한편으로, 나는 순수 실천이

---

25 Reflexion 7202.

32

성 비판을 위해서는, 만약 그것이 완수되려면, 실천이성의 사변이성과의 통일이 어떤 공동의 원리에서 서술될 수 있어야 한다고 요구한다. 왜냐하면 마침내는 단 하나의 동일한 이성만이 있을 뿐이고, 이것이 순전히 적용에 있어서만 구별되어야 하기 때문이다. 그러나 여기서 나는 전혀 다른 방식의 고찰을 끌어들여 독자를 혼란시키지 않고서는 그런 완벽함을 성취할 수가 없었다. 그 때문에 나는 '순수 실천이성 비판'이라는 명칭 대신에 '도덕형이상학 정초'라는 명칭을 썼다.[26]

그럼에도 불구하고, 『정초』의 제3절의 제목은 "도덕형이상학으로부터 순수 실천이성의 비판으로의 마지막 걸음"이다. 아마도 그가 순수 실천이성의 비판에 본질적이라고 생각한 모든 것이 여기서 제시되었을 것이다. 왜냐하면 다섯 달 뒤에 크리스티안 고트프리트 쉬츠(Christian Gottfried Schütz)에게 쓴 편지에서 그는 곧 "도덕형이상학"의 집필에 착수하겠다고 썼기 때문이다.[27]

그렇지만 도덕형이상학이 『정초』의 제2절에서 전개되고, 그로부터 "순수 실천이성의 비판"으로 이행한다는 것은 약간 기이해 보인다. 그것은 이렇게 설명된다. 『정초』의 제1절과 제2절에서 칸트는 분석적으로 접근한다. 즉 그는 "도덕적 사실들"에서 출발한다. 그 사실들이 키마이라에 불과한 것이 아니라면 무엇이 참으로 있어야 하는지 알아내기 위해 그는 그 사실들을 분석한다. 의무를 생각함이 행위의 동기일 수 없다면, 도덕적 명령과 선의지에 대한 존경은 키마이라에 다름 아니다. 그리고 오직 의지가 자유로운 한에서만 의무는 동기일 수 있다. 그러나 의지는 자유로운가? 이것은 오직 종합적 방법, 즉 그 가능성의 연역에 의해서만 대답될 수 있는 문제다. 오직 이 방법만이 도덕성에 관한 정언적 진

---

26 『정초』, 391.
27 「쉬츠에게 보내는 편지」(1785년 9월 13일)(X, 406).

술들을 정당화할 수 있다. 이것 없이 우리의 모든 진술은 조건적이고 개연적일 수밖에 없다. 따라서 『정초』는 전체적으로 "도덕형이상학"의 예비학이다. 물론 마지막 절의 목표는 다만 앞의 두 절에서 수용하게 된 확언들의 정당화이기 때문에, 이 저작은 종결되기 훨씬 전에 이미 도덕형이상학이 갖추어야 할 내적 구조를 획득한다.

몇몇 학자들은[28] 이 당시에 칸트가 다음으로 "도덕형이상학"의 저술을 계획했고 그다음 "순수 실천이성 비판"을 쓰려 했다는 가설을 제시했다. 『실천이성비판』은 『정초』에서는 물론이고 곧 쓰일 "도덕형이상학"에서도 밝혀지지 않은 것, 즉 이론이성과 실천이성의 통일을 입증함으로써 체계의 완성을 의도한 저작이라는 것이 그들의 해석이다. 그러나 내가 보기에 이 가설은 전혀 설득력이 없다. 칸트에게서 『정초』는 바로 그 제목이 지시하는 대로 구성되었으며 다른 어떤 "비판"도 기획되지 않았다고 보는 편이 더 그럴듯하다. 심지어 『순수이성비판』이 개정되었던 1787년 4월에도 칸트는 "자연형이상학과 도덕형이상학을 마련하려는 계획"[29]을 위해 촌음을 아끼고 있다고 말했으며, 실제로 그해 여름 그를 사로잡게 될 『실천이성비판』의 집필에 대해서는 침묵했다.

3. 『실천이성비판』을 저술하려는 결단

1786년에 자연형이상학에 대한 예비적 저작(『자연과학의 형이상학적 기초원리』)이 출판된 뒤, 이제 칸트는 『순수이성비판』의 재판 마련을 위한 고된 작업에 착수했다. 작업은 1786년 4월에 시작해 이듬해 4월에 끝

---

28 예를 들어 『실천이성비판』의 학술원판 주석에서 파울 나토르프(Paul Natorp)(V, 496), 그리고 A. R. C. Duncan, *Practical Reason and Morality*, 1957, pp. 23, 35, 132를 보라.

29 『순수이성비판』, Bxliii. 초판의 서문에서는 오직 "자연형이상학"만이 약속되었다.

났다. 이 문제에 대해 평소 낙관론을 펴왔던 그는 개정 작업이 여섯 달 걸릴 것으로 어림잡았다. 그는 요한 베링(Johann Bering)에게 자신의 "형이상학의 체계"가 두 해 정도 지체될 것이라고 썼다. 그 책에 앞서 "실천철학의 체계"를 출간하기로 계획했기 때문이다.[30]

이 "실천철학의 체계"는 무엇이었을까? 빈번히 약속되었으나 오랫동안 지체된 "도덕형이상학"이었을지도 모른다. 분명 『실천이성비판』은 아니었을 것이다. 칸트는 거의 항상 '비판'과 '체계', 그리고 '형이상학'을 —사실상 그 개념들의 범위가 서로 크게 겹치기는 하지만— 용어법적으로 구별했다. 따라서 우리는 1786년 4월까지도 『실천이성비판』이 그 자체로서 계획되지 않았다고 확신한다.

우리는 1786년 11월 8일자 편지에서 처음으로 "순수 실천이성 비판"의 구체적 저술 기획을 발견한다. 프리드리히 고틀리프 보른(Friedrich Gottlieb Born)은 지금은 전해지지 않는, 칸트의 어느 편지에 대한 답장에서 『순수이성비판』을 부연하는 새로운 저작에 대해 말했다.[31] 예나(Jena)에서 발간된 11월 21일자 『일반 문예신문』(Allgemeine Literaturzeitung)는 머지않은 재판의 출간을 예고하며 쓰기를, "제1판에 담긴 순수 사변이성의 비판에 더해 제2판에서는 순수 실천이성의 비판이 추가될 것이다".[32]

---

30 「베링에게 보내는 편지」(1786년 4월 7일)(X, 441). 베링은 5월 10일(X, 445)의 답장에서 저술의 연기를 아쉬워했고 칸트와 이야기를 나누고 싶은 자신의 바람을 표시했다. 그는 쓰기를, "아마 곧 우리의 열기구 비행사들은 자신들의 여행을 비용이 덜 들고 덜 위험하게 만들 것입니다. 그때가 되면 [마르부르크에서 쾨니히스베르크까지] 140마일의 여행도 대단치 않은 일이 될 겁니다".

31 「보른이 칸트에게 보내는 편지」(1786년 11월 8일)(X, 471).

32 AA, III, 556. 1786년 11월 3일 쉬츠가 칸트에게 보낸 편지에 따르면, 이 정보는 칸트 자신에게서 유래했다. 그게 아니면 적어도 편집자인 쉬츠에게서 나오지 않은 건 분명하다(X, 469). 칸트는 보른과 쉬츠에게 같은 날(5월 26일) 편지를 썼는데, 그때 그들에게 자신의 계획을 말했는지도 모른다. 왜냐하면 보른은 분명 쉬츠에 의해 출판되기 전에 그 정보를 갖고 있었기 때문이다. 안타깝게도 5월 26일자 칸트의 편지들은 현전하지 않는다.

따라서 1786년과 1787년 사이에 칸트는 다음의 기획들을 두고 여러 차례 고민했음이 틀림없다: (a)『순수이성비판』과『정초』에 기초해 "도덕형이상학"을 집필하기, (b)『순수이성비판』의 개정 작업을 끝낸 뒤 "실천철학의 체계"를 집필하기, (c)『순수이성비판』의 재판에 "순수 실천이성 비판"을 추가하기, (d) 오늘날 우리가 알고 있는 대로『실천이성비판』을 집필하기. 처음 두 기획은 분명 실질적으로 동일한 것이었다.[33] (a)와 (b)를 하나로 본다면, 이제 우리의 관심사는 (a)와 (b)로부터 (c)로의 전환, 그리고 (d)로 나아가게 된 마지막 결단이다. 앞으로 보겠지만 칸트는 (c)에서 (d)로 곧장 나아가진 않았다.

(b)에서 (c)로의 이행은 '규준' 장에서『정초』로 건너가면서 칸트의 견해에 중대한 진전이 있었음을 나타낸다.『순수이성비판』이 집필되었을 때, 그것은 형이상학의 두 부문 모두의 예비학으로 간주되었다. 하지만 1785년경 도덕형이상학의 적합한 기초는『순수이성비판』에서 언급되지 않은, 자율의 개념에 놓이게 되었다. 그러나 기획 (c)는 폐기되었는데, 이는 칸트가 처음부터 (d)를 지지해서가 아니라『순수이성비판』의 재판 서문에 나왔듯이, (a) 또는 (b)로 복귀했기 때문이다.

기획 (c)를 폐기한 몇 가지 이유는 외적인 것이었음이 틀림없다.『정초』의 성공은 첫 번째 비판서의 개정판에 대한 요구를 낳았고 칸트는 한시바삐 이에 부응해야 했다. 1786년 11월경 칸트가 개정 작업을 위해 어림잡은 "여섯 달"의 시간은 이미 흘러갔고, 완성까지는 아직 여섯 달이 더 남아 있었다. 이러한 사정에도 불구하고 모든 개정 작업은 실천철학

---

33 후일 칸트의 다음 진술은 우리가 두 작업을 어떻게 구별해야 할지를 일러준다. "실천철학의 체계"는 인간학적 자료들을 포함할 것이며, 인간학으로부터 어떠한 것도 받아들인 바 없는, 도덕형이상학을 전제할 것이다(『도덕형이상학』, 서론, § II [VI, 216-17]). 그런데 실제로 완성된 형태를 보면『도덕형이상학』은 앞서 기획된 "체계"에 더욱 가깝다. "도덕형이상학"의 개념들이 여러 차례 변화하는 과정에 대해서는 다음을 보라. G. Anderson, "Kant's Metaphysik der Sitten — ihre Idee und ihr Verhältnis zur Ethik der Wolffschen Schule", *Kant-Studien* XXVIII, 1923, pp. 41~61.

의 문제들과 거의 혹은 전혀 직접적 관계가 없는 부분들에서 이루어졌다. 그는 (오류추리론을 제외한) 변증론의 나머지 부분을 개정 없이 그대로 두면서, 다른 부분들에서 어떠한 심각한 오해의 여지도 발견하지 못했다는 의아한 설명을 남긴다.[34] 하지만 1787년에 『순수이성비판』과 『정초』가 양립할 수 없다고 비판하는 논적들을 상대하게 되었을 때, 그는 오해된 점을 많이 발견하게 된다. '규준' 장 안에 『정초』에 관한 건축술적인 부연설명을 추가하기에 '규준' 장과 『정초』의 이론적 차이는 너무 컸다. 그러려면 둘 다 대폭 수정되어야 하고, 그러면 첫 번째 비판서의 방법론에서 제시된 건축술적 구조는 완벽히 파괴될 것이다. 이 문제에 대한 그의 해결책은 새로운 서문을 재판에 추가하는 것이었다. 거기서 그는 '규준' 장의 수정 없이 윤리적 문제에 대한 자신의 생각을 밝혔다.

게다가 본래 『순수이성비판』은, 그것이 그 형태에 적합하다 할지라도, 또 다른 주요 저작을 추가하기에는 지나치게 길었고, 개정 작업은 원래의 850쪽에다 30쪽을 추가한 것이 전부였다. 또한 1786/87년 겨울 학기는 칸트가 대학 총장으로 재직했던 시기였고, 적어도 당시 이 직함은 단순히 한직이나 명예직이 아니었다. 1786년 8월의 프리드리히 대왕 (Friedrich der Große)의 장례식과 뒤이어 프리드리히 빌헬름 2세(Friedrich Wilhelm II)의 왕위 계승이 있었을 때, 칸트는 중요한 역할을 도맡아야 했다.[35] 이러한 모든 사실은 칸트가 『순수이성비판』의 개정을 아주 필수적인 부분에만 제한한 까닭을 납득할 수 있도록 돕는다. 우리는 이제 20년 가까이 지체된 기획 (a) 또는 (b)를 진척시키려는 그의 초조한 마음을 헤아릴 수 있다.

---

34 『순수이성비판』, Bxli.
35 조지프 그린(Joseph Green)이 1786년에 죽었다는 사실도 아마 기억되어야 할 것이다. 칸트의 초창기 전기 작가들, 이를테면 라인홀트 베른하르트 야흐만(Reinhold Bernhard Jachmann)은 이 사건이 철학자와 그의 일상에 얼마나 큰 영향을 끼쳤는지를 우리에게 일러준다.

이제 우리는 별개의 저서로『실천이성비판』을 쓰려는 기획이 첫 번째 비판서의 재판 서문이 쓰인 1787년 4월 이후에 구체화되었으며, 이것이 재판 서문에서 언급된 "도덕형이상학"을 대신한다고 가정할 수 있다. 무엇이 그를 이 마지막 운명적 결단으로 이끌었을까?

첫째, 실천이성에 대한 완벽한 비판이 1785년『정초』에서 이루어지지 않았음을 그가 인정했기 때문이다. 거기서 두 가지 근본주제가 다루어지지 않았는데, 적어도 그중 하나는 본질적으로 중요한 동시에 칸트의 마음을 바꾸도록 매료시킨 주제였다. 첫째는 이론이성과 실천이성의 궁극적 통일의 증명이었다. 둘째 주제는 이성적 존재자 일반에 적용 가능한 도덕법칙과 인간의 관계인바, 그의 통찰에 따르면, 그것은 인간학이 아니라 의지와 감정의 선험적 관계에 기초한다. 이성적 존재 일반에서 인간 이성으로의 이 구체적 이행은『정초』에서 이미 어렴풋이 드러났으나, 충분한 해명을 위해서는 기획 (a)와 (b)가 요구된다. 이리하여 우리가 오늘날 보고 있는 두 번째 비판서의 분석론의 제3장[="동기" 장]이 필요하게 되었다.

셋째, 칸트에게 자연스러운 것이고 그의 독자들에게도 환영받는 것으로서, "순수 사변이성의 건축물 전체의 이맛돌(Schlußstein)"(3)이 되는 개념, 즉 자유 개념을 더욱 체계적으로 전개하려는 바람 때문이다. 이 개념은 첫 번째 비판서에서 단지 가능성으로서, 즉 자기모순적이지 않은 것으로서 정립되었고, 이에 대한 충분히 깊이 있는 논의는 실천철학 그 자체를 위해서는 불필요한 것으로서 배제되었다. 그것은『정초』의 제3절에서 탐구되기는 했으나 체계적인 고찰은 아니었다. 그러나 그것은 충분히 백과사전적으로 논의되고 비판적으로 다루어질 필요가 있었다.

넷째, 칸트 자신이 첫 번째 비판서에서 사변적 인식에 대해 월권이라며 금지했던 한계를『정초』에서는 넘어갔다는 반박이 제기되었기 때문이다. 이것은 그가 존경했던 학자 헤르만 안드레아스 피스토리우스(Hermann Andreas Pistorius)의 반론이다. 이것이 타당할 경우 이론적 부문과 실천적 부문을 통틀어 비판철학 전체가 위협받게 된다. 그것은 어떠한 희생을 치르더라도 반드시 대처해야 할 반론이었다.[36] 그가 '규준' 장에서 사용했던 요청(*Postlatum*)의 방법은 그러한 반론을 쉽게 이끌어냈다. 이율배반의 전개와 성공적 해결은 부당한 월권을 폭로하는 칸트의 일관된 방법이었다. 따라서 그는 자신이 사실상 요청에서 어떠한 사변적인 요구도 하지 않았음을 밝히기 위해 최고선 개념에 내재한 이율배반을 전개할 기회를 획득했다.

이 모든 이유와 밀접하게 관련해 칸트는 광범위하게 도전받아왔던 토대들 위에서 새로운 작업을 하기에 앞서 여전히 상이한 반론들을 제기했던 논적들에게 답하려는 욕구가 있었다.

마침내, 나는 칸트가 다른 관점에 입각한, 즉 다른 경로를 통해 몇몇 동일한 결론을 이끌어낸 또 다른 비판서를 집필함으로써 첫 번째 비판서에서 확립하려 한 설득력을 강화할 기회를 갖게 되었다고 생각한다. 설령 이 책의 서문이 독자로 하여금 이 사실을 망각하게 할지라도, 두 번째 비판서는 첫 비판서의 속편이 아니다. 두 번째 비판서는 경험의 또다른 영역에서 완전히 새롭게 시작한다. 그리고 칸트는 이미 첫 비판서에서 완결된 논의들을 의식적으로 피하려 하지 말라고 빈번히 경고했고, 첫 비판서를 너무 염두에 두어서 두 번째 비판서의 자연스러운 진로가 외부적 고찰에 의해 영향받지 않도록 경고했다(7, 106). 두 저작이 풍부하게 접촉하는 첫 번째 지점은 연역에 이르러야 등장한다. 거기서 칸트의 논증을 위해 핵심적 역할을 하는 것은 바로 두 저작의 **독립성**이 확보되어야 한다는 것이었다. 논증은 상당히 다른 두 각도로부터 공동의 초점이 생겨날 것을 요구했고, 분석론의 끝에서 칸트는 두 저작의 이러한 독립성을 어쩌면 정당화된 이상으로 ——마치 자신은 "그러한 확증

---

36 『실천이성비판』, 6-7: "오직 실천이성의 상세한 비판만이 이 모든 오해를 제거할 수 있다."

(*Bestätigung*)을 어떤 식으로도 추구한 적이 없으므로" 공동의 초점이 자신에게 놀랍도록 만족스럽다는 듯이(106) ─ 주장했다. 더 큰 전체[37]의 일부를 작업 중인 사람이 한결같은 태도를 유지한다는 건 믿기 어려운 일이다. 이것이 독자의 눈에 얼마나 부자연스럽게 여겨질지 차치하더라도, 그런 식의 "확증"은, 『순수이성비판』의 일부로서의 기획 (c)이든, 아니면 첫 번째 비판서에 기초한 도덕형이상학으로서의 기획 (a)와 (b)이든 간에, 의도될 수 없다.

(『순수이성비판』 재판의 서문을 쓴) 1787년 4월 이후, 이러한 이유들이, 어쩌면 또 다른 이유들 역시 칸트로 하여금 예고되지 않은 새 책에 착수하게 했다. 그해 6월 25일 그는 쉬츠에게 『실천이성비판』이 거의 완성되었고, 1주일 내에 출판업자에게 원고를 보낼 것이라고 썼다. 가을에 그는 이 책이 출판업자의 수중에 있다고 했지만, 작업이 실제로 언제 끝났는지는 모른다.[38] 출판은 새롭고 더 뚜렷한 활자의 인쇄를 위해 지체되었으나, 12월에 그 책은 발행 연도가 1788년으로 기입된 채 칸트에게 배달되었다. 그런데 그는 이 책 또한 "도덕형이상학"을 위한 예비학일 뿐이라고 불렀다(161).

우리가 가진 모든 증거를 놓고 볼 때, 그 책을 쓰는 데 15개월 이상 걸렸을 리 없다. 이렇게 어림잡은 최대한의 기간은 그가 기획 (a), (b), (c)에 실제로 착수했다는 가정, 그리고 그가 이것과 상당히 다른 주제를 지

37　이는 칸트의 다음과 같은 말을 기억하는 사람에겐 특히 납득하기 어렵게 여겨질 것이다. 그에 따르면, 현상계와 지성계의 구별은 실천적 의도에 기인하며, 비판철학의 토대는 행위의 책임 여부를 고찰하는 와중에 자유 개념에 놓이게 되었다(*Löse Blätter zur Preisschrift über die Fortschritte der Metaphysik* XX, p. 335; *Reflexion* 6339). 그런데 『형이상학의 진보』(*Fortschritte der Metaphysik*)에서(XX, 311) 그는 이것을 수정하고, (그보다 앞서는 무엇을 논하는 것이 가능하지 않은) 형이상학 또는 비판이 향하고 있는 "두 개의 지도리", 즉 시간과 공간의 관념성과 자유 개념의 실재성의 이론을 진술한다.

38　「쉬츠에게 보내는 편지」(1787년 6월 25일)(X, 490); 「야코프에게 보내는 편지」(1787년 9월 11일)(X, 494).

닌 첫 번째 비판서의 대대적인 개정 작업을 하던 때와 정확히 같은 시기에 그것들을 작업했다는 가정에 기초한다. 두 번째 가정은 우리가 아는 칸트의 작업 습관과 모순된다. 그리고 만일 첫 번째 가정이 옳다 해도, 완성된 책이 일종의 지층 구조라거나 "주워 꿰맴" 구조라는 주장의 근거는 빈약하다. 또한 어림잡은 최대한의 기간은 1787년 4월에 바로 그 책의 기획에 대한 칸트의 침묵을 설명하지 못한다. 사람이 그러한 재주를 부릴 수 있다는 가정이 애초부터 믿기 어렵다는 점을 논외로 하면, 그 책의 집필은 1787년 4월 이전에 시작되지 않았고 9월이 되기 전 끝났다고 추론하는 것이 우리가 지닌 분명한 증거와 완벽히 조화를 이룬다. 그런데『순수이성비판』의 개정 작업이 마찬가지로 단시간 내에 "완성에 이르렀음"을 생각하면, 저 믿기 어려운 일도 조금 납득할 여지가 생긴다.

여기까지가『현상논문』부터 후기작『도덕형이상학』까지 30년이 넘도록 진화를 거듭하며 지체된 일련의 기획들의 진상이다. 이 과정에서『순수이성비판』은 물론이고[39]『정초』와『실천이성비판』도 말하자면 부산물로서 출현했다. 설령『도덕형이상학』이 본질적으로 중요하고 흥미로운 저작이 아니더라도, 그것은 우리가 감사해야 할 저작이다. 그것은 칸트가 다른, 더 뛰어난 걸작을 만들어낼 수 있도록 영감을 주었던 하나의 목표였다. 헤르더와의 약속이 더 일찍 지켜졌더라면 도덕철학은 매우 큰 손실을 입었을 것이다.

---

[39] *Lose Blätter zur Preisschrift über die Fortschritte der Metaphysik* XX, p. 335 참조. 실상이 이렇다는 것이 리하르트 크로너(Richard Kroner)의 주장이다. Richard Kroner, *Kants Weltanschauung*, Tübingen, 1914.

제2장

이론이성의 한계들

1. 들어가며

『실천이성비판』의 서문의 절반 이상은『순수이성비판』에서 제기된 문제들과 칸트의 확신에 찬 답변들, 그리고『순수이성비판』과『정초』에서 양립 불가능한 요소를 발견한 독자들의 반박을 다룬다.『실천이성비판』은『정초』의 학설을 얼마간 되풀이하고 정교화하는 작업이므로, 칸트는 이 저작과『정초』의 학설이『순수이성비판』의 학설과 양립할 뿐 아니라 첫 번째 비판서의 발견들을 추가적으로 지지함을 밝히는 것을 주요 목표로 삼았다. 두 저작이 양립하고 서로 지지한다는 점은『실천이성비판』의 본론을 통해서만 완전히 입증될 수 있겠지만, 서문에는 앞선 비판서의 주된 결론들을 숙지하지 않으면 이해될 수 없는 진술들도 등장한다. 이 책을 쓰면서 칸트는 확실히 독자들이『순수이성비판』의 학설에 친숙할 것을 전제했다. 그에 따르면, "순수 사변이성의 개념들과 원칙들은 이제 다시 이 저작에서 검사된다". 오직 이런 식으로만 "기존의 것과 새로운 것", 즉 "이성 개념"의 이론적 사용과 실천적 사용이 비교되고 연결되

며, 그 결과 『실천이성비판』의 "새로운 길"이 이전과 명백히 구별될 수 있다.[1]

이 장에서 나는 다만 『실천이성비판』의 서문의 이해를 돕기에 충분한 정도로 첫 번째 비판서의 논증과 결론을 요약한다. 그러나 이 주해의 뒷 부분에서는 『실천이성비판』의 특정 부분을 이해하는 데 적합한 배경을 마련하기 위해, 첫 비판서의 특정 부분의 연구가 필요할 것이다. 대체로 『순수이성비판』에 익숙한 독자는 이 장 전체를 정독할 필요는 없으며 서문이 더 직접적으로 다루어지는 제6절부터 읽기를 권한다.

2. "순수이성비판"의 문제

『순수이성비판』은 "나는 무엇을 인식할 수 있는가?"라는 물음에 체계적으로 답하려는 집요한 시도이다. 그 대답은 "수학과 자연과학의 진리들은 인식할 수 있지만, 전통적 사변형이상학의 대상들은 인식할 수 없다"는 것이다.

이 대답은 인식의 전제들을 검사함으로써 획득되었다. 우리로 하여금 수학과 과학에서 인식을 가능하게 하는 근거가 형이상학적 대상들의 인식을 추정하는 데까지 확장되지 않음이 이 검사를 통해 발견되었다. 이 근거는 인식 대상들이 우리의 감성, 곧 칸트의 용어법에 따르면 '직관' (*Anschauung*)에 주어져 있다는 것이다.

우리의 모든 인식, 그리고 인식으로 추정되는 것은 세 종류의 판단 중 하나로 표현된다.

i) "모든 붉은 대상은 채색되어 있다" 또는 "모든 물체는 공간 중에 펼쳐져 있다"와 같은 판단은 분석적일 수 있다. 이러한 판단은 그 술어가

---

1 『실천이성비판』, 7; Reflexion 5019, 5036 참조.

주어 개념의 분석에 의해 발견되므로, 분석적이다. 이러한 판단은 확실하며, 우리의 인식을 구성하고 분류하는 데 있어 중요하다. 그러나 분석판단은 우리의 인식을 확장하지 않는다. 그러한 판단은 우리가 주어 개념을 받아들임으로써 — 적어도 함축적으로는 — 이미 알고 있는 것 이상을 알려주지 않는다. 게다가 그 판단이 언급하는 주어가 무엇이든 간에, 그것의 현존 여부에 대해 아무것도 알려주지 않는다. "삼각형은 세 각을 지닌다"는 절대적으로 참이며, 세상에 어떠한 삼각형도 현존한 적 없다 해도, 마찬가지로 참일 것이다. "신은 완전한 존재자이다"도 그러한 판단이며, 신 개념은 그 술어 중 하나로서 완전성 개념을 포함한다는 것을 인식하기 위해 우리가 신의 현존 여부를 인식할 필요는 없다.

ii) 술어가 주어 개념 속에 논리적으로 포함되지 않는 경우, 판단은 종합적이다. 따라서 "이 소녀는 어리다"나 "모든 인간은 2백 살보다 적은 나이이다"는 종합판단이다. 그 판단들이 옳은지 그른지 여부는 경험에 의해 확인되어야 한다. 그것들은 경험에 근거하며, 그것들이 참이라면 경험과 관계하는 것이다. 하지만 설령 참이라 해도, 그러한 판단이 **필연적으로** 참은 아니다. 저 소녀가 보이는 것보다 나이가 많다는 것도, 어쩌면 인간 수명이 2백 년이 넘게 확장될 수 있다는 것도 꽤 있을 법하다. 오직 경험적 사실에 비추어서만 판단될 수 있는 진리를 지닌 그러한 종합판단은 '선험적'(*a priori*) 분석판단과 구별해 '후험적'(*a posteriori*)이라 불린다.

iii) 그런데 칸트는 종합판단들 가운데에는 필연적으로 참이며, 따라서 관찰과 경험으로부터의 귀납에 근거하지도 않고, 거기에 포함된 개념들의 한갓 논리적 분석에 근거하지도 않는 어떤 판단들이 있다고 여겼다. 이것들이 선험적 종합판단이다. 그는 수학의 정리들과 같은 수학적 판단들과 "모든 사건에는 원인이 있다"와 같은 "순수 자연과학"의 원칙들이 선험적 종합판단이라고 주장했다. 칸트가 전하는 바에 따르면(13, 52), 흄은 수학적 판단들이 선험적임을 인정했기 때문에, 그것들은 분석적이라고 간주했고, 인과율과 같은 자연과학적 원칙들은 분석적이지 않으므로, 후험적이라고 믿었다. 인과율을 귀납 위에 세워진, 따라서 후험적인, 한갓 관습이나 습관의 산물로 간주한 입장의 귀결은 형이상학에서와 마찬가지로 과학에서의 회의주의이다. 칸트는 말하기를, 흄은 다만 수학적 인식의 선험성을 존속시킴으로써 보편적 회의주의에서 벗어났지만, 사실 그는 수학적 인식이 분석적이라고 잘못 믿었기 때문에 그럴 수 있었다.

처음 두 종류의 판단의 가능성을 설명하기는 매우 쉽다. 그러나 이전의 철학자들은 세 번째 종류의 판단이 존재한다고 인지했던 적이 한 번도 없었다. 그런데 칸트가 볼 때, 이 판단은 후험적 종합판단들에서도 필수불가결하다. 왜냐하면 "태양이 돌을 달군다"처럼 경험에 기초한 어떤 판단은 한 사건과 그 사건을 귀결시키는 원인인 다른 사건 사이의 연결에 관한 선험적 종합판단을 전제하기 때문이다. 따라서 『순수이성비판』의 문제는 다음과 같다. 선험적 종합판단은 어떻게 가능한가?

3. "코페르니쿠스적 혁명"

저 물음에 대한 답변은 철학에서의 "코페르니쿠스적 혁명"이라고 일컬어지는 대목에서 생생히 서술된다. 『순수이성비판』 재판 서문의 한 유명한 구절에서 칸트는 자신의 새로운 인식론을 니콜라우스 코페르니쿠스(Nicolaus Copernicus)의 천문학 체계에 견준다. 코페르니쿠스 이전에는 모든 행성이 지구를 중심으로 회전한다는 가정 때문에 행성들의 분명한 운동을 설명하는 데 어려움을 겪었다. 이와 비슷하게, 칸트 이전의 철학에서는 인식을 대상에 대한 수동적인 일치로 가정함으로써 대상의 선험적 인식이 어떻게 가능한가의 설명이 불가능했다. "천체가 관찰자를 중심으로 회전한다는 가정 하에서 천체의 운동이 잘 설명되지 못하자, 코페르니쿠스는 관찰자를 회전하게 하고 반대로 별들을 정지시킨다면 더 잘 설명되지 않을까라는 가설 아래 실험했다."[2] 칸트도 이와 비슷한 일을 했다. 만일 대상들의 현상적 특징들, 곧 그것들이 우리에게 나타나는 방식이 우리가 그것들을 인식하는 조건들에 의해 설명된다면, 그것들은 적어도 부분적으로 관찰자의 기능에 의존하게 되므로, 이러한 특징들의 인식이 어떻게 선험적일 수 있는지가 이해될 수 있을 것이다. 그 경우, 물론 대상들의 현상적 특징과 실재적 특징의 뚜렷한 구별이 필수적이다. 이는 마치 코페르니쿠스가 프톨레마이오스(Ptolemaios)의 천동설을 거부함으로써 실제 행성 운동과 눈에 보이는 행성 운동을 뚜렷이 구별해야 했던 것과 같다. 설령 사물이 그 자체로 존재한다 해도, 우리에게 드러나는 인식 대상들은 인식하는 마음의 구조와 종합 활동에 상응해야 한다.

현상계의 인식을 가능하게 하는 마음의 인식능력은 감성과 지성이다. 감성은 주어져 있는 것들(*data*)을 수용하는 능력으로서 우리의 개념 형성을 위한 지각 내용을 제공하며, 이로써 우리의 개념들은 실제 대상들과 관계한다. 지성은 이 개념들을 대상들에 대한 종합판단과 연결한다. 모든 대상이 따라야만 하는, 주어져 있음의 선험적 형식은 시간과 공간이다. 그러므로 인식 가능한 모든 대상은 시공간적인 것이어야 한다. 개념들을 대상들의 판단과 종합하는 선험적 규칙은 지성의 열두 범주이며, 이는 형식논리학의 판단 형식에서 비롯된다.

직관 형식과 범주는 그것들이 단지 우리 경험의 형식일 뿐이고 형이상학적 실재 또는 사물 자체의 형식이 아니라는 의미에서 "주관적"이라 불릴 수 있다. 그러나 그것들은 개인적이거나 이러저러한 마음의 개인적이고 심리적인 특색에 좌우되는 것이 아니라 모든 관찰자에게 동일한, 하나의 시공간 하에 공개된 대상들의 인식을 세우는, 주어져 있는 것들의

---

2 『순수이성비판』, Bxvi.

수용 능력에서 도출된 경험상의 품행 규칙이라는 의미에서 "객관적"이다. 따라서 이것들은 인식을 특징짓고, 인식을 한갓 공상이나 착오와 구별하는 종류의 객관성의 토대인바, 말하자면 이는 인식하는 마음들이 모두 따를 모범을 만들어내고 공통의 대상들을 바라보는 상이한 관찰자들 간의 일치를 근거짓는 보편성과 필연성으로서의 객관성의 토대이다.

감성(곧 직관)과 지성(곧 개념)은 인식을 위해 필수적이다. 개념 없는 직관은 맹목적이고 지독히 어지러운 혼란에 불과하다. 직관 없는 개념은 공허하고, 핏기 없는 범주들의 초현실적인 무용극이다.

따라서 우리는 현상계만을 인식할 수 있다. 사물 자체에 대해서는 어떤 것도 직관하지 못하기 때문이다. 직관은 인식을 위해 필수적인데, 우리는 오직 시간과 공간상의 것들만 직관하기 때문에, 인간의 인식은 물리적인 것을 넘어서 있는, 글자 그대로 형이상학적 대상에는 도달할 수 없다.

따라서 자연의 객관적 인식을 가능하게 하는 것, 말하자면 직관의 선험적 형식은 이른바 형이상학적 대상에 결여된 것이며 이러한 결여가 형이상학을 불가능하게 한다고 말할 수 있다. 흄은 정당하게 형이상학을 부정했지만 잘못된 근거에 의존했다. 그가 형이상학을 부정하도록 이끈 근거들은 과학에서의 필연적 판단들 또한 부정하도록 강요했기 때문이다. 칸트는 선험적 직관 형식의 학설을 통해 흄의 회의주의로부터 학문적 인식을 구하고 동시에 전통 형이상학을 파괴했다.

비록 우리의 인식 대상이 사물 자체는 아니라 해도, 자연에 대한 우리의 인식은 실제적 인식이지, 주관적 대체물이 아니다. 우리가 직관을 통해 인식하는 현상과 우리가 범주들의 인도에 따라 종합적으로 형성하는 현상의 개념은 마음이 날조해낸 한갓 표상이 아니다. 그것은 법칙들 아래 있는 현상들의 체계에 속하며, 이는 우리가 "자연"이란 낱말로 이해하는 것과 동일하다. 경험의 이러한 체계화는 과학자가 자연에 대해 말할 때 떠올리는 것과 동일하다. 그것은 당신의 머릿속에 있는 것과 다른,

내 머릿속 어떤 것이 아니다. 그것은 나무토막이고 돌멩이며, 밀랍이자 양배추이며, 왕, 별, 원자, 그리고 우리가 더 큰 망원경을 갖기 전에는 볼 수 없었던 성운(星雲)이다. 칸트가 종종 말하던 "자연형이상학"은 자연에 대한 우리의 인식에 포함된 모든 선험적 원리의 체계적 전개이자 해설이지, 자연 안에 존재하는 것들을 구체적으로 발견하는 일과 무관하다.

4. 이론적이고 사변적인 이성

인식을 위해서는 감성과 지성 외에 이성도 요구된다. 이성은 모든 '그러므로'에 대한 '왜'를 제공하는 체계적 사유의 능력이다. 이성적 추리 과정에서 우리는 부분의 인식으로부터 전체의 인식으로 나아간다. 자연은 시공간 내의 현상들의 계열들을 포함한다. 이 계열은 무한히 확장될 수 있다. 모든 현상은 그 전후는 물론이고 동시 상황에서도 다른 현상들과 공존하기 때문이다. 이것들이 다 함께 현상의 시공간적 상태와 그것의 경험적 성격을 규정한다. 모든 원인은 동시에 결과이며, 모든 법칙은 더 일반적인 법칙의 특수 사례인 듯 보인다. 우리 경험의 이러한 양상이 바로 이성이 탐구해야 할 과제이다.

과학(*Wissenschaft*)[=또는 근대적 의미의 학문]을 위해 복무하는 이론이성은 우리의 인식을 논리적으로 엄밀한 체계 속에서 조직화하려 시도한다. 그리고 그 체계는 현상들의 간결한 설명을 제공할 것이다. 가장 성공적인 학문 이론은 최소한의 가설을 가지고 최대한의 사실들을 설명해내는 것이다. 그러나 우리의 자연과학에는 언제나 가설들이 존재한다. 근본명제들은 단지 우리가 그것들을 아직 설명해낼 수 없다는 이유에서만 근본적이다. 우리가 자연에 관해 품고 있는 물음에 대한 어떠한 궁극적 답변도 자연 안에서 발견될 수 없다. 학문은 단지 우리가 다음과 같이 말해야 할 때를 늦출 뿐이다. "사물들은 이렇게 존재한다. 어쩌면 다르게 존재할 수도 있을 테지만 그 경우에 나는 왜 그러한지 설명할 수 없다."

궁극적 답변에 도달하려는 열망이 만족되려면 우리의 모든 자연 인식을 넘어가야 한다고 철학자들은 늘 생각해왔다. 사변형이상학자는 바로 이 작업을 시도한다. 이론적 작업을 완수하기 위해서는 이론이성이 사변이성이 되어야 하고, 형이상학에서 답을 구하려면 물리학을 떠나야 한다. 형이상학은 사변이성의 산물로서 사물 자체에 대한 추정상의 인식(alleged knowledge)에 존립하며, 이로써 사물들이 그렇게 현상하는 이유를 설명하고자 한다.

현상들 너머로 이행함으로써 사변이성은 인식을 경험세계에 묶어두는 밧줄을 자를 수밖에 없다. 그러나 사변이성 또한 하나의 사유 활동이므로, 여전히 생각의 범주들을 사용할 수밖에 없다. 그 결과물은 지각을 통한 사물들과의 접촉이 없는, 공허한 생각이다. 이것은 인식이 아니다. 왜냐하면 하나의 범주는 오직 감성적 표상을 통해서만 대상에 명확히 적용될 수 있기 때문이다. 따라서 범주는 우리가 초감성적 대상을 생각할 수 있게 하지만, 그 대상들을 인식할 수 있게 하는 것은 아니다.

하지만 그러한 대상들을 생각하는 일이 쓸데없는 공상은 아니다. 범주들 자체, 그리고 체계적 통일의 열망은 만물을 설명할 수 있을 궁극적 원리들의 탐색을 시도하고 그 작업을 완수하기 위해 어떤 대상 개념들이 사용되어야 하는가를 규정한다. 영혼, 신, 세계 전체와 같은 이념들로 우리가 경험하는 사물들을 설명하는 일은 본래 허락되지 않지만, 만일 우리가 경험 내에서 기능하는 원리들을 초감성적 영역에서까지 추구한다면 그것은 불가피하다. 경험에 닻을 내리고 있지 않은 범주들은 이성의 이념들이 된다. 이념들은 감관에 주어진 어떠한 대상과도 대응하지 않는 개념이지만 그렇다고 쓸데없는 것은 아니다. 그것들은 전체가 질서정연하게 추구되도록 지도한다. 그러나 만일 범주들이 감관의 대상들에 관계하듯이 이념들이 실제로 존재하는 대상들과 관계한다고 잘못 생각하게 되면, 다양한 종류의 가상들이 생겨날 것인데, 이를 폭로하는 것이 비판의 임무이다.

따라서 『순수이성비판』은 우리가 학적 인식의 범위를 넘어선 대상들을 인식할 수 있다고 믿어왔던 전통 형이상학의 월권에 대한 소극적 비판과 거부이다. 사변형이상학은 인식의 적법한 분과가 아니다. 가능한 형이상학은 오직 "내재적 형이상학", 즉 경험의 선험적 원리들과 규제적 이념들의 체계적 해설뿐이다.

5. 제3이율배반[3]

칸트는 자신이 인식을 위해 필수불가결하다고 여겼던 것들 중 하나, 즉 감성적 소여의 결핍을 밝힘으로써 초감성적 세계의 인식이 불가능하다는 것을 "증명"(*beweisen*)하는 데 만족하지 않았다. 그러한 논증은 '선결문제 요구의 오류'(*petitio principii*)가 될 것이며, 감성이 단지 인식의 가장 낮은 형식일 뿐, 모든 인식의 필연적 조건은 아니라고 주장하는 어떠한 합리론자도 설득하지 못할 것이다. 칸트는, 신의 현존 혹은 영혼의 현존 및 불멸성을 입증하려고 고안된 모든 논증에 포함된 오류들을 폭로함으로써, 그러한 인식이 사실상 불가능함을 직접 증명하려고 시도했다. 더 극적인 것은 그가 모든 선험적 종합판단에 대해 동등하게 타당하고 필연적인 논증이 그 논증의 모순을 증명할 수 있음을 밝힘으로써 사변이성의 "이율배반"(*Antinomie*)을 폭로하려 시도했다는 점이다. 칸트는 이율배반을 순수 이성이 빠질 수 있는 "가장 다행스러운 탈선"(*glücklichste Verlegenheit*)(107)이라 불렀다. 우리는 곧 그 까닭을 알게 될 것이다.

이율배반은 각기 타당한 것으로 증명되는 한 쌍의 모순되는 판단으로

---

3   이는 이 책의 제11장에서 상세히 논의된다.

서 둘 다 이성의 피할 수 없는 관심을 표현한다. 『순수이성비판』에는 네 개의 이율배반이 존재한다. 우리는 여기서 자유와 자연인과성의 제3이율배반만을 다룰 것이다.

이율배반은 이론이성을 시간과 공간의 세계에 엄격히 제한한다. 이로써 학적인 결과들에서 벗어난 모든 사변적 비상(飛翔)은 물론이고 감관의 한계를 넘어선 사변들에 학적 가설을 적용하려는 모든 시도를 무화한다. 그러나 그 해결에서는 이성의 전혀 다른 사용이 허락된다. 이율배반의 발생과 해결은 이성의 적용 범위와 권한이 인식에만 배타적으로 제약되지 않음을 부각한다.[4]

이는 제3이율배반에서 매우 명백하다. 그것은 인과성 관념의 상쟁 (Konflikt)에서 비롯된다. 모든 것이 각기 원인을 가져야 한다면, 모든 인과성은 자연법칙의 시간적 조건 아래 존립한다. 그러나 모든 것이 단 하나의 원인을 갖는다면, 자연법칙의 시간적 조건 아래에서 생겨난 사건의 외부에 그 원인이 있어야 한다. 두 명제는 우리가 인과율에 절대적 타당성을 부여하려면 모두 불가결한 것이다. 하지만 보이는 대로라면 이것들은 둘 다 참일 수 없다.

그 해결은 다음과 같다. 자연법칙 아래에 포섭되지 않은 원인들의 실재성을 확언하는 정립명제와 모든 원인성은, 그것이 현재 인식된 것이든 아직 발견되지 않은 것이든 간에, 그리고 자연법칙 아래에 존재한다고 확언하는 반정립명제는 그 각각의 적용 범위가 구별된다면 모두 참일 수 있을 것이다.[5]

---

4 실제로 칸트는 자신의 인식론을 최종적으로 완성해가는 시점에 이율배반을 발견했다. 아마 이율배반의 늦은 발견은 그로 하여금 형이상학적 인식이 가능하다는 『교수취임논문』의 입장을 철회하도록 이끌었을 것이다. 그는 크리스티안 가르베(Christian Garve)에게 이율배반의 발견이 자신의 비판철학의 시작이었다고 말했다(1798년 9월 21일의 편지[XII, 257]).

5 엄밀히 보면, 이것은 셋째와 넷째 이율배반에 대해서만 참이다. 『실천이성비판』, 104 참조.

각 명제의 적용 영역은 그 명제를 뒷받침하는 논증의 본성에 따라 정의되며, 둘 중 어떤 것도 각각의 증거들이 미치는 영역을 벗어나 타당하게 사용될 수 없다. 정립명제의 증거는 모든 개별 현상에 대해 충분한 근거를 요구하는 이성의 관심을 나타낸다. 충분 근거는 현상계 내에서 발견될 수 없다. 모든 현상적 원인은 그 자체로 선행 원인의 결과이고, 따라서 그것 하나로는 그것에 의존하고 있는 현상들을 충분히 설명할 수 없기 때문이다. 반면에 반정립명제의 증거는 시공간 내의 사건 계열의 전 부분에 자연원인성의 법칙을 적용하려는 지성의 요구를 나타낸다. 그 논증에 따르면, 현상계 내에서의 자유로운(곧 앞선 원인의 결과가 아닌) 원인의 가정은 우리의 자연 개념이 요구하는 법칙의 지배를 와해시킬 것이다. 하지만 반대논증에 따르면, 우리가 자유로운 원인을 가정하지 않는다면 제1원인 또한 가정할 수 없고, 따라서 우리가 인식에 있어서 얼마나 큰 진보를 이루든 간에 우리는 어떤 것에 대해서도 **완벽한** 인과적 설명을 제출할 수 없다.

제3이율배반은, 정립명제가 지성계(사물 자체)와 현상계의 관계에 적용될 수 있고 반정립명제는 현상들의 관계에 제한된다는 것을 밝힘으로써 해소된다. 양편의 증명을 통해 두 세계는 이렇게 서로 분리되고 구별되지만 양립 가능한 적용이 승인된다. 그 해결은 현상계와 지성계의 구별에 의해 획득된다. **이 이원론은 칸트의 윤리학 이론의 필연적 전제**이자 그의 사변적 형이상학 비판의 주된 결론이다.

이 이원론에 의해 학적 인식은 두 가지 관점에서 제약된다. 하나의 경계는 학적 인식이 넘어가서는 안 되는 지점에 설정되고, 이에 따라 자연법칙이 인과성의 유일한 정식이 아니라는 주장의 가능성이 생겨난다. 다른 한편, 학문의 범위 너머에 이성의 또 다른 사용이 있을 수 있다. 칸트는 "따라서 나는 **신앙**에 자리를 마련하기 위해 **인식**을 지양해야만 했다"고 말했다.[6] 만일 칸트가 인간적 소망과 무별주의(無別主義, obscurantism)에 의거하지 않고 굳건한 인식론적 근거들을 따라 인식에 한계를 설정하지 않았더라면, 우리가 도전받았을 영역은 과학이 아니라 도덕성이었을 것이다.

6. 자유에 대한 미정적 판단에서 확정적 판단으로의 이행[7]

주목할 것은 제3이율배반의 해결이 단지 고유한 법칙을 가진 다른 종류의 인과성의 가능성만을 확보했다는 점이다. 『순수이성비판』에는 자유가 인과성의 한 양태로서 실제적이라는 주장이나 그러한 인과성을 위한 선험적 법칙이 존재한다는 주장을 입증하려는 어떤 시도도 (우연적 진술을 제외하면) 없었다. 그런데 만일 그러한 인과성이 없다면, 원칙적으로 원인들의 완벽한 체계를 세우려는 이론이성의 시도는 실패할 것이다. 이론이성은 그 자신의 완성을 위해 그러한 개념을 필요로 한다 해도 그것을 확립할 수 없다. 그러나 그 개념이 없다면 이론이성 자신의 존재가 위험에 처하고, 이 결핍은 "이성을 회의주의의 심연으로" 밀어 넣을지도 모른다(3).

자연인과성의 원리가 자연과학을 지도하듯이, 오직 이 개념만이 경험의 어떤 영역을 지도할 수 있음을 밝힘으로써 그 개념은 확립될 수 있다. 따라서 분석을 통해 선험적 종합판단의 필연성을 입증해주는 어떤 경험의 영역이 있어야만 한다. 그런데 그것은 오로지 자유로운 원인들이 실제로 현존한다는 것이 확언될 때에만 가능하다. 『정초』와 『실천이성비판』은 도덕법칙이 무조건적 필연성을 담지함을 보여준다. 도덕법칙은 하나의 실천적인 선험적 종합명제이다. 이 두 저작에서 그것의 가능성이 입증된다. 그것은 오직 의지가 자유로운 원인일 때에만 가능하다. "자유

---

6 『순수이성비판』, Bxxx.
7 이 이행은 이 책의 제10장에서 충분히 논의될 것이다.

의 이념은 도덕법칙을 통해 계시되기 때문에, 자유는 실제로 존재한다."
도덕법칙은 자유의 **인식근거**(*ratio cognoscendi*)요, 자유는 도덕법칙의 **존 재근거**(*ratio essendi*)이다(4n.).

그럼에도 불구하고, 이로써 우리가 자유에 대한 어떠한 인식에 이르 는 것은 아니다. 범주, 즉 인과성의 범주는 초감성적 대상, 이를테면 본 체(*noumena*)로서의 우리 자신에게 적용된다. 우리는 우리 자신이 자유롭 다고 **생각한다**. 하지만 다른 맥락(자연)에서 우리는 우리 자신을 자연법 칙 아래의 현상들로 **인식한다**. 우리가 생각할 수밖에 없는 것과 우리가 인식하는 것 사이의 모순은 제3이율배반의 해법과 동일한 방식으로 해 소된다. 우리는 우리의 실재와 우리의 현상적 외관을 구별한다. 이런 방 식으로 우리가 『순수이성비판』에서 금지되었던 어떤 인식을 얻는 것은 아니다. 하지만 이로써 우리가 실천이성의 의미를 적합하게 이해하게 되 면,[8] 우리는 어떠한 모순에도 빠지지 않을 것이다.

『순수이성비판』의 변증론에서 칸트는 두 가지 이념, 즉 불멸성을 특징 으로 하는 실체로서의 영혼의 이념과 완전한 존재자로서의 신의 이념을 고찰한다. 그는 각각의 논거들을 논박한다. 하지만 영혼이 불멸하지 않 는다거나 신이 현존하지 않음을 증명한 건 아니다. 그는 오직 각각에 대 한 이론적 증명이 불가능함을 증명한다. 두 이념은 모두 이론의 완성을 추구하도록 지도하는 규제적 역할을 맡은, 사유의 필연적 대상이다. 하 지만 인식 대상은 아니다.

『실천이성비판』은 ("영혼이 불멸할지도 모른다"나 "신이 현존할지도 모른 다" 같은) 『순수이성비판』의 미정적 판단들을 확정적 판단들로 전환시킨 다. 그것들은 "사변이성에 의해 뒷받침되지 않는 한갓 이념들"이었지만,

---

8 『실천이성비판』, 6: "이성의 실천적 사용이 단지 명목적으로 인식되는 한", 즉 실천 이성이 단지 특수한 종류의 인식능력으로 생각되는 한, "이것은 분명 일관성이 없어 (*inkonsequent*) 보일 수밖에 없다".

이제 "자유 개념과 연결되고, 자유 개념과 더불어, 그리고 자유 개념에 따라 존립하고 객관적 실재성을 얻는다"(4). 이는 그 이념들이 만일 법칙이 헛되고 가상적이지 않다면 반드시 가능해야 하는 필연적 대상, 곧 최고선(*summum bonum*)의 조건들이라는 것이 증명됨으로써 일어난다.

그러나 이 확정적 판단들 중 어느 것도 경험의 한계를 넘어선 범주들을 사용함으로써 우리의 인식을 표현하거나 확장하지 않는다. 그 이념들은 실천적 이성신앙의 요청인바, 그것들 없이 도덕적 경험이 온전히 이해될 수 없다는 이유에서 필연적이다. 그 이념들은 믿으려는 주관적 의지나 정서적 요구와 관계된 어떤 것도 포함하지 않는다.[9] 그것들은 이성적이되, 인식의 대상은 아니다.

---

9 서문에서 칸트는 자신이 이념들이 인식을 제공한다는 듯이 이러한 판단들을 다루었다는 고발을 부정하는 데 주력한다. 뒷부분에서(143n.) 그는 이념들은 인식되는 것이 아니므로 임의적이고 주관적일 수밖에 없다는 정반대의 비판에 대응한다.

제3장

생각, 행위, 그리고 실천이성

1. 품행(conduct)의 두 측면

칸트 철학에서 생각과 행위의 밀접한 연관은 이 책의 제목만 보아도 분명하다. "실천이성"은 지금은 널리 쓰이는 용어가 아니며, 이는 그 개념이 우리 시대에 도덕철학 분야의 저자들의 호감을 사지 못함을 의미한다. 그러나 칸트 철학에서 이 용어가 가리키는 것은 인간 행위의 명백히 중요한 요소이다. 나는 일단 칸트의 다소 혼동스러운 용어법을 끌어들이지 않고서 이것에 대해 서술하려 한다. 이후 우리는 생각과 행위에 대한 칸트의 견해의 많은 부분이 우리 삶에서 마주치는 평판이 좋은 사람의 특징과 별반 다르지 않음을 보게 될 것이다. 단, 이 모범적 인물이 자기반성 능력을 완전히 결여하지 않은 동시에 심리학을 조금쯤 이해한다는 가정 하에서 그렇다.

인간의 행동은 인간 존재에게 서로 다른 두 얼굴을 드러낸다. 그것은 야누스(Janus)와 같아서 행위를 보는 사람의 관점은 행위하는 사람의 관점과 결코 같지 않다. 우리는 심리학자처럼 인간의 행위를 매우 복잡한 서술 법칙들에 의해 제시되는 일련의 사건들의 연결로 고찰할 수도 있을 것이다. 심리학자들은 타고난 조건과 환경적 조건 전체가 주어지면 인간의 행동이 예측 가능하다고 가정한다. 이러한 가정 하에서 특정한 예측을 시도하는 심리학자의 관점은 관찰자 또는 구경꾼의 관점이다. 그는 행동을 이해하고 예측하고자 시도하지만, 거기에 능동적으로 참여하진 않는다. 필수불가결한 법칙들이 아직 완전히 인식되지 않았다 하더라도, 물론 그것들이 배타적으로 인식될 수 없다 하더라도, 발견된 법칙들에 한해 생명 없는 자연에 대한 과학의 법칙보다 통계상 타당성이 더 낮다 하더라도, 마지막으로 이 법칙들이 가장 잘 확립된 곳에서조차 개별 사례에 그것을 적용하기 위해 필요한 사실 자료들은 그것들이 최대로 요구되는 때에도 흔히 부족하더라도, 이 모든 사정에도 불구하고, 원칙적으로 모든 심리학자는 인간의 행동이 일식이나 월식과 동일한 확실성을 가지고 예측될 수 있으리라고 여긴 칸트에게 동의할 것이다(99).[1]

필연적 법칙의 내용이 되려면 ─ 그 법칙이 물리학의 법칙과 유사하든, 아니면 심리학이나 경제학의 법칙과 유사하든 간에 ─ 그것은 그 법칙을 정식화하려는 모든 시도에 대응할 만큼 성공적으로 규정되어야 한다. 그러한 법칙이 있다는 것은 심리학이나 인류학이 하나의 학문이 되기 위한 필연적 전제이다.

인간의 품행의 다른 측면은 행위에 연루된 인격(*person*)으로부터 고찰된다. 한 관점에서 본 모든 사실이 다른 관점에도 요구되고 현존할 수도 있지만, 각 관점의 전체 무대배치(*mise-en-scène*)는 상이하다. 품행을 고

---

1 "만일 우리가 인간 의지의 모든 현상을 그 근거까지 탐구할 수 있었더라면, 우리가 확실하게 예측할 수 없고 또 선행 조건들로부터 나온 것으로서 인식할 수 없는 인간의 행위는 단 하나도 없을 것이다. …… 그것은 만일 우리가 단지 **관찰**만 하고, 인간학의 방식대로, 인간 행위를 추동하는 원인들을 생리학적으로 탐구하기를 원한다면, 우리는 단지 이러한 경험적 성격에 따라서만 인간을 고찰할 수 있을 것이다"(『순수이성비판』, A550=B578).

찰하고 이해하는 두 번째 방식에 따르면, 한 사람은 행위자로서 자신의 품행에 관계하지만, 연극에서 정해진 역할을 일상적으로 수행하는, 그것도 외부의 관찰자에게 익히 알려진 역할을 수행하는 배우로서 행동하는 것이 아니다. 도리어 인간은 관객이 그에게 기대하고 있는 바를 정확히는 알지 못하는 배우이다. 자신의 연기에 대한 배우의 숙고는 그가 감행하는 구체적인 연기를 규정하는 원인들 중 하나다. 그는 숙고가 끝날 때까지 자신의 행위가 무엇이 될지 알지 못한다. 관찰자가 심리학 전문가나 현자(Menschenkenner)라면, 어쩌면 그는 자신의 행위에 대한 배우의 고려가 자신의 품행에 미칠 정확한 결과를 예견할 수 있을지 모르나, 그렇다 해도 이러한 구체적 인과관계가 배우 자신에게 인식되는 것은 아니다. 행위에 대해 생각하는 일은 행위의 원인들 중 하나다. 하지만 그[배우] 자신이 생각을 끝내고 결심할 때까지, 생각으로부터 유발될 행위의 구체적 향방은 그에게 인식될 수 없다. 행위자에게, 생각하는 일은 인과법칙과 관련된 특수한 행위의 원인이라기보다는 도리어 그가 구체적인 행위를 선택하도록 이끄는 근거나 좋은 이유를 찾는 일이다. 행위는 이러한 생각의 과정에서 이제 막 이르게 된 선택이나 결심의 산물이다. 어쩌면 관찰자는 생각의 상당 부분이 합리화라고 주장할지도 모르고, 행위자조차 그렇게 느낄 수 있을 것이다. 행위자의 선택이 있고 난 뒤에야 사람들은 그 행위자가 실제로 자신이 행한 것과 똑같이 행하리라고 예측될 수 있었음을 입증하려고 법칙을 덧붙이는지도 모른다. 그 법칙들은 아마 행위자의 생각과 내적 갈등이 무엇인지 진지하게 고민하기를 거부하는 행동주의자(behaviorist)에 의해 덧붙여질 것이다. 어쩌면 그것들은 과도한 억지 핑계나 변심과 더불어 자신의 행위가 인간 일반에 적용되는 패턴에 속한다고 여기는 행위자 자신에 의해 덧붙여질 수도 있다.

사건이 일어나기 전에도, 심리학자는 자신이 대상으로 설정한 인간의 특정 비율은 유사한 상황에서 자신들의 행위를 다음 날로 미루리라는 점을, 말하자면 그들은 결심에 앞서 숙고하겠지만 그럼에도 특정 비율의 사람들은 정확히 그렇게 행동하리라는 점을 예측할 수 있을 것이다. 특정 수의 인간들은 주치의가 금연을 권할 때 흡연의 지속 여부를 결정하려 할 것이다. 그들은 오랜 숙고 속에서 결심을 시도하겠지만 숙고의 결과를 알지 못한다. 하지만 단지 지나간 사례들에 대한 통계로 무장한 심리학자는 이렇게 말할 것이다. "그들이 무엇을 생각하든 간에, x퍼센트의 사람들은 흡연을 계속할 것이며, 그렇게 행동하는 좋은 근거로 y를 댈 것이다."

그러나 설령 심리학자가 그 일을 예측했고 자신이 예측한 내용을 행위자에게 제공했다고 우리가 가정한다 해도, 이 기겁할 만한 인식 중 어느 것도 결코 행위자가 하나의 특수한 결심을 하게 만드는 충분조건은 아니다. 행위자는 자기가 예측된 대로 행동할 인간 부류에 속할지 아니면 다른 부류에 속할지 알지 못한다. 그가 할 수 있는 일은 단지 숙고해서 결심하는 것뿐이고, 이 결심의 결과는 원리상 관찰자에 의해 예측 가능하다. 어쩌면 행위자는 통계를 알고 있으며 자신이 수행한 약간의 평계와 합리화까지 인지할 수도 있다. 그러나 이는 단지 인식의 문제가 아니며, 그는 스스로에게 합리화를 권하는 이러한 인식에 따라 행할 것인가, 아니면 자신이 합리화되는 점을 정확히 인지하고 있기 때문에 도리어 정반대로 행할 것인가를 **결심**해야 한다. 단지 인식이 문제라면, 이로써 그는 완벽한 심리학자와 똑같은 정도로 확실하게 자기 행동을 예측할 수 있을 것이고, 그러면 숙고와 결심의 경험은 관찰자가 믿는 것처럼 그렇게 가상적이지만은 않을 것이다. 하지만 이러한 경험은 일어날 리 없다.

한마디로 말해, 결심하는 행위자의 관점에는 숙고가 유효하다는 경험, 즉 생각이 차이를 만든다는 경험, 그가 자신의 통제 너머의 원인에 의해 전적으로 규정되는 것이 아니라 자유롭다는 경험이 존재한다. 관찰자의 관점에서 이는 하나의 가상일 수도 있다. 메피스토펠레스가 말했듯이, "당신은 밀고 있다고 믿지만, 떠밀리고 있는 것이다"(*du glaubst zu schieben und du wirst geschoben*).[2]

인간의 행위가 자유로운 동시에 예측 가능하다는 칸트의 이론은 형이상학적 설명을 도외시한 채 앞의 두 관점의 구별을, 그리고 이 각각의 관점을 규정하는 가정들의 구별을 서술한다. "이론적 측면에서 자유의 증명"을 회피하기를 바라면서 칸트는 행위자의 태도에 필수적인 다른 가정을 직접 적용한다. 그는 말하기를 "이 법칙은 그 자신의 자유의 이념 아래서가 아니고서는 달리 행할 수 없는 존재자에게는 실제로 자유로운 존재자를 책무 지울 법칙과 동일하게 타당하다".[3] 어떤 선택에 직면할 때마다 우리 모두는 그러한 존재자이다. 칸트적 문제에 한정하지 않고 더 일반적으로 말하자면, 숙고 없이 인격은 의도한 대로 행위할 수 없으며, 그의 행동을 충분히 설명하려면 숙고를 고려해야 한다. 의도한 대로 행하는 경우, 인격은 이러한 숙고가 실제로 그의 행동에 작용하는 심리적 원인임을 입증할 필요는 없다. 게다가 그가 결심한 뒤에 그 일을 사실상 실행할 수 있는지 없는지를 미리 알아야 할 필요도 없다(15). 이 모든 것은 단지 관찰자와 관계될 뿐이며, 관찰자의 인식이 행위자에게 이용될 수 있다 하더라도, 이 새로운 인식은 단지 결심의 과정에서 고려될 수 있는 요인들 중 하나에 불과하다. 행위자가 고려하는 것은 '이것을 선택하려는 나의 근거들은 건전한 근거들인가?'이지 '무엇이 내가 x나 y를 하도록 **결심**하게 하는가? 그리고 내가 x를 하리라 결심하게 한 원인들이 실제로 내가 x를 행하는 데 충분한가?'가 아니다. x를 행하는 일의 건전성의 판단은 x가 행해질 것이라거나 행위자는 x를 행하려고 결심할 것이라는 예측을 정당화하는 원인들의 현존에 대한 인지적 또는 이론적 판단과는 전적으로 다른 문제다. 인지적 예측은 관찰자에게 속하고, 실천적 결심은 행위자에게 속한다.

---

2 J. W. Goethe, *Faust*, Part I, Walpurgisnacht(『파우스트』, 제1부, 발푸르기스의 밤).
3 『정초』, 448n.

우리는 어떤 의도를 가지고 행위할 때마다 근거들의 건전함을 평가한다. 이 근거들이 왜 내게 생겨난 것인가, 그리고 우리는 왜 각각의 근거들에 특수한 가치를 부여하는가와 같은 심리적 원인들을 아는 일은 우리에게 매우 중요한 문제. 자기인식은 이러한 앎에 존립하며, 그것은 우리의 독단론(*Dogmatismus*)을 완화하고 우리의 광신주의(*Fanatismus*)를 막을 수 있다. 그러나 윤리학에서와 마찬가지로 수학에서도 어떤 것을 수행하기 위해 근거들을 사용하는 일은 우리가 이러한 근거들의 자각에 도움이 되는 심리학적 사실들과 그것들이 우리 행동에 미치는 영향력을 인식할 것을 요구하지 않는다. 원칙들 자체는 — 우리가 그 원칙들을 받아들이게 되는 심리적 원인들이 아니라 — 인간이 어떤 의도를 가지고 행위할 때면 거의 항상 숙고하는 것이다. 이에 비해, 관찰자의 태도는 인위적이고 지속되기 어려우며, 곤란한 망설임과 더 고통스러운 결심의 시간 속에서 나온 결과들에 대해 냉담하고 무차별적이다.

2. 행위의 의욕적(conative) 요인과 인지적(cognitive) 요인

결심이 요구되는 상황에서 행위자는 서로 다르면서도 연관된 두 요인(factor)을 자기 안에서 식별할 수 있다. 첫 번째 요인은 '충동'(impulse)이다. 그것은 역학적 요인으로서 어떤 바람, 필요, 욕구 또는 소망 등에 해당한다. 아마 동물들도 이것을 의식할 것이다. 확실히 인간은 자신의 바람, 필요, 욕구, 정념에 따라 이렇게 추동되고 떠밀림을 느낀다.

그러나 자신의 능력을 충분히 보유한 인간이라도 이 결핍이 항상 자신의 전 활력을 전유하고 필요 충족을 위한 행위로 저절로 인도함을 자기 안에서 관찰하지 못한다는 점도 똑같이 확실하다. 행위가 지연되고 필요 충족이 거부될 수도 있다. 물론 때로는, 말하자면 어떤 절박한 필요의 반영이나 그로부터 생겨난 통제할 수 없는 힘이 그를 사로잡고 현명한 생각과 영리함(*Klugheit*)이 무력화되는 행위를 하도록 강요할 수도 있다. 이런 일 앞에서 인간은 더 이상 행위자가 아니다. 심지어 그는 행위를 스스로 통제하는 것처럼 보이지도 않고 자기 행위의 책임을 포기한다. 그는 효과적인 숙고, 선택, 의식적 목표, 결심, 또는 책임을 결여한 채 스스로에게 알려지지 않은, 혹은 스스로가 통제할 수 없는 힘에 휩쓸리는 (비극적이게도 그 자신에게 일어나는) 연극 속 배역을 구경하는 사람 같다.

그렇지만 다행히 더 일상적인 상황은 충동에 따라 행동이 자동적으로 따라 나오는 식이 아니며, 도리어 그때 우리는 행위에 대한 충동의 의미를 숙고함으로써 충동을 완화하거나 조정 또는 교정하고, 때로는 좌절시킬 수 있다. 아마도 "의미"(meaning)는 이러한 현상에 아주 적합한 낱말이 아니며, 그 현상 자체가 어디서 온 것인가 — 자아나 초자아로부터, 어떤 우선하는 감정으로부터, 코앞의 목표로부터, 아니면 이성적인 인생 계획으로부터 온 것인가 — 는 논쟁적일 수 있다. 하지만 저 충동의 현상은 논쟁의 여지 없이 분명하다. 설령 저 현상을 낳는 숙고가 그 자체로 우리 자신의 심리적 구성에 필수 부분이라 하더라도 그렇다.[4] 인간이 '호모 사피엔스'(*Homo sapiens*)라는 영예로운 이름에 걸맞은지를 의심하는 키니코스학파 사람은 숙고의 영향력을 비웃을지도 모르나, '자칭 호모 사피엔스'(*soi-disant Homo sapiens*)는 그것을 또렷하고 생생하게, 또 종종 고통스럽게 지각한다.

충동의 의미가 품행의 한 요인이라고 말할 때, 나는 밀접하게 연관된 두 가지 사실에 주목한다. 첫째, 인간은 자신을 떠밀거나 당기는 역학적 요인을 특정한 **방식**의 추동으로 간주한다. 그것은 행위라는 이름에 걸맞은 어떤 것도 불러일으키지 못하는 한갓 막연한 무정형의 동요가 아니다. 둘째로, 인간은 추동에 적합하게 반응하는 **방식**의 표상을 갖는다. 이를테면 내가 막연한 불편감을 갖기 시작할 때, 나는 곧 그 감정을 인지하

---

4 『순수이성비판』, A803 = B831 참조.

고 목마름으로 분류한다고 해보자. 이제 나는 이 필요를 달래고 불편을 해소할 어떤 종류의 행위 표상을, 처음에는 막연했으나 이내 곧 뚜렷해진 표상을 갖게 된다. 이를테면 그 표상은 물이나 맥주를 마시는 행위이거나, 어쩌면 와인일 수도 있으나 우유나 커피는 아니다. 우리의 경험 과정에서 내적 충동과 그에 대한 반응은 시행착오를 통해 서로 연결될 뿐만 아니라 일반화된다. 그러한 일반화는 배움의 필수적 단계이다. 그러한 연상과 일반화는 동물에게도 일어나지만, 그 경우 우리 인간의 의식보다 낮은 차원에서 그러하다. 그러나 상황이 복잡하고 아주 새로우며 문제적일 때, 우리는 충동에 대해 가능한 반응을 발견하기 위해, 양자의 일반화 범위를 규정하기 위해, 그리고 필요의 각 부류에 대한 가장 효과적인 반응의 부류의 연상에 필요한 사실적 인식을 축적해 나가기 위해 의식적으로 노력해야 한다. 이 과정에서 충동적 요소는 억제되어야 하지만 인지적 탐색은 계속되고 실험도 시도된다. 바로 이런 것이 내가 지성적 존재자는 자신의 필요들의 의미에 비추어서 그것들을 식별하고 개념화하고 정식화하고 행위할 수 있다고 말할 때, 내가 의도한 것이다. 이러한 의미들은 그의 행동 습관 및 품행 규칙들로 나타난다.

관찰자는 이 모든 것을 고려해야 한다. 사실상 앞 문단은 전형적인 "관찰자 관점의 진술"이다. 그는 특정한 의미들을 발견하고 이 의미들에 비추어 행위의 특정 경로를 채택하는 어떤 사람의 습관 또는 기질을 알고 있다. 우리는 심리학적 법칙들의 정식화를 통해 이토록 복잡한 행동의 예측을 도울 수 있다. 그 법칙들은 행위자가 그 법칙들을 인식하는가 여부에 관계없이 유효할 것이다. 물론 이는 행위자가 법칙들을 알지 못하는 사례들을 고찰할 때 가장 잘 밝혀질 수 있다. 행위자는 실제로 법칙들에 복종한다기보다는 도리어 법칙들을 예증하는 것으로 보인다. 행성이 케플러의 법칙을 알 필요가 없듯이, 나 역시 행위하기 위해서 습관 형성의 법칙들을 알 필요는 없다.

그런데 행위자는 보유하지만 행성은 결여한 것이 있으니, 그것은 사물

64

들과 사건들의 연결 **표상**이다. 현재의 분석적 의도에서 이 표상의 적확성 여부는 문제되지 않는다. 이 표상은 "맛있게 보이는 것들은 대개 맛이 좋다"처럼 거의 의식되지 않는 관념들의 연상에 지나지 않을 수 있다. 그것은 특정 높이에서 뛰어내리면 다치게 될 것이라는 확신에 따라 처신하도록 행위자를 지도하는 자연의 객관적 법칙의 표상일 수도 있다. 어쩌면 그것은 거짓말하고 싶어도 거짓말을 해서는 안 된다는, 이를테면 도덕적 지침과 같은 올바름의 표상일 수도 있다. 이 사례들 중 어느 것에서나 판단은 정확할 수도 부정확할 수도 있으며, 판단의 진위는 관찰자에 의해 예측된, 즉 그가 인간에 대한 이러저러한 표상과 더불어 또는 이러저러한 오해와 더불어 확신을 가지고 예상할 수 있었던, 실제 행동의 착수와 무관하다.

그러나 그것이 정확한 표상이어야 한다는 것은 행위자에게는 무엇보다 중요하며, 그는 자신의 표상이 정확하다는 가정 아래 행위한다. 만일 행위가 자극에 대한 자동적 반응이 아니고 그에게 숙고할 시간적 여유가 있다면, 그가 대처해야 할 어떤 대상이나 상황에 대한 표상, 대안적 행위들을 할 때 감수해야 할 미래의 경험에 대한 어떤 기대나 우려에 대한 표상, 그리고 그것들 가운데 하나를 선택하기 위해 적합한 어떤 규칙에 대한 표상은 항상 존재한다.

사태가 약속하는 바, 즉 사태가 미래의 경험에서 의도하는 바는 그것이 우리에게 지금 영향을 미치고 있는 것으로 보이는 것과 다를 수도 있어서, 그 결과 우리가 사태의 의도에 따라 착수한 행위는 지금 이 순간 가장 현저한 충동과 고통스럽게 반목할 수 있다. 내가 미래의 고통을 피하려고 현재의 고통을 감수할 때, 나는 내 행동을 규정함에 있어 '여기와 지금'(*hic et nunc*)의 성격을 넘어서 통용되는 경험이나 현재 상황의 의미를 고려하는 경험, 또는 도리어 만들어내는 경험을 하게 된다. 설령 충동이 항상 존재하더라도, 내가 무엇을 생각하는가에 따라서 나 자신과 세상만사에 대한 인식은 존립하며, 자신의 생각을 통해 품행에 영향을 끼치는 존재자인 나는 충동이 아니라 방침에 따라 행위하는 것이다.

이것은 오로지 의미의 매개를 통해 충동이 관심과 융합되고 관심에 의해 통제될 수 있을 때에만 가능하다. 물론 관심이 충동으로부터 생겨나는 역학적 성격을 지니기는 하지만,[5] 그것은 또한 상황의 의미와 대안적 행위의 결과에 대한 추정상의 인식을 통해 뒷받침되는 한, 기질을 규제하는 성격을 지닌다. 관심은 표상을 통해 숙고된 충동이며, 어느 정도는 표상을 통해 지도된 관심이다. 지적인 행위는 순전히 맹목적인 충동을 통해서가 아니라 적합한 개념을 통해 지도된 관심을 동인으로 삼는 행위이다. 충동은 폭력적 행위나 방아쇠의 격발처럼 순간적으로 빠르게 오가는 격렬한 움직임을 초래한다. 관심은 방침과 계획에 따라 지도된 행위로 이끈다. 오직 추론 능력을 가진 존재자만이 관심에 따라 행위할 수 있다. "'관심'은 이성이 실천적이도록 해주는 것, 즉 의지를 규정하는 원인이 되게 하는 것이다. 따라서 우리는 오직 이성적 존재자만이 무엇에 대한 관심을 가지며, 비이성적인 피조물들은 단지 감성적 충동만 느낀다고 말한다."[6]

나는 관심을 위한 방침을 정식화할 수 있고, 그 방침에 따라 살려고 할 수도 있다. 방침은 이를테면 "나는 내가 가진 모든 책의 첫 면에 내 이름을 쓴다"처럼 특정 습관을 표현하는 아주 특수한 규칙으로 정식화될 수 있다. 다른 한편, 방침은 "현재를 즐겨라"(Carpe diem)처럼 폭넓게 서로 다른 행동들을 망라하는 일반적 준칙들로 표현될 수도 있다. 그것들은 고도로 인위적일 수도 있고 단지 신년 계획처럼 근소하게 유효한 것일 수도 있다. 그것들은 아마 누군가의 전기 작가나 정신과 의사에 의해

---

5 나는 이 지점까지는 칸트가 행위에 대한 우리의 일반적 설명에 동의할 것이라고 믿는다. 그러나 그는 관심에 대한 위의 정의가 너무 협소하다고 확언할 것이다. 비록 관심이 어떤 점에서 충동과 매번 연합되기는 하지만 충동에서 비롯되지 않은 관심도 있기 때문이다(이 장의 제4절 참조).

6 『정초』, 459n.;『실천이성비판』, 79 및 『판단력비판』, §2 참조.

서만 분명하게 정식화될 수 있을, 정해진 생활 방침을 나타낼 수도 있다. 마지막으로 — 이것이 도덕철학이라는 우리의 목표에서는 가장 중요하다 — 그 방침들은 이상적 가치에 대한 존중과 존경을 통해 통합된 삶을 위해 우리가 의식적으로 선택하거나 발견해낸 열망, 즉 실제 삶이 그에 못 미치고 실패를 비웃을지라도 계속 남아 있는 열망을 나타낼 수도 있겠다.

이러한 방침들 — 칸트가 "법칙의 표상"(*die Vorstellung der Gesetze*)이라는 이름 아래 대강 분류하고 있는 것들[7] — 가운데 어느 것이든 간에 하나의 방침에 따라 행위하려는 사람을 가리켜 칸트는 의지를 지닌 사람이라고 말한다. 자발적 행위는 충동적 행위와 다르다. 우리 자신에 대한, 우리의 상황과 행위의 귀결에 대한 추정상의 인식에 근거하는 방침을 통해 행위의 통제가 어느 정도 가능하기 때문이다. 칸트는 말하기를, "의지는 결코 객체(*Objekt*) 또는 객체의 표상에 의해 직접 규정되지 않는다. 도리어 의지는 이성의 규칙[즉 이 의미들의 연결 법칙의 표상]을 행위의 작용인으로 삼는 능력이다. 저 행위를 통해 [표상된] 객체는 비로소 실현될 수 있다"(60). 이러한 규칙으로 표현된 방침은 정념의 변화 때문에 오래 지속되지 않는 복잡한 생활에 방향성과 안정성을 제공한다. 우리가 누군가를 의지를 지닌 존재라고 부를 수 있으려면, 그는 행위들 간의 연결 및 행위와 그 결과의 연결에 대한 인식을 구할 수 있고 이 모든 것을 생활 패턴의 맥락 속에서 조망할 수 있어야 한다. 법칙과 패턴의 표상은 과거 경험의 한갓 흔적이 아니라 우리의 이성적 추론 능력의 산물이다. 이와 같은 단순한 사상이 칸트가 실천이성과 의지를 동일시할 때 마음에 품고 있던 것이다.

오늘날의 심리학은 "실천이성"을 거의 다루지 않는다. 거기서 관찰자는 행동을 의지와 무관하게 기술할 수 있고, 많은 심리학자에게 의지는

---

7 『정초』, 412; 『실천이성비판』, 60; 『판단력비판』, §4, §10.

"기계 속 영혼"으로 또는 구시대의 심리학 분과의 유물로 비춰지기 때문이다. 하지만 이러한 사실이 우리가 행위에 관여하거나 타인의 행위를 평가할 때 우리를 교란해서는 안 되며 또한 도덕철학자가 과학적 연구자들에 맞서 변론을 해야 하는 상황을 유발해서도 안 된다. 충동과 정서의 개념들이 심리학적으로 더욱 존중받고 인정받을 만한 것이라는 이유로 인해 자발적 행위의 고유성의 무시가 반드시 귀결되는 것은 아니다. 물론 심리학은 그러한 결과가 실제로 일어나야만 한다고 전제한다. 그러나 우리가 자기 영역을 고수하는 행동주의자를 회유하려는 의도에서 그가 좋아할 만한 어떤 명칭을 갖다 붙인다 해도, 우리가 행위자로서 규칙들과 법칙들의 표상에 따른 의미들에 응답하는 현상과 순간적 충동의 재촉에 저항하기 위해 우리가 가진 온갖 수단을 동원하는 현상은 일어난다. 때때로 우리가 갖은 번뇌에 시달리기는 하지만, 이 현상은 우리 자신을 인간이 되게 하는 행위 방식에 대한 우리 의식의 본질이고 핵심이다.

심리학이 일상의 수많은 불가사의한 현상에서는 물론이고 신경증, 예술, 종교, 정치, 철학, 심지어 과학의 영역에서도 나타나는 인간의 충동적 요인에 대한 우리의 인식을 매우 심화했다면, 칸트는 주로 의욕의 인지적 또는 개념적 요인에 주목했다. 내 생각에는, 그가 이에 대해 논한 내용은 용어법을 제외하고는 근대과학의 영향을 거의 받지 않았다. 과학은 관찰자 관점에서 전개되기 때문이다. 관찰자 관점에서 행위의 인지적 조건은 때때로 암묵적으로 가정될 수도 있지만, 때로는 경시되거나 부정될 수도 있기 때문이다.

3. 실천이성과 의지

플라톤도 의욕과 한갓된 욕구를 구별하기는 했지만, 아리스토텔레스야말로 '실천이성'(*nous praktikos*)과 '이론이성'(*nous theoretikos*)을 구별한 원조였다.[8] 스콜라 철학자들은 앞의 것을 '실천적 지성'(*intellectus practicus*)[9]이라 번역했으며, '능동적 지성'(*intellectus activus*)[10]이나 '실천적 이성'(*ratio practica*)[11]이라는 용어도 사용했다. 볼프학파 철학자들은 자신들의 라틴어 저술에서 저 용어들을 쓰지 않고 독일어 저술에서도 저 용어들을 글자 그대로 번역하지 않지만, 그럼에도 그들은 용어법에서 '활동적 인식'(*cognitio movens*)과 '타성적 인식'(*cognitio iners*)의 구별을 고수했고,[12] '이성적 욕구'(*appetitus rationalis*)라는 용어를 통해 의욕 활동에 의욕적 요소뿐만 아니라 인지적 요소도 내재한다고 인정했다.[13] 칸트는 '실천이성'(*praktische Vernunft*)이라는 용어를 1765년에 처음 썼다.[14]

---

8   Aristoteles, *De anima*, 433a 15ff.[국역:『영혼에 관하여』, 오지은 옮김, 아카넷, 2018]; *Politika* 1333a 18ff.[국역:『정치학』, 김재홍 옮김, 도서출판 길, 2017] 참조.

9   T. Aquinas, *In decem libro ethicorum Aristotelis ad Nicomachum expositio*, §1132.

10 T. Aquinas, *Summa theologica*, Prima, Q. 79, art. 11[국역:『신학대전』제11권, 정의채 옮김, 바오로딸, 2003]; Secunda secundae, Q. 179, art. 2. 14세기의 한 독일어 번역은 *intellectus practicus*를 daz würkliche verstand 로 옮기고 있다(*Middle High German Translation of the Summa theologica*, ed. B. Q. Morgan and F. W. Strothmann ["Stanford University Publications in Language and Literature", Vol. VIII, No. 1, 1950], p. 371). 또한 M. Grabmann, *Mittelalterliches Geistesleben*, Munich, 1926, p. 434 참조.

11 T. Aquinas, *Summa theologica*, Sec. sec., Q. 83, art. 1, ad 3.

12 A. G. Baumgarten, *Metaphysica*, §669, §690.

13 C. Wolff, *Psychologia empirica*, §§880ff.; 또한 *Vernünfftige Gedancken von den Kräffien des menschlichen Verstandes*, §15에서 '생생한 인식'(*lebendige Erkänntnis*)이라는 용어가 나오는 대목도 참조.

14 『1765~1766년 겨울학기 강의 개설 공고』, II, 312. 적어도 그림 형제가 편찬한『독일어 대사전』(*Deutsches Wörterbuch*)에 따르면, 이보다 더 이른 시기의 전거(*Beleg*)는 없다. 게오르크 자무엘 알베르트 멜린(Georg Samuel Albert Mellin)에 따르면, "실천이성이라는 표현은 칸트 이전에는 거의 쓰이지 않았다. 사람들은 단지 지성과 의지만을 말했다"(*Kunstsprache der Kantischen Philosophie*, 1798, p. 283). (나는 파울 슈렉커[Paul Schrecker] 교수 덕분에 멜린의 논평에 주목하게 되었다.) 나는 1678년 이전의 "실천이성"의 영어 용례를 발견할 수 없었다. R. Burthogge, *Organum vetus et novum, or Discourse on Reason and Truth*, sec. 61, 1678. 나는 칸트가 알고 있었던 영국 도덕론자들(British moralists) 중 누구도 저 용어를 쓰지 않았다고 생각한다. 단, 토머스 리드는 예외지만, 그의 책은 1788년에『실천이성비판』에 뒤이어 출간되었다. Thomas Reid, *Essay*

'실천이성'이라는 용어는 칸트가 의지에 대한 견해에서 볼프학파를 넘어서 진일보했음을 지시한다. 그는 이성과 지성을 구별하는 가운데,[15] 주어져 있는 사물들의 질서를 넘어서 경험의 체계적 연결의 이상적 질서로 나아가는 임무를 이성에 할당한다. 이 체계적 연결은 인식의 영역에서 결코 수동적으로 발견되지 않지만, 규제적 이념에 따라 추구되어야만 한다. 이성은 이념들을 형성하는 일에서 자발적인바, 그 이념들은 비록 지성에 의해 범주화되기는 해도, 실제 감성적 경험에서는 우리가 결코 적합하게 표상할 수 없다. 지성도 물론 자발적이지만, 그 자발성은 지각에 주어진 또는 주어질 수 있는 것을 가공하는 일에 제한된다. 칸트는 지성의 실천적 기능을 인정하기는 하지만(23, 55), 그럼에도 세 가지 점에서 이성을 으뜸가는 실천적 능력으로 삼았다. 첫째, 그는 자발적 선택의 행위와 관련해 체계적인 동시에 이상적으로 완전한 이론적 인식이 어떻게 이루어지는가에 주목했다. 그것은 경험의 한 단편이나 경험적 일반화 규칙에 의한 것은 아니었다. 둘째, 그는 실천의 영역에서 우리가 때때로 무조건적 확실성을 필요로 한다는 사실에 주목했는데, 이것은 이론의 영역에서 오직 이성에 의해서만 제공될 수 있는 확실성에 비견될 수 있다. 셋째, 이 점이 가장 중요한데, 그는 이성과 의지의 연결을 확언함으로써, 의지 자체와 그로부터 따라 나올 모든 도덕적 결과를 새롭게 정

---

on the Active Powers of the Mind III, Part iii, sec. 2.

15 볼프는 *ratio*를 Vernunft(이성)로 번역하고 "진리의 연관(*Zusammenhang*)의 통찰", 곧 추론의 기술이라고 정의한다. *intellectus*는 Verstand(지성)로 번역되고 가능한 것을 명석하게 표상하는 능력으로 정의된다. '순수 지성'(*intellectus purus*)은 감성 및 상상력으로부터 격리된(*abgesondert*) 지성이지만, 인간의 지성은 결코 완전히 순수하지 않다(C. Wolff, *Vernünftige Gedancken von Gott, der Welt und der Seele des Menschen*, 1736, §368, §381, §277, §282, §285 참조). 논리적으로 볼 때, 이는 칸트가 이성과 지성을 추론 능력과 개념 능력으로 구별한 것에 아주 잘 대응한다. 그러나 칸트의 중요한 구별, 곧 그가 이성과 지성의 실재적 사용과 한갓 논리적 사용을 구별한 것과 마찬가지로 중요한 구별, 즉 직접적 감관과 우회적인 추론 능력의 종적 차이의 학설은 볼프에게서 볼 수 없었던 것이다.

의할 수 있는 길을 마련했다.

의지는 **법칙**의 표상에 따라 행위하는 능력이며, 이때 법칙은 지성이 아니라 이성의 산물 또는 발견물이다. 이에 반해, 칸트의 선배 철학자들은 의지를 단지 이성적 욕구, 즉 욕구 대상에 대한 명석한(합리적인) 표상에 따라 행위하는 능력으로 이해했다.[16] 칸트가 보기에 그들은 단지 하위 욕구능력과 상위 욕구능력의 차이만을 식별할 수 있었을 뿐, '의욕' (*Wollen*), 더 나아가 도덕적 의욕의 고유한 특징을 간파할 역량은 없었다. 이러한 이유에서 칸트는 '보편적 실천철학'(*philosophia practica universalis*)에 대한 그들의 구상이 윤리학에 부적합할 뿐만 아니라 윤리적으로 의미 있는 방식으로 하위 욕구능력과 상위 욕구능력을 구별하려는 그들의 시도를 자기모순으로 간주하면서 그들의 윤리학을 거부한다(22ff.).

그런데 의지, 실천이성, 그리고 이론이성의 관계에 대한 칸트의 진술로부터 두 가지 곤혹스러운 문제가 출현한다. 이는 우리가 그의 가장 중요한 ── 순수 이성이 실천적일 수 있음을 가르치는 ── 학설에 닿기 전에 반드시 해결되어야 할 것들이다.

첫째, 그는 의지와 실천이성을 동일시하지만, 종종 이성이 의지의 규정자라고 말함으로써 독자를 혼란스럽게 한다. 이론이성은 우리에게 주어질 수 있는 경험 전체를 아우르는 하나의 질서를 요구하고, 그 질서 아래에서 특정 행위의 실행 가능성을 기획한다. 이로써 이론이성은 충동이나 욕구를 통해 그 역학적 성분을 공급받은 행동을 규정하게 될 때 실천적이다. 다시 말해, 이론이성은 욕구의 충족에 적용될 수 있는 법칙의 인식을 공급하며, 그런 한에서 그것은 실천이성이다. 적어도 지금까지는 두 가지 이성, 즉 이론이성과 실천이성이 따로 있는 것이 아니라 두 가

16 C. Wolff, *Vernünfftige Gedancken von Gott, der Welt und der Seele des Menschen*, §492 및 *Psychologia empirica*, 1733, §880; C. A. Crusius, *Entwurf der nothwendigen Vernunftwahrheiten*, 1753, §445. 그들이 '이성'(*ratio*)과 '지성'(*intellectus*)을 단지 정도에 있어서만 구별했다는 것은 이러한 생각의 밑바탕을 이룬다.

지 적용 방식을 갖는 하나의 이성 — 법칙들과 원리들을 정식화하는 능력 — 이 있다. 하나가 나타난 (또는 현상하는) 그대로의 사물들에 대한 인식을 준다면, 다른 하나는 우리가 자발적 행위를 통해 이 자연적 질서에 가져오게 될 변화의 방향을 지시한다. 따라서 다음 두 명제, 곧 (a) '의지는 이성에 의해 지도된 충동이다'와 (b) '의지는 실천이성이다'는 같은 것을 의미한다. (a)로부터 또 다른 명제, 곧 (c) '이성은 의지를 규정할 수 있다'로 이행하기란 쉽다. 하지만 (b)는 이성과 의지를 동일시하므로, (c)는 (b)와 양립 불가능한 것처럼 보인다. 그러나 제대로 보면, (b)와 (c)는 양립 가능하다. 마지막 명제는 단순하게 (c′) '이성은 충동이 충족될 수 있도록 행위를 규정한다'를 의미한다. 그렇게 할 때, 이성은 "실천이성"으로, 선택된 행위는 '의지의 활동'으로 불릴 수 있다.

둘째, 또 다른 문제는 칸트가 종종 실천이성을 인식능력[17]이라고 부르지만, 또 다른 때에는 욕구능력[18]이라고 말한 데서 생겨난다. 그는 마치 실천이성의 "대상"이 이론이성의 대상, 즉 욕구나 의욕의 대상이 아니라 인식론적 대상과 비교될 수 있다는 듯이 "실천이성"이라는 표현을 이해하는 일의 위험성을 경고한다.[19] 따라서 우리는 "실천이성"을 단지 옳고 그름의 인식을 획득하는 능력으로만 여겨서는 안 된다. 물론 실천이성이 지닌 이러한 인지적 기능을 잊어서도 안 될 것이다. 실천이성은 행위의 잠재태(*dynamis*)인 충동을 행위로 안내하는 인지적 요인을 공급한다. "A는 B의 원인이다"와 같은 이론이성 또는 지성의 명제들은 "네가 B를

---

17 『순수이성비판』, A633=B661: "이성의 실천적 사용은 바로 그것을 통해서 무엇이 일어나야만 하는가가 선험적으로 인식되는 것이다." 또한 그것은 이론적 인식과 실천적 인식의 구별을 이끌어낸다. 『실천이성비판』, 66: 순수 실천적 개념들은 직관을 기다릴 필요가 없는, 또는 직관에 적용될 필요가 없는, 직접적 인식들이다.

18 『실천이성비판』, 24; 『판단력비판 제1서론』, XX, 245~46; 『판단력비판』, 서론, III(V, 177).

19 『실천이성비판』, 5. 이 양자를 모두 대상이라 칭하는 문제에 대한 칸트의 정당화는 이 책의 제9장에서 다루어질 것이다.

욕구하거든, A를 하라"와 같은 실천적 명제 또는 실천이성의 인식이 된다(26n.). B가 어떤 구체적인, 잘 규정된 대상 또는 상황일 때는 뒤의 명제를 기술적 또는 실천적 지성의 인식이라고 부르는 게 더 낫겠다. 이에 비해, 실천이성의 인식 대상은 영리한 생활 방침이라고 부르는 편이 적합하다. 이것은 행복에 이르는 수단의 선택을 위한 무조건적 근거로 여겨질 뿐만 아니라 무엇보다 그러한 이상의 참된 구성에 관여하는 것으로 보인다. 이 대상의 추구는 실천이성의 준칙에 따라 수행된다. 다음으로, 우리는 "순수 실천이성의 인식"이라는 이름을 도덕법칙의 인식과 최고의 도덕적 목표의 인식을 위해 남겨두어야 할 것이다.

4. 순수 실천이성

우리가 어떤 구체적인 욕구를 충족하려 할 때, 실천이성이 세상사에 대한 우리의 경험에서 도출해낸 것은 아니지만 그럼에도 실천을 위해 타당한 법칙을 우리에게 제시할 수 있다면, 이는 이론적 관심의 법칙들과 전적으로 다른 종류의 법칙일 것이다. 앞의 종류의 법칙이 합리적 행위에 필수적이라 해도, 그것은 언제나 특정한 경험 상황을 조건으로 한다. 그러한 상황을 참조해 우리는 모든 실제적 자연법칙 가운데서 특정 욕구 대상의 원인들과 관계된 법칙들을 선택한다. 물론 그 법칙들의 이론적 정식화는 불가결할 수도 있다. 그러나 실천규칙으로 정식화될 때, 그 법칙들은 언제나 우리가 가진 인식의 성공적인 적용을 통해 충족될 수 있는 욕구가 우리 안에 있음을 전제한다. 만일 무조건적인 실천법칙이 있다면, 그런 것은 내재적으로 실천적인 이성만이 발견할 수 있을 뿐, 단지 외재적이고 우연적으로 실천적이 되는 이론적 이성, 즉 욕구와 상황에 의존해 법칙이 실천에 적용될 수 있을지 없을지를 결정하는 이성은 발견할 수 없다. 그렇게 내재적으로 실천적인 이성이 **순수** 실천이성

이라 불린다.[20]

순수 이성이 실천적일 수 있다는 것은 칸트 도덕철학의 핵심 명제이다. 그것은 무조건적 실천법칙이 있다는 확언과 같은 뜻이다. 칸트는 우리는 이성만으로 움직일 수 없다는 아리스토텔레스의 명제[21]와 이성은 정념의 노예이고 그럴 수밖에 없다는 흄의 명제[22]를 거부했다. 이성은 단지 욕구의 실현을 위한 수단들의 선택에만 관계하는 능력이 아니다. 그것은 단지 이성의 논리적 사용일 뿐이다. 이성은 또한 내재적으로 실천적이고 무조건적인 법칙의 정식화를 통해 우리 행위의 목표를 설정한다. 이것이 이성의 실재적 사용이다.[23]

실재적으로 사용될 때, 순수 이성은 항상 무조건적인 조건들과 관계한다. 순수 실천이성은 자발적 행위의 무조건적 조건을 공급하는 능력인바, 그 조건이란 대가성(quid pro quo) 없이 직접적인 복종을 요구하는 하나의 법칙이다. 칸트가 『실천이성비판』의 앞부분에서 밝힌 대로, 그러한

---

20 칸트는 "순수한"을 인식과 능력 둘 다와 관련해 사용한다. 전자의 용례에서 그것은 (a) 경험으로부터 독립적인 인식들과 (b) 어떠한 경험적 내용도 없는 인식들을 가리킨다. (a)가 의미하는 것은 '선험적'(a priori)과 같으며, 칸트는 훗날 (아주 정확하진 않지만) 『순수이성비판』은 오직 이러한 의미에서의 "순수"에만 관계된다고 말했다(『철학에서 목적론적 원리의 사용』, VIII, 183-84). 능력과 관련해 사용될 때, "순수"는 그 능력이 선험적으로 입법적임을 가리킨다(『판단력비판』, V, 179). 이 두 의미가 밀접히 연관된다 해도 둘을 혼동하지 않는 것이 중요하다. 도덕법칙은 (a)와 (b)의 의미에서 순수하고, 의무 개념은 오직 (a)의 의미에서만 순수하다. 실천이성은 도덕법칙을 부과하는 선험적 입법 능력인 한에서 순수하다.

21 Aristoteles, De anima, 433 a23.

22 D. Hume, Treatise of Human Nature, 제2권, 제3부, 제3절(Selby-Bigge ed., 415)[국역: 『인간이란 무엇인가: 오성 정념 도덕 본성론』, 김성숙 옮김, 동서문화사, 2009]. 당대에 이성을 행위의 필요충분조건이라고 진술한 최초의 인물은 칸트가 아니었다. 그에 앞서 허치슨의 비판자였던 존 발귀(John Balguy)와 리처드 프라이스(Richard Price)가 있었다. John Balguy, The Foundation of Moral Goodness (1728) (Selby-Bigge ed., British Moralists II, 92-93); Richard Price, Review of the Principal Questions of Moral, 1758, chap. viii. [그러나] 칸트가 발귀나 프라이스를 알고 있었다는 증거는 없다.

23 이 구분에 대해서는 이 책의 제1장 제2절 참조.

무조건적 조건들은 실로 정념의 노예인 경험적 실천이성 안에서, 혹은 그것에 의해 발견될 수 없다. 그런데 순수 이성이 실천적이라면, 어떤 내재적 실천법칙은 존재하며, 우연적이고 경험적으로 발견된 인간 욕구와 무관한 어떤 동기가 존재한다. 이 동기는 법칙 자체에 대한 우리의 인식, 곧 법칙이 우리 안에서 일깨우는 존경임이 틀림없다. 이러한 동기를 가진 행위는 도덕적이며, 이러한 동기로부터 행위하는 존재자는 선의지를 가진다. 이런 식으로『정초』는 어떤 행위가 도덕적이라고 간주되기 위해 충족되어야 할 필요조건을 해명했고, 도덕성이 한갓 키마이라가 아니기 위해서는 순수 이성이 실천적이어야 한다는 결론에 이르렀다.

그러나 실재적으로 사용될 때 순수 이성은 실천적일 수 있는가? 아니면 도덕성의 이 분석은 헛되고 공허한 망상의 분석인가? 순수 이성이 실천적일 수 있음을 밝히는 일, 바로 이것이 칸트가 책의 첫머리에 적은 대로『실천이성비판』의 주요한 과제이다.

제4장

『실천이성비판』의 제목, 목표, 그리고 구조
─서문과 서론의 주해

1. 들어가며

『실천이성비판』의 서문에서 칸트는 책의 제목, 목표, 그리고 다른 저작들과의 관계를 논하고, 자신의 자유론의 예비적 설명을 제출하며 비평가들(critics)에 맞서 자신의 견해를 변호한다. 서문의 상당 부분은『순수이성비판』과『정초』에 대한 당대의 비평(criticism)들을 다룬다. 주요한 비평가들에 답함으로써, 그는 자신의 철학의 다양한 부분들을 더 일관되게 입증하기를 바랐다. 또한 거기서 그는 자신의 윤리학 이론의 특정 논점에 대한 별개의 비평들에 간략히 답하고 본문에서 대답을 예고한다. 서론은 다시 책의 제목 및 목표를 논한 뒤, 새로운 비판서의 구조 및 편성을 다룬다.

이 장에서 다룰 내용은 다음과 같다. 제2절에서 책의 제목과 칸트가 그 제목을 선택한 까닭을, 제3절에서는 그가 이곳저곳에서 진술한 책의 목표들을 논한다. 제4절과 제5절에서는 이 목표들 가운데 둘을 더 자세히 다룬다. 그다음 제6절에서는 이 저작과『도덕형이상학』의 관계를, 제7절에서는『실천이성비판』의 짜임 구조를 고찰한다. 마지막으로 제8절에서 서문의 논쟁점들을 그 역사적 계기에 일차적인 강조점을 두고 고찰한다. 이것의 철학적 의미는 나중에 더 체계적이고 덜 역사적인 연구를 통해 보다 잘 논의될 수 있을 것이다.

2. 책의 제목

제1장에서 보았듯이, 칸트는 이 책의 저술을 기획하기 전에도 "순수 실천이성 비판"에 대해 언급했었다. 하지만 그가 서문의 첫 문단에서 말한 대로, "이 책과 사변이성 비판의 평행 관계(Parallelism)"는 더 긴 제목을 요구하는 듯 보임에도 불구하고(3), 책을 썼을 때 그는 그 제목을 단순히『실천이성비판』으로 정했다.

이 첫 문장을 해석할 때 우리는 모든 칸트 번역자의 사기를 겪는 어려움과 만난다. 여기서 사용되고 있는 "비판"(Kritik)이란 어떤 뜻인가? 이 것은 책 제목의 일부일 수 있고, 이 경우 『비판』(Critique)으로 번역되어야 한다. 또한 단순히 어떤 것의 비판적 탐구를 의미할 수도 있다. 그것은 그가 이성 체계의 전개를 위한 예비학이라고 불렀던, 철학의 정식화된 부문을 의미할 수도 있고, 이 경우 '비판'(critique)으로 번역되어야 한다. 18세기의 활자법과 독일어에서 모든 명사의 첫 글자가 대문자로 쓰인다는 사실은 낱말의 두 쓰임새를 대·소문자로 구별하는 것을 불가능하게 한다. 우리는 칸트가 "비판"을 사용한 모든 구절마다 그가 무엇을 의도했는지 이해하려 노력하는 수밖에 없다. 첫 문단에서 '실천이성 비판'(Kritik der praktischen Vernunft)은 바로 이 책을 가리키며, '사변이성 비판'(Kritik der spekulativen Vernunft)은, 비록 그 표현이 제대로 된 책 제목도 아니고 그 내용을 정확히 함축하는 것도 아니지만,『순수이성비판』을 가리킴이 분명하다.

여기서 두 비판서의 평행 관계가 설정된다. 그러나 두 번째 비판서를 추가했을 때 그는 첫 비판서를 쓸 당시의 믿음을 포기했다. 본래 첫 비판서는 이성의 전 능력, 즉 이론적 능력과 실천적 능력 모두에 대한 비판적 탐구를 의도했기 때문이다. 그가 『정초』를 썼을 때, 그는 "순수 실천이성 비판"이 실천이성에 대해 수행하는 것은 "순수 사변이성 비판"이 형이상학 — 선험론 철학이자 자연형이상학이라는 의미에서 — 에 대해 수행하는 것과 같다고 말했다.[1] 따라서 1785년에 칸트는 두 "비판 작업"의 기능상의 평행 관계를 인지했다. 하나는 이미 작성되었으나, 다른 하나는 당시 아직 독립 저술로 기획되지 않았다. 그런데 서문에서 평행 관계가 언급되고 1785년에 언급된 제목의 사용이 정당화되는 듯 여겨질 수 있다 해도, 1787년의 그는 두 저작의 기능의 평행 관계를 부정하는 데 더 주력했다. 첫 비판서가 순수 이론이성의 월권의 제한에 관여하는 반면, 둘째 비판서는 경험적 실천이성의 월권의 제한에 관여하기 때문이다.

서문의 첫 문단 및 서론에서 그는 순수 실천이성은 어떠한 비판도 필요하지 않다고 말한다. 필요한 작업은 다만 순수 이성이 실천적일 수 있음을 밝히는 것이고, 이를 위해서는 실천이성 일반의 비판으로 족하다. 이로써 순수 실천이성이 아니라 단지 경험적으로 조건지어진 실천이성만이, 순수 이론(즉 사변)이성이 그렇듯이, "주제넘게 월권을 행사"함이 폭로된다(3, 15-16).

그런데 제목에 대한 이러한 정당화에도 불구하고 반드시 그렇게 이해되어야 하는 것은 아니다. 철학의 한 부문의 이름인 '비판'은 이중적 의미를 지니며, 이러한 애매성은 우리에게 다른 선택지를 허용하기 때문이다. 첫 비판서의 제목에서도 "비판"은 다양한 의미를 지닌다. 거기서 비판**되는** 대상이 "이성의 비판", "이론이성의 비판", "사변이성의 비판",

---

1 『정초』, 391.

"순수 지성의 비판"[2] 등의 부정확한 이름으로 다양하게 주어진다는 점을 미루어볼 때 그렇다.

칸트의 형식적 정의에 따르면, '비판'은 "순수 이성을, 그리고 그 원천과 한계를 순전히 평가하는 학문"[3]으로서 순수 이성의 체계의 예비학이다. '비판'은 두 가지 기능을 지닌다. 소극적으로 그것은 이성의 권한에 한계를 설정한다. 이것은 사변형이상학의 변증적 가상들을 폭로하거나 예방하는 '경찰'(Polizei) 기능이다.[4] 적극적으로 '비판'은 회의주의가 허락된 영역(사변형이상학)에 머무르지 않고 그것이 허락되지 않은 영역(자연과학과 도덕)까지 스며들지 않도록 "학문의 안전한 길"을 확보하는 것이다. 소극적 의미에서 '비판'은 합리론적 형이상학에 대한 칸트의 대답이고, 적극적 의미에서 '비판'은 경험론에 근거한 회의주의에 대한 대답이다.

"실천이성비판"이라는 제목을 선호한 까닭에, 칸트는 여기서 이 표현을 일차적으로 소극적 의미로 사용하고 있으며, 경험적 동인들에 기초한 실천이성의 요구들의 제한을 주요 목표로 삼은 것으로 보인다. 그러나, 앞서 보았듯이, "비판"의 소극적 의미에서 볼 때 두 작업은 평행 관계가 아니다. 소극적인 비판의 표적이 하나는 **순수** 사변이성이고, 다른 하나는 **경험적** 실천이성이기 때문이다.

하지만 **그러한** 실천이성에 대한 소극적 비판만이 우리 앞에 놓인 책의 목표는 아니다. 심지어 순수 실천이성도 '변증성'(Dialektik)을 지닌다. 이 변증성은 감성적으로 규정된 실천이성과 순수 실천이성의 충돌이 아니라 순수 실천이성 자신의 이념들 간의 충돌이다. 따라서 순수 실천이성 또한 소극적 비판을 요구받는다.

---

2 『판단력비판』, 서론, III (V, 179).
3 『순수이성비판』, A11=B25.
4 같은 책, Bxxv.

다른 한편, 우리가 '비판'이란 표현을 적극적 의미로 취하면, 이 책을 "순수 실천이성 비판"으로 부르는 것도 마찬가지로 잘 정당화될 수 있다. 왜냐하면 오직 순수한 실천이성만이 입법적일 수 있으며 ─ 물론 저 입법은 앞으로 저술되어야 할 "도덕형이상학"에서 더 분명히 설명되어야 하겠지만 ─ 도덕적 경험을 근본적으로 구성하는 법칙은 예비학인 '비판'에서 제시되어야 하기 때문이다. 이는 "자연에 법칙을 제공하는" 이론이성의 원칙들이『순수이성비판』에서 밝혀진 것과 같은 이치이다. 따라서 그는『실천이성비판』은 "실천이성의 가능성과 범위 그리고 한계에 관한 원리를 완벽히 제시해야 한다"(8)고 말한다. 이것이 적극적인 의미에서의 순수 실천이성의 비판이다.

이 논거들뿐만 아니라 반대의 논거들도 함께 고려할 때, 두 해석 모두에서 똑같이 탁월한 근거들이 발견될 수 있는 것으로 보인다. 실제로 현 제목을 선택한 결정적 근거는 그가 책의 첫 번째 임무로 삼았던, 소극적 의미의 비판을 더 우선시했기 때문인 것 같다. 제목이 정해진 뒤, 서문의 첫 문단은 역사적 사건과 연관된다. 칸트는 평행 관계가 "순수 실천이성의 비판"과『순수이성비판』이라는 한 쌍의 제목을 요구하는 것 같다고 말한다. 그러나 그렇지 않다. 옳게 평행을 이루는 것은 "실천이성 비판"과 "사변(또는 이론)이성 비판"이거나, 아니면 "순수 실천이성 비판"과 "순수 이론(또는 사변)이성 비판"일 것이다. ("사변적"은 "순수 이론적"을 의미하는바) "사변이성 비판"이란 제목의 책은 없다. 하지만 칸트는 단지 평행 관계를 꾸며내기 위해서 독자들로 하여금 첫 번째 비판서가 그가 실제로 이름 붙인 것과 다른 제목을 가지고 있다고 추정하도록 이끈다.

그러나 역사적 사실은 이렇다. 제목의 평행 관계는 1786년의『순수이성비판』재판의 광고에서 "순수 사변이성 비판"에는 "순수 실천이성 비판"이 추가될 것이라는 보고에 기인한다. 이런 사정 때문에 마침내 그가 더 짧은 제목을 택했을 때, 그는 첫 문단에서 이것이 실로 그가 1786년 이래 예고했던 저작임을 독자들에게 알릴 필요가 있었다고 추정할 수 있다. 칸트는 1786년에 저작에 대한 전혀 다른 구상을 가지고 있었거나, 아니면 광고 당시에 저술 내용을 분명히 구체화하지 못했을 것이다. 나는 뒤의 경우라고 생각한다.

3. 책의 목표들

앞 절에서 우리는 칸트가 이 제목을 택한 이유를 논하면서, 그가 서문과 서론에서 진술했던, 책의 몇몇 목표들을 언급했다. 그 목표들은 다음과 같이 더 체계적으로 진술될 수 있다.

1. 다음을 밝혀낼 수 있도록 이성의 실천적 능력 전체를 검사하기.
   a) 순수 이성이 실천적일 수 있다는 것.[5]
   b) 경험적으로 촉발된 실천이성은 월권적 요구를 한다는 것, 따라서 그것에 적절한 한계가 정해져야 한다는 것(16).
   c) 순수 실천이성은 『순수이성비판』에 의해 논박된 것을 결코 주장하지 않는다는 것(5, 6).
2. 두 비판서를 사후적으로 짜 맞추지 않고도 모순 없이, 이론이성에도 요구되는 특정 이념들의 실재성을 확립하기(이론이성은 단지 그 이념들이 논리적으로 가능하다는 것만 제시할 수 있었을 뿐, 실재적으로 가능하다거나 실제 대상들을 지닌다는 것을 제시할 수 없었다).[6]

---

5 『실천이성비판』, 3, 15, 45; Reflexion 7201. 『정초』(426)에서는 이성이 어떻게 품행을 규정하는가의 대답이 비판이 아니라 형이상학에 속한다고 잘못 지정되었다.
6 『실천이성비판』, 3, 5. 이것은 "도덕법칙의 신임장"인 자유와 관련해 제시된다(48). 다른 이념들의 실재성은 바로 자유로부터 도출된다. 따라서 『실천이성비판』은 "내가 사변이성에서 부정했던 어떤 것을 성취한다"(「쉬츠에게 보내는 편지」, 1787년 6월 25일[X, 490]). 말하자면 그것은 자연형이상학의 일부인 "실천적-독단적 형이상학"(*praktisch-dogmatischen Metaphysik*)으로의 이행이다. 그러한 실천적-독단적 형이상학은 "실천적-

3. 의무의 가능성의 원리들, 곧 순수 실천이성의 법칙들을 확립하기. 이로써 『실천이성비판』을 자신의 예비학으로 삼는, "도덕형이상학"에서 그 원리들이 경험적으로 발견된 존재자의 특정 유(類)인 인간에게 적용될 수 있게 하기(8).
4. 순수 실천이성의 판단들 간의 불가피한 변증성을 해소하기(16).

게다가 서문에서 명시되지 않았으나, 책의 상당 부분에 할애된 두 가지 다른 목표가 있다.

5. 도덕철학이 정확히 자기 고유의 체계적 형식을 가져야 한다는 사실을 탐구하고 정당화하기(89).
6. 순수 실천이성의 법칙들이 인간 마음에 진입하여 이 마음의 준칙에 영향을 줄 수 있게 하는 방식을 규정하기(151).

이에 더해 서문과 서론에서 언급되지 않았으나, 순수 실천이성의 비판을 요구하기 위해 『정초』에서 진술된, 두 가지 다른 목표가 추가되어야 한다. 칸트가 이 책을 저술할 때 가장 중요한 목표로 삼았던 것들이기 때문에, 이것들이 이 책의 첫머리에서 두드러지지 않고 실로 유력한 지위를 점하지 않는다는 사실은 놀랍다. 그 목표들은 다음과 같다.

7. "다만 적용될 때에는 구별되어야 하지만, 궁극적 분석을 통해서는 하나이자 동일한 이성만 있을 수" 있으므로,[7] 하나의 공통 원리

도덕적 이성학문"(*praktisch-moralische Vernunftwissenschaft*)인 도덕형이상학과 구별되어야 한다(『형이상학의 진보』, XX, 293). 따라서 목표 2와 3은 다음과 같이 변형될 수 있을 것이다. (2′) 신, 자유, 영혼 불멸에 관한 실천적-독단적 형이상학을 위한 예비학을 마련하기, (3′) 도덕성의 모든 선험적 원리의 체계인 내재적 도덕형이상학을 위한 예비학을 마련하기.

아래에서 사변이성과 실천이성의 통일을 제시하기.

8. 순수 실천이성의 종합적 사용이 가능함을 제시하기, 즉 실천적인 선험적 종합명제가 어떻게 가능한가를 제시하기.[8]

서문의 논의를 다루기 앞서 목표 7과 8부터 고찰해보자.

4. 이론이성과 실천이성의 통일

이론이성과 실천이성의 통일은 『실천이성비판』에서 확언되며(121), 거의 책 전체가 이 확언을 정교히 하려는 시도처럼 보이기도 한다. 하지만 책의 어느 곳에서도 칸트가 말하자면 독자가 한눈에 알아챌 수 있게 "내가 왜 이론이성과 실천이성이 단지 동일한 능력의 두 가지 적용이라는 점에서만 다른 것이라고 생각하는지 그 까닭을 당신에게 정확히 제시하겠다"고 말하지 않은 점은 안타까운 일이다. 그리고 특정 구절에서 그는 아직 독자를 만족시킬 만한 증거가 없다는 듯이 쓰고 있다. 그는 두 비판서의 구조의 비교가 "언젠가 그로 하여금 순수 이성의 (이론적인 동시에 실천적인) 전 능력의 통일이 통찰될 수 있고 모든 것을 하나의 원리로부터 이끌어낼 수 있으리라는 기대를 정당하게 불러일으킨다"고 말하기 때문이다(91).

비록 칸트가 이것을 분명히 설명하지 않았고, 또 당시에 그렇게 할 수 없었다 하더라도, 그럼에도 이 "하나의 원리"가 무엇이었는지 말하기는 다행히 그리 어렵지 않다. 성숙기의 윤리학 논고에서 칸트는 "순수 이성의 입법" 이외에 다른 어떤 기초를 가진 도덕적 원리나 실천적 원리는

---

7 『정초』, 391.
8 같은 책, 445. 이는 물론 임무 1의 a)와 밀접히 연관된다.

없다고 주장한다. 이성은 원리들의 능력인바, 그것은 지성에 의해 생각되는 모든 것을 사유의 최고의 통일 아래로 불러들인다. 이제 만일 타당한 실천적 원리들이 있다고 할 때, 그 원리들의 필연성이 오직 이성에 의해 포착된 보편적인 동시에 필연적인 원리들로부터 도출된 것이 아니라면, 그러면 실천의 내적 통일성은 그 자체로 현존하지 않거나 기껏해야 우연적일 것이다. 오직 이성만이 보편적이고 필연적인 원리들을 인식이나 품행에 제공할 수 있다.

『정초』의 제1절과 『실천이성비판』의 상당 부분에서 칸트는 행위를 규정하는 비이성적 근거들은 내적으로 일관되지도, 필연적으로 구속력을 지니지도, 보편적으로 적용되지도 않음을 제시하려 했다. 실천적으로 볼 때, 그것들은 통일보다는 분열을 일으킨다. 어떠한 "도덕적 질서"도 그러한 토대 위에 세워질 수 없다(35). 그러나 이성은 실천적 영역에서도 이론적 영역에서 수행한 것과 동일한 기능, 즉 체계화하고 통합하고 보편화하며, 우연적인 것을 필연화하는 기능을 수행한다.

이론적 영역에서 이러한 목표들을 위해 사용된 이념들은 단지 규제적이다. 거기서 이념들은 (탐구 자체가 필연적이지 않으므로) 품행의 결과를 규정하거나 필연화하지는 않은 채, 탐구되는 품행을 위한 한갓 준칙들만 제공한다(5). 반면에 실천적 영역에서 자유의 이념은 경험에 적용될 뿐만 아니라 경험을 구성한다. 그 경험은 그 이념과 무관하게 일어나는 것이 아니라 (그 이념이 정의한 대로) 있어야만 하는 것에 관계하기 때문이다. 어쩌면 우리는 이론이성의 기능을 오해하고, 이론이성의 이념들이 지성계(*Intelligible Welt*) — 보이는 대로가 아니라 있는 그대로의 사물들의 세계 — 에 대해 구성적이라고 여길 수도 있을 것이다. 우리가 이렇게 오해할 때, 선험론적 이념들은 초험적(*transzendent*)이 되고, 철학적 사유는 이율배반과 오류추리(*Paralogismus*) 및 가상에 빠진다. 『순수이성비판』의 변증론은 바로 이것을 폭로하고 제거한다. 이와 대조적으로, 우리가 삶 속에서 마주치는 각 행위의 동기들 및 그 동기들의 통일을 위해 요구되는 무조건적 조건들을 동일한 이성이 제공하는 한에서, 그 이성은 자신의 이념들에 대응하는 대상들을 실제로 산출하는, 내재적 이성이다. 우리가 이 이념들의 요구에 따라 행위함으로써 산출되는 이 대상들은 외부 세계의 사물들 — 우리가 그것에 작용할 힘이 있을 수도 있고 없을 수도 있는 — 이 아니다. 그것들은 실제 경험에서 자유의 이념을 직접 표현하는, 행위의 동기들이거나 마음의 상태들, 또는 의지의 결단들이고, 도덕법칙은 그것들의 필연적 귀결이다. 에드워드 케어드(Edward Caird)는 이론에서 실천으로의 이행에 대해 탁월하게 논평하기를, "이성은 [필연적이고 보편적인 종합적 통일이라는] 자신의 이상이 세계 속에서 실현된 사례를 찾을 수 없게 되자, 이제 스스로 저 이상을 실현하려 한다".[9] 이성은, 우리의 행위와 마음가짐을 통해 내재적 완결성, 질서, 그리고 체계적 통일성과 함께 확립될 수 있을 세계의 이념 — 그것이 인간 기예의 산물들에 의해 실현될 수 있든 그렇지 않든 간에 — 을 불러일으킴으로써 실천적이 된다.[10] 이 이념들이 확립되지 않으면 이론이성은 계속해서 멀어지는 목표를 헛되이 추구할 것이다.[11]

그렇지만 『정초』에서 "모든 실천철학의 한계"에 관한 논의를 기억하는 사람은 '이성이 어떻게 실천적인가'라는 물음에 대한 답변 가능성을 의심할지도 모른다. 거기서 칸트는 '이성이 어떻게 실천적일 수 있는가'를 증명하는 일은 '자유가 어떻게 가능한가'를 설명하는 일과 마찬가지로 불가능하다(그리고 두 물음은 본질적으로 동일하다)고 말한 바 있다. 이는 '우리가 왜 시공간 안에서만 대상들을 직관하는가'라는 물음과 마찬가지로 상위의 원리로부터 이끌어낸 답변으로는 답해질 수 없다. 그것들은 실제하는 어떤 것의 필연적 전제 조건이기 때문에 반드시 있어야 한

---

9 E. Caird, *The Critical Philosophy of Immanuel Kant* II, p. 164.

10 『순수이성비판』, A548 = B576 참조; 『실천이성비판』, 15.

11 『순수이성비판』, A796 = B824.

다고 우리는 말한다. 우리는 그것들을 파악하지 못하지만, 적어도 그것들의 파악 불가능성은 파악할 수 있다.[12]

그렇지만 이 물음에 대한 분명한 대답은 예상 밖에도 『실천이성비판』이 아니라 『판단력비판』에서 제출된다.[13] 그는 말하기를 이성은 항상 모든 조건들의 무조건적 조건을 발견하기를 요구한다. 이 요구는 경험 안에서 충족될 수 없으며, 이성은 무조건적 물자체, 무조건적 실체, 그리고 무조건적 원인에 대한 이론적 사변으로 나아간다. 그러나 사변 속에서 이러한 이념들은 단지 가정일 뿐 인식이 아니며, 우리가 탐구를 인도하기 위해 그 이념들을 가정한다는 사실로부터 어떠한 이론적 결론도 도출될 수 없다. 실천적 영역에서 무조건적 필연성은 자유라는 이름 아래에서의 이성 자신의 인과성이며, 이는 의무의 부름을 의식하는 우리에게 사실(*Faktum*)로서 드러난다. 그런데 이성이 명령한 것은 현상세계에서 일어나지 않을 수도 있다. 따라서 우리는 일어나는 것[=존재]과 일어나야만 하는 것[=당위]을 구별한다. 실천이성은 뒤의 개념을, 이론이성은 앞의 개념을 정립한다. 비록 있어야만 하는 것이 사실상 의지의 활동 및 이에 대응하는 행동을 통해 실현될 수 있다 해도, 둘 사이에는 건널 수 없는 개념적 간극이 있어 보인다.

그런데 이 개념적 구별은 단지 인간 정신의 고유성 때문에 이성에 의해 설정된 것이다. 만일 우리의 이성이 자신의 대상들의 자율적인, 충분한 원인이었더라면, 존재와 당위의 구별은, 이성이 단지 생각만으로 대상을 산출할 수 있는 능력을 지니고 있는 세계에서 그렇듯이, 불필요하다. 또한 그런 경우에는 필연적인 것, 실제적인 것, 그리고 단지 가능한 것 사이에 어떠한 구별의 여지도 없을 것이다. 우리가 동일한 이성이 두

---

12 『정초』, 463; 『순수이성비판』, A393 참조.

13 『판단력비판』, §76. 『순수이성비판』(A816＝B844)에서 칸트는 두 입법의 통일성이 이론법칙과 실천법칙이라는 두 가지 법칙 유형의 원작자인 신이라는 규제적 이념에 기초할 수 있다는 견해를 제출한 바 있다.

가지 다른 관계 아래 있음을 직접 통찰하지 못하는 까닭은 우리 정신의 주관적 구성 조건의 한계 때문이다. 인식능력으로서 이성은 오직 우리가 감성적 소여를 수동적으로 수용한다는 조건 아래에서만 대상들에 적용될 수 있는 반면, 순수 실천능력으로서 이성은 적어도 대상들을 인식하기 위한 능력이 아니므로, 감관에 주어진 것으로부터 독립적이다.[14] 다르게 구성된 지성, 곧 직관적 지성에게서 이 구별은 생겨나지 않을 것이다. 우리의 이성이 우회적(discursive)이라는 점은, 즉 소여(*Data*, 주어진 것들)에서 출발해 보편으로 나아가고 생각만으로 소여를 산출할 수 없다는 점은 우연적 사실이다. 이 사실은 우리가 시공간 내에서만 대상들을 경험한다는 사실만큼이나 우연적이고 불가해하다. 우리는 대상들을 직접적으로, 즉 보이는 대로가 아니라 있는 그대로 인식할 수 있는 순수 이성을 겸비한 다른 종류의 정신을 생각해볼 수 있다. 우리는 그런 지성이 존재한다고 추정할 만한 어떠한 근거도 없으나, 그렇다고 그것의 현존을 반드시 가정해야 하는 건 아니다. 단지 그것을 생각할 수 있다는 가능성만으로도 우리는 어떻게 처음에 절대적인 것으로 보이던 구별이 사실상 단지 관계에서의 차이로 생각될 수 있는지 이해할 수 있게 된다. 직관적 지성의 가능성으로부터, 그리고 우리의 지성이 직관적이지 않다는 사실로부터 우리는 존재와 당위의 구별, 필연적인 것과 가능한 것의 구별, 그리고 기계적으로 야기된 것과 목적론적으로 야기된 것의 구별이 오로지

---

14 가능한 인식능력인 직관적 지성의 실천적 대응물은 신적 의지이다(『실천이성비판』, 82). 둘 다 가능하지만(생각해볼 수 있지만), 신의 현존에 대한 믿음이라는 근거 외에는 둘 중 어느 것이 현존한다고 생각할 만한 근거가 우리에게는 없다. 그러나 이 착상은 중요하다. 신적인 능력과 비교함으로써 칸트는 인간의 인지적 또는 실천적 능력의 고유성들을 더 분명히 드러내기 때문이다. 신적인 의지에는 의무 개념이 적용되지 않을 것이다. 의무는 이성의 입법과 다르거나 모순되는 것을 선택할 수 있는 또 다른 근거가 있음을 전제하기 때문이다. 그러나 신적 의지의 경우 의욕하는 것과 의욕해야 하는 것 사이에 차이는 없을 것이다. 유사하게, 직관적 지성에게 실제적인 것과 필연적인 것의 구별은 없을 것이다.

우리에게만 (그리고 우리가 **아는** 한, 현존하는 모든 정신에게) 존재함을 알 수 있다.

따라서 이론이성과 실천이성 사이에 존재하는 대립과 별개로, 칸트는 서로 다른 두 적용 방식에서도 동일한 기능—경험적으로 조건지어진 모든 것에 무조건적 조건들을 공급하는 기능—을 수행하는 단 하나의 이성이 존재한다고 여긴다. 그러나『실천이성비판』에서는 실천이성과 이론이성 간의 외견상의 대립이 상당히 두드러지는데, 이렇게 또렷이 감지된 대립은 의무 개념, 법칙과 덕에 대한 존경, 그리고 인식과 신앙의 구별을 정초하기 위해 설정된다.

5. 실천적인 선험적 종합명제는 어떻게 가능한가

이 물음은 순수 이성이 의지의 직접적 규정근거일 수 있고 행동에 직접 영향을 끼칠 수 있음을 밝히려는 임무 1의 a)와는 다르다. 그것은 또한『정초』에서 칸트가 정식화했던 물음, 즉 순수 실천이성의 종합적 사용은 어떻게 가능한가[15]와도 약간 다르다. 여기서 제출된 물음은『실천이성비판』에 나오지 않으며, 활자화된 형태로는『도덕형이상학』에 처음 등장한다.[16] 하지만 낱장문서의 여섯 번째 단편에서 정식화된 것으로 미루어볼 때, 이미 칸트 자신은 이 물음에 대답해야 함을 의식하고 있었다.[17]『순수이성비판』(특히 재판)과『형이상학 서설』에서 유비적인 이론적 물음이 상당한 역할을 했던 것과 비교해보면,『실천이성비판』에서 저 물음이 한 번도 언급되지 않은 것도 조금 기이하다. 누군가는 이 책의 기

---

15 『정초』, 445.

16 『도덕형이상학』,「덕론」, §6(VI, 249).

17 Reflexion 7202(XIX, 282).

획 의도가 저 물음에 있다고 예상했을 수도 있을 텐데 말이다.

『정초』의 처음 두 절은 도덕적 행위의 정식을 발견하기 위해 도덕성의 현상들을 고찰하는데, 거기서 발견된 정식은 『실천이성비판』에서 전제된다(8). 『정초』의 전반부는 도덕성이 오직 의지나 동기의 문제이지 상황이나 결과의 문제가 아니라는 진술로 시작한다. 비록 어떤 의지가 사실상 다른 동기로부터 선한 행위를 하는 경우가 있다 해도, 선의지는 오직 그것이 선하다는 이유에서만 자기 행위의 동기를 구하는 의지이다. 선의지는 법칙에 대한 존경으로부터 행위하는 의지이다. 비록 그것이 자발적으로 수행된 어떤 행위에 의해 세상에 변화를 일으키려는 어떤 욕구를 늘 수반한다 해도, 이러저러한 결과에 대한 욕구로부터 행위하는 것은 아니다. 『정초』 제2절에서 이러한 고찰은 도덕적 선으로 간주될 수 있는 동기의 전제이자 규준인 정언명령의 정식으로 우리를 인도한다.

그러나 처음의 두 절은 실제 사실들의 확언과 타당한 도덕적 명령들의 표현으로 쉽게 해석될 수 있는 많은 진술을 포함하기는 하지만, 또한 이 절들의 목표가 분석적이고 그 결론은 미정적이라는 점을 독자에게 상기시키는 진술들도 포함한다. 두 절은 그러한 것이 실재하는지 여부와 상관없이 도덕성의 구조를 다룬다. 원리들은 의무가 "아무런 진리도 없는 키마이라 같은 관념이 아닌" 한에서만 반드시 참으로서 진술되며,[18] 원리들의 개념적 정확성은 "이 세계 어딘가에서 참된 덕이 발견될 수 있는가"의 문제와 무관하다.[19]

이 원리들을 이끌어내기 위해 칸트는 분석적 방법을 따랐다. 그가 "도덕에 대한 평범한 이성인식"과 "통속적 도덕철학"으로부터 출발하고 이것을 '최초에 주어진 것'(prius)으로서 가정했다는 점에서 그렇다. 이는 마치 그가 『형이상학 서설』에서 수학과 자연과학의 타당성을 가정하고

---

18 『정초』, 445.
19 같은 책, 407.

서 그것들이 타당한 인식이라면 무엇이 참이어야만 하는지 물었던 것과 같다. 그러나 『형이상학 서설』이 『순수이성비판』과 분리된 채 회의주의에 대한 대답으로 간주될 때 커다란 선결문제 요구의 오류에 빠지는 것과 마찬가지로, 『정초』의 처음 두 절도 그 책의 마지막 절 또는 『실천이성비판』과 분리되는 한 선결문제 요구의 오류가 된다(또는 혹시 칸트가 그것들이 논증이 아니라 구상의 제출임을 분명히 하지 않았다면, 선결문제 요구의 오류라고 부를 수 있을 것이다).

여기서 분석적 방법은 오직 분석판단으로만 이끈다는 점이 귀결되는 것은 아니며, 실제로는 칸트가 "실천적인 선험적 종합판단"이라 부른 정언명령의 정식으로 안내한다. 그런데 종합명제가 이런 식으로 발견될 수 있다 해도, 그것은 분석을 통해 정당화될 수 없다. 그리고 만일 그것이 선험적이라면, 그것은 경험적 사실들의 호소를 통해서는 결코 정당화될 수 없다. 적어도 그것은 『순수이성비판』에서와 같은 비판적 탐구를 통해 정당화되어야 한다. 우리는 다음과 같이 물어야 한다. 그러한 판단은 어떻게 가능한가? 그러한 명제를 확언할 만한 권리가 우리에게 있는가? 우리가 만족할 만한 대답을 할 때에만 원리들은 종합적으로 사용될 수 있다. 오직 그때에만 우리는 **가능한** 도덕적 명령의 정식이 **실재적**이고 정당하게 공표된 명령의 정식임을 인식할 수 있다.

이리하여 칸트가 『정초』 제3절의 문제를 진술할 때, 그리고 그가 책 서문(8)에서 각별히 독자의 주목을 촉구한 『실천이성비판』의 한 구절 (89)에서 바로 그 문제로 되돌아갈 때, 그는 『실천이성비판』이 다음의 (a)와 (b)를 입증하는 임무를 지닌다고 말하는 셈이다. (a) 순수 이성이 실천적으로 실재적 사용을 지니며, 그것은 도덕성의 가능한 현상의 조건적 분석에서의 한갓 논리적 사용도, 실용적 성공을 위해 우리의 경험을 조직하는 일에서의 한갓 논리적(기술적) 사용도 아니라는 것.[20] (b) 도

---

20 이것은 목표 1의 a)와 대등하다.

덕성의 분석을 통해 발견된 선험적 종합판단이 실제로 정당화된다는 것. 목표 a)는 분석론 전체를 통해 달성되며, 목표 b)는 분석론의 연역 부분에 할애된다.

6. "도덕형이상학"과의 관계

이 책과『도덕형이상학』의 역사적 관계는 앞서 이미 어느 정도 다루어졌고, 제8절에서 서문의 논쟁점들을 설명하면서 얼마간 다시 고찰될 것이다. 이 절에서는 칸트가『실천이성비판』과 "학문의 체계"의 관계를 논하는 한 각주(8), 그리고『실천이성비판』을 단지 자신의 예비학으로 삼는 "도덕형이상학"과의 관계를 언급하는 한 문단(161)을 고찰한다.

칸트에 따르면,『순수이성비판』이 이론적 학문을 분류한 것과 달리,『실천이성비판』은 실천적 학문의 분류를 제공하지 않는다. (수학, 자연과학, 형이상학으로 나뉘는) 이론적 학문의 부문은 전적으로 선험적이라고 진술된 반면, (법론과 덕론으로 나뉘는) 실천적 학문의 부문은 의무들을 인간적 의무들로 특수하게 정의하기 위해 인간에 대한 경험적 인식을 요구하기 때문이다. 그러한 인식은 실천이성 비판의 일부가 아니라 도리어 두 비판의 작업을, 즉 인식의 선험적 원리들의 정교화와 인간 본성에 대한 경험적 인식을 함께 전제한다.

하지만 서문의 한 각주에서 칸트는 자신의 일반적 입장이 심리학이 가정하는 사실들에 기초한다는 예상되는 비판에 미리 답하는 가운데,『순수이성비판』에서 도덕철학을 위해 필수적이라고 말했던 개념들인 생(生), 욕구능력, 그리고 쾌를 정의하고,[21] 이것들이 그가 필요로 한 정의들과 사실들의 전부이며 그것들은 그 성격상 경험적이라고 선언한다. 물

---

21   이 책의 제1장 각주 21 참조.

론 이 사실들이 직접적으로 명증하게 도입되진 않지만, 그럼에도 이를테면 우회적으로 심리학이 순수 실천이성의 불가능성을 시사하는 방식으로 이 개념들을 정의할 필요는 없음을 밝히기 위해 도입된다.

그러나 이 정도의 경험주의조차 순수 실천이성의 비판의 목표들과 양립할 수 없는 것처럼 보이며, 이는 다음의 물음을 불러온다. 도덕철학은 얼마나 "순수"할 수 있을까? 칸트는 이 물음에 명확히 답하지 않으며 일관성도 없다. 그가 추구해온 순수성의 정도는 오직 볼프의 "보편적 실천철학"(*philosophia practica universalis*)의 공허한 추상 속에서만 달성될 수 있어 보인다. 그러나 우리는 적어도 다섯 단계의 순수성이 칸트의 전체 계획의 지절들에 내재함을 식별할 수 있다.

1. 인간 이성의 고유한 본성(이를테면 '우리에겐 직관적 지성이 없다'와 같은)과 무관한,[22] 그리고 경험적 사실이 아니라 오직 순수 이성의 사실에만 의존하는 도덕철학(31):『정초』에서 구상된 도덕형이상학.

2. 단계 1과 심리학에서 빌려온 세 가지 정의들 — 명령, 존경, 의무의 개념들의 토대가 되는 정의들 — 에 의존하는 도덕철학:『실천이성비판』.

3. 경험적으로 인식된 인간 본성의 다양한 형식들과 무관하지만 인간 본성에 적용 가능한, 단계 2의 원리들의 체계적 전개로서의 도덕철학: 실제 저작으로서의 도덕형이상학.[23]

4. 경험적 사실들을 포함하는 단계 3의 체계적 해설인 실천철학의 체계("학문의 체계"): 빈번히 언급되었지만 저술되지 않은 저작.

5. 도덕적이고 실용적인 인간학 — 실천규칙들의 삽화적 서술:『윤리학 강의』와『인간학』.

---

22 『정초』, 412.
23 『도덕형이상학』, VI, 216-17.

이리하여 비판과 체계의 예리한 구분선은, 지워지지 않을지라도 적어도 흐릿해진다. 그리고 책으로 쓰인 『도덕형이상학』은 단계 3보다 4에 가깝다. 칸트가 저술했던 유일한 도덕형이상학은 사실상 『실천이성비판』이었다. 오직 이 책만이 "오로지 개념들로부터만 이끌어낸 선험적 인식의 체계"이기 때문이다 ― 물론 이 말이 사실인 한에서 그렇다.

칸트는 『실천이성비판』을 예비학으로 삼는 "도덕형이상학"을 쓴 적이 없거나 적어도 완성하지 못했다. 그가 이러한 방향에서 출판한 책은 또 다른 예비학인 『자연과학의 형이상학적 기초원리』(*Metaphysische Anfangsgründe der Naturwissenschaft*)가 유일하다. "학문으로 등장할"(*als Wissenschaft auftreten*) 수 있을 형이상학은 이미 세 권의 비판서 그 자체로부터 출현한 셈이다. 이중의 형이상학과 그 체계는 계속 멀어져만 가는 이상이 되었고, 엄밀하게 보면 세 권의 비판서 이후 더 이상의 형이상학은 필요 이상의 기획이었다.[24] 설령 그것이 칸트에게 자신이 되풀이해 말해왔던 일, 자신이 그동안 참아왔던 즐거운 일을 할 수 있는 기회 ― 그의 선험적 원리들과 개념들의 결과들을 체계적이거나 분석적으로, 또는 백과사전적으로 펼쳐 보일 수 있는 기회 ― 일지라도 그렇다.

---

24 비판이 성장하고 체계가 후퇴하자, 칸트는 예전에 『순수이성비판』이 예비학이라고 말했던 것을 부인하고, 그것이 그 자체로 체계였다고 진술한다(*Erklärung in Beziehung auf Fichtes Wissenschaftslehre* XII, pp. 370~71). 내가 아는 한, 이 특이한 진술은 자신의 스승인 칸트가 단지 시작하기만 했던 작업을 그 자신이 완성했다는 요한 고틀리프 피히테(Johann Gottlieb Fichte)의 주장을 접한 칸트의 노여움에서 비롯되었다고 보는 편이 가장 나은 설명이겠다. 아마 이 진술이 그의 건축술적 이상의 근본적인 포기를 나타내진 않을 것이다. 그럼에도 불구하고 그것은 "비판적" 작업과 "체계적" 작업의 실제 내용들의 고찰로부터 나온 어떤 견해를 표현한다.

7. 책의 구조

이 절에서 나는 비판의 전 구조를 다루려 한다. 여러 하위 부문들의 세부 사항들은 주해 과정에서 기회가 될 때마다 논의될 것이다.

사람들은 칸트의 건축술을 가끔 흥미롭게 여겼으나, 자주 경멸스럽게 취급했고, 대개는 참을 수 없어 했다. 그들은 만일 칸트 스스로가 자신의 건축술적 도식들을 엄격하게 지키려 하지 않았더라면 그의 저작들은 스콜라적 모범을 따르면서도 더 융통성 있게 조직되었을 테고 어쩌면 더 짧아질 수 있었을 거라고 말하곤 했다. 칸트는 체계의 지절들을 완비하려는 이상 때문에 별로 흥미롭지도 않고 기여하는 면도 적은 (이를테면 첫 비판서의 마지막) 장들까지 전부 저술했기 때문이다.

『실천이성비판』은 과도한 건축술적 열의로부터 거의 완전히 자유롭다. 단, 두 부분은 그 기원상 첫 비판서와의 평행 관계가 강요된 것처럼 보일 수도 있으나, 우리는 그 부분 또한 이 저작의 유기적 구조를 완성하는 데 필수적인 부분들로 여길 만한 근거를 이 주해를 통해 발견할 것이다.

이 저작의 구성은 파악하기 쉽다. 그러나 논의가 필요한 몇몇 흥미로운 특징들이 있다. 저술 계획은 두 곳에서 진술된다(16, 89-91). 두 번째 진술에서는 두 비판서의 구조가 비교되는데, 비교를 하면서 칸트는 첫 비판서의 구조를 부정확하게 기억하고 있다. 이 오류는 그 자체로 교훈적이다. 다음 표는 첫 비판서의 해당 부분의 실제 구조, 칸트가 기억해 낸 구조, 그리고 두 번째 비판서에서 이에 대응하는 부분의 구조를 나타낸다.

『순수이성비판』의 실제 도식을 나타내는 첫 번째 단은 저작이 다루는 인식능력, 즉 감성, 지성, 이성에 따른 구분을 제시한다. 1787년에 그가 기억하고 있는 도식인 두 번째 단은 인식 대상에 따른 구분인데, 여기서 분석론이 감성론을 포함하는 까닭은 양자가 모두 현상계의 인식에 해당되고, 지성계의 인식을 가정하는 변증론과 분리되기 때문이다. 어떤 점

첫 번째 비판서의 실제 구조	칸트가 기억하는 첫 번째 비판서의 구조	두 번째 비판서의 구조
선험론적 감성론 선험론적 논리학 　분석론 　　개념들의 분석론 　　원칙들의 분석론 　변증론	선험론적 분석론 　선험론적 감성론 　선험론적 논리학 　　개념들의 분석론 　　원칙들의 분석론 　선험론적 변증론	논리학 　분석론 　　원칙들의 분석론 　　개념들의 분석론 　　"감성론" 　변증론

에서 두 번째 단의 구분은 두 영역의 비판적 존재론[25]이라는 내용상의
더 중요한 구분을 나타낸다. 이 두 영역 중 하나는 이론적으로 타당하고,
다른 하나는 이론적으로 타당하지 않지만 두 번째 비판서에서 실천적
타당성을 부여받는다.[26]

8. 서문의 논쟁점

나는 칸트의 앞선 저작들에 대한 서평들이 『실천이성비판』을 저술하
려는 그의 결단에 기여했음을 암시했다. 확실히 그것들은 그가 착수했던
첫 번째 문제들에 속하며, 책의 상당 부분은 그가 서문에서 언급한 비평
에 대한 답변으로 해석될 여지도 있다. 칸트는 특정 비평들로 인해 자신
의 견해를 눈에 띄게 수정하진 않았다. 그가 두 번째 비판서에서 포기한
『순수이성비판』의 부분들은 어떤 외부의 비평 때문이 아니라 도리어 그

---

25 『순수이성비판』, A247 = B303: "존재론"이라는 명예로운 이름은 한갓 "분석론"에 자
　　리를 내주어야 한다. 『형이상학의 진보』에서는 분석론이 "존재론"이라고 불린다(XX,
　　260).

26 "분석론"의 의미, 그리고 분석론의 부문들의 순서가 첫 번째 비판서의 역순이라는 점과
　　관련해서는 이 책의 제5장 제1~2절을, 실천이성의 "감성론" 개념에 대해서는 제12장
　　제1~2절을, "변증론"이라는 용어와 순수 실천이성의 변증론의 구조에 대해서는 제13장
　　제1~2절을 보라.

자신의 발전과 자기비판의 산물이다. 그리고 칸트와 그에 대한 비평가들 사이에는 갑론을박하는 토론이 거의 없었다. 하지만 그가 이 책을 쓸 무렵, 그들의 비평은 그의 마음에 또렷했을 것이고, 1787년 그의 내면에 어떤 특별한 전회를 불러온 자극만큼 철학적으로 의미 있는 것은 아니라 해도, 숙고할 만한 가치가 있을 것이다.

이마누엘 칸트는 논쟁을 좋아하는 사람은 아니었다.[27] 40년이 넘는 그의 긴 학문적 이력에서 극소수의 저작만이 "논쟁적"이라고 불릴 수 있다. 그렇지만 그는 자신의 주장이 이해될 수 있도록 힘을 쏟았으며, 그러한 노력에도 불구하고 그 작업에 거의 성공하지 못했음을 확인하고 매번 실망했다. 오늘 우리는 그의 난해한 책들의 첫 서평을 쓰는 임무를 맡았던 가엾은 학자들에게 당연히 공감한다. 그 책들은 지금보다 당시에 훨씬 더 난해했을 것이다. 지금 우리는 수많은 해설가, 비평가, 주석가에게 도움을 받고 있기 때문이다. 그런데 칸트 자신의 반응은 보통 서평자에게 공감하기 — 물론 이는 저자들에게 기대하기 어려운 덕목이기는 하지만 — 보다는 참을성이 없었고, 간혹 경멸조일 때도 있었다. 지인들의 만류가 아니었으면 그는 더 자주 항변했을 테지만, 그의 동료들은 그가 자신의 시간을 더 낫게 사용하기를 바랐고 칸트 대신 그들 스스로 논쟁의 부담을 상당 부분 짊어졌다.[28]

그러나 누구도 이미 성취된 것에 대한 이해 없이 비판철학으로 나아갈 수 없으므로 『실천이성비판』(7) 및 다른 저작들에서 칸트는, 때로 서평들에서 보이듯이, 사람들이 오해했던 "순수 사변이성의 개념들과 원

---

27 적어도 칸트 자신은 스스로를 이렇게 평가했던 것 같다(「라인홀트에게 보내는 편지」, 1787년 12월 28일, 31일[X, 514]). 그의 전기 작가들에 따르면, 물론 그 자신은 서로 다른 의견들을 교환하면서 자극받았다고 자평하기는 하지만, 그는 반론과 논쟁을 좋아하지 않았다고 한다. 나이가 듦에 따라 그는 자기와 다른 의견에 점점 덜 교감하게 되었다고 한다.

28 「비스터의 편지」(1786년 6월 11일); 「쉬츠의 편지」(1787년 3월 23일); 「베링의 편지」(1787년 5월 28일)(X, 457, 480, 488); 또한 『순수이성비판』, Bxliv 참조.

리들을 다시 고찰"해야 했다. 이러한 오해에 대답해야 할 필요가 있기는 하지만, 그는 『순수이성비판』이 "[서평자인] 요한 게오르크 페더(Johann Georg H. Feder)나 야코프 프리드리히 아벨(Jacob Friedrich Abel)과의 모든 논쟁점보다 훨씬 더 탁월하다"고 말했다.[29] 하지만 『정초』의 서평들과 그를 괴롭혔던 『순수이성비판』에 대한 가르베와 페더의 서평은 확실히 1787년의 저술 작업에 영향을 끼쳤다. 우리는 그 결과가 무엇인지 상세히 밝힐 수도 있고 그 원인을 찾아볼 수도 있다.

비록 논쟁 속에서 태어났을지라도, 『실천이성비판』은 서문 이후에는, 한 구절을 제외하고는 명시적으로 논쟁적이지 않다. 그것은 (비전문적인 의미에서) 변증적인바, 대립하는 의견들 간의 투쟁을 드러내지만, 대립하는 사람들의 투쟁이라는 수사학의 용어인 변론술은 아니다. 그런데 서문은 그가 서평자들에게 개인적 관심을 기울인다는 점에서 상당 부분이 논쟁적이다. 칸트에 대한 반박과 이에 대한 그의 대답은 그가 『실천이성비판』을 쓰려고 결심하게 된 상황을 드러내고, 이는 책의 주요 부분에 영향을 끼쳤다.

서문의 논쟁점들은 두 유형으로 나뉠 수 있다. 첫 번째 유형에는 비평들의 포괄적인 성격 때문에 칸트가 구체적으로 대답할 수 없는 부류가 속한다. 칸트 스스로 인식이 불가능하다고 선언하고 입증했던 대상들에 대한 인식을 자임하는 사람들의 비평들이 그런 경우다.[30] 또한 칸트가 제

---

29 「쉬츠에게 보내는 편지」(1787년 6월 25일)(X, 490). 쉬츠는 3월 23일 편지에서 이렇게 썼다. "[비판들에 대한] 논박을 자제하고 당신 자신의 길을 가기로 계획한 것은 잘한 일입니다"(X, 480). 또한 증정본을 동반해 「라인홀트에게 보낸 편지」(1787년 12월 28일과 31일)(X, 514)도 참조.

30 "그들은 **증명하기를** 바란다. 기꺼이, 증명할 수 있다면 증명해보라. 그러면 비판[철학]은 승리자인 그들 앞에 무기를 내려놓을 것이다"(5). 그는 호라티우스(Horatius)의 풍자시를 인용한다(*Sermones* I, 1, 19). 이것은 『형이상학 서설』에서 가르베와 페더의 도전에 대한 반향이다(IV, 278, 368). 여기서, 그리고 요한 아우구스트 하인리히 울리히(Johan August Heinrich Ulrich)의 『엘레우테리올로기』(*Eleutheriologie*)에 대한 서평』(VIII, 453-60) — 이것은 칸트가 준비한 확장적인 주석들에 기초해 크리스티안 J. 크

98

공한 것과 같은 난해한 토대가 윤리학에 불필요하다고 간주한 이들,[31] 비판철학이 일관성 없다고 막연히 비난하는 이들, 그리고 칸트가 "오랫동안 알려져온 것들을 마치 새로운 것처럼 이해할 수 없는 언어로" 표현한다는 점에서 "통상적인 추상적 용어의 사용에서 상당히 벗어나서 새로운 언어"를 지어내고 있다고 비난했던 이들[32]의 비평들이 이 부류에 속한다.

서문에서 다루어지는 비평의 두 번째 유형은 더 분명한 표적을 설정하고 더 철학적인 명민함을 자주 보여준다. 그것들은 칸트가 서문에서 언급한 문제들과 관계하지만, 마지막 것을 제외하고 그에 대한 충분한 대답은 『실천이성비판』의 본문에서 제출된다. 여기에는 네 가지 비평들이 있는데, 이를 간략히 살펴보자.

a) "사변에서 범주들의 초감각적 사용의 실재성이 부정"되었으나, "순수 실천이성의 대상들과 관계해서는"(5) 타당성이 확정된다는 점에서

라우스(Christian J. Kraus)에 의해 출간되었다 ― 의 특정 어구들은 우리로 하여금 울리히가 [칸트의] 이 구절의 표적들 중 하나였을 것이라고 짐작하게 한다. 하지만 『엘레우테리올로기』는 칸트가 『실천이성비판』의 서문을 쓰고 있을 때 읽었다고 보기에는 상당히 늦게 출판된 책이다. 그런데 우리는 칸트가 출판되기 전에 많은 책을 미리 읽었고 그가 분명 울리히의 유사 저작인 『논리학과 형이상학 제요』(*Institutiones logicae et metaphysicae*, 1785)를 알고 있었음을 유념해야 한다(「울리히가 칸트에게 보내는 편지」, 1785년 4월 21일[X, 402-03]). 울리히의 책에 대한 크라우스의 서평이 칸트로부터 유래함을 발견한 학자인 한스 파이힝거(Hans Vaihinger)는 이 논쟁을 연구했지만, 칸트가 이미 울리히를 서문에서 다루게 될 반대자로서 여겼을 것임을 암시하진 않았다(Hans Vaihinger, "Ein unbekannter Aufsatz Kants über die Freiheit", *Philosophische Monatshefte* XVII, 1880, pp. 192~209 참조).

31 분명하지는 않지만 칸트는 이러한 비평들을 전해 들었을 것이다(「예니쉬가 칸트에게 보내는 편지」, 1787년 5월 14일[X, 485-87]); 이는 『실천이성비판』(8, 첫 문단)에서 간단히 언급되는 것 같다.

32 『실천이성비판』, 10, 그리고 8n.에서 고틀로프 아우구스트 티텔(Gottlob August Tittel, *Über Herrn Kants Moralreform*, Frankfurt u. Leipzig, 1786)에 대한 답변으로 제시된 "새로운 정식"(*neue Formel*)에 관한 중요한 주석을 보라. 또한 『순수이성비판』, A831＝B859 및 『실천이성비판』, 105 참조.

일관성이 없다는 비평. 이것은, 지성적 자아와 현상적 자아의 구별 문제와 더불어 "『순수이성비판』에 대한 가장 중요한"(6) 비평 중 하나이다. 피스토리우스는『정초』의 서평[33]과 요한 슐츠(Johann Schulz)의『칸트 교수의 순수이성비판 해설』(*Erläuterungen über des Herrn Prof. Kants Kritik der reinen Vernunft*)[34]의 서평에서 이 비평을 제출했다. 그것은 또한 그처럼 예리한 형식은 아니기는 해도, 요한 프리드리히 폰 플라트(Johann Friedrich von Flatt)의 비평에도 등장한다.[35] 칸트는 피스토리우스를 "진리를 사랑하고 명민하며, 따라서 존경받을 만한 사람"이라고 하면서[36] "지성적 대상들에 대한 범주 적용은 불가능하다"는 그의 비평에 대해 우리가 앞에서 인용한 말을 한다. "오직 실천이성의 상세한 비판만이 이 모든 오해를 제거할 수 있다"(6-7). 그 문제는 적합하게『실천이성비판』의 상당 부분을 차지한다. 그것은 분석론 제1장 제2절, "사변적 사용에서 그 자체로 가능하지 않은 순수 이성의 권한을 실천적 사용에서 확장함에 대하여"의 중심 주제이다.[37]

---

33 H. A. Pistorius, *Allgemeine deutsche Bibliothek* LXVI, 1786, pp. 447~63.

34 같은 책, 92ff.

35 J. F. Flatt, *Tübinger gelehrte Anzeigen*(1786년 5월 13일).『도덕형이상학』(VI, 207)에서 칸트는 그가 가장 경멸했던 비평가 가운데 한 사람인 요한 프리드리히 플라트의 비평을 다시 다루었다.

36 『실천이성비판』, 8. 이러한 "진리를 사랑하는 논평자"는『유작』(*Opus postumum*)에서 더욱더 칭찬되었다(XXI, 416). 이는 플라트에 대한 경멸과 대조적이다(『실천이성비판』, 14).

37 피스토리우스의 서평은『순수이성비판』의 재판 서문을 썼을 당시 분명 칸트에게 알려졌을 것이다. 그러나 거기서(Bxii) 그는 "유능하고 편견 없는 비평가들이 나머지 장들에 대해 어떤 오해를 하고 있다고 보진 않으므로", 변증론의 첫 장 이후에는 어떠한 변화도 없다고 말했다. 하지만 피스토리우스는 이념들의 지위 및 지성적인 것과 현상적인 것의 구별을 문제삼았다. 나는 1787년 4월 칸트가 피스토리우스의 비판을 어떻게 받아들였는지 알지 못한다. 어쩌면 피스토리우스의 서평은 오류추리론에 관한 장을 다시 쓰게 한 부분적인 원인이었을지도 모른다. 비록 일반적으로 그 영예는 관념론 논박과 더불어 가르베-페더의 서평에 돌려지기는 하지만 말이다. 이유가 무엇이든 간에, 겨우 몇 주 뒤에야 그는 변증론 전체에 대한 사람들의 이해가 불충분함을 깨달았고 이를 두

b) 『정초』에서 자유와 도덕법칙의 관계가 순환적이라는 것. 이는 플라트의 주장으로, 그는 각각이 서로를 증명하는 데 사용되고, 이는 악순환이라고 말했다.[38] 칸트는 「서문」(4n.)에서 이에 대해 매우 간결하면서도 효과적으로 답하고, 분석론 제1장 제1절, "순수 실천이성의 원칙들의 연역"에서 완전히 논박한다.

c) "선의 개념이 도덕적 원리 이전에 확정되지 않았다"[39]는 점이 오류라는 피스토리우스의 또 다른 비판. 칸트는 이를 인정하고, 분석론 제2장에서 변론을 편다.

d) "어떠한 선험적 인식도 있을 수 없음"(12)의 발견. 이것은 『순수이성비판』에 대한 가르베의 서평을 개정한 요한 게오르크 하인리히 페더(Johann Georg Heinrich Feder)의 견해였다.[40] 물론 이 시기에 칸트는 페더가 어느 정도 틀렸고 가르베는 그 서평의 좋지 못한 외양과 무관함을 알게 되었다. 널리 알려져 있듯이, 이 서평은 『형이상학 서설』에 상당 부분 영향을 끼쳤다. 칸트는 이 발견에 대해 신랄하고 반어적인 언어로 답하

번째 비판서에서 다시 해명해야겠다고 생각했다. 칸트가 비판 (a) 대신 비판 (c)의 맥락에서 피스토리우스를 두 번이나 칭송한 점은 주목할 만한 가치가 있다(앞의 각주 36 참조).

38 칸트는 논증의 분명한 순환을 고백했고(『정초』, 450), 그는 요한 고트프리트 크리스티안 키제베터(Johann Gottfried Christian Kiesewetter)에게 보내는 편지에서 다시 설명했다(1790년 4월 20일[XI, 155]). 그러나 그는 『정초』에서 다소 다른 해법을 제시했다. 거기서 그는 사유 자체의 경험 속에 자유로운 자발성의 자각이 있음을 강조하며, 이는 도덕법칙의 타당성에 대한 물음과 무관하다고 강조한다. 비록 누군가 몇 마디로 자유의 실재성을 부정했다 해도, 바로 그 사람은 자신의 논증이 가진 타당성을 적법하게 주장하기 위한 전제 조건으로서 자신의 자유를 표현할 것이다. 이 논증은 『슐츠의 윤리이론에 대한 서평』에서 반복되지만(VIII, 13), 『실천이성비판』에는 등장하지 않는다. 그러나 그 사상은 지속적인 것이고, "자율"이라는 용어는 『유작』에서 마침내 실천이성은 물론이고 이론이성까지 망라할 정도로 확장된다(XXI, 93, 100).

39 『실천이성비판』, 8-9; 62-64 참조.

40 J. G. H. Feder, *Über Raum und Caussalität [sic] zur Prüfung der Kantischen Philosophie*, Göttingen, 1787. 칸트는 1787년 6월 25일 쉬츠에게 보내는 편지에서 페더가 자신의 표적이라고 밝혔다(X, 490).

는 데 만족했다.[41]

칸트가 이것(d)에 답하는 과정은 이렇다. 우리가 이성에 의해 인식하는 것은 선험적이다. 그런데 우리에게 선험적 인식이 없음을 입증하는 것은 이성이 타당하지 않음을 이성에 의해 입증하는 것과 같다. 따라서 그는 이것이 모순임을 증명한다. 다음으로, 그는 흄의 원인성 개념[42]을 비판한다. 흄은 선험적 원리를 인간의 보편적 찬동의 산물로 간주했는데, 거기서 원인의 개념이 "근본적으로 거짓이고 한갓 생각의 속임수"인지 아닌지는 설명되지 않은 채 남는다. 하지만 칸트는 이에 대한 답이 흄의 전제로부터 귀결되어야 한다고 믿었다. 그러나 셋째로, 그는 책에서 거명하진 않은 비평가 페더와 달리 흄은 수학의 보편성까지 의심할 만큼 경험론을 보편적으로 전개하지 않았음을 지적함으로써, 이성에 의해 이성이 없다는 증명을 시도하는 모순된 학설로부터 흄의 무혐의를 입증한다. 그런데 수학은 단지 수학적 판단이 분석적이라고 생각한 흄의 오해 때문에 비판을 모면한 것이다. 하지만 비록 흄이 그것을 분석적이라고 주장한 점에서 틀렸다 하더라도,[43] 여기서 중요한 것은 그가 수학적

---

41 칸트는 특유의 흄을 향한 변치 않는 존경과 더불어 최초의 발견을 행하는 천재와 그 발견을 불합리하게 축소하는 아류를 처음으로 구별했고, 후자를 경멸했다. 그 구절의 끝에 붙은 주는 흄을 "순수 경험론자"로 잘못 분류하는 것에 대한 항변이다(13n.). 그러나 이 항변에서 칸트는 페더가 자신을 관념론자로 분류하는 것에 대해 한 번 더 간접적으로 답변하지 않을 수 없었다(『형이상학 서설』과 비교해보라[IV, 375n.]). 윌리엄 체즐던(William Cheselden, 1688~1752)에 대한 언급은 맹인을 치료한 물리학자와 관련된 것인데, 환자가 보는 일에 적응하는 것에 대한 그의 보고는 헤르더에 의해 되풀이된다(*Vierter Wald*[1769], *Werke*[Suphan ed.], IV, 49). 어쩌면 이는 헤르더가 칸트에게 전한 일화일지도 모른다.

42 나는 여기서 칸트가 염두에 두었던 논적이 요한 니콜라우스 테텐스(Johann Nicolaus Tetens)였다고 여길 만한 근거를 보지 못했다. 다음 연구도 이것을 뒷받침한다. C. Brockdorff, *Die deutsche Aufklärungsphilosophie*, Munich, 1926, p. 105.

43 D. Hume, *Enquiry concerning Human Understanding*, Sec. VII을 보라[국역: 김혜숙 옮김, 『인간 이해력에 관한 탐구』, 지만지, 2012]. 다른 곳에서(『실천이성비판』, 53) 칸트는 흄의 견해들이 수학과 관련해서조차 "피할 수 없이 회의주의"에 이르게 된다고 말한다. 여기서 그가 거론한 것은, 보다 과거의 저작이기는 하지만, 『인간본성론』에서 기하

판단들을 선험적인 것으로 간주했고, 이리하여 인식의 다른 형식들의 판정을 위한 내적 기준으로 간직했다는 점이다. 순수 경험론은 철학적 사변에 대해 회의할 뿐만 아니라 수학과 도덕 모두를 파괴할 것이다. 칸트에 따르면, 이 두 가지 점을 고려할 때 순수 경험론은 진지하게 인정되어선 안 된다. 왜냐하면 거기서 철학적 이론, 곧 사변적 이론 자체는 "최고의 명증성"과 직접 충돌하기 때문이다.

별로 대단치 않은 사람이라면 자신의 비평가들과의 확대된 논쟁에서 제한된 시간만을 사용하거나, (자기 손실이 있더라도) 그들의 반박과 오해를 무시했을 것이다. 그러나 칸트의 위대함은 그가 비평가들에게 호의적이지 않더라도, 다른 사람들의 오류와 오해에 체계적으로 대처할 수 있었다는 데, 또 강단적 어법에서 다소 벗어난 비판조차 철학의 영속적인 건축을 위한 재료로 삼을 수 있었다는 데 있다. 『실천이성비판』의 상당 부분은 그의 재능의 이러한 측면에 빚지고 있다. 그 흔적은 저작 전체에 흩어져 있지만 여기 서문에 어느 정도 집중되어 있다.

학에 대한 흄의 실제 회의주의일 것이다. 반면에 서문에서 칸트의 언급은 『인간 이해력에 관한 탐구』와 관계된다. 그러나 칸트의 판단은 역사적 사실의 진술이라기보다 오히려 다만 경험론은 회의의 길에 한번 빠져든 이상, "인식의 주요 분과"에 대해서뿐만 아니라 "평범한 이성"에 대해서도 멈추지 못함을 의도했다고 보는 편이 더 그럴듯하다. 평범한 이성은 공통감관(common-sense)을 주장한 철학자들의 피난처인데, 그들은 합리론적 형이상학이 회의되기를 바랐지만, 다른 한편으로 다른 종류의 인식을 신임한 채 머물렀다. 그러나 그것 역시 참된, 철저한 회의주의 앞에서는 파괴될 것이었다.

제2부

제5장

실천이성의 분석론의 개관

1. "분석적"이라는 용어의 의미

칸트는 『실천이성비판』에서 줄곧 "분석적"(*analytisch*)을 독자가 그 용어에 완전히 친숙하다고 전제한 채 사용했다. 그가 이 낱말로 의도한 것과 이 낱말을 선택한 까닭을 정확히 이해하려면 『순수이성비판』으로 되돌아가야 한다.

거기서 그는 가르치기를 일반 논리학은 지성과 이성의 형식적 절차를 요소들로 분해하고, 그 요소들을 인식의 논리적 비판의 원리로 제시한다. 일반 논리학은 형식논리학이다. 그것은 우리의 판단과 개념들의 모든 내용을 추상한 채 오로지 형식적 관계만을 다룬다.[1] 반면에 선험론적 논리학은 선험적 인식과 후험적 인식 간의 중요한 구별을 경시하지 않으며, 선험적으로 인식된 개념들과 판단들의 토대와 구조를 다룬다. 따라서 선험론적 논리학은 단지 객체들에 대한 선험적 사고의 규칙들만

---

1 『순수이성비판』, A60=B84.

을 포함한다. 이리하여 그것은 어떤 개념과 판단이 그 논리적 상호 관계에서 선험적 개념과 형식적으로 동일하더라도 경험에서 유래하는 인식 내용은 모두 배제한다.[2] 선험론적 논리학의 분석적 부문은 지성과 이성의 선험적 또는 "선험론적" 활동들을 그 요소들로 분해하며, 따라서 그 것은, 경험적 인식을 포함해, 대상들에 대한 우리의 모든 인식 비판의 기준으로 복무한다. 그러므로 선험론적 분석론은 "진리의 논리학"이지, 일반 논리학의 분석적 부문처럼 한갓 형식적 일관성만 갖춘 논리학이 아니다. 따라서 선험론적 분석론은 "순수 지성이 그 자체로 산출하는 우리의 선험적 인식의 해부"로 이루어진다. 이 분석론에서 분해된 개념들과 원칙들은 경험적이 아니라 순수해야 하고, 직관적이 아니라 지성적이어야 하고, 합성된 것이 아니라 단순해야 하고, 파생된 것이 아니라 근본적이어야 하고, 단편적으로 묶인 것이 아니라 체계적으로 완성된 것이어야 한다.[3]

여기서 지성 또는 이론이성이 아니라 실천이성이 검사된다는 점만 제외하면, "분석적"이라는 용어는 『실천이성비판』에서도 같은 뜻을 지닌다. 분석론이란 실천철학에서 "진리의 규칙"이며, 그 가장 중요한 임무는 행복의 (경험적) 학설과 차별화된 도덕성의 (순수한) 학설의 제시(92)와 도덕성의 선험적 원칙들 및 개념들의 체계적 해설이다.

2. 분석론의 구조

칸트에 따르면, "우리는 [여기서] 원칙들(*Grundsätze*)에서 시작해 개념들(*Begriffe*)로 나아가고, 그런 뒤에 가능하다면, 감관(*Sinne*)들로 나아가

---

2 같은 책, A56=B60.
3 같은 책, A64=B89.

는 반면, 사변이성의 연구에서는 감관들에서 시작해 원칙들로 끝맺어야 했다"(16; 90). 여기서 두 가지를 고찰해야 한다.

a) **부분들의 순서.** — 순서의 역전에 관해서는 조금 다른 두 가지 이유가 제시된다. (i) 우리는 여기서 대상들의 인식이 아니라 의지를 다루고 있으므로, 대상 개념들이 아니라 원칙들에 의해 먼저 의지가 규정되어야 하기 때문이다(16). 이것은 의지의 정의(definition)로부터 따라 나온다. (ii) 원칙들을 확립하기가 더 쉽기 때문이다. 왜냐하면 모든 자연적 인간 의식은 완벽하게 선험적이고 감관 독립적인 법칙을(91), 따라서 대상 개념들과 감관에 주어진 대상들과 무관한 법칙을 원칙으로 인정하기 때문이다.

실천이성의 대상 개념들은 (특정한 욕구 대상의 개념으로서 경험적인 것이든, 아니면, 우리가 앞으로 보겠지만, 도덕적 선과 악이라는 순수 실천이성의 대상들의 순수한 개념들이든 간에) 이 원칙보다 앞서, 또는 이와 무관하게 주어질 수 없다. 만일 그렇다고 한다면 (우리가 욕구의 경험적 대상 또는 경험적 인식 대상들의 경험적 특징들을 선험적으로 인식하지 못하는 것처럼) 우리는 결코 선과 악을 선험적으로 인식할 수 없게 되거나, 아니면 도덕적 가치의 선험적 직관의 일종인 '도덕감'(moral sense)을 갖고 있어야 한다. 그런데 칸트는 원칙이 개념에 앞선다고 확언한다. 개념은 오직 원칙에서 도출되거나 도덕감학파가 상정하는 바와 같은 직관에서 도출될 수 있는데, 그는 이른바 도덕감의 인지적 타당성을 부정하기 때문이다.[4] 따라서 원칙과 개념의 관계에 비견되는 것은 삼단논법에서의 대전제와 소전제의 관계이지, 관찰된 사실과 일반화의 관계가 아니다(90).

b) **순수 실천이성의 감성론?** —『순수이성비판』에서 선험론적 감성론은 심미적 판단 또는 이론과 아무 관계도 없으며, "감성의 모든 선험적

---

4 『실천이성비판』, 38-39. 도덕감의 직관은 "법칙 자체를 향한 감정"이어야만 하며, "오직 이성에 의해서만 생각될 수 있는 것을 감각의 대상으로 간주"하는 셈이다.

원리들의 학문"이다.[5] 그것은 우리의 개념들을 그것의 대상들에 관계시키는 능력인 직관을 다룬다. 인간 직관의 고유성은 그것이 늘 감성적이라는 데 있다. 감성은 우리가 대상을 통해 촉발되는 방식이기 때문이다.[6] 그러므로 우리의 감성적 직관의 형식들, 곧 시간과 공간은 현상으로서의 대상들의 인식에 필연적이다. 인식비판은 감성의 선험적 원리들 또는 형식들의 분석을 포함해야 하며, 감성은 우리의 개념들 및 원칙들에 대상들을 제공하므로, 그러한 분석이 선험론적 논리학의 한 부문인 분석론에 앞서는 것은 적절하다.[7]

그런데 실천이성은 우리에게 주어질 수 있는 대상들의 인식이 아니라 우리에게 수동적으로 주어져 있지 않은 객체들의 현존을 불러일으키는 일에 관여한다. 따라서 실천이성에서 선험론적 감성론에 정확히 대응하는 부분이 없다는 것, 그리고 그것과 유비적인 어떤 것이 원칙들 및 개념들의 논의에 앞서지 않고 그 후에 등장한다는 것은 놀라운 일이 아니다. 이리하여 칸트는 원칙들과 개념들이 확립된 후에 "가능하다면 감관들로 나아갈" 것이라고 말한다. "그런 뒤에야 비로소 마지막 장, 곧 순수 실천이성과 감성의 관계에 대한, 그리고 순수 실천이성이 감성에 가하는 필연적이고도 선험적으로 인식되는 영향, 다시 말해 '도덕감정'에 대한 장으로 분석론이 마무리될 것이다"(90).

여기서 두 가지 점이 주목되어야 한다. (i) 여기서는 인식 대상으로 주어진 객체와 우리 개념의 관계가 다루어지지 않으므로, 우리의 감성에 대한 대상의 작용은 문제되지 않는다. 관건은 감성에 대한 이성 자체의

---

5 『순수이성비판』, A21=B35.

6 같은 책, A19=B33.

7 우리는 『순수이성비판』에서 감성론이 앞서며, 그것은 논리학의 일부, 논리학의 첫 부문인 분석론이 아님을 앞에서 언급했다. 반면에 『실천이성비판』에서 감성론과 유비적인 부분은 분석론의 일부이지만, 그것은 여전히 논리학과 별개이고 단지 분석론의 하위부문으로써 논의될 뿐이다(이 책의 제4장 §7 참조).

작용, 그리고 이성의 원칙들 및 개념들의 작용이다. 이것은 의지의 주관적 규정의 문제이다. 주관적 요인은 감성이나 감정을 통해 공급되고 규정 요인은 실천이성의 원칙들을 통해 공급되기 때문이다. 이것과 유비적인 『순수이성비판』의 문제는 아마 지성의 종합 활동을 감성적으로 현시하는 순수 상상력의 문제일 것이다. (ii) 여기서 관심을 끄는 감성의 양태는 외부 대상들과 관계하는 지각이 아니라 감정이다. 감정은 인지적 기능이 없다.

순수 이론이성의 개념들은 개별적인 감성적 표상들에 직접 적용되지 않는다. 개념과 표상 양자를 매개하고 경험에 대한 범주의 적용을 가능하게 하는 것은 개념들의 도식이다. 순수 실천이성에는 이러한 매개적 기능과 유비적인 어떤 것이 있다. 칸트는 이것을 "순수한 실천적 판단력의 전형"이라 부른다. 전형론(*Typik*)과 감성론의 고유한 기능 간의 유비는 아마 동기에 관한 장과 『순수이성비판』의 감성론 간의 유비보다 더 밀접해 보인다. 가장 밀접한 것은 『실천이성비판』의 전형론과 『순수이성비판』의 도식론의 유비이다. 그런데 정작 칸트 자신은 "감성론"이란 낱말을 분석론 제2장 말미의 전형론이 아니라 제3장의 소재와 관련해 사용하므로, 우리는 그의 제안을 따를 것이다.

3. 분석론의 문제

도덕성을 "키마이라처럼 헛된 관념"이 아니라고 선언할 수 있으려면 칸트는 다음과 같은 세 가지 문제를 해결해야 한다.

   I. 어떤 법칙의 인식이 충동과 관계없이 행위의 동기가 될 수 있는 한에서, 바로 그 법칙을 정식화하기.
   II. 순수 이성이 실천적일 수 있음을, 즉 〈문제 I〉의 답으로 정식화된 법칙의 개념이 실제로 행위의 동기일 수 있음을 입증하기.

 III. 이성적 존재자 일반의 본성에, 특히 감성적으로 촉발되는 이성
  적 존재자인 인간의 본성에 저 법칙의 인식이 사실상 행위의 동
  기가 되는 것을 가능하게 하는 요인들이 내재함을 해명하기.

 이 문제들의 해결이 분석론의 관건이다. 문제들은 서로 별개의 것이
아니므로, 칸트는 다른 것에 접근하기 위한 발판을 얻기 위해 하나를 부
분적으로 해결된 것으로 취급함으로써 하나를 공략한 뒤 다른 하나로 나
아간다. 이리하여 분석론 전체가 명백한 혼란 속에 있지만, 때때로 그는
선험론적인 방식을 통해 다른 것에 기대지 않고 혼자 힘으로 어려움에
서 벗어나는 것처럼 보인다. 그러나 이 혼란은 문제들 사이에 현존하는
실제 관계들의 결과이다. 문제들은 서로 아주 밀접히 연관되어 있어서
어느 한 문제에 충분히 답하려면 모든 문제가 함께 고려되어야 한다. 거
칠게 말해, 제1장에서 〈문제 I·II〉가 해결되지만, 제2장에서도 〈문제 I〉
의 해결이 계속되는 식이다. 거기서 문제는 어떤 법칙의 인식이 행위의
동기가 될 수 있다면 어떤 개념들이 그 법칙에 관여할 수 있는가라는 물
음으로 변형된다. 제3장은 〈문제 III〉에 대한 주요한 답변이다.

 칸트 자신이 유비적인 설명을 즐겼다 해도, 그가 그랬던 것[8] 이상으로
첫째 비판서와 둘째 비판서의 유비의 강조는 물론 모험이기는 하지만,
칸트가 지적하지 않은, 이 세 가지 문제들과 첫 번째 비판서의 분석론의
문제들을 평행 관계로 고찰하는 것은 흥미로운 일이다. 우리는 세 가지
문제가 각각 『순수이성비판』의 분명하게 격리된 문제들에서 대응하는
짝을 가짐을 확인할 수 있다.

 〈문제 I〉은 범주의 형이상학적 연역, 즉 순수 지성 개념을 증명하고 지
성의 선험적 원칙들과 이성 이념들을 간접적으로 규정하는, 『순수이성

---

8 『실천이성비판』, 91.

비판』의 분석론의 부분에서 문제되는 것과 형식적으로 같은 문제이다. 마찬가지로『실천이성비판』에도 순수 실천이성의 원칙의 "형이상학적 연역", 즉 그 원칙 및 그 개념들의 구체적인 선험적 정의가 존재한다.

〈문제 II〉는 범주의 객관적 선험론적 연역의 문제, 즉 〈문제 I〉에 답하는 와중에 발견된 범주들의 객관적 타당성을 입증하는 문제와 형식적으로 같다.『실천이성비판』에는 순수 이성이 실천적이려면 그 법칙은 무엇이어야 하는가뿐만 아니라 순수 이성이 실천적일 수 있음을 증명하는 "선험론적 연역"이 존재한다.

〈문제 III〉은『순수이성비판』초판의 이른바 범주의 주관적 연역의 문제, 즉 순수 개념들이 경험에 적용될 수 있으려면 어떤 의식 활동들이 필연적인가를 입증하는 문제와 몇 가지 닮은 점들이 있다. 나는 이미 이 문제가 어쩌면 도식론의 문제와도 비교될 수 있다고 지적했다. 그러나 칸트 자신이 이 문제를 선험론적 감성론의 문제와 비교하고 있으므로 우리는 그 유비를 지키는 편이 더 낫겠다.

4. 분석론 주해(제2부)의 구성

이 주해에서 우리는 칸트의 논증들의 여러 가닥을 각기 분리해 다루고, 그의 결론을 특정 문제들에 대한 특정 답변으로 제시하려 한다. 따라서 분석론의 주해는 다음과 같이 나뉜다.

〈문제 I〉에 대하여. 제6장과 제7장은 실천이성의 준칙들의 특성들 및 그것과 도덕법칙의 관계를 밝히기 위해 실천이성 일반의 분석, 더 구체적으로 말해, 경험적으로 촉발되는 실천이성의 분석을 제시한다. 이 장들은 주로 분석론 제1장의 §§1-6의 주해이다.

제8장은 순수 실천이성의 원칙의 도출 과정을 다루는데, "도덕법칙의

'형이상학적 연역'"이 그 제목이다. 이 장에서는 §§1-6의 주해가 계속된 후 §7과 §8로 이행한다.

제9장 "순수 실천적 개념들과 판단력"은 실질적으로 "형이상학적 연역"의 연속이다. 여기서 나는 칸트가 제시한 순서대로 논증을 분석하는 것을 중단하고, 이 장을 분석론 제2장의 해석에 할애할 것이다. 중단의 이유는 제9장에서 설명할 것이다.

〈문제 II〉에 대하여. 제10장은 이 문제에 대한 칸트의 해결책을 논하며, "순수 실천이성의 원칙의 '선험론적 연역'"이 그 제목이다. 이것은 제1장의 §8과 §9, 그리고 "순수 실천이성의 원칙들의 연역에 대하여"란 표제가 붙은 절의 주해이다.

제11장 "자유"는 칸트가 여기서, 그리고 다른 곳에서 상술했던, 이 개념에 관한 그의 이론들을 고찰한다. 이 개념은 여기서는 물론이고 그의 다른 저작들에서도 상당히 광범위하게 사용되기 때문에,『실천이성비판』의 특정 부분만 배타적으로 다루는 것은 부적절하다. 그러나 제11장은 분석론의 두 부분, 즉 "사변적 사용에서 그 자체로 가능하지 않은 순수 이성의 권한을 실천적 사용에서 확장함에 대하여"와 "순수 실천이성의 분석론의 비판적 조명"을 상세히 다룬다.

〈문제 III〉에 대하여. 칸트의 제안을 따라 제12장의 표제는 "순수 실천이성의 '감성론'"이며, 이는 분석론 제3장 및 '방법론'의 주해이다.

5. 제1장, §§1-8의 요약

우리는 분석론의 세 문제들을 구별했지만, 칸트가 한 문제를 해결한 뒤 차례대로 다음 문제로 넘어가기에는 문제들이 너무 밀접하게 얽혀 있었다는 것 역시 강조했다. 거의 모든 절에서 그는 한 문제에 집중하는 동시에 다른 문제들을 염두에 두며, 독자들이 각 문제의 대답이 다른 문제 영역에 끼칠 효과에 계속 주목하기를 바랐다. 그런데 각 문제를 고립화하려는 모든 시도는 어떤 인위성을 수반한다. 따라서 상세한 고찰을 위해서는 인위적 추상화 작업이 요구되는 맥락을 독자들이 볼 수 있도록 준비해야 한다. 그러지 않으면 그 인위성에 의해 전체 해석 작업이 물거품이 될 위험이 있다. 이러한 의도에서 독자들의 이해를 돕기 위해 나는 마지막으로 칸트가 제시한 글자 그대로의 논의를 흘러가는 대로 간략히 요약하겠다.

§1. "실천명제들"은 우리가 가능한 행위들 가운데 어떤 것을 선택할 때 바로 그 명제의 인식이 우리의 의지를 규정하는 데 도움이 되는 명제들이다. 그것들이 보편적이라면, 즉 의지의 보편적 규정을 표현한다면, "원칙들"이고, 그 밖의 실천적 명제들은 "규칙들"이며, 이것들은 원칙들 아래 속하거나 원칙들로부터 파생되어 구체적 상황에 적용된다. 만일 어떤 원칙에 복종하는 동인이 단지 그것을 자기 삶의 방침으로 삼는 한 개인에게만 타당하다면, 그 원칙은 "준칙"이다. 그러나 만일 어떤 원칙이 정식화하고 표현하는 동인이 모든 이성적 존재자의 의식에 적합하다고 인지된다면 그것은 "객관적 법칙"이다.

모든 원칙은 어느 정도는 그것을 인정하는 사람을 제약한다. 비록 나의 원칙이 나 자신을 위해서만 주장되는, 이를테면 '만회할 수 없는 잘못은 결코 저지르지 말라'와 같은 한갓 준칙이라 해도, 그것은 적어도 때때로 나의 일시적 충동들(이를테면 공포)이 의지의 보편적 목표 또는 규정근거와 일치를 이루도록 나를 강제한다. 따라서 설령 그러한 원칙이라 하더라도, 그것은 (a) 만일 내가 이 지침을 따르며, (b) 이 지침과 관련해 행위를 선택할 때 완벽히 이성적이라면, 내가 이 동기와 더불어 무엇을 해야만 하고 또 하게 될 것인가를 규정하는 규칙들을 부과할 수 있다. 그러한 규칙들은 인간처럼 자신의 목표를 수행하기 위해 필연적인 것으로 이성이 처방한 것을 항상 기꺼이, 그리고 자발적으로 수행하지 못하는 존재자에게는 "명령들"이라 불린다. 우리는 준칙으로 표현된 지침을 지키기 위해 수행해야 할 것을 이성적 추론을 통해서만 인식하지만, 그 누구도 자신의 경향성과 다소간의 투쟁 없이 자신이 해야만 하는 것을 수행할 수 있을 만큼 이성적이진 않다.

만일 하나의 원칙이 실제로 하나의 준칙이어서 그 원칙에 부합하는 행위의 동기가 행위의 주관적 조건이라면, 이에 대응하는 명령은 어떤 이성적인 인간이 욕구를 가졌을 경우에 그 욕구를 충족하기 위해 해야 하는 바를 우리에게 지시하는 "조건적 명령"이다. 그것은 단지 당면한 욕구를 가진 사람이 무엇을 해야 하는지 명령하거나 충고한다. 그러한 명령에 따르는 의욕적인, 역학적인 요인은 욕구 또는 충동이고, 인지적 요인은 수단과 목적의 관계에 대한 이론적 인식이거나 어떤 믿음이다.

§2. 다른 한편, "거짓말은 그르다"와 같은 법칙은 적어도 언뜻 보기에 명예나 다른 어떤 특수한 목표를 추구하는 사람에게는 타당하지 않아 보인다. 본성상 이 법칙을 따르지 않는 사람에게 법칙을 표현하는 명령은 정언명령이다. 그것은 우리에게 좋은 평판을 얻으려면 거짓말을 피하라고 일러주지 않는다. 그저 우리에게 거짓말하지 말라고 가르친다. 그게 전부다. 이는 단지 그 법칙을 준수함으로써 만족될 수 있는 욕구를 가진 사람만이 아니라 이성적 존재자 일반에게 적용되는 것으로 보인다.

어떤 욕구 대상에 기초하는 모든 원칙은 실제로 그 욕구를 가진 사람들에게만 적용된다. 그러한 모든 원칙은 한갓 준칙일 뿐 법칙은 아니다. 그것들은 자기 행복을 위해 만인이 공감하는 욕구와 같은 그런 당면한 욕구를 지닌 존재자에게서조차 법칙일 수 없다. 법칙은 이성에 의해 인식된, 객관적 필연성을 가져야만 한다. 그러나 구체적 욕구의 현존이나 부재는 오직 경험적으로만 인식될 수 있다. 더군다나, 하나의 법칙은 일정하고 구체적이면서도 보편적으로 적용될 수 있는 명령들을 낳아야 한다. 그러나 욕구의 수는 너무 많아서, 설령 그것들이 행복이라는 보편적 욕구 아래 모두 포섭된다 해도, 다양한 사람들과 서로 다른 상황들에 맞는 일반적 조언이나 격언, 또는 좋은 충고 이상을 제시하지 못한다.

§3. 구체적인 어떤 욕구를 전제하는 모든 원칙 또는 규칙은 자기애의 보편적 원칙 또는 자기 행복의 욕구 아래 속한다. 행복의 상태는 모든 욕구의 지속적인 만족의 상태이기 때문이다. 행복의 욕구를 도덕성의 적합한 동기로 삼는 철학자들은 이로부터 어떠한 보편적 처방도 이끌어낼 수 없다. 행복에 대한 표상은 사람마다 다르며, 한 사람의 표상도 그의 구체적인 욕구 상황에 따라 때마다 변하기 때문이다. 행복의 욕구로부터 이끌어낸 규칙은 모두 조건적 명령에 지나지 않으며, 따라서 그것은 법칙이 지녀야 할 선험적으로 필연적인 성격이 없다.

§4. 따라서 만일 이성적 존재자가 자신의 준칙을 보편적 법칙으로 간주한다면 — 이를테면 그가 그 자신이 행하는 어떤 행위가 모든 인간이 (또는 다른 이성적 존재자들도) 해야만 하는 종류에 속한다고 말할 때 그렇듯이 — 이것은 준칙의 질료를, 곧 그의 의지의 대상이나 목표와 관계된 것을 근거로 삼을 수는 없다. 설령 운 좋게 동정심이나 인정이 많은 사람에게서는 그 준칙이 보편적 복지나 타인의 행복을 향한 욕구를 표현한다 해도 마찬가지이다. 만일 욕구의 질료나 목표가 원칙에 미리 전제된다면, 그 질료가 무엇이든 간에 그 원칙은 어떠한 보편성도 없으며, 이에 대응하는 명령은 정언적이지 않다.

그런데 준칙에서 질료를 제외하면 남는 건 오직 형식뿐이다. 모든 이론명제의 형식이 "이다"인 반면, 명령 속에 표현된 준칙의 형식은 "해야 한다"이다. 그것은 형식인 까닭에 구체적 준칙들의 내용을 이루는 어떠한 구체적인 욕구와도 무관하다. 구체적인 주관적 욕구에 의해 촉발된 사람은 준칙의 내용을 보유한다. 우리가 이 사람에게 부착된 모든 내용을 명령에서 떼어내면 오로지 형식, 곧 "해야 한다"는 뼈대만 남는다. 이로부터 도출될 수 있는 규칙은 어떤 구체적 내용으로부터 도출될 수 있는 규칙과 달리 행위하는 모든 이성적 존재자에게 부과되고 보편적으로 적용 가능하다. 따라서 그 준칙이 법칙인가 아니면 한갓 준칙에 머무는

가를 규정하는 것은 준칙의 내용이 아니라 형식이다.

§5. 만일 어떤 원칙이 법칙이라면, 그 형식은 바로 모든 이성적 존재자에게 적용되는 종류의 것이어야 하며, 이에 대응하는 명령은 본성상 법칙을 자동적으로 준수하는 것이 아닌 모든 이성적 존재자를 겨냥해야 한다. 따라서 오직 법칙만이 정언명령을 만들어낼 수 있다. 완전히 이성적인 존재자라면 아무런 명령을 받지 않고서도 그렇게 행할 일을, 부분적으로 이성적인 존재자는 정언명령의 가르침을 통해 준칙에 따라 행위한다. 만일 이성적 존재자가 단순히 어떤 준칙이 모든 이성적 존재자에게 타당한 법칙이라는 이유에서 그 준칙에 따라 행위를 결단할 수 있다면, 이 존재자는 정언명령에 복종할 수 있고 순수 이성은 실천적일 수 있다.

한 사람이 정언명령에 복종할 수 있다고 가정하고서, 칸트는 이 사람의 의지가 엄밀한 의미에서, 즉 선험론적인 의미에서 자유로워야 함을 증명한다. 다시 말해, 그의 의지는 감성적 충동의 표상에 의해 온전히 규정될 수 없다. 이것은 그의 행위들을 단지 자연적 현상들의 결과로 만들 것이기 때문이다. 오직 이성만이 보편법칙의 표상을 행위의 동기로 제공할 수 있으며, 이러한 동기에 따라 행위하는 존재자에 대해 우리는 그의 의지가 "자유롭다"고 말한다.

§6. 거꾸로, 만일 의지가 자연의 메커니즘으로부터 자유롭다고 가정한다면, 의지는 준칙이나 법칙의 내용이 아니라 형식을 통해 규정되어야 한다. 의지는 법칙의 표상을 통해 규정되어야 한다. 그렇지 않으면 그것은 의지가 아니라 한갓 변덕이 될 것이다. 또 만일 의지가 내용을 통해 규정된다면, 즉 어떤 사람에게 법칙이 그 욕구들 중 어느 하나를 충족하는 수단으로 간주된다면, 의지는 경험적 자연 본성의 메커니즘으로부터 자유롭지 못할 것이다.

그러므로 자유의 개념과 보편적 실천법칙의 개념은 서로가 서로를 함축한다. 우리는 자유를 직접 체험하지 않으나, 보편법칙이라는 성질에 매여 있음을 직접 자각한다. 도덕법칙에 대한 의식이 우리에게 자유를 현재화하기 때문이다. 이리하여 도덕법칙은 우리가 자유의 실재성을 분명히 확언할 수 있도록 인도한다. 그것은 자유의 인식근거인 반면, 자유는 도덕법칙의 존재근거이다.

§7. 도덕법칙은 다음과 같다. 순수한 이성적 존재자는 오로지 자신이 의욕하는 준칙이 모든 이성적 존재자에게서도 의욕될 수 있을 그런 준칙에 따라서만, 즉 그것이 모든 이성적 존재자를 구속할 수 있는 보편적 원칙으로 의욕될 수 있을 그런 준칙에 따라서만 행위한다. 완벽하게 이성적이지는 않은 인간에게, 이것은 정언명령으로 표현된다. "네 의지의 준칙이 언제나 동시에 보편적 입법의 원리로 타당할 수 있도록 행위하라."

오직 순수 이성만이 그러한 법칙과 명령의 원천일 수 있다. 이성의 역할이 감성적 동기들을 발견하고 그것들을 만족시킬 수 있는 자연법칙들을 발견하는 정도에 그친다면 이성은 우리가 도덕적 책무의 경험에서 발견하게 되는, 보편성과 필연성을 지닌 법칙들의 정식화에 이르지 못할 것이다. 이러한 법칙은 경험적 사실의 관찰로부터 도출되지 않으며, 있는 것을 다루는 이론법칙도 아니다. 그것은 순수 이성 자신이 자기 행위들의 근거로 처방하는 실천법칙이다. 따라서 그 자신이 법칙의 원천이라는 점에서 순수 실천이성은 자율적 또는 자기 입법적이며, 이는 경험적으로 조건지어진 실천이성에게선 불가능하다.

§8. 경험적으로 촉발되는 의지의 원칙들은 특정 욕구들이 지각된다는 우연적 사실에 기초하며, 특정 욕구들이 자연의 운행 절차에서 만족될 수 있을 만한 수단의 인식에 기초한다. 따라서 그것들은 이성의 자율적인 입법의 산물이 아니며 결과적으로 우리를 절대적으로 구속하거나 우리에게 책무를 지우는 것도 아니다. 순수 이성이 우리에게 동기를 제공한다고 여겨지는 단 하나의 체계를 제외한 나머지 모든 도덕적 체계는 타율적일 뿐만 아니라 우리가 도덕적 책무에서 경험하는 절대적이고 무조건적이고 보편적이고 필연적인 강제를 설명할 길이 없다. 우리는 도

덕적 책무의 이러한 특징들이 심리적 메커니즘의 가상적 산물임을 증명함으로써 얼버무리거나 아니면 순수 이성이 실천적일 수 있다는 주장, 즉 순수 이성이 하나의 법칙을 정식화하고, 그 법칙의 인식이 우리 행위의 충분한 동기일 수 있고 그런 동기여야만 한다는 주장을 받아들여야 한다.

제6장

경험적 실천이성의 분석론: 1. 형식적 고찰
—§1의 주해

1. 경험적 실천이성

"실천이성"과 "의지"는 일반적으로 칸트에게서 같은 것을 의미한다. 우리는 이미 제3장에서 두 개념의 동일성을 확인했다. 따라서 여기서는 논리적으로 사용될 때 이성은 추론을 이끌어내는 능력이자 인식을 체계화하는 능력이고, 모든 "그러므로"에 대한 "왜냐하면"을 발견하는 능력이며, 실재적으로 사용될 때 이성은 경험에서 발견되는 모든 것의 무조건적 조건들을 진술하는 어떤 선험적 종합명제들 또는 원칙들을 세운다는 점을 상기하는 것으로 충분하다. 만일 추론명제에서 결과절이 어떤 행위가 행해져야만 한다는 진술이나 명령 또는 그것을 하려는 결심이라면, 이러한 결론을 이끄는 이성추리는 실천이성의 추론이다. 추리라는 이성 활동은 이처럼 우리의 행위를 규정한다. 그런데 흔히 사람들은 의지가 이 일을 한다고 믿는다. 사람들은 의지가 가끔 몸의 반항과 박약한 신체[적 경향성]와 싸우기도 하지만, 그럼에도 결심과 실행의 거의 뚜렷한 기관이라고 생각한다.[1]

물론 "실천이성"과 "의지"가 모든 면에서 동의어는 아니다. 도리어 둘은 거의 동의어로 보이지 않아서 이 둘을 동일시하는 칸트의 사상은 일반적으로 받아들여지기 힘들 것이다. 종종 의지에는 특별히 **비**합리적인 어떤 것이 있다고 여겨지고, 그렇기 때문에 쇼펜하우어는 기꺼이 "실천이성"과 "의지"가 피할 수 없이 충돌한다고 생각할 수 있었다. 이 둘이 끊임없이 대립한다는 쇼펜하우어의 생각에 동의하지 않는다 해도, 두 낱말의 내포상의 차이는 누구나 식별할 수 있을 만큼 크다. "의지"는 더 직접적으로 행위 속에 포함된 역학적 충동을 암시하며, "실천이성"은 냉철하고 사려 깊으며 결코 충동에 "떠밀리지"(push) 않음을 암시하는 표현이다. 칸트가 여기서 마치 서로 대립하는 두 요인이 있다는 듯 이성이 의지를 규정한다고 자주 말한 것을 보면 그 역시 그러한 내포상의 차이를 인지했음이 틀림없다.

칸트가 이런 식으로 말하는 대목은 그 자신의 정의에 의거해 정당화되기는 어렵지만, 그가 왜 그렇게 했는지 이해하기는 쉽다. 의지의 활동에는 서로 다른 두 요인이 있다. 하나는 원함(want), 즉 내가 '역학적'(dynamic) 또는 '의욕적'(conative) 요인이라 불렀던 것이고, 다른 하나는 우리가 해야만 하는 것으로 인지하는 것, 즉 내가 '인지적'(cognitive) 요인이라 불렀던 것이다. 내가 원하는 것은 '동기'로 나타나고, 동기는 나의 경향성, 충동, 추진력, 그리고 성향을 부추긴다. 내가 원하는 바를 이루기 위해 해야만 하는 것은 이성에 의해 식별된다. 이성은 우리가 원하

---

1 칸트는 『실천이성비판』의 앞부분에서 특히 ─ 물론 그 밖의 다른 곳에서도 대체로 ─ 통상 will(의지)로 번역되는 두 낱말, *Wille*(의지)와 *Willkür*(자의)를 사용한다. 물론 그것들이 훗날 구별되며, 그 구별이 중요하다 해도, 나는 칸트가 개념 사용에서 일관성이 있었다고 생각하지 않는다. 거칠게 말해 우리는 실천이성은 '의지'이고 칸트가 "결심과 실행의 거의 뚜렷한 기관"이라고 부른 것은 '자의'라고 추정할 수도 있다. 칸트가 차후에 이끌어냈던 구별을 분명히 하는 작업은 나중에(이 책의 제11장에서) 시도되겠지만, 여기서 그 구별을 고집해서 얻을 수 있는 것은 없다. 나는 제2절에서 두 낱말을 같은 뜻으로 간주할 것이다.

는 것을 얻기 위해 해야 할 규칙을 발견할 수도 있다. 이런 점에서 흄이 이성을 '정념의 노예'라 부른 것은 옳다. 하지만 이성은 지적인 노예여서, 그의 주인을 섬기면서도 주인 자신의 최고의 관심을 위해 주인을 지도하고 훈육하며 부분적으로 지배한다. 의욕적 요인이 선택과 관련된 행위의 특정 규칙을 만드는 조건일 때, 규칙을 정식화하거나 선택하고 특정 상황에 적용하는 일을 포함하는 이성추리는 경험적으로 주어진 두종류의 소여에 기초한다. 하나는 특수한 원함의 현존을 지시하는 현재적 소여(감정)이고, 다른 하나는 이 원함이 어떻게 충족될 수 있는가를 지시하는 과거 경험의 사실들이다.

이런 식으로 기능하는 이성추리는 "경험적 실천이성"이라 불린다. 경험적 실천이성의 분석은 욕구와 합치하도록 추리를 지도하는 원칙들과 규칙들의 탐구이며, 바로 이것들에 의해 맹목적 욕구는 관심으로 변환된다. 여기서 이 탐구는 두 부문으로 나뉘어 진행될 것이다. 먼저 (이 장에서) 이러한 추리의 형식적 측면들을 탐구하고, 다음 장에서 의욕적 요인들 및 그로부터 유래하는 특정 종류의 의욕들에 대해 다룰 것이다.

2. 실천원칙들

실천명제들은 "객체(*Objekt*)를 가능하게 만드는 필연적 조건이 되는 행위를 확언한다(*aussagen*)".[2] 따라서 "실천명제"라는 용어는 기하학적 구성의 지침, 약의 처방, 법률 상담, 어떤 목적에 이르는 수단의 진술 등을 비롯한 온갖 종류의 규칙들을 가리킨다. 어떤 명제가 우리의 마음속에서 숙고됨으로써 행위에 영향을 끼친다면, 이것은 실천적 명제이다. 심지어 그 명제의 내용이 사용 지침과 무관한 한갓 인식만을 표현하는

---

2 『논리학 강의』, §32(IX, 110).

이론명제의 내용과 동일하더라도 그렇다.[3] "술은 취기를 유발한다"는 익숙한 이론명제는 소망과 관계될 때에 술의 효과의 이론적 인식 및 실천적으로 연관된 지침에 따라 "술을 마셔라"나 "술을 마시지 말라"는 실천명제가 된다. 물론 모든 이론명제가 그 실천적 짝을 갖는 것은 아니다. 실천명제는 오로지 의지를 통해 가능한 것에만 관련될 뿐이고, 어떤 의미에서는 일어나는 것 대신에 일어나야만 하는 것을 진술한다.

§1의 첫 번째 정의는 실천명제의 일종, 즉 '원칙들'(*Grundsätze*)에 관한 것이다. "실천원칙들은 의지의 보편적 규정을 포함하는 명제들로서, 그 아래에 여러 실천규칙들을 갖는다." 실천명제들은 "당장 문을 닫아라"와 같은 특수한 명령이나 "운전할 때 불필요한 일을 삼가라"와 같은 일반적 지침부터 "만회할 수 없는 잘못은 결코 저지르지 말라"와 같은 보편적 생활 지침까지 서로 다른 정도의 보편성을 지닌다. 칸트는 가장 높은 정도의 보편성을 지니는 세 번째 명제의 경우에 "원칙"이란 이름을 부여하려 한다. 이것은 *Grundsatz*란 낱말이 함축하고 있는 요구, 즉 원칙은 그보다 더 근본적인 명제로부터 도출된 것이 아니라 그 자체로 근본적이어야 한다는 요구에 부합한다. 『논리학 강의』에서[4] 그는 "원칙"이라는 용어를 선험적 종합명제에만 한정한다. 하지만 『실천이성비판』의 도입부에서 그는 엄밀한 의미에서의 실천원칙들이 있다고 확언할 준비가 되어 있지 않았다.[5] 여기서 그는 "원칙"이라는 말로 오로지 의지의 보편

---

3 실천명제는 법칙 아래서의 자유와 관계되는 경우를 제외하고서 그 **내용**(*Inhalt*)이 아니라 **표상 방식**(*Vorstellungsart*)에 있어서만 이론명제와 다르다(『판단력비판 제1서론』, XX, 196). 따라서 칸트에 따르면, 위의 진술은 "기술적 실천명제"(technically practical propositions)에 대해서는 참이지만 "도덕적 실천명제"(morally practical propositions)에 대해서는 아니다. 하지만 이것은 그다지 정확하지 않다. 만일 우리가 칸트보다 더 성공적으로 명령과 법칙의 구별을 고수한다면, 도덕적으로 실천적인 명령(즉 정언명령)은 이성적 존재자 일반의 자유에 대한 이론적 진술인 도덕법칙에 대응할 것이다.

4 『논리학 강의』, §34(IX, 110); 또한 『순수이성비판』, A149=B188 참조.

5 그것들은 법칙일 테지만, 그는 아직 실천법칙들이 있다고 확언할 수 있는 상황은 아니다.

적 규정을 표현하는 명제만을 의미하고 있으며, 이것은 앞서는 어떤 공약이나 방침에 기초하는 것으로 간주되지 않는다.[6]

근본적 실천명제들은 의지의 보편적 규정(*Bestimmung*)을 포함하는 명제들로서, 그 아래에 여러 실천규칙들을 포함한다. 여기서 의지의 보편적 규정이란 무엇인가? '규정'(*Bestimmung*)은 칸트가 선호하는 낱말 중 하나이며 그는 이 낱말을 과하게 사용한다. 이것을 영어로 옮기기에 적합한 낱말은 definition, determination, predicate, decision, motive와 같은 것들이다. 여기서 이 낱말은 '규정근거'(*Bestimmungsgrund*)의 의미에서 행위를 규정하는 원인인 동시에 내려진 결단을 의미하는 것처럼 보인다.[7] 바로 이 결단에 의해 의지는 무규정적 의욕이기를 그치고 특수한 방향과 목적에 따라 규정된 의욕이 된다. 따라서 "의지의 보편적 규정"에서 핵심은 실천적 원칙이 유동적인 결심이나 어림짐작이 아니라 지속적인 방침 혹은 의지의 군센 태도를 포함하거나 표현해야 한다는 점이다.

또한 §1의 첫 문장에서 "포함하는"이란 말은 간략히 설명될 필요가 있다. 여기서 '포함하다'(*enthalten*)는 기묘한 말이다. 명제가 개념을 '포함한다'고 말할 수는 있겠지만, 명제가 의지의 규정을 '포함한다'는 말은 어색하다. 어떤 사람은 *enthalten*을 assert(확언하다)로 번역하고 싶을 것이다. 하지만 이 번역은 명제를 의지의 규정으로부터 너무 멀리 떼어놓고 그것을 단지 이론적으로 만들 것이다. 내 생각에 칸트가 의도한 뜻은

---

6 칸트는 '원칙'(*Grundsatz*)이라는 용어를 공식적으로 도입했으나 유감스럽게도 이 용어를 무시하는 경향을 보인다(칸트에게서 이 용어의 도입은 정확성의 측면이 아니라 기술적인 면에서 성공적이었다). 그는 거의 일관되게 *Grundsatz* 대신 *Prinzip*(원리)를 사용한다. 물론 두 용어는 동의어로 취급되기는 하지만(『논리학 강의』, §34), *Prinzip*가 보다 느슨한 의미를 지닌다. 따라서 규칙 또는 지침(*Vorschrift*)도 종종 *Prinzip*라 불리는 한편, 참된 *Grundsatz*도 *Prinzip*로 불린다(이를테면 『실천이성비판』, §4, 27 참조). 분명하게 표현될 필요가 있는 경우, 나는 엄밀한 의미에서의 원칙(*Grundsatz*)을 표시하기 위해 다소 중복된 표현이기는 하지만 fundamental principle(근본원리)이라 쓸 것이다.

7 예를 들어 『실천이성비판』, 90의 밑에서 넷째 줄을 보라.

이런 것 같다. 실천명제는 의지의 규정을 정식화하고 표현하는 것이지, 단지 의지의 규정에 적용되는 것이 아니다. 실천명제란 그것의 인식 또는 받아들임이 그 자체로 의지의 결단의 한 요인이 되는 명제이다.

경험적 실천이성의 분석을 위한 물음은 이렇다. 의지의 보편적 규정들이 경험 가운데서 발견될 수 있는 한에서, 이러한 규정들을 실로 포함하는 어떤 원칙(들)이 존재하는가? 실천이성 일반의 분석을 위한 물음은 다음과 같다. 의지의 규정을 포함하고 있는 선험적 종합명제라는 엄밀한 의미에서 어떤 원칙들이 존재하는가? 그리고 존재한다면, 그것들은 무엇인가?

3. 규칙들

칸트는 '규칙'(*Regel*)의 형식적 정의를 제시하지 않으며 이 낱말의 쓰임새는 변화무쌍하다. 이것은 때로는 "법칙",[8] 때로는 "명령",[9] 또 다른 때에는 모호한 경우에 우리를 지도하는 단순한 지침이나 상식적 격률을 의미한다 — 이 마지막 종류는 '어리석은 이들의 길잡이' 역할을 하는데, 이것을 필요로 하는 사람들은 복잡하고 특수한 사례들에 자기가 현명하게 대처하리라고 스스로를 신뢰하지 못해서 단순히 틀에 박힌 관행을 따르곤 한다.[10]

하지만 칸트는 §1의 주해에서 원칙이 보편적 규정을 표현하는 반면, 규칙은 특정 상황에서 행위의 경험적·우연적 성격과 연관을 표시한다고 말한다. 이리하여 규칙들은 삶의 실제 방침을 표현하는 원칙들(준칙

---

8 같은 책, 31. 이것들은 『순수이성비판』에서도 혼동된다(H. J. Paton, *Kant's Metaphysic of Experience* I, p. 493 참조).

9 『실천이성비판』, 20, 둘째 문단.

10 Reflexionen 5235-38; 『순수이성비판』, A134=B173 참조.

들)과도, (그런 것이 있다면) 보편타당한 원칙들과도 구별된다.[11] 규칙들은 보통 보편적 원칙에 부합하는 것을 표현하지만, 예외 없이 필연적으로 타당한 것은 아니다. 규칙들은 건전한 상식과 규칙의 현명한 적용을 위해 탁월한 판단력을 요구하며, 일반적 방침에 호소함으로써 자동적으로 적용될 수는 없다.[12]

　칸트는 규칙이, 마치 원칙에 논리적으로 포함된다는 듯이, 그렇게 원칙 아래에 직접적으로 속한다고 말하지 않는다. 그는 말하기를, 규칙은 원칙이 아니라 의지의 보편적 규정에 포함된다. 따라서 규칙들은 원칙이 다를 때에도 같을 수 있고 원칙이 동일할 때에도 다를 수 있다. 이를테면 두 사람은 동일한 목적을 추구하면서도 서로 다른 규칙을 따름으로써 그것을 달성할 수 있다. 우리는 칸트가 왜 규칙과 원칙 간에 이렇게 느슨한 관계를 고집해야 했는지 주목해야 한다. 그러지 않았으면 그는 동일한 유형의 행위에서 한갓 적법한 경우와 도덕적인 경우를 구별할 수 없을 것이다. 칸트 윤리학에 대한 가장 공통적인 비판 중 하나, 곧 칸트가 도덕적 행위에서 일관성을 지나치게 강조한다는 비판은 바로 이 느슨한 관계를 간과한다는 점에서 비롯된다.

　칸트는 특정 규칙의 보편적 적용 가능성을 확언하지 않는다. 그가 주장하는 보편성은 규칙에 관한 것이 아니라 규칙 선택의 여지를 허용하는 원칙에 관한 것이다. 그러나 그가 "규칙"과 "원칙"의 용어상 구분을 엄격히 지키는 데 실패한 것과 (그의 전기를 저술했던 지인들이 묘사한 대로 실제로도 규칙들이었던) "준칙들"(*Maximen*)에 따라 그 자신의 삶을 규제하려는 경향이 아마도 뱅자맹 콩스탕(Benjamin Constant)에 대한 대답

11　『정초』, 389. 여기서 칸트는 규칙에는 경험적 조건이 포함된다는 이유로 규칙과 법칙을 구별한다. 그러나 적절한 이분법은 규칙과 원칙의 구별이고, 법칙과 한갓 준칙은 원칙 아래서 구별되어야 한다. 그러면 규칙은 준칙과 법칙 양자의 하위에 속한다.

12　같은 것이 이론적 판단의 규칙들에 대해서도 참이다(『순수이성비판』, A133 = B172 참조).

으로 쓰인 『인류애 때문에 거짓말할 왜곡된 권리』(*Über ein vermeintes Recht aus Menschenliebe zu lügen*)에서 그랬듯이, 때때로 상황의 고려 없이 규칙들을 타당한 것으로 생각하는 잘못을 범하도록 그를 이끌었을 것이다.[13]

규칙은 언제나 "이성의 산물"이다. 오직 (세 가지 인식능력 중 하나가 아니라 사유 일반의 능력으로 이해된) 이성만이 규칙으로 표현되는 목적-수단의 관계의 인식을 제공할 수 있기 때문이다. 규칙은 이성에 의해 표현된 인식을 사용함으로써 충족될 수 있을 의도들과 관련해 한결같은 인지적 성분을 지니기 때문에, 칸트는 임의적인 목적을 위한 수단 사용의 규칙을 실천적 원칙이 아니라 "기술적 원칙"이라 불렀다 — 그러나 '명제'(*Satz*)라고 하는 편이 더 나을 것이다.[14] 기술적 규칙이 보편적 규정을 지닌 이성적 존재자가 해야만 하는 것을 진술한다면, 그것은 **객관적으로 타당하다**. 그러나 그것은 **주관적으로 실천적이다**. 즉 그것은 실제로 오로지 당면한 보편적 규정을 지닌 존재자의 행위의 규정에만 관계한다. 따라서 우리가 목적을 위한 수단을 지시 규정하는 규칙들을 "조건적 규칙들"이라고 부르는 것은 적합하다. 비록 그것들이 규칙 사용의 주관적 조건과 무관한 인식을 구현하더라도 그렇다.

우리는 "경험적 실천이성의 조건적 규칙들이란 무엇인가?"와 같은 막연한 물음에는 답할 수 없다. 제대로 된 대답은 너무 방대할 것이다. 거기에 온갖 실천적 기예와 응용학문을 비롯한 세상만사에 대한 온갖 인식이 포함되리라는 식으로 막연하게만 대답할 수 있다. 도리어 우리는

---

13 최근의 연구들은 칸트 윤리학에서의 규칙의 상황 연관성을 설득력 있게 제시했다. 특히 다음을 참조하라. H. J. Paton, "An Alleged Right To Lie: A Problem in Kantian Ethics", *Kant-Studien* XLV, 1954, pp. 190~230 및 "Kant on Friendship", *Proceedings of the British Academy* XLII, 1956, pp. 45~66; M. G. Singer, "The Categorical Imperative", *Philosophical Review* LXIII, 1954, pp. 577~19; W. I. Matson, "Kant as Casuist", *Journal of Philosophy* LI, 1954, pp. 855~90.

14 『실천이성비판』, 26n. 『판단력비판』 서론의 제1절에서 그것들은 "도덕적으로 실천적"인 것과 구별되는 것으로서 "기술적으로 실천적"이라고 불린다.

실천이성 일반의 분석과 관련해 이렇게 물어야 한다. "도대체 무조건적 원칙에서 직접 도출될 수 있는 무조건적 실천규칙들이 존재하는가?" 대답은 순수 실천이성의 분석론에서 제시되어야 할 것이다.

4. 준칙들

실천원칙들은 주관적인가 아니면 객관적인가에 따라 준칙들이나 법칙들로 분류된다. 그런데 칸트의 이러한 정식화는 기이하다. 왜냐하면 '분류원리'(*principium divisionis*)는 원칙 자체가 객관적으로 아니면 주관적으로 간주되는가가 아니라 **조건**이 오직 개별자에게만 타당한가 아니면 모든 이성적 존재자에게 타당한가에 있기 때문이다. 게다가 "준칙"이 "법칙"보다 외연이 넓고 사실상 "법칙"은 준칙의 일종이기 때문에 이는 논리적으로 그른 구분이다. 이 기이한 점들을 각각 검토해보자.

"조건"(*Bedingung*)은 무엇을 뜻하는가? 가장 단순하게는, 의지의 보편적 정립이라는 의미에서 "규정"(*Bestimmung*)과 동일한 의미라고 말할 수 있다.[15] 그런데 칸트는 왜 공식적 정의들을 제시하는 절(§1 설명)에서, 특히 정확함과 간결함이 요구되는 곳에서 "규정"이란 낱말을 반복하지 않는가? 까닭은 그의 논리적 용어법에 있다. 칸트는 삼단논법의 첫째 격에서 대전제를 **원칙**(때때로 규칙)이라 부르고, 그것의 매개념(원칙의 주어)을 **조건**이라 부르는 습관이 있었다.[16] 이러한 용례에 비추어볼 때, 우리는 "조건"이 준칙 속에 포함되어 있는, 의지의 보편적 규정을 뜻하며, 따

---

15 실제로 브루노 코이블러(Bruno Käubler)는 '조건'(*Bedingung*)이 '규정'(*Bestimmung*)의 활자적 오류라고 추정한다(Bruno Käubler, *Der Begriff der Triebfeder in Kants Ethik*, p. 41). 그리고 『도덕형이상학』의 서론(VI, 212)에서 '규정'은 그러한 뜻으로 쓰인다.

16 『논리학 강의』, §57(IX, 120); 『순수이성비판』, A322＝B378, A300＝B357; 『실천이성비판』, 90 참조.

라서 조건은 실천적 삼단논법의 매개념이라고 말할 수 있다.

> 불의(不義)를 되갚는 것은 언제나 나의 목표이다 — 준칙 또는 원칙.
> 이 거짓말을 하는 것은 불의에 대한 되갚음일 것이다 — 규칙.
> 그러므로 나는 이 거짓말을 하는 것을 목표한다 — 결단.[17]

"불의를 되갚는 것"은 조건이며, 이는 단지 나 자신만 고집하는 것일 수도 있고, 아니면 모든 이성적 존재자에게 해당될 수도 있다.

이제 준칙과 법칙의 관계에 주목해보자. "조건"과 마찬가지로, "준칙"도 논리학에서 차용한 용어다. 그것은 연결추리에서 첫 번째 대전제의 이름인 '센텐티아 막시마'(sentientia maxima)로부터 유래한다. 그러면 논리적으로 "준칙"과 "원칙"은 같은 뜻을 지니며, "법칙"은 단지 그것들의 일종이다. 그러나 칸트는 사실상 이 둘을 날카롭게 구별하는 것처럼 보인다. 『정초』에 따르면, 준칙은 우리가 어떻게 처신하는가를 진술하고, 법칙은 우리가 어떻게 처신해야 하는가를 처방한다.[18] 하지만 『실천이성비판』에서 그는 이러한 이분법 대신 다음의 세 가지 가능성의 구별에 집중한다: (a) 오직 그 자신에게 타당한 것으로 간주되는 어떤 준칙에 따라, 즉 그 준칙의 조건이 그 자신을 추동하는 한에서만 그 준칙에 따라 행위하는 이성적 인간, (b) 모든 이성적 존재자에게서 필연적으로 타당하지 않더라도, 그럼에도 그들 모두에게 타당한 조건을 인지하는 이성적 인간, (c) 모든 이성적 존재자 일반에게서 현존하고 타당한, 따라서 그 자신에게도 타당하게 적용될 수 있는 조건을 인지하는 이성적 인간. 이리하여 이분법 대신에 삼분법이 도입된다. 그것은 말하자면 (a) 한갓 준칙, (b) 법칙, (c) 법칙인 동시에 준칙이다.[19]

---

17 『실천이성비판』, 90; 『도덕형이상학』, VI, 437-38.
18 『정초』, 420n.

이제 물음은 다음과 같다: (1) 경험적 실천이성의 최상의 준칙(들)은 어떤 것인가? (2) 그것들은 법칙들인가, 아니면 한갓 준칙들일 뿐인가? (3) 법칙은 그 자체로 준칙일 수 있는가? 첫 물음은 다음 장에서 다루어지는 인간과 의지의 경험적 사실들에 비추어 대답되어야 할 것이다. 셋째 물음은 순수 실천이성의 분석론에 속하며, 경험적 실천이성의 분석론은 두 번째 물음을 다룬다.

5. 경험적 실천법칙들은 존재하는가

이 물음에 대해 칸트는 그것들은 한갓 준칙들이라고 대답하며, 많은 논거를 가지고 뒷받침한다. 그러나 이 절에서는 순수하게 형식적인 또는 인식론적 고찰에 기초하는 논거들만 다루고, 그 밖의 논거들은 다음 장에서 다루는 것이 적절하겠다.

한갓 준칙은 이성적 존재자들 간의 개별적 차이를 반영하는 조건들에 의존해야 한다. 여기서 차이는 그들의 욕구들의 차이, 즉 그들의 의욕들 내의 인지적 성분이 아니라 의욕적 성분의 차이이다. 반면에 법칙은 모든 인간이 실제로 공유하고 있는 무엇에 의존한다고 볼 수 있다. 그리고 이 필수 요소는 반드시 인식능력의 공통성일 필요는 없고 의욕의 구성 조건에 놓인 공통성일 수도 있다. 사실상 칸트는 모든 인간이 공통적 욕구, 즉 행복을 향한 욕구를 지닌다고 믿는다. 그렇다면 우리가 모든 인간이 공유하는 다른 어떤 의욕적 성분을 찾을 수 있다면, 칸트의 의견에 따르면, 이렇게 경험적 사실로 추정된 것 — 또는 사실로 간주된 다른 어떤 것들 — 에 근거해서 왜 실천법칙이 진술될 수 없겠는가?

법칙은 인간 일반에게서 귀납적으로 발견된 **어떠한** 실제적 특징에도

---

19 『순수이성비판』, A812=B840 참조.

토대를 둘 수 없다. 예를 들어, 우리가 인류의 공정한 표본을 검사함으로써 특정 욕구가 인류에게 현존함을 입증한다고 가정해보자. 그러면 우리는 "모든 인간은 D라는 욕구를 가진다"고 진술할 수 있을 것이고, 이 진술에서 D는 인간 의지의 보편적 규정일 것이다. 하지만 그때조차 D는 모든 인간이 D를 만족시키기 위해 행해야 하는 법칙을 이끌어내진 못할 것이다. 만일 우리가 D가 결여된 인간을 발견한다면, 어떤 일이 벌어질지 생각해보라. 귀납을 이어가다 그 예외적 인간의 발견은 언제라도 일어날 수 있다. 그를 제외한 모든 사람이 D를 지닌다는 사실은 그가 D에 의해 요구된 행위를 해야만 하는 까닭, 또는 D의 결여에서 수치심을 느껴야 하는 이유가 되지 못하며, 사실상 이 같은 사례는 우리에게 일반화를 거부할 수 있는 이유를 제공할 것이다. 칸트 식으로 말하면, 일반화는 후험적(*a posteriori*)이지만 법칙은 보편적이고 필연적, 즉 선험적(*a priori*)이어야만 한다. 칸트에 따르면, 이는 자연과학의 법칙에 대해서도 마찬가지로 타당하다.[20]

칸트의 이러한 완고한 진술에 동의하는 이는 거의 없을 것이다. 우리가 최상의 "자연법칙들"로 간주하는 것들에는 날것의 사실의 요소가 있으며, 우리 모두가 알다시피 자연법칙은 우리가 알고 있는 것과 상당히 다를지도 모른다. 물체들이 서로 끌어당긴다는 것은 단지 우리의 우주에 대한 날것의 사실일 뿐이다. 그럼에도 불구하고, 우리는 인력을 서술하면서 "법칙"이라고 부른다.

하지만 분명한 것은 여기서 칸트가 윤리학에서 중요한 구별을 제시한다는 점이다. 이러한 구별은 이른바 법칙의 예외에 대한 우리의 상이한 반응과 관련된다. 인간의 실제 행태로부터 인간이 어떻게 행해야만 하는가를 논리적으로 추론하기란 불가능하다. 모든 경험적 일반화는 예외가 확인되면 굴복할 수밖에 없다. 반면에 선험적 원리 또는 법칙은 외관

---

20 『실천이성비판』, 26; 『순수이성비판』, A159=B198.

상의 예외를 "기각"할 수 있다. 이는 심지어 자연법칙에서도 그러하다. 갈릴레오의 법칙에 따라 낙하하지 않는 물체는 (사실 그런 물체는 없으므로) 단지 자유롭게 낙하하는 물체가 아닐 뿐이다. 우리는 "예외"를 발견할 때 법칙을 수정하지 않으며 도리어 대상을 다시 분류한다. 따라서 외관상 예외에도 불구하고 유지될 수 있는 법칙은 한갓 경험의 총괄이 아니다. 설령 경험이 법칙의 형식을 도출하는 데 기여할 수 있고 실제로 법칙을 보증할 수 있다 해도, 법칙은 단지 서술적(descriptive)이기만 한 것이 아니라 처방적(prescriptive)이다. 과학의 영역에는 그러한 법칙들이 존재하며, 인간의 실천적 품행에 대해서도 그러한 법칙들이 존재하는 것처럼 보인다.

이론법칙이든 실천법칙이든 법칙은 처방적이다(어쩌면 이렇게 말하는 것이 더 낫겠다. 법칙은 처방적이다. 법칙이 이론-구성을 위해 처방적인 경우에는 그 법칙이 실천적 결단을 나타낸다 해도 "이론적"이라 불리며, 법칙이 품행을 위해 처방적인 경우 "실천적"이라 불린다). 따라서 칸트는 특수한 경험적 원칙을 법칙이라 부르지 말라고 경고하면서 "실천적 탐구에서 고려될 수 있는 가장 중요한 구별"(26), 말하자면 사실적 일반화와 실천적 처방의 구별에 주목한다.[21] 이것들 중 어느 하나로부터 다른 하나는 논리적으로 추론될 수 없다. 그러므로 실천이성의 경험적 법칙은 존재하지 않으며 오직 경험적 준칙만이 있을 뿐이다(21). 만일 어떤 실천법칙(들)이 있다면, 그것은 경험적이지 않다.

우리가 "선험적"이라는 용어의 사용을 피한다면, 아마 칸트의 요점은 더 분명해질 수 있을 것이다. "선험적"이란 용어는 이론적 인식에만 해

---

21 여기서 "실천적"은 심지어 이론적 체계의 실천적(처방적) 측면을 포괄할 만큼 충분히 넓은 의미에서 쓰였다. 『순수이성비판』에서 칸트는 종종 사변적 탐구 및 자연과학적 탐구의 수행의 **준칙들**에 대해 이야기한다. 준칙은 탐구의 수행을 위해 주관적으로 필요한 규칙이기는 하지만 어떠한 직접적인 객관적 타당성도 갖지 못한다(『순수이성비판』, A666=B694 참조).

당되거나, 적어도 이론적 인식에 적용될 때에만 일관된 의미를 지니는 것처럼 보이기 때문이다. 요점은 단순하다. 실천법칙은 처방적이어야만 하고, 경험적 법칙은 후험적이며, 처방적이지 않다. 따라서 그는 경험적 법칙을 배제함으로써 실천법칙을 선험적이라고 부를 수 있다.

6. 조건적 명령

규칙들은 명령형으로 정식화된다. §1의 주해에서 칸트는 대수롭지 않은 듯 자신의 가장 의미심장한 구별 가운데 하나인 명령과 법칙의 구별을,[22] 그다음 그것 못지않게 중요하고 더 유명한, 두 가지 명령 유형의 구별을 다시 소개한다.

이처럼 눈에 띄는 무심한 진술에 대해 변론하자면, 이 구별들 중 둘째 것은 『정초』에서 매우 주의 깊게 전개되었기 때문에 실제로 『실천이성비판』의 나머지 부분에서 단지 상대적으로 부차적 역할만 한다고 말할 수 있겠다. 왜냐하면 『정초』의 분석적 방법은 도덕적 강제의 현상에서 출발하지만, 『실천이성비판』의 종합적 방법은 원칙에서 출발하며, 완전하게 이성적인 존재자에 못 미치는 존재자, 즉 이성법칙에 의해 그 자체로 규정되는 것은 아닌 이성적 존재자에게서 명령은 단지 그러한 원칙들이 현상하는 방식일 뿐이기 때문이다. 따라서 명령의 학설은 『실천이성비판』에서 기껏해야 보충물에 지나지 않는다. 명령의 논의와 정언명령의 정식은 『실천이성비판』에 이미 전제된 것이다. 이러한 이유로 이 주제에 관한 세부 논의는 『정초』를 참조하는 편이 낫다.

모든 실천명제는 이성의 산물이다. 전적으로 이성만을 따르는 것은 아

---

22 그는 이 구별을 여러 차례 무시한다. 이를테면 『실천이성비판』, 21, 30; 『정초』, 420 및 420n.; 『순수이성비판』, A802=B830; 『도덕형이상학』, 서론, VI, 222-23 참조.

닌 인간과 같은 존재자에게서 실천명제는 이성의 명령으로 제시되고, 명령형으로 표현된다. 그것은 객관적으로 타당하며, 따라서 한갓 준칙과 다르다. 하지만 그것은 그 실천적 기능 면에서 무조건적이라는 의미에서 법칙을 표현할 필요는 없다. 그것은 오로지 의지능력의 특정 조건을 구비한 존재자에게서만 명령으로서 객관적으로 타당할 수도 있다. 따라서 우리는 이성적 존재자 자체를 필연적으로 구속하는 법칙, 즉 부분적으로 이성적인 모든 존재자에게 무조건적인 명령을 부과하는 법칙과 특수한 경험적 방식에 따라 촉발되는 이성적 존재자의 선택의 규정에서 단지 객관적으로 타당한 인지적 성분으로 기능하는 법칙을 구별해야 한다. 뒤의 법칙은 의지능력의 주관적 조건 아래에서만 실천명제로 기능하는 이론명제이다. 그 주관적 조건에 의해 무수한 이론명제들 중 몇몇은 품행의 규정에 실천적으로 연관된다. 행위에 착수하라는 명령은 주체의 의욕의 실제적 조건에 의해, 그리고 사실의 인식에 기초한 이론적 성분에 의해 규정되는 한, 단지 조건적으로만 요구되는 명령이다.

『정초』에서 조건적 명령은 두 유형으로, 즉 미정적 또는 기술적[23] 명령과 확정적 또는 실용적 명령으로 구분되었다. 둘의 차이는 앞의 경우에는 조건이 확언되는 것이 아니라 단지 가정적으로 진술된 반면(예를 들어 "네가 빵을 만들고 싶다면 이렇게 해라"), 뒤의 경우엔 확언된다는데 있다(예를 들어 "너는 이러저러한 것을 원하니까 이렇게 해라"). 또한 앞의 것은 "숙련(Geschicklichkeit)의 규칙"으로, 뒤의 것은 "영리함의 충고"(Ratschläge der Klugheit)라고 불린다. 조건적 명령의 두 유형의 구별은 『실천이성비판』에 등장하지 않는다. 『실천이성비판』의 중심 문제 중 하나는 둘째 유형의 모든 조건적 명령에서 확정적으로 진술되는 것이 어떤 조건인지

---

23 『판단력비판 제1서론』에서 칸트는 "미정적 명령"이란 용어를 비판하면서 이를 "기술적 명령"이란 용어로 대체하고(XX, 200n.), 『도덕형이상학』에서는 오직 기술적 명령과 정언적 명령만을 구분한다(VI, 222).

규정하는 일이며, 이는 다음 장에서 다루어질 것이다.

조건적 명령의 분석[24]을 통해 우리는 다음과 같은 성분들을 드러낼 수 있다.

a) 조건절(protasis)에서:

(I) 어떤 것(B)을 지향하는 의욕적 요소: 여기서 B는 명령된 행위의 목표이다. B가 사건들의 대상 또는 상태가 됨으로써, B의 표상은 주관에 의해 착수된 행위의 결과인 B를 현존하게 하는 원인들 중 하나가 된다. 이는 "만약 내가 B를 원한다면" 또는 "내가 B를 원하기 때문에"라는 조건에 의해 명령으로 표현된다.

(II) 인지적 성분: 명령된 행위인 A와 목표인 B 사이의 인과관계의 인식. 이는 조건(I) 아래에서 "A는 B의 수단이다"와 같은 말이다.

(III) 실천적 추론의 암묵적 전제 또는 규칙: "만일 내가 결과[B]를 충분히 의욕한다면, 나는 이를 위해 요구되는 행위[A] 또한 의욕한다."[25]

b) 귀결절(apodosis): "A를 하라"

기술적 명령에서, B는 어떤 욕구의 대상일 것이고, 많은 경우 목표(B)의 달성 방법을 일러주는 자연법칙들(II)은 정해져 있다. 실용적 명령에서, B는 칸트가 생각하기에 우리가 단지 욕구 가능하다고 받아들이는 정도가 아니라 욕구한다고 진술할 수 있는 어떤 구체적 대상이다. 우리는

---

24 이에 대한 충분한 분석은 『페이턴 헌정논문집』(*Paton-Festschrift*)에 수록된 L. W. Beck, "Apodictic Imperatives", *Kant-Studien* XLIX, 1957-58, pp. 7~24 참조. 이 절의 나머지 부분은 거의 이 논문에서 발췌한 것이다.

25 『정초』, 417 참조.

행복을 향한 욕구를 **가진다**. 하지만 이 경우에 B의 내용은 매우 어렴풋하고, 세계와 세상사에 대한 우리의 인식은 너무 협소해서 우리는 B의 달성을 확신할 수 있을 정도의 보편규칙들을 세울 수 없다. 그러므로 의욕적 성분의 범위와 인지적 성분의 확실성은 서로 반비례하는 것처럼 보인다. 추구되는 목적이 구체적인 경우 자연의 실제 법칙이 II에 해당하겠지만, 좋은 삶 또는 행복과 같이 막연한 목적이라면 인지적 성분은 법칙이라는 이름보다는 한갓 믿음과 의견이라는 이름이 더 어울리는 경험적 인식이 되기 쉽다.

칸트에 따르면, 이 명령들의 가능성을 통찰하기란 쉽다. "의욕에 관계하는 한"(*Was das Wollen betrifft*), 명령은 분석적이기 때문이다.[26] 이는 옳지만, 그 진술이 무엇을 뜻하며 왜 참인지가 명료해지려면, 더 분석이 요구된다.

명령은 어떤 의미에서 분석적이거나 종합적일 수 있는 종류의 판단인가? 이것은 완전히 명료하게 대답된 물음은 아니다. 명령은 주어와 술어로 이루어진 판단이 아니며, 따라서 칸트가 분류한 판단 유형에 속하지 않는다. 물론 어떤 명령의 경우 (필연적 사실의 진술은 아닌, 따라서 어쩌면 가치판단일 수도 있는) 일련의 직설법 진술들이 단지 문법적 변화를 통해 명령으로 정식화될 수 있다. 하지만 그렇더라도 조건적 명령들의 경우 대응하는 직설법 판단들 가운데 일부는 그 자체로 가언적이며, 따라서 그것들은 분석판단과 종합판단을 구별하려는 칸트의 공식적 분류법 아래 속하는 판단이 아니다. 물론 이런 점을 세밀하게 지적하는 것은 어떤

---

26 같은 책, 417. 『페이턴 헌정논문집』에 수록된 논문에서 나는 다음과 같은 점을 간과했다. 실제로 칸트는 오직 기술적 명령만이 "의욕에 관계하는 한" 분석적인 반면, 실용적 명령은 "행복에 대한 일정한 개념을 쉽게 줄 수 있는 한에서만" 분석적일 것이라고 말했다(417). 그러나 칸트가 이렇게 구분한 것은 약간 부정확하다. "의욕에 관한 한", 두 명령은 둘 다 그 대상이 서술될 수 있다는 의미에서 분석적이다. 이해에 관한 한, 즉 고려 중인 목적에 대한 특수한 수단을 선택할 때의 인지적 내용에 관한 한, 두 명령 모두 종합적이다.

점에서 현학적이다. 그러나 표현상의 사소한 부적절함을 빌미로 칸트가 주장하는 핵심을 놓쳐서는 안 될 것이다.

만일 우리가 조건들의 진술들이 귀결절을 구속한다고 간주하고, 이 진술들을 평서문의 형태로, 이를테면 "이성적 존재자는 C라는 조건 아래에서 A를 행할 것이다"로 표현한다면, 그러면 "이성적 존재자는 A를 행할 것이다"라는 명제는 "이성적 존재자는 C라는 조건 아래 있다"라는 사실명제로부터 분석적으로 도출될 것이다. "분석적으로 도출된다"는 말은 결론의 부정이 전제들의 공통된 진술들과 모순됨을 의미한다. 따라서 귀결절에 대응하는 명제의 부정은 그것의 전제가 되는 명제들과 모순될 것이다. 귀결절이 조건절과 분석적으로 연결되어 있기 때문에 칸트는 명령이 분석적이라고 말한다.

그러나 명령은 오직 "의욕에 관계하는 한"에서만 넓은 의미에서 분석적이다. A가 B를 위해 필수적이라는 것도, 이성적 존재자가 C라는 조건 아래 있다는 것도 분석적으로 인식되는 것이 아니다. 오직 성분 III만이 분석적이며, 이것이 관여하는 것은 의욕의 형식이지 구체적 내용이 아니다. 성분 III은 단지 변수 A와 B의 관계를 명시할 뿐이다. 따라서 칸트는 조건적 명령이 분석적이라고 말할 것이 아니라 조건적 명령의 형식적 원리(성분 III)가 분석적이라고 말해야 한다. 오직 이것만이 인간 욕구의 우발성이나 인지적 내용과 무관하게 이성적 존재자의 의지가 관여하는 것이다. 누군가 성분 III을 받아들이지 않는다면, 그는 자기 욕구와 관련해 이성적 존재자가 되는 데 실패한 것이다. 그러나 이 형식적 원리에 복종한다 해도, 우리는 이성적 존재자가 되는 데 다양한 정도로 실패하곤 한다. 우리는 건강을 바라면서 동시에 건강을 해치는 일들도 바라고, 영리한 사람이 되는 데 실패한다.

조건적 명령의 귀결절에는 성분 III을 거쳐서만 도달할 수 있다. 조건적 명령일지라도 그것의 형식적 성격 때문에 이는 객관적 타당성을 가질 수 있다. 설령 조건적 명령이 이성적 존재자에게서 그 자체로 반드시 참은 아닌, 특정 조건들 아래에 있는 행위에만 관련된다 해도, 그것은 설득적이거나 정서적이 아니라 이성적이다. 조건적 명령이 의존하는 조건들은 명령의 인도를 받는 사람의 조건이지, 명령을 내리는 사람의 조건이 아니다.

사실 우리와 같은 존재자들은 자신의 목적을 이루는 데 필수적인 수단을 알고 있을 때조차 그 수단을 늘 의욕하는 것은 아니기 때문에, 조건적 명령은 이성에 의한 충동의 통제를 표현한다. 만일 우리가 완벽하게 이성적인 존재자였더라면 '당면한 목적을 이루는 데 필요한 것은 무엇이든 행하라'는 준칙을 따르기 쉬울 것이다. 하지만 우리는 그런 존재가 아니기 때문에, 우리의 욕구와 소망조차 한갓 유인과 부추김만이 아니라 통제를 만들어낼 수도 있다. 나중에 아무리 보잘것없는 것으로 밝혀질지라도, 눈앞의 쾌락이 장기적인 목표보다 그 자체로는 훨씬 매혹적인 법이다.

형식논리학에서 차용한 가언-정언의 구별이 두 종류의 강제(영리함의 규칙과 도덕법칙)를 날카롭게 구별하는 데 결정적이었다는 가정으로 인해 명령에 대한 칸트의 주장은 그의 윤리학에 대한 몇몇 오해에 원인을 제공했다. 그가 판단의 형식이 아니라 양상(modality)을 명령의 구별 기준으로 삼았더라면 어쩌면 이러한 오해들은 생겨나지 않았을지도 모른다. 조건적 명령은 "만일 네가 무언가를 바란다면 너는 이러저러한 것을 해야 한다"라는 형식으로 정의되며, 정언명령은 "이러저러한 것을 하라"는 형식으로 정의된다. 이로부터 도덕적 취지를 지닌 모든 명령은 정언명령이어야 함이 분명해지며, 칸트는 일관되게 도덕적 명령을 정언적 형식으로 진술한다. 결국 이것은 칸트가 도덕적 결단 앞에서는 조건적 판단이나 명령의 전건(前件)으로 표현될 **모든** 상황을 무시해야 한다고 생각했다고 보는 견해의 원인이 되었고, 이는 단지 어리석기만 한 칸트 해석들 가운데 하나를 낳았다.

중요한 것은 도덕적 명령이 반드시 영리함의 명령이나 기술적 명령의 형식과 구별되는 특수한 문법적 또는 논리적 형식을 가져야 하는 것은 아니라는 점이다. "책을 돌려주기로 약속했다면 그렇게 해라"와 같이 형식상 조건적이되 도덕적으로 타당한 명령들이 있고, "문을 닫아라"와 같이 아무 도덕적 취지나 요구가 없는 정언명령들도 있다. 명령을 구별한 칸트의 의도에 충실하기 위해 우리가 반드시 숙지해야 하는 것은, "추우면 문을 닫아라"의 형식이든 "문을 닫아라" 같은 정언적 형식이든 간에, 명령이 단지 어떤 구체적인 욕구를 지닌 사람에게만 부과되는 한, 어떠한 명령도 도덕적으로 타당하지 않다는 점이다. 우리는 자기 자신에게 명령을 내릴 수 있는 사람이 지녀야 할 의지의 조건을 식별할 수 있어야 한다. 그 조건이란 실천이성의 보유이다. 다만 이 사실을 받아들일 때, 또 어떤 정해진 목표를 성취하기 위해 또는 임의의 목표를 추구하려는 지성적 행위를 위해 법칙이 요구하는 바를 그가 본성적으로 행위하지 않는다는 사실을 받아들일 때, 명령은 그의 특정 욕구와 무관하게 실천적인 이성적 존재자인 그 자신에게 향한다. 이 조건 아래에서 명령은, 그 형식이 가언적이든 정언적이든 필증적(apodictic)이다. 이에 반해 확정적(assertoric) 명령도 있다. 이것은 명령을 그대로 수행할 수 있는 이러저러한 준칙을 그 스스로 실제로 갖고 있다고 경험적으로 진술할 수 있는 사람과 관계된 명령이다. 필증적 명령의 경우, 가언적 조건들은 필요한 특정 행위의 규정에 편입될 수 있지만, 명령에 복종함으로써 충족될 수 있는 욕구를 막 갖게 된 일개인뿐만 아니라 모든 사람에게 타당하게 만들어주는 조건의 규정에는 편입될 수 없다. 이를테면 약속을 하는 것은 책무를 지운다. 그러므로 사람들은 (정언적으로) "약속을 지켜라" 또는 (가언적으로) "책을 돌려주기로 약속했다면 그렇게 해라"라고 말할 수 있다. 하지만 "다른 책을 빌릴 수 있기를 원한다면 약속을 지켜라"와 같은 조건적 명령은 정언적 형식을 가질 수 없다. 정언적 형식은 필증적으로 타당하기 때문이다. 그러한 약속의 명령은, 정언적이든 가언적이든 간에, 양상에 있어서는 단지 확정적일 뿐이다.

7. 결론

이 장에서 우리가 탐구한 것은 경험적으로 발견될 수 있는 어떤 의욕적 또는 역학적 충동의 충족에 복무하는 실천이성의 형식적 구조였다. 그런데 이로부터 순수하게 형식적인 고찰로는 답할 수 없는 물음들이 생겨났고, 이에 답하기 위해서는 인간 본성 및 도덕적 현상에 대한 인식이 요구된다. 이제 물음은 다음과 같다.

1. 의지의 보편적 규정이 경험적으로 발견될 수 있다고 한다면, 어떤 원칙(들)이 이것을 표현하는가?
2. 이 원칙(들)은 한갓 준칙인가, 법칙인가, 아니면 준칙인 동시에 법칙인가?
3. 경험적으로 발견될 수 있는 역학적 또는 의욕적 요인들로부터 독립해 의지의 보편적 규정을 표현하는 원칙(들)이 있는가?

다음 장에서 우리는 (a) 의지의 경험적으로 발견된 조건을 표현하는 모든 원칙은 "자기애 또는 자기 행복의 원칙"이라는 칸트의 이론과 (b) 그런 원칙은 한갓 준칙에 불과하며 법칙의 위력을 갖지 못한다는 이론을 고찰함으로써 첫째와 둘째 물음에 답할 것이다. 그런 뒤, 제8장과 제9장에서 셋째 물음에 대한 칸트의 긍정적 답변을 고찰하고, 유일한 법칙이 되는 원칙이 어떻게 발견되는지, 그리고 그 정체가 무엇인지를 밝힐 것이다.

제7장

경험적 실천이성의 분석론: 2. 질료적 고찰
—§§2-3과 §8 일부의 주해

1. 들어가며

경험적 실천이성은 특수한 욕구 충족을 위한 행위를 지도하는 데 사용되는 이성추리이다. 제6장에서 우리는 원칙들, 준칙들, 규칙들, 그리고 명령들을 통해 발휘된 이러한 지도의 형식적 측면들을 검토했다. 이 장에서 우리는 그러한 품행의 추진력을, 즉 형상인이 아니라 작용인과 목적인을 다룰 것이다. 이를 위해 먼저 심리학 또는 —칸트라면 이렇게 말했을 텐데— 인간학에 대한 칸트의 견해와 용어법을 이해할 필요가 있다. 우리는 그가 경험심리학적 맥락에서 '욕구능력'(*Begehrungsvermögen*), '쾌'(*Lust*), '불쾌'(*Unlust*), '관심'(*Interesse*), 그리고 '행복'(*Glückseligkeit*)이라는 용어로 의도한 것이 무엇인지 이해해야 한다. 그런 뒤 우리는 '이 개념들과 이것들이 사용된 원칙들은 도덕적 개념들과 원칙들로 복무할 만한 자격이 없다'는 칸트의 논증을 고찰할 것이다.

2. 욕구

욕구능력은 어떤 존재자가 자신의 "욕구의 표상들(*Vorstellungen*, 또는 로크적인 의미에서 ideas)에 의해 자신의 표상들의 대상을 실현하는 원인이 되게 하는"(*durch seine Vorstellungen Ursache von der Wirklichkeit der Gegenstände dieser Vorstellungen zu sein*) 능력이다.[1] 이것은 우리가 앞서 구분했던 욕구능력의 두 요인을 함축한다. 하나는 인지적 요인 또는 표상이고, 다른 하나는 역학적 또는 의욕적 요인이다. 뒤의 것은 때때로 '본래 의미에서의 욕구'(*Begierde*)라 불린다. 그것이 습관화된 성향의 성격을 띨 때, 칸트는 이를 '경향성'(*Neigung*)이라 부르며, 종종 '충동'(*Antrieb*)이나 '동기'(*Triebfeder*)라는 명칭도 사용한다.[2]

---

1 『실천이성비판』, 9n. : 『도덕형이상학』, VI, 211. 칸트는 볼프와 알렉산더 고틀리프 바움가르텐(Alexander Gottlieb Baumgarten)을 따라 욕구능력(*Begehrungsvermögen*)과 혐오능력(*Abscheuungsvermögen*)을 구별하지만(58), 이 형식적 구별을 그 이상 밀고 나가지는 않는다.

2 습관화된 성향을 지시하는 *Neigung*의 용례가 늘 준수되는 것은 아니다. 그것은 일반적으로 어떤 경향성을 뜻하며, *Triebfeder*가 도덕적 동기나 동인을 지시할 때를 제외하고는 대체로 *Triebfeder*와 같은 뜻이다. 애벗은 *Triebfeder*를 motive 또는 spring으로 옮겼다. spring은 지금은 일반적이지 않은, 17세기 초의 용례를 따른 번역어다. 독일어 *Feder*가 시계의 큰 태엽을 뜻하므로, 이 번역어는 어원학적으로 탁월하게 정당화될 수 있다. 반면에 motive는 그리 좋은 선택이 아니다. 왜냐하면 칸트는 『정초』에서 *Triebfeder*와 *Bewegungsgrund*(=motive)를 세심하게 구별했기 때문이다(427). 그렇지만 『실천이성비판』의 이 장에서 칸트는 『정초』에서 *Bewegungsgrund*를 정의했던 의미로 *Triebfeder*를 사용하고 있으므로, 그 과실은 칸트에게 있지 애벗에게 있지 않다. 프랑수아 피카베(François Picavet)는 그것을 *mobile*로, 프란시스코 카프라(Francesco Capra)는 *movente*로, 프리드리히 고틀로프 보른(Friedrich Gottlob Born)은 (칸트의 삽입 어구를 따라) *elater*로 옮겼다. 나는 그린(T. M. Greene)과 허드슨(H. H. Hudson)이 『이성의 오롯한 한계 안의 종교』의 번역본에서 제안한 것을 따라 incentive라 옮겼다. 하지만 이것도 그렇게 만족스럽지는 않다. 왜냐하면 *Triebfeder*의 의미가 독일인에게는 명료한 반면, incentive는 영어권 독자에게 부연 설명이 필요한 낱말이기 때문이다. 이것에 전적으로 대응하는 영어 낱말을 찾기란 불가능한 것 같다. 추측건대, 그 까닭은 칸트 자신이 그 낱말을 한 가지 뜻으로 쓰지 않았기 때문이다. 이에 관해서는 B. Käubler, *Der Begriff der*

'관심'(*Interesse*)은 이성으로 하여금 의지를 규정하도록 이끄는 것이다.[3] 그러나 실천이성과 의지는 동일시되기 때문에, 관심은 "이성을 통해 표상됨으로써 의지의 동기(*eine Triebfeder des Willens, sofern sie durch Vernunft vorgestellt wird*)가 되는 것을 가리킨다"고 하는 편이 더 적절하다 (79). 의존적인 의지, 즉 완전히 이성적이지는 않은 의지의 경우, 관심은 항상 준칙으로 표현된다. 관심이 그렇게 표현되지 않으면, 따라서 지적인 검토를 받지 않으면, 우리에겐 의지가 아니라 그저 맹목적 충동이 있을 뿐이다. 의지는 다음과 같은 점에서 한갓 욕구와 구별된다. 욕구할 때는 행동의 목표가 되는 대상의 그림(image)이 떠올려지는 반면, 의욕할 때는 추구하는 대상과 행위를 객관적으로 연관시키는 법칙 또는 원칙에 대한 의식이 우리를 지도한다. 따라서 욕구는 동물들에게도 있지만, 의지는 오직 이성적 존재자만이 가질 수 있다.

표상의 대상 ─ 여기서 대상이 행위의 목적인이라면 표상은 작용인에 속한다 ─ 은 "관심 또는 경향성의 대상"이라고도 불린다.[4] 대상은 행위의 목적이다. 왜냐하면 목적은 그것이 대상의 실재성의 원인인 한에서 대상의 개념이라고 정의되기 때문이다.[5] 표상은 대상의 작용인의 일종이다. 표상은 한 사람의 행위를 규정하는 요인들의 하나로 기능하고, 이에 따라 생겨난 행위가 대상을 산출하기 때문이다. 대상은 목적이다. 한 대상의 실현이 일련의 원인들 때문이고, 그 대상을 실제로 산출하도록 그의 행위를 규정하는 표상 또는 개념이 이 원인들의 일부를 이루는 한에서 그렇다.

Triebfeder in Kants Ethik, 1917을 보라.

3 『정초』, 459;『도덕형이상학』, VI, 212-13;『판단력비판』, §2, §3.

4 "경향성의 대상"과 "관심의 대상"은 "순수 실천이성의 대상"과 구별되어야만 한다. 선 또는 악으로 규정되는 것은 오직 후자뿐이다. 칸트는 "자의(*Willkür*)의 대상"을 "내가 선택한 것"이라는 의미뿐만 아니라(『실천이성비판』, 36) 내 선택대로 처분할 수도 있는 것, 즉 소유와 관련해 사법적인 의미로도 사용한다(『도덕형이상학』, VI, 246).

5 『판단력비판』, V, 180.

'대상'(*Gegenstand*)이라는 낱말은 서로 다른 두 가지 뜻을 지닌다. 그것은 사태들의 실제 상태, 즉 물리적인 것 또는 행위를 통해 일으켜질 수 있는 심리적 작용 결과를 의미할 수 있다. 이런 의미의 대상을 산출하기 위해서는 대상의 원인들에 대한 경험적 인식과 이 인식을 적용할 기술이 요구된다. 경험적 실천이성의 분석에서 '대상'이란 낱말은 오직 이런 의미에서만 사용될 수 있다. 그러나 이 낱말은 ─ 우리에게는 생소하지만 ─ 또 다른 의미를 지닌다. 그것은 의지의 내적 정립을, 즉 (첫 번째 의미에서의) 대상을 산출하는 의지의 원인성과는 무관한 결단 활동 자체를 가리킬 수도 있다. 순수 실천이성의 분석론에서 '대상'은 바로 이것을 의미한다.[6]

3. 쾌(快)

칸트의 욕구 이론은 쾌락주의(hedonism)이다. "어떤 것을 의욕한다는 것과 그것의 현존에서 만족을 얻는다는 것, 즉 그것에 관심을 갖는다는 것은 동일하다."[7] 욕구능력은 늘 욕구 대상을 향하고 있으며 그 대상의 현존으로부터의 쾌를 기대한다.

----

6 『실천이성비판』, 15. 비슷한 구절이 『정초』, 432에 나온다. 칸트가 '대상'이란 낱말을 이처럼 생소하게 사용하는 것은 불가피하다. 그렇지 않으면 도덕적 행위 자체가 대상 없이, 즉 관심이나 목표 없이 선언되는 곤경에 처할 것이기 때문이다. 그가 모든 행위 속에는 관심이 현재하지만 관심이 모든 행위를 규정하는 원인으로 가정될 필요는 없다고 말할 때, 이는 첫째 의미에서의 대상의 현존에 대한 관심을 지시한다. 결단이 세계 내에서 영향을 끼칠 수 있든 그렇지 않은 간에, 옳은 결단을 내리는 데에도 관심이 성립할 수 있다. 이는 도덕적 관심이며, 그 관심의 대상은 의지가 특정한 동인에 따라 활동하도록 하는 어떤 정립이다(『정초』, 413n.; 『실천이성비판』, 33 참조). 바로 이것이 순수 실천이성의 대상이 다루어지는 분석론 제2장에서의 '대상'의 의미이다. 이는 이 책의 제9장에서 다루어진다.
7 『판단력비판』, §4(V, 209).

하지만 칸트의 욕구 이론이 쾌락주의적이더라도, 쾌락주의가 칸트의 욕구 이론이라고 말할 순 없다. 그의 욕구 이론은 쾌락주의적이지만 쾌의 이론에서 의욕적 요소가 전부는 아니다. 왜냐하면 미리 주어진 욕구 없이도 쾌의 체험이 가능하기 때문이다. 쾌는 대상의 순전한 관조나 상상 속 표상의 체험으로도 생겨날 수 있다. 그러한 쾌는 "관조적 쾌"(*kontemplative Lust*)라 불리며, 무관심한 쾌로 특징지어지는, 아름다움의 향유에서 가장 잘 드러난다. 이에 반해 행위의 목표이자 보상인 쾌는 "실천적 쾌"(*praktische Lust*)라 불린다. 실천적 쾌는 "경향성에 대한 관심"이다.[8]

우리는 두 종류의 쾌를 인격의 주관적 상태와 관련해 정의할 수도 있겠다. 쾌는 주관이 이것을 체험한 상태를 유지하게 하는, 표상의 인과성에 대한 의식이다. 이는 무관심한 심미적 쾌도 마찬가지이다. 이로부터 불쾌는 우리가 우리의 주관적 상태의 변화를 시도하거나 바라도록 만드는, 표상의 작용 결과에 대한 의식임이 귀결된다.[9] 능력들이 조화를 이루거나 기능이 촉진될 때, 쾌가 생겨난다. 칸트는 이를 대상 또는 행위와 인격의 주관적 조건(욕구)의 합치,[10] 또는 (예술의 무관심한 쾌에서와 같이) 우리의 지각 및 상상력이 하는 일과의 합치 표상이라고 부른다. 어쩌면 쾌가 그러한 합치에 의해 생겨난 감정이라고 말하는 게 더 분명하겠다. 불쾌는 그러한 합치를 일으키는 활동을 촉구하고, 이리하여 욕구와 연결된다.[11]

쾌와 불쾌를 체감하는 능력은 '감정'(*Gefühl*)이다. 감정은 '감성'(*sensatio, Sinnlichkeit*)의 일반적 변양태의 일종이고, 감성의 다른 종류는 본래 의미에서의 '감관'(*Sinn*)이다.[12] 만일 우리 감관의 경험 내용이 인식 대상과

---

8 『도덕형이상학』, VI, 212.

9 『인간학』, §60.

10 『실천이성비판』, 9n. 그것들은 심리학에서 이끌어낸 정의들이다.

11 『인간학』, §60.

12 『도덕형이상학』, 서론, I; 『실천이성비판』, 23; 『판단력비판 제1서론』, XX, 226. 쾌는 "내

연관될 수 있는 종류의 것이고, 따라서 주관의 심리 구조에 의존함에도 불구하고 대상의 인식을 구성하는 성분이 될 수 있다면, 그 내용은 '지각'(*Wahrnehmung*)이라 불린다. 지각의 '수용성'(*Rezeptivität*)이 바로 엄밀한 의미에서의 감관이다. 이를테면 녹색은 지각된 것이며 주관적이다. 색은 그것을 지각하는 사람에게 의존하기 때문이다. 하지만 그럼에도 녹색은 (내속과 자존의 범주 하에서 지각들의 선험적 종합에 따라) 대상과 연관되고, 이리하여 우리는 어떤 대상이 녹색이라고 옳게 말할 수 있다. [하지만] 감정의 경우에는 바로 이 객관적 속성이 결여되어 있고, 따라서 감정은 이중적인 의미에서 주관적이다.

단지 두 요소적 감정, 즉 쾌와 불쾌만이 존재한다. 숭고, 아름다움, 존경과 같은 다른 모든 감정은 우리가 느끼는 쾌나 불쾌에 수반되거나, 연관되거나, 그로부터 야기된 것들에 의해 또는 쾌나 불쾌의 "대상들"에 의해 규정된다. 쾌의 기원이 어떤 물리적 자극에 있든, 물리적 만족에 있든, 관조 속에서 떠올린 어떤 표상에 있든 간에, 감정은 늘 우리의 감성에 일으켜진 결과이다. 쾌의 계산법에 질적 차이의 여지는 없다(23).

우리가 보았듯이, 쾌 또는 불쾌의 감정을 대상에 속하는 고유성으로 여길 수는 없다. 또한 필연적인 규칙에 따라 대상의 현존과 연관될 수 있는 것도 아니다. 왜냐하면 쾌나 불쾌의 감정이 대상의 현존에서 생겨날 것인가 그렇지 않을 것인가는 실제 경험 속에서만 배울 수 있기 때문이다. 따라서 욕구의 충족을, 즉 대상의 현존에서 오는 쾌를 추구하는 우리의 모든 행위는 경험에 기초한다. 그래서 또한 쾌와 연결되는 특정 사태의 현존에 관한 모든 인식은 후험적이다. 이로부터 귀결되는바, 어떠한 법칙도, 즉 모든 이성적 존재자에 대해 타당한 어떠한 필연적 원칙도 실천적 쾌의 실현을 위한 준칙에 기초할 수 없다.

감"(*innerer Sinn*)에 관계한다. 이것은 『순수이성비판』의 내감이 아니라 『인간학』에서 (§15) 기술된 내감, 즉 감정능력이다.

4. 하위 욕구능력

하위 욕구능력과 상위 욕구능력의 구별(22)은 스콜라철학의 '감각적 욕구'(*appetitus sensitivus*)와 '이성적 욕구'(*appetitus rationalis*)의 구별에서, 달리 말하면 정념과 의지의 고전적 구별에서 유래한다.[13] 〈§3의 주해 I〉은 일차적으로 "다른 경우에는 명민한 인사들", 즉 볼프주의자들에 맞서는 대목이다. 그들은 욕구능력을 구별하기는 했지만 감성적 능력과 이성적 능력 일반을 분명히 구별하지 못했다.[14] 볼프의 학설에서 욕구는 완전성의 인식이라는 조건 아래 있다.[15] 이 인식이 애매하거나 모호하면, 하위 지각능력에 대응해 욕구는 우리를 나쁘거나 잘못된 품행으로 이끌 수 있다. 이 인식이 명석판명하다면, 상위 인식능력(지성)으로부터 유래해 의지는 실재적 완전성을 선택하도록 옳게 지도될 것이다. 그러므로 합리론 철학의 다른 분야에서와 마찬가지로, 도덕에서 이성 또는 지성의 임무는 우리의 표상들에 명석판명함을 가져다주는 것이다. 합리론에서

---

13 허치슨은 '이성적 욕구'(*appetitus rationalis*)에 대한 스콜라적 정의를 인용한다. 그것은 "지성 또는 더 고상한 지각들(the sublimer sensations)에 의해 선(善)으로 표상된 것을 욕구하는 영혼의 변치 않는 본성적 기질"이다. 그리고 덧붙이기를, "많은 사람은 이 것을 '정념들'(Passions)과 구별해 '의지'(Will)라 부른다"(F. Hutcheson, *Essay on the Nature and Conduct of the Passions and Affections* [Selby-Bigge, *British Moralists* I, 400 각주]. 이 글은 1765년에 독일어로 번역되었다). '정념'의 개념과 정념이 감정 및 이성과 맺는 관계에 대한 칸트의 견해는 K. Bernecker, *Kritische Darstellung des Affektbegriffes von Descartes bis zur Gegenwart*, Diss., Greifswald, 1915 참조.

14 C. Wolff, *Psychologia empirica*, §584; A. G. Baumgarten, *Metaphysica*, §689; F. C. Baumeister, *Philosophia definitiva*, §849, §852, §891.

15 C. Wolff, 같은 책, §§887-90. 볼프에 따르면, 쾌는 반드시 완전성의 의식을 동반한다. 칸트는 이를 부정한다(『판단력비판 제1서론』, XX, 226). 그러나 볼프는, 적어도 그 자신의 고백에 따르면 쾌락주의자가 아니다. 그에게 완전성의 욕구는 그것의 성취가 쾌를 주어서가 아니라 그 자체가 선이어서 일어난다(C. Wolff, *Vernünftige Gedancken von der Menschen Thun und Lassen*, §14, §139; *Psychologia empirica*, §511, §§558-59). 볼프를 따르는 이들 중 상당수는 버틀러 주교의 것과 닮은 이 미세한 구별을 지키지 않았고, 이 점에서 칸트가 비판하기 좋은 표적이 되었다.

감성적 개념과 이성적 개념의 차이는 단지 명석함의 정도 차이일 뿐 종적 차이가 아니기 때문이다. 따라서 칸트는 볼프주의자들이 욕구능력을 둘로 구별하지 않았다고 확신한다. 그들 논리의 일관성을 위해서는 단 하나의 능력만이 요구된다. 이 두 가지 욕구능력을 적확하게 구별할 수 있었던 이는 칸트뿐이다. 볼프주의자들은 칸트의 지적을 시인할 수밖에 없을 것이다.

> 만일 의지의 규정이 어떤 사람이 어떤 원인으로부터 기대하고 있는 쾌적함이나 쾌적하지 못함(*Annehmlichkeit oder Unannehmlichkeit*)의 감정에 의존한다면, 그가 [지성적이든 감성적이든] 어떤 종류의 표상에 의해 촉발되든 간에 그에게는 모두 마찬가지다. [볼프가 옳다고 한다면] 그가 선택을 결단하는 데에서는 오로지 쾌적함이 얼마나 강하고, 얼마나 길며, 얼마나 쉽게 얻어지고, 얼마나 자주 반복되는가만이 문제된다(23).

그러나 칸트가 『교수취임논문』 이래 고수한 주된 인식론적 전제는 감성과 지성 사이에 종적 차이가 있다는 것이다. 여기서 이에 대응하는 윤리학적 명제는, 감성적 욕구가 아무리 고상하고 그 준칙이 아무리 명석판명하다 해도, 감성적 욕구 및 그 준칙은 쾌의 욕구에 의해 규정되지 않는, 상위 욕구능력 및 그 원칙과 종적인 차이가 있다는 것이다. 사실상 이 구별은 그의 인식론 저작보다 윤리학 저작에서 한층 더 뚜렷해진다. 왜냐하면 인식은 언제나 감성과 지성의 협업에 의해 산출되는 반면, 도덕성은 오로지 이성능력에 의한 품행의 규정에 근거하기 때문이다. 경험적 실천이성은 늘 하위 욕구능력의 만족에 관계한다. 만일 순수 실천이성이 있다면, 그것은 그저 우리의 경험적이고 동물적인 본성을 에피쿠로스 식으로 고상하게 다듬은 형태가 아니라 상위 욕구능력이어야만 한다. 그리고 당연한 말이지만, 이 상위 욕구능력은 하위 욕구능력과 전적으로 다른 구조와 기능을 가져야 한다.

5. 하위 욕구능력의 준칙들

다음 임무는 하위 욕구능력은 법칙들이 아니라 한갓 준칙들만을 낳을 수 있다는 칸트의 논증을 살펴보는 것이다. 만일 그가 이를 입증할 수 있다면, 그리고 도덕법칙이 그 낱말의 엄밀한 의미에서 법칙임을 증명할 수 있다면, 이로써 윤리학 체계가 인간의 하위 욕구능력의 본성에 내재한 경험적 토대에 기초할 수 없음을 밝혀내게 될 것이다.

〈정리 I〉은 다음과 같다. "욕구능력의 객체(질료)를 의지의 규정근거 (*Bestimmungsgrund*)로 전제하는 모든 실천적 원리(*Prinzipien*)는 모두 경험적이며, 어떠한 실천법칙도 제공할 수 없다"(21). 이로부터 따라 나오는 바, 하위 욕구능력의 만족을 위한 행위를 우리에게 강제하거나 요구하는 모든 명령은 조건적 명령이다.

이 정리의 증명 과정을 탐구하기 전에, 잠시 "질료"(*Materie*)란 용어를 검토해보자. 여기서 '질료'는 "하위 욕구능력의 객체"와 동일시되는 것처럼 보이지만 두 낱말의 내포는 서로 다르고 이 구별은 무척 중요하다. 또한 '질료'는 '형식'(*Form*)과 대비된다. 여기서 칸트가 의도하는 바는, 그 형식이 아니라 내용 때문에, 즉 욕구 대상과의 관련 때문에 의지능력의 인지적 성분으로 기능하는 모든 실천적 원리는 경험적이라는 것이다. 이 정리의 통상적인 오해에 빠지지 않는 것, 그러니까 칸트가 욕구의 현존, 곧 질료의 현존을 준칙이 법칙이 될 수 있는 자격의 상실로 여긴다고 추정하지 않는 것이 무엇보다 중요하다. 그는 분명히 말하기를 어쨌든 행위가 있으려면 욕구 대상이 있어야만 한다(34). 그 정리는 오로지 품행의 규정 요인으로 복무하는 욕구의 대상(질료)과의 관련 때문에, 즉 그 내용 **때문에** 품행을 지도하도록 선택된 준칙들의 자격만을 박탈한다. 모든 준칙이 질료를 갖지만 오직 저런 준칙들만이 질료적 준칙들이다. 형식 없는 내용(욕구 대상)은 맹목적 충동이며, 욕구 대상 없는 형식은 실천적으로 무능하다. 대응하는 『순수이성비판』의 명제가 인식론에서 타당하듯이, 이는 칸트 윤리학에서도 타당하다.

나는 이제 〈정리 I〉의 전반부(쉼표 앞까지)에 대한 칸트의 증명을 제시하겠다. 대상에 대한 욕구가 이 대상을 실현하려는 의지의 규정을 표현하는 명제의 진술 조건이라면, 실천명제는 경험적이다. 대상에 대한 욕구가 [의지의] 규정근거이기 때문이다. 대상에 대한 욕구는 대상의 현존으로부터 기대되는 쾌의 욕구이고, 대상이 쾌를 주리라는 인식은 단지 경험적이며, 따라서 기껏해야 개연적일 뿐이다. 그러므로 그런 행위를 요구하는 준칙은 대상이 실제로 쾌를 주리라는 경험적 조건, 따라서 불확실한 조건 아래서만 타당하다.

우리가 칸트의 욕구 이론에서 논란의 여지가 있는 쾌락주의의 혐의를 벗겨내기 위해 그러한 행위에 내포된 규칙들을 고찰한다면 칸트의 증명은 강화될 수 있다. 어떤 대상의 실현을 위한 규칙은 오직 경험적으로만 습득될 수 있다. 그러므로 의지의 규정과 행위를 지도하는 특정 규칙들의 연관은 두 겹으로 불확실하다. 대상의 산출이 임의의 어떤 욕구를 만족시킬지 불확실하고, 준칙을 따르는 행위가 대상을 산출할지도 불확실하다.

§2의 셋째 문단은 정리의 후반부, 말하자면 그러한 질료적 원리들은 어떠한 실천법칙도 제공할 수 없다는 것의 증명이다. "실천법칙이 될 수 없다"고 말하는 편이 더 나았을 것이다. 여기서 그의 진술은 규칙이 원리들과 관계하는 식으로 법칙도 원리들과 관계한다는 것을 암시하고 있어서 마치 도덕성의 선험적 규칙이 있을 법하다는 추정을 불러일으키기 때문이다.

의지의 보편적 규정의 조건이 그 자체로 모든 이성적 존재자의 의지의 조건으로 정당하게 간주될 때 그러한 원칙은 법칙이다. 그러나 대상이 쾌를 제공할 것인가의 여부는 주관의 조건에 달려 있고, 이 조건은 오직 경험적으로만 인식되며, 이성적 존재자에게 보편적-필연적으로 타당한가의 여부는 인식될 수 없다. 실천법칙으로 주장되려면, 원리 아래 놓인 조건이 이성적 존재자 그 자체에게 필연적으로 타당한 것으로 인식되어야 하며, 이러한 인식은 어떠한 관찰로도 얻어낼 수 없다. 어떤 이론명제가 그 내용에 대한 우리의 관심 때문에 실천명제가 될 때 그것은 결코 법칙이 아니며, 기껏해야 한갓 준칙이거나 준칙의 가정(假定)과 실천적으로 연관된 규칙일 뿐이다.

〈정리 I〉의 증명과 더불어 〈정리 III〉에서 시작되는 순수 실천이성의 분석을 위한 준비는 끝났다. 그러나 〈정리 II〉와 §8의 〈주해 II〉 또한 경험적 실천이성의 분석에 해당되므로, 이것들을 마저 다루어보자.

6. 행복

〈정리 II〉는 다음과 같다. "모든 질료적 실천원리(*Prinzipien*)는 그 자체로 모두 동일한 종류의 것이며, 자기애 또는 자기 행복이라는 보편적 원리(*Prinzip*) ── 칸트는 이것을 *Grundsatz*라고 썼어야 했다 ── 에 속한다"(22). 이 절에서 우리는 쾌락주의의 학설과 관련해서만 이 정리를 다룰 것이며, 자기중심주의(egoism) 윤리학과 관계된 측면은 나중에 다룰 것이다.

행복은 이성적 존재자의 전 현존에 중단 없이 동반하는 삶의 쾌적함(*Annehmlichkeit*)의 의식이다. 이 정의로부터 따라 나오는바, 쾌를 욕구하는 자는 행복을 추구하고 그 반대도 마찬가지다. 그러므로 쾌에 대한 욕구(질료적 원리)에 기초한 모든 실천명제는 행위와 선택에 있어 행복 추구를 최고의 동인으로 삼는 원칙 아래 속한다. 하지만 행복 추구는 쾌에 대한 우리의 욕구들의 한갓 집합이 아니다. 쾌와 달리 행복은 감정이 아니라 지성에 속하는 개념이다. 그것은 그 자체로 어떤 충동의 직접적 대상도 아니다. 행복 추구는 특정 쾌의 추구를 위한 준칙들보다 서열상 더 높은 준칙에 의해 지도된다. 따라서 행복 추구는 보편적 원칙의 인도 아래 있는 반면, 특정 쾌의 추구를 위한 준칙이나 규칙은 "원칙"이라 불리기 어렵다. 그러나 행복은 쾌들의 체계적 전체에 대한 우리의 개념인 반면, 쾌의 추구를 위한 준칙들은 준칙들 상호 간의 관계를 조절하는 보편적 원칙의 제약 조건 아래에 있다. 이런 의미에서 그러한 준칙들은 행복이라는 보편적 원칙(*Grundsatz*)에 "속한다"(*gehören*).

이로부터 도출되는 〈귀결〉(*Folgerung*)은 "모든 질료적 실천원칙은 의지의 규정근거를 하위 욕구능력에 둔다"는 것, 그리고 우리의 모든 원리들이 이런 식이라면 상위 욕구능력이라는 이름에 걸맞은 원리는 없다는 것이다(22).

나아가 §3의 〈주해 II〉에 따르면, 행복 추구는 실천법칙을 제공하기에 불충분하다(25). 행복 추구는 감정을 지닌 이성적 존재자에게 불가결한 것으로서, 심지어 그것이 항상 유효하지 않을 때에도 그 존재자의 관심을 결정하는 것으로 인정된다. 하지만 행복은 그저 "주관적 규정근거들의 막연한 이름"이기 때문에, 그리고 이 근거들은 사람마다 다르고 한 사람에게서도 때마다 다르기 때문에, 그러한 원칙이 법칙일 수는 없다. 법칙은 모든 이성적 존재자에게 동일해야 한다. 행복이라는 추상적 기표로 요약되는 관심의 다양성은, 심지어 모든 인간이 자기가 생각하는 행복을 이루기 위해 자기 준칙을 일관되게 따른다고 가정할 때조차, 수행된 행위가 그 자신에게서, 혹은 심지어 다른 사람들과의 관계에서 필연적으로 충돌하는 결과를 낳는다.[16]

이 지점에서 칸트의 논증에는 설득력이 부족하다. 그는 쾌락주의에 자신의 이론도 충족할 수 없는 증명 부담을 지운다. 말하자면 그는 '원칙의 동일성이 규칙과 행위의 동일성을 이끌어내야 한다'의 증명을 요구

---

16 『실천이성비판』, 28; 또한 피에르 루이 드 모페르튀(Pierre Louis de Maupertius)와의 대결 아래 저술된 『부정량 개념을 철학에 도입하는 시도』(*Versuch den Begriff negativer Grössen in die Weltweisheit einzuführen* II, 181-82) 참조.

한다. 『실천이성비판』에서는 『도덕형이상학』에서만큼 이 점을 분명하게 진술하진 않았으나, 도덕법칙 자체 아래에서도 다양한 행위규칙이 있을 수 있다. 행복 추구가 동일하게 보편적으로 적용 가능한 특정 규칙들을 이끌어내야 한다고 요구하고서는 행복 추구는 그럴 수 없으므로 법칙의 토대로서 부적합하다고 결론 내린다면, 그것은 원칙에 대한 과도한 요구이다. 칸트가 정식화한 법칙 역시 이 시험은 통과하지 못할 것이다. 비록 칸트 자신은 지극히 단순화된 사례들을 들어 그것이 가능하리라고 생각한 것처럼 보이지만 말이다. 도덕법칙은 우리가 타인의 행복 또한 추구할 것을 요구한다. 그러나 선의를 가진 모든 사람이 똑같은 방식으로 행할 것을 요구하는 것은 아니다. 타인의 행복도 나의 행복처럼 가변적이기 때문이다. 따라서 나의 행복 표상이 단지 우연적 규칙만을 준다는 것은 행복의 원칙이 법칙이 아님을 입증하지 못하며, 이 원칙을 논박할 기초로도 불충분하다.

경험적 원칙은 법칙을 제공할 수 없다는 정리를 더 강력하게 논증하는 곳은 §3의 〈주해 II〉의 둘째 문단이다(26). 우리는 이 논증의 순전히 형식적인 측면을 이 책의 제6장 제5절에서 이미 다루었다.

칸트를 반박하는 편에서 공정하게 볼 때 §3의 〈주해 II〉의 논증은 허점이 많지만, 그럼에도 우리는 이것을 순전히 형식적인 논증이라고 간과해선 안 된다. 거기서 칸트는 도덕적 명령과 관련해 더 의미심장한 원리를 표현하기 때문이다. 칸트에 따르면, 하나의 준칙은 그것이 자기모순적이지 않아야 하며, 특정 경우에 그 준칙을 받아들이는 사람의 의도와 모순되지 않아야 한다는 의미에서, 또한 그 준칙이 지시하는 행위들이 서로 양립할 수 있어야 한다는 의미에서 보편화될 수 있어야 한다. 행위들이 동일해야 한다는 것은 ―설령 칸트가 바로 그것을 의도했다 하더라도― 준칙의 본질이 아니다. 도리어 본질적인 것은 한 사람이 어떤 준칙 아래에서 수행하는 행위가 그것과 동일한 준칙 아래에서 나 또는 다른 사람이 수행하는 다른 행위와 양립 가능해야 한다는 점이다. 만일 행위들이 양립 불가능하다면, 그 준칙은 유일한 법칙의 사례일 수 없다. 한 단편에서 칸트는 다른 어느 곳보다 이 점을 분명히 한다. "자유의 규제적 원리는 행위들이 서로 모순되지 않는다는 것이고, 자유의 구성적 원리는 행복이라는 목적을 위해 행위들이 서로를 촉진한다는 것이다."[17]

이 의미심장한 원리를 행복의 사례에 적용해보면 이렇다. 나는 모든 사람이 각자 그 자신의 행복만을 추구해야 한다고 아무런 논리적 모순 없이 의욕할 수 있다. 그런데 내가 만일 그렇게 한다면, 나는 모든 사람이 각자 자기 일관적인 준칙을 따라야 하면서도, 동시에 서로 양립 불가능하고 충돌하는 행위들을 산출할 준칙을 따라야 한다고 의욕하는 셈이다. 이러한 준칙은 법칙일 수 없다. 법칙은 세계를 분열시키는 것이 아니라 통일하는 요인이기 때문이다. 법칙은 목적들의 체계를 가능하게 해야 한다.[18]

§3에서 칸트는 도덕법칙의 논리적 규준을 너무 협소하게 생각한다. 거기서의 논리는 그저 항들 간의 동일성과 차이의 여지만 허용하기 때문이다. 그러나 칸트의 이론은 동일성과 차이뿐만 아니라 항들 간의 실재적 모순과 조화의 통찰도 요구한다. 하지만 그의 간단명료한 진술들과 실례들은 실재적 모순과 조화가 문제될 때에도 대개 논리적인 것들을 고려한다. 물론 이 의미심장한 원리는 『정초』의 '목적들의 나라'(Reich der Zwecke) 개념과 『이성의 오롯한 한계 안의 종교』의 '도덕적인 나라'(sittlichen Reich) 개념에 이미 분명히 내재하기는 했지만,[19] 제 권리를 충분히 확보하는 것은 나중에 『도덕형이상학』에 이르러서다.

---

17 Reflexion 7251(XIX, 294).

18 이것은 도덕법칙의 전형론의 주요한 구성 성분이다(이 책의 제9장 제10절 참조).

19 『정초』, 430; 『종교』, VI, 98.

7. 자기중심주의(Egoism)

칸트는 쾌락주의의 원리와 자기중심주의의 원리를 동일시한다. 일반적인 의미에서의 행복 추구와 자기 자신의 행복 추구는 〈정리 II〉에서 암묵적으로 동일시되었다.

자기애는 "모든 것을 능가하는 자기 자신에 대한 호의(*philautia*)"이며, 이는 "이기심"(selfishness, *Eigenliebe*)이라고도 불린다.[20] 자기 행복에 대한 관심은 완전히 자연적이고 불가피하며, 자기 행복을 염려하는 것은 적어도 간접적으로는 의무이다. 왜냐하면 관심의 결핍은 자기 완전성의 추구와 반목하는 유혹의 깊은 원천이기 때문이다.[21] 자기 자신의 완전성을 감지하는 데에는, 또는 적어도 자신이 그것을 향해 나아가고 있다고 깨닫는 데에는 기쁨이 있다. 이를 "도덕감정"(*moralisches Gefühl*)이라 부르는 것은 적절하겠다. 그러나 이러한 쾌의 감정에 도덕성의 가치나 규준을 두는 이론은 모두 행복주의적인, 자기중심주의적인 이론으로 격하된다. 칸트가 생각하기에 이 이론은 명백히 틀린 것이다. 왜냐하면 무엇이

---

20 『실천이성비판』, 73. §3의 자기애 개념과 『실천이성비판』 뒷부분 및 『윤리학 강의』의 자기애 개념 사이에는 한 가지 차이점이 있다. 『실천이성비판』의 제3장과 『윤리학 강의』에서 칸트는 내가 "의지의 자기중심주의"(egoism of the will)라 부르는 것을 직접적으로 다루는 반면, 여기서 그의 표적은 "감정의 자기중심주의"(egoism of the feelings)이다. "의지의 자기중심주의"라는 나의 표현은 타인의 행복보다 자기 자신의 행복에 대한 이기적인 선호를 뜻하지 않는다. 그런 뜻은 보통 이기심이 의미하는 것이자 §3의 자기애 개념이 지닌 의미이다. "의지의 자기중심주의"를 표현하는 자기애의 원리는 "자의의 주관적 규정근거를 의지 일반의 객관적 규정근거로 만들려는 성향(propensity, *Hang*)"이다(『실천이성비판』, 74). 칸트는 이것을 "도덕적 이기심"(*moralische Eigenliebe*), "자기 자신의 완전성에 대한 판단에 만족해하는 경향성"(*eine Neigung mit sich selbst über das Urteil der Vollkommenheit wohl zufrieden zu sein*)이라 부른다(*Lectures on Ethics*, 135). 의심의 여지 없이 이 두 가지 도덕적 결함은 함께 출현하며, 〈정리 I〉이 옳다면 이것들은 반드시 함께 출현한다. 하지만 그럼에도 둘은 서로 다른 결함이다. 의지의 자기중심주의는 도덕적 자만이나 월권에 가깝고, 이는 그저 타인의 행복보다 자기 행복을 선호하는 성향에 비해 훨씬 더 심각한 결함이다.

21 『실천이성비판』, 93; 『정초』, 399 참조.

올바른가에 대한 인식은 반드시 감정에 선행해야 하며, 올바름은 그것을 점유할 때 따라오는 기쁨과 무관해야 하기 때문이다(38).

그 자신의 일관성 없음을 분명히 자각하지 못한 채, 칸트는 타인의 행복에 대한 관심이 우리 본성의 일부일 수 있으며, 그러한 직접적으로 이타적인 행위는 도덕적 강제 없이도 일어날 수 있다고 인정한다. 그러한 관심은 적어도 어떤 사람들에겐 동정심의 기질로 나타난다.[22] 하지만 우리는 그러한 관심이나 기질이 모든 사람에게 있다고 볼 수는 없으며, 확실히 모든 이성적 존재자 자체에 대해서도 가정할 수 없다. 우리가 타인의 행복을 고려할 의무를 갖는 까닭은 어떤 사람들이 자연 본성에 따라 그렇게 한다는 사실과 전적으로 무관하다.

따라서 모든 질료적 준칙이 자기애의 준칙이라는 주장과 어떤 사람들은 타인의 행복에 직접적인, 심지어 보편적인 관심을 갖는다는 주장 사이의 불일치가 칸트의 **윤리** 이론의 비일관성을 드러내는 것은 아니다. '우리에게 우리 자신의 행복이나 타인의 행복을 고려할 의무가 있는가' 라는 물음의 대답은 '오직 타인의 행복이 우리 자신의 행복에 기여하는 한에서만 우리는 실제로 그것을 고려하는가'에 대한 답변의 영향을 받지 않는다. 하지만 그의 심리학적 이론과 경험적 실천이성의 분석론은 심각하게 일관성이 없다.

이 일관성 없음은 칸트가 높이 평가했던 저자들에게서도 심심치 않게 발견된다. 아마 칸트는 주교 조지프 버틀러(Joseph Butler)가 윤리적 주제들을 탐구했다는 사실을 몰랐을 테지만,[23] 버틀러는 인간이 타인의 복지에 대한 직접적으로 동정적이거나 호의적인 관심을 가질 만한 존재이며,

---

22 *Lectures on Ethics*, 194: "우리에게 호의의 본능(*Instinkt zur Gütigkeit*)은 있지만, 정의의 본능(*Instinkt zur Gerechtigkeit*)은 없다."

23 하지만 칸트는 볼프와 흄에게서 버틀러와 동일한 것을 발견했는지도 모른다(C. Wolff, *Vernünfftige Gedancken von der Menschen Thun und Lassen*, §139; D. Hume, *Inquiry concerning the Principles of Morals*, Appendix II).

실제로 때때로 관심을 가져왔음을 심리학적으로 납득할 수 있게 설명했다. 인간 본성의 (서로 다른) 개념에 기초한 (서로 다른) 윤리학 이론을 가진 버틀러나 그의 논적 토머스 홉스(Thomas Hobbes)와 같은 철학자들에게[24] 가장 중요한 문제는 진정 인간이 이타적 행위를 할 수 있는 존재인가 아닌가를 인식하는 일이었다. 반면에 칸트에게서 인간 본성의 사실들은 (그것들이 무엇이든 간에) 인간의 의무를 규정하기에 충분치 않고, 그런 점에서 볼 때 이기주의자와 이타주의자의 논쟁은 윤리학적 물음을 세속적 차원에서 다루는 것이 된다. 윤리학적 물음은 인간 본성의 물음과 무관하다. 그럼에도 이 중대한 문제 앞에서 칸트가 인간 본성에 대한 자신의 생각을 분명히 밝히지 않은 점은 유감스럽다.

우리는 일부 해석자들처럼 칸트가 오류를 저지른 이유의 중요성을 과장해서는 안 된다. 그들은 칸트가 욕구능력과 관련해 (무엇보다 자기 자신의) 쾌에 대한 집착에서 벗어나기 위해, 그리고 자기중심적이지도 쾌락적이지도 않은 준칙들을 발견하기 위해 경험의 영역을 완전히 떠나야 했고, 인간의 실제 본성의 거부에 기초해 자신의 윤리학을 정립할 수밖에 없었다고 주장하곤 한다. 그러고 나서 그들은 만일 칸트가 버틀러처럼 더 적합한 심리학을 가지고 있었더라면, 그가 인간 본성의 개념을 도덕의 기초로 삼기를 완강히 거부할 필요는 없었을 것이라고 추론한다.

이러한 추론은 옳지 않다. 욕구에 대한 버틀러의 분석은 홉스나 버나드 드 맨더빌(Bernard de Mandeville)의 이론을 심리학뿐만 아니라 인간 본성의 분석에 기초하는 윤리학의 영역에서도 반박할 수 있을지 모르나, 칸트가 주장한 핵심은 조금도 건드리지 못한다. 왜냐하면 사적 쾌의 원

---

24 우리가 앞서 보았듯이, 칸트는 실천적 쾌와 관조적 쾌를 구별했다는 점에서 버틀러처럼 쾌락주의와 자기중심주의를 지나치게 단순화해 비판하는 과오는 범하지 않았다. 버틀러는 쾌 일반에 대해 말하지만, 칸트는 오직 도덕적 행위와 관계된 쾌만을 논한다. 즉 행위에는 쾌가 수반되지만, 도덕적 행위에서 관심은 쾌 자체에 대한 관심이 아니다(『실천이성비판』, 116, 160; 『도덕형이상학』, VI, 378).

리에 대항하는 칸트의 논증은 도덕적으로 모순된다는 의미에서 쾌의 원리가 자기중심적이라는 뜻이 아니며, 우리가 타인의 행복을 고려해야 한다는 논증은 우리가 우리 자신의 행복을 고려한다는 추정된 사실에 근거하지 않기 때문이다. 이기주의와 이타주의가 각기 인간 본성의 실제적 또는 추정된 사실들에 기초한다고 할 때, 이기주의의 도덕적 논증의 약점은 이타주의에서도 똑같이 발견된다.[25] 나 자신의 행복이든 타인의 행복이든 간에, 행복 추구의 의무는 욕구 속에서 발견될 수 없다.

8. 타율

욕구 대상에 대한 관심의 만족을 추구하는 모든 행위는 어떤 준칙의 질료에 해당하는 규칙을 따르는 행위이다. 만일 다른 행위가 아니라 이 행위가 일어나도록 하는 데 강제가 필연적이라면, 그 행위는 조건적 명령을 통해 지도된다. 우리가 이미 고찰했듯이, 조건적 명령에 따른 행위는 항상 두 가지 법칙과 연관된다. 하나는 이성 자체에서 비롯된 것으로서 조건적 명령들의 형식적 원리이다. 영리한 사람은 **어떠한** 욕구의 만족을 위해서든 간에 행위를 선택할 때 이 원리를 받아들인다. 다른 하나는 자연법칙이거나 적어도 경험사실들에 대한 다소 신뢰할 만한 수준의 일반화이며, 이는 인과관계를 진술한다. 말하자면 그것은 형식적 원리의 변수에 가치를 공급한다. 이리하여 영리한 사람은 원칙적으로 자기 자신을 목표로 이끌 행위를 결단할 뿐만 아니라 실제로 자신을 목표로 인도할 수단 또한 결정하는 셈이다. 두 번째 법칙은 이성 자체에서 비롯된 것이 아니라 경험에서 빌려온 것이다.[26] 내용상 그것은 이론명제나, 단지

25 『정초』, 398; 『실천이성비판』, 34.
26 『정초』, 435-36.

행위자가 특정 목표를 선택할 때에만 실천적 연관을 지닌다.

조건적 명령을 따를 때, 이성은 그 자신이 처방하지 않은 어떤 법칙에 따라 행위한다. 말하자면, 경험적 사실에 따라 이러한 이론적 인식의 사용을 통해 달성될 수 있는 특수한 목표를 지닌 사람이 자연을 통해 처방된 법칙을 선택하도록 하는 것이 이때 이성이 하는 일이다. 칸트는 이 행위 방식을 일컫는 용어를 정치학에서 빌려온다. 그는 이것을 "타율" (*Heteronomie*)이라 부르며, 자율 또는 자기 입법과 구별한다. 정념의 노예인 이성, 욕구 충동을 따르고 욕구 충족의 길로 안내하는 자연법칙을 선택하는 의지, 선택 활동의 조건을 그 내용으로 갖는 원칙 또는 준칙, 그리고 특수한 행위를 선택하도록 지도하는 명령 ── 이 모든 것이 "타율적"이라 불릴 수 있는데,[27] 설령 그 법칙들이 자연법칙이거나 심지어 신의 법칙일지라도 그렇다(38, 152).

칸트는 §8의 〈주해 II〉에서 도덕성의 기초로 제안된 모든 질료적 실천원칙을 철저히 분류해 각각을 간략히 비판하고 논박한다(40). 이러한 비판과 논박을 통해 칸트는 순수하게 형식적인 법칙의 필연성이 확보되어야 한다고 주장한다. 오직 그 법칙 아래에서, 그리고 그 법칙을 통해서만 의지는 자율적일 수 있다.

칸트는 『실천이성비판』의 분류가 가장 만족스러웠기 때문에 결국 그것을 선택했겠지만, 그 밖에 적어도 네 가지 다른 분류법이 있었다.[28] 『정

---

27 칸트는 "타율적"이라는 형용사를 명령에 적용하지 않지만, 이 맥락에서의 사용은 다음 연구에서 제시되었다. M. Moritz, *Studien zum Pflichtbegriff in der Kantischen Ethik*, 1951. 그런데 여기서 중요한 점은 용어법이 아니라 실질적인 것이다. 그 원천에서 명령이 타율적이더라도 형식에서는 정언적일 수 있다. 이에 관해서는 L. W. Beck, "Apodictic Imperative", *Kant-Studien* XLIX. 1957, pp. 7~24 참조.

28 다른 네 가지 분류법은 Reflexion 6631, Reflexion 6637, *Lectures on Ethics*, 12ff., 『정초』, 441f.에 나온다. 단편들(*Reflexionen*)은 초기의 것이 틀림없고, 당시 칸트는 자신의 이론도 분류에 포함시켰다. 이것들은 칸트가 『정초』에서 처음 등장한, 타율과 자율의 구분이 정식화되기 전에 썼던 것이 틀림없다. 그가 『정초』에서 지지하게 된 이론은 단편들에서 "진리", 즉 도덕적 원리들의 원천으로 나타난다. "진리"는 준칙들의 객관성과 필

초』의 분류는 다음과 같다.

> I. 행복의 원리에서 나온 경험적 원리들
> 1. 자연감정
> 2. 도덕감정
> II. 완전성의 원리에서 나온 이성적 원리들
> 1. 존재론적 개념: 행위의 가능한 결과로서의 완전성
> 2. 신학적 개념: 이를테면 신의 의지처럼 독립적인(선행하는)
>   완전성

하지만 이 분류는 〈정리 II〉에서 칸트가, 이성적 원리들을 포함해 모든 질료적 원칙은 행복 또는 자기애의 보편원리에 속함을 확립한 뒤에는 더 이상 이용될 수 없었을 것이다. 주해의 끝에서 두 번째 문단에 명시된 대로, 〈원리 I〉과 〈원리 II〉는 모두 자기애의 원리에서 도출되었기 때문이다. 이 분류를 개선하기 위해 칸트는 『단편들』과 『윤리학 강의』로 되돌아가 거기서 사용된 내면적-외면적(즉 자연적-인습적) 구별을 취하며, 이렇게 해서 "외면적 주관적 원리들"이라는 새로운 유개념을 만들고, 내

연성을 뜻하고, 이는 그 준칙들이 "공개적으로 인정될" 수 있어야 한다는 사실에서도 드러난다. 즉 "그 준칙이 공개적으로 인정될 수 있다면 그것은 좋다. 도덕적으로 나쁜 것은 그것이 자부하는 것과는 다른 준칙을 암암리에 가정하기 때문에, 도덕적으로 나쁜 모든 것은 진리에 반한다"(Reflexion 6642). 이것은 새뮤얼 클라크(Samuel Clarke)의 말이다. 이것은 정언명령의 가장 초기 형태이며, 『영원한 평화를 위하여』의 "공개성의 준칙"(*Maxime der Öffentlichkeit*)과 관련이 있다.

『윤리학 강의』에서 경험적 원리들의 분류는, 맨더빌이 자연감정의 학설을 대표하고 홉스가 "사회체제"의 대표자로 언급되는 점 외에는, 『실천이성비판』의 분류와 같다. 『윤리학 강의』에서 분류된 지성적 원리들은 또한 "지성에 의해 받아들여진 행위의 내적 본성"(*innere Natur der Handlung als im Verstand enthalten*)은 타당한 원리라는 칸트의 고유한 이론을 포함한다. 여기서 칸트 자신의 이론이 포함되어 있기 때문에, 엄밀히 말해 초기의 시도들이 타율적 원리들의 분류였다고 볼 수만은 없다.

면적 주관적 원리들과 동등하게 배치한다. 그 결과『실천이성비판』의 분류는 아래와 같다.

    I. 주관적
      A. 외면적
        1. 교육(몽테뉴)
        2. 사회체제(맨더빌)
      B. 내면적
        3. 자연감정(에피쿠로스)
        4. 도덕감정(허치슨)
    II. 객관적
      A. 내면적
        5. 완전성(볼프/스토아학파)
      B. 외면적
        6. 신의 의지(크루지우스/다른 신학적 도덕론자)

이 분류표에 대한 주요한 비판은 특정 사상가에 할당된 사상들이 적어도 일부는 자의적이라는 것이다. 앞서 칸트는 철학에 따라붙는 꼬리표의 부당함을 토로했으나(13n.), 여기서는 그 자신이 자기의 논적들에게 꼬리표를 붙인다. 다른 분류들에서는 동일한 사상가가 다른 자리에 지정된다는 점에서도 칸트의 분류는 분명 임의적이다.『단편』(Reflexion 6637)과『윤리학 강의』에서 맨더빌과 엘베시우스(Helvétius)는『실천이성비판』에서의 자연감정에 해당되는 범주 아래 분류되고,『윤리학 강의』에서 홉스는 정치적 원리의 대표자로 간주된다. 홉스가 보기에, 주권자의 권력은 어떤 행위를 허용하거나 금지할 수 있으며, 이로써 행위를 옳거나 그른 것으로 만들 수 있기 때문이다. 나중에 이 견해를 맨더빌에게 귀속시킨 까닭은 맨더빌의 잠언을 통해 확실히 정당화될 수 있다. "도덕적 탁월함은 아첨과 자존심의 결합에 의해 잉태된 정치적 자손이다."²⁹『윤리학 강의』에서 미셸 드 몽테뉴(Michel de Montaigne)는 "사례에 의존하는 자로, 그리고 도덕성의 문제에서 인간은 그 자신의 환경에 따라 다르며 한 지방의 도덕성이 다른 지방의 도덕성과 같지 않음을 지적하는 자로" 묘사된다.³⁰ 몽테뉴가 생각했던 것처럼 교육이 (보편타당성의 이상에 의해 지도되지 않으므로) 기만적일 수 있고 가변적이라면, "관습"과 "교육" 사이의 거리는 그렇게 멀지 않다.³¹

칸트는 에피쿠로스(Epikouros)의 학설이 일관성의 측면에서는 도덕감정론보다 더 낫다며 추켜세우지만, 그의 에피쿠로스 비판은 이미 윤리학의 쾌락주의적 토대에 대한 일반적 논박에 포함되었다(24).『교수취임논문』제9절에서 칸트는 에피쿠로스와 섀프츠베리 모두를 "도덕의 규준을 쾌나 불쾌의 감정으로" 환원하는 자로 위치시켰다. 이에 대해 둘의 차이를 옳게 이해한 모제스 멘델스존(Moses Mendelssohn)은 에피쿠로스처럼 쾌는 좋은 것을 좋게 만드는 것이라고 말하는 것과 섀프츠베리처럼 쾌는 좋음의 관조에서 따라오는 것이고 좋음은 쾌의 현존의 표식으로 복무한다고 말하는 것 사이에는 차이가 있다며 칸트를 비판한다.³² 이를 받

---

29 "그렇다면 인간이 자신의 욕망에 저항하고 가장 친밀한 경향성을 억제하기 위해 첫 번째로 간직할 것은 어떤 이교나 다른 우상을 숭배하는 미신이 아니라 신중한 정치가의 능숙한 관리임이 분명하다. 그리고 우리가 인간 본성을 탐구하면 탐구할수록 우리는 도덕적 탁월함은 아첨이 자존심에 잉태시킨 정치적 후손임을 더욱 확신하게 될 것이다"(B. Mandeville, *An Inquiry into the Origin of Moral Virtue*[1723], in Selby-Bigge, *British Moralists* II, 353).

30 *Lectures on Ethics*, 12.

31 몽테뉴는 특징적으로 이렇게 말한다. "우리가 들은 모든 것과 우리가 배우고 기억하는 모든 것, 이것을 건네는 것은 인간의 손이고 이것을 받아들이는 것도 인간의 손이다." M. de Montaigne, *Essays*, Book II, chap. xii[국역:『수상록』, 손우성 옮김, 동서문화사, 2007]. 물론 칸트는 이것이 도덕에 대한 몽테뉴의 생각 전부를 대표하지는 않음을 알았을 것이다. 몽테뉴는 같은 글에서 관습의 **가변성**에 대해 광범위한 비판을 내놓기 때문이다.

32 「멘델스존이 칸트에게 보내는 편지」(1770년 12월 25일), X, 114.

아들여 칸트는 둘의 구별 하에 도덕감정론을 비판한다. 왜냐하면 도덕감정론은 자연감정의 쾌적함과 도덕감정의 쾌적함을 정도의 측면에서 구별하려 한다는 점에서,[33] 좋음의 개념이 마음속에 간직되어 있고 이 개념과의 일치가 도덕적 쾌의 특별한 감정을 줄 수 있다는 것을 미리 전제해야 하기 때문이다. 감정 자체는 어떠한 인지적 가치도 없다. 우리는 "법칙 그 자체에 대해 아무런 감정도 갖지 않는다". 왜냐하면 법칙에 대한 의식은 이성의 산물인바, 이것 없이 법칙에의 일치는 어떠한 쾌도 일으키지 못할 것이기 때문이다(38).

그러나 이 논증에는 오류가 있다. 칸트는 도덕감정의 쾌가 다른 모든 쾌와 같다는 전제 아래, 도덕감 이론이 "모든 것을 자기 자신의 행복 추구에 내맡긴다"고 잘못 추론했다. 여기서 오류는 서로 다른 두 가지 쾌를 뒤섞은 데에 있다. 반면에 영국 철학자들은 둘을 적합하게 나누어 고찰했다. 하나는, 그것을 옳게 만드는 것이 무엇이든 간에, 우리가 옳은 어떤 일을 행하거나 관조하는 데서 경험하는 무관심한 쾌이고, 다른 하나는, 그것이 옳든 그르든 간에, 우리가 어떤 행위를 행하거나 관조할 때 우리에게 생겨나는 쾌에 대한 관심이다.[34] 만일 앞의 쾌가 무관심한 것이라면 — 어쩌면 칸트 자신이 도덕적 만족에 대한 견해를 제출하는 곳에서 바로 이러한 쾌를 주장했을 수도 있다(117), 그러한 쾌의 현존은, 도덕감정에서 도출된 쾌가 행위 그 자체의 목표라는 견해를 고수하지 않고서도, 아름다움의 쾌의 표지에 견줄 만한 윤리적 가치의 표지로 삼을 수 있을 것이다. 만일 이 감정이 행위에 선행하는 개념(즉 덕의 개념)을 전제하지 않고서도 적합한 행위를 지각하는 데서 직접 일어난다면, 그러면 다음 문장은 선결문제 요구의 오류를 포함하게 된다.

---

33 그러나 이는 그렇게 구별될 수 없다. 『실천이성비판』, 23; 『도덕형이상학』, VI, 376-77 참조.

34 F. Hutchson, *Inquiry concerning the Original of Our Ideas of Virtue or Moral Good*, Introduction (Selby-Bigge, *British Moralists* I, 72) 참조.

우리가 만족과 가책을 느끼려면, 즉 의무에 부합했다는 의식에 있는 만족과 도덕법칙 위반을 스스로 꾸짖을 수 있을 때의 가책을 느끼려면, 이 느낌에 앞서 우리가 의무라고 부르는 것의 중요성과 도덕법칙의 권위를 높이 평가해야만 하고, 도덕법칙을 따를 때 인격의 눈에 비친 직접적 가치를 높이 평가해야만 한다(38).

허치슨과 프라이스는 덕이 쾌를 수반하기 때문에 우리는 도덕적 행위를 추구한다는 가정에 대해 칸트가 제기한 반박을 정확히 예상했다.[35]

하지만 칸트는 이렇게 반박했음에도 불구하고 논지가 선명하고 일관적인 쾌락주의보다 도덕감정론을 선호했다. 왜냐하면 "도덕감정은 덕에 대한 만족과 높은 평가를 덕에 **직접** 돌려 경의를 표하는바, 말하자면 우리가 덕을 좇는 것이 덕의 아름다움 때문이 아니라 단지 우리의 이익 때문이라고 노골적으로 말하지는 않기 때문이다".[36]

완전성이라는 존재론적 개념은 공허하고 무규정적인 것으로 거부된다.[37] 특히 도덕적 완전성에 대해서는, 완전성은 도덕적 술어들의 원천이고 그것은 도덕적 술어들이 부가됨으로써 도덕적 완전성이 된다고 주장되는데, 이는 순환논증이다.[38] 『실천이성비판』에서 칸트는 선험론적이고 형이상학적인 완전성과 "모든 종류의 목적에 대한 어떤 사물의 적합성 혹은 충분성"인 실천적 완전성을 구별한다(41). 하지만 이 개념은 윤리적으로 중립적이라는 점에서 재능과 숙련의 최고 형식을 규정하는 데 그친다. 따라서 볼프의 완전성 개념은 그의 『보편적 실천철학』에서와 동

35　같은 책, sec. II; R. Price, *Review of the Principal Questions of Morals*, chap. i, sec. iii (Selby-Bigge, *British Moralists* I, 92; II, 124) 참조.

36　『정초』, 442-43.

37　이미 『윤리학 강의』(*Lectures on Ethics*, 24, 26, 39)에서 볼 수 있듯이, 칸트는 완전성의 개념으로부터 도출된 도덕적 규칙들이 "동어반복"이라는 점에서 바움가르텐, 볼프, 리처드 컴벌런드(Richard Cumberland)를 비판한다.

38　『정초』, 443.

일한 결함을 지닌다.[39] 말하자면 그것은 너무 막연해서, 이로부터 윤리적으로 구체적인 어떤 것도 도출될 수 없다. 목적들은 주어져 있어야만 하며, 만일 여기서 윤리적 완전성이 의문시된다면, 한갓 완전성 또는 한갓 보편적인 의지가 아니라 다른 어떤 원리에 의해 규정된 윤리적 목적들이 전제되어야 한다. 그러나 칸트는 다른 어떤 타율적 원리보다 완전성의 개념을 더 높이 평가했다. 그것은 도덕성을 경험적 개념들과 뒤섞지 않고 보존하기 때문이다.[40]

마지막으로, 신의 의지로 대표되는 외면적 완전성이 윤리적 원리들의 원천으로 상정되는 경우가 있다.[41] 내면적 완전성에 대해서와 동일한 반박이 이것에도 적용되지만, 이 오류의 결과들은 더욱 유해하기 때문에 더 강력히 반박된다. 크리스티안 아우구스트 크루지우스(Christian August Crusius)는 윤리적 술어들을 신적 완전성의 개념 속으로 은밀히 도입하는데,[42] 이로써 신학적 완전성은 더는 도덕적 원리를 기초 놓는 것이 아니라 도리어 그것을 전제하게 된다. 그런 경우가 아니라면 쾌락주의적 동기가 신에 대한 복종의 근거로 요청되고, 이로써 우리에게는 "권능이나 복수심이라는 무시무시한 표상과 결합된 명예욕과 지배욕만을 속성으로 가진 신의 의지의 개념"[43]만 남아 그것이 윤리와 종교를 둘 다 손상하고 파멸에 이르게 할 것이다.

그러나 도덕의 원천의 순수성이 확보되자마자 모든 타율적인 원리, 곧 도덕적 의지능력의 토대에서 추방된 원리들은 사물들의 도덕적 도식 속으로 다시 불러들여진다. 외면적이고 주관적인 근거들은 의무의 근거들로서가 아니라 예법(decorum)의 의무[44]와 권위에 대한 복종으로 귀환한

---

39 같은 책, 390. 볼프의 완전성 개념에 관해서는 C. Wolff, *Ontologia*, §128 참조.

40 『정초』, 443.

41 C. A. Crusius, *Anweisung vernünftig zu leben*, 1744, §174.

42 신에 대한 복종과 양심의 관계는 같은 책, §§132-33 참조.

43 『정초』, 443.

다. 우리는 도덕감정, 즉 의무의 수행에서 오는 충족감 또는 만족감을 계발할 의무가 있다.[45] 적어도 우리는 가능한 한 현세와 내세에서 자기 행복을 성취해야 할 간접적 의무를 지닌다.[46] 신의 의지는 신성한 의지의 상징으로서 우리가 추구해야 할 이상이며(32), 우리 자신의 도덕적 완전성은 하나의 목적인 동시에 의무이다.[47] 따라서 타율을 거부함으로써 칸트는 타율의 철학자들이 옳은 것으로 장려했던 도덕적 선, 정치적 선, 사회적 선, 종교적 선, 물리적 선을 거부한다. 그러한 선들은 모두 오직 그것들의 추구가 형식적 원리에 의해 인도된다는 조건 아래에서만 긍정된다.

이제 그는 〈정리 II〉에서 **원칙적으로** 어떠한 경험적 동인도 도덕법칙을 제공할 수 없음을 입증했을 뿐만 아니라 §8의 〈주해 II〉에서 **사실상** 다른 도덕철학자들의 주장에도 불구하고 그들이 제안했던 어떠한 경험적 원리도 법칙을 제공하지 못함을 입증했다고 확신한다. 이로써 그는 "순수 이성의 **형식적 실천원리**"만이 정언명령, 즉 "행위를 의무로 만드는 실천법칙"(41)을 제공할 수 있다고 결론짓는다. 이제 이 원리가 적극적으로 도출되고 변호되는 과정으로 건너가자.

---

44 『인간학』, §14(VII, 152).

45 「덕론」, 서론; 『도덕형이상학』, VI, 399~400; 『실천이성비판』, 38.

46 『정초』, 399; 『실천이성비판』, 93.

47 『도덕형이상학』, VI, 385ff. 이와 달리, 볼프는 행복을 완전성에 대한 순전한 의식으로 간주함으로써 타인의 행복을 우리의 목적인 동시에 의무에 포함시켰다(C. Wolff, *Philosophia practica universalis* II, §28).

제8장

도덕법칙의 "형이상학적 연역"

—§§4-7과 §8 일부의 주해

1. "형이상학적 연역"의 이념

『순수이성비판』의 개념의 분석론 제1장의 소제목은 "모든 순수 지성 개념의 발견의 실마리"이다. 이 장에서 칸트는 고전논리학의 것을 약간 수정한 판단표가 인식의 범주표의 실마리라고 주장한다. 의식에 그 자체로(*in propria persona*) 주어지지 않은 어떤 대상이 인식되려면 대상의 표상들의 종합이 먼저 요구된다. 왜냐하면 우리의 표상들 간의 연결에 의해서만 서로 다른 표상들이 모든 표상의 원천인 객체에 대해 공동의 초점을 맞출 수 있기 때문이다. 물론 표상들의 종합이 관념들(ideas)의 한갓 심리적 연상일 수도 있지만, 이러한 종합은 다만 주관적이며 연상을 수행하는 개별자에게만 유효하다. 인식이 성립하기 위해서는 이러한 종합이 모든 인식 주체에게 타당한 규칙들의 지배 아래서 일어나야 하고, 이에 따라 우리는 이 표상과 저 표상 간의 연상 작용이 단지 주관적으로 타당하다고 말하는 것을 넘어서, 한 대상이 이러저러한 고유성을 가진다고 판단할 수 있다. 인식은 표상들의 종합에서 생겨나서 대상의 판단으로 끝난다. 따라서 인식의 본체를 이루는 판단 방식은 인식을 위해 불가결한 종합 방식의 실마리이다. 범주들 또는 순수 지성 개념들은 이러한 종합의 개념들이거나 규칙들이며, 거기서 각 범주는 각 판단 형식에 대응한다.

재판(再版)에 추가된 한 구절에서 칸트는 이 장을 "형이상학적 연역"이라고 부른다. "형이상학적"이라는 형용사는 이 장에서 다루어질 순수 선험적 개념의 인식을 가리킨다. 형이상학적 연역은 선험론적 연역과 구별된다. 선험론적 연역은 범주들이 대상들의 선험적 인식을 가능하게 함을 밝혀낼 책임이 있다. 형이상학적 연역이 범주들이 무엇인지 발견하려는 시도라면, 선험론적 연역은 범주들의 타당성을 입증하는 작업이다. 두 연역은 동일하게 다음의 학설, 즉 인식은 종합을 필요로 하고 언제나 판단으로 표현된다는 학설에 기반을 두고 있지만, 그럼에도 원리상 서로 무관하다. 설령 형이상학적 연역이 실제로 발견했던 범주들 외에 어떤 식으로든 다른 범주들을 발견하더라도, 이는 선험론적 연역의 진로에 어떤 주목할 만한 영향도 끼치지 못한다. 형이상학적 연역에서 발견된 구체적 범주들은 선험론적 연역에서 단지 예증적으로만 사용된다. 형이상학적 연역의 핵심은 그가 선험론적 연역의 필요성을 깨닫기 훨씬 전부터 그의 마음속에 뚜렷했다.

『실천이성비판』의 연역의 임무는 『순수이성비판』과 마찬가지로 둘로 구별되는데, 이 구별은 『정초』에서 날카롭게 구획된 작업을 떠올려보면 더 분명해진다. 칸트는 먼저 의무의 개념을 포함해 모든 도덕성이 키마이라가 아니라면 도덕법칙은 무엇이어야 하는가의 발견에 착수한다. 그런 뒤, 그는 이렇게 발견된 법칙이 한갓 공허한 개념이 아니라 타당하다는 것을 밝히려 시도한다.

하지만 두 번째 비판서에서 두 임무의 구별은 첫 번째 비판서만큼 뚜렷하지 않다. 독자 스스로 임무의 경계를 정해야 하고, 그 경계는 단일한 직선이 아니라 여러 절들의 안팎을 넘나드는 구불구불한 곡선이다.[1]

이렇게 형식적으로 정돈되지 못한 데에는 여러 이유가 있을 텐데, 분명한 건 이러한 정돈되지 못한 구성이 칸트의 주요 저작 어디서나 볼 수 있는 가장 두드러진 특징 중 하나라는 점이다. 그에 따르면, 도덕법칙은 평범한 인간 이성에게도 권위를 지닌 채 말을 건네기 때문에 "정당화 근거들"(justifying grounds)을 필요로 하지 않는다. 칸트에 따르면, 인간 존재는 그가 법칙을 정확한 형식의 언어로 진술할 수 없을 때조차도 법칙의 타당성을 식별한다. 말하자면 그는 실천철학에서 소크라테스의 방법을 따른다. 외부에서 법칙을 가져와 가르치고 정당화하는 게 아니라 우리 자신이 이미 의식하고 있는 법칙을 그저 정식화할 뿐이다. 이 때문에 칸트는 종종 그가 실제로는 단지 도덕법칙의 정식화에 성공했을 때에도 (형이상학적으로 연역했을 때에도) 마치 도덕법칙이 확립된 것처럼(선험론적으로 연역된 것처럼) 말한다.

게다가 칸트에게 오직 하나의 도덕법칙만이 있다는 사실은 법칙의 정식화와 정당화의 분리를 더 어렵게 하는데, 이는 단적으로 표현 양식 때문이다. 『순수이성비판』에서 칸트는 때마다 예증을 위해 자신이 가진 열두 범주 중 어느 하나를 선택할 수 있었을 것이다. 형이상학적 연역에서 열두 범주 중 어느 하나의 구체적 정당화는 범주 일반을 정당화하는 근거들과 쉽게 분리될 수 있었기 때문이다. 이 때문에 거기서 예증과 정당화는 쉽게 구별되었다. 그러나 『실천이성비판』은 오직 하나의 원리만을 검토한다. 그것은 우리의 의식에 명석판명하게 떠오르기만 한다면, 실제로 충분히 확인된다. 따라서 이 원리의 정식화와 정당화는 『순수이성비판』에서와 같이 명확히 분리될 수 있는 작업이 아니다.

그럼에도 불구하고 칸트는 임무의 이중성을 자각하고 있으며, "설명" (*Exposition*)과 "연역"(*Deduktion*)의 구분을 통해 이를 명시한다(46). 실제로 우리는 두 비판서에서 각기 "형이상학적 연역"은 물론이고 "형이상학

---

1 『정초』에서(426, 445 참조) 그는 두 임무의 구분을 준수하는 데 더 주의를 기울였다.

적 설명"에 대해서도 논의할 수 있겠다. 칸트에 따르면, "설명"(expositio)
은 "한 개념에 귀속하는 것에 대한 (전적으로 상세한 표상은 아니더라도)
명석한 표상이다. 한 개념을 선험적으로 주어져 있는 대로 서술하는 것
을 포함하는 설명은 **형이상학적이다**".[2] 그러나 칸트의 건축술에서 "형이
상학적 연역"이 자리한 위치는 우리가 검토할 내용으로 미루어볼 때 설
명이라는 이름이 더 잘 어울리는 것 같다.

　물론 이 대목이 『순수이성비판』의 분석론 제1장과 유비적이기는 해
도, 그곳의 학설에서 너무 많은 것을 기대해서는 안 된다. 왜냐하면 순수
실천이성의 원칙을 발견하기 위한 실마리로 복무할 수 있는 형식적 구
분들의 표는 미리 마련되어 있지 않기 때문이다. 『실천이성비판』에는 첫
번째 비판서의 형이상학적 연역의 종합적 절차와 견줄 만한 것이 전혀
없다. 하지만 각 저작에서 서술되는 사상 일반의 진행 과정에는 평행 관
계가 있다. 왜냐하면 칸트 자신도 말하기를, "우리는 순수한 이론적 원칙
을 의식하는 것과 꼭 마찬가지로, 순수한 실천법칙을 의식할 수 있다. 이
런 일은 이성이 우리에게 그 법칙을 지시할 때 동반되는 필연성에 우리
가 주목함으로써, 그리고 이성이 우리에게 지시하는 모든 경험적 조건으
로부터의 분리에 주목함으로써 일어난다"(30).

　외관상의 모든 차이에도 불구하고, 순수 실천이성의 원칙의 발견과 도
덕법칙의 정식화에 대한 『실천이성비판』의 논증은 『정초』와 『형이상학
서설』의 논증에 견줄 만하다. 이 세 저작에서 칸트는 일상적 경험에서 제
기된 문제에서 출발해 철학적 분석으로 나아가고, 결론에서 그는 오직
하나의 원리 또는 이론만이 그 문제적 경험을 이해할 수 있게 함을 증명
하려 한다. 『정초』와 『실천이성비판』에서 그것은 실천적 경험 일반, 그중
에서도 특히 도덕적 경험이다. 이 장의 과제는 칸트와 더불어, 우리가 도

2　『순수이성비판』, B38. 흥미롭게도 『판단력비판』의 분석론 역시 형식상 "설명"과 "연역"
　으로 구분된다.

덕적 고려 가운데 경험하는 "필연성에 주목하는 일", 그리고 어떻게 이 필연성이 우리에게 경험적 조건들을 제거하거나 최소한 벗어날 것을 요구하는지 밝혀내는 일, 다음으로 순수 실천이성의 형식적 원리로 남는 것이 무엇인지 제시하는 일이다.

2. 도덕적 경험의 주요 특징들

이곳에서는 물론이고 『정초』의 처음 두 절에서 사용된 분석적 방법을 따라 칸트는 하나의 경험에서 출발해 그 경험의 전제 조건들로 거슬러 올라가는데, 이 전제들이 없다면 그 경험은 이해될 수 없거나 허구적인 것으로 선언되어야 마땅하다. 분석적 방법이 형이상학적 연역 또는 설명을 위해 사용될 때, 그 전제 조건들은 검토되는 경험의 개념들, 원칙들, 또는 형식들을 구성하는 것으로서 발견된다. 형식적 조건들로의 이러한 역진(逆進)의 결과는 원칙의 진술이다. 이는 『정초』의 처음 두 절에서 달성되었고, 여기서는 전제된다(8).

칸트에 따르면, 조건적 명령들의 가능성을 깨닫는 데는 (즉 그러한 원칙들을 발견하는 데는) 아무런 어려움도 없다.[3] 인간이 단지 경험적 인식의 적용을 통해서만 충족될 수 있는 욕구를 가지며, 동시에 그가 그러한 인식을 통해 필연적이라고 지시된 어떤 행위를 항상 기꺼이 할 수 있을 만큼 목표를 추구할 때, 그가 충분히 이성적이지 않은 상태라면, 그는 분명 어떤 강제를 체험할 것이다. 이 강제는 조건적인, 타율적 명령의 형식으로 표현된다.

타율적 명령들을 매우 쉽게 설명할 수 있는 사실들과 원칙들은 도덕적 경험의 주요한 특징들을 설명하기에는 전적으로 부적합하다. 영리함과

---

3 『정초』, 417.

도덕성 사이의 날카롭고 근본적인 구별을 식별하지 못하는 윤리학, 이리하여 도덕을 타율화하는 윤리학은 도덕적 고려의 어떤 분명한 특징들을 별 설명 없이 내버려두거나 대충 얼버무린다. 어쩌면 그러한 특징들은 허구적이라고 생각될지도 모른다.[4] 그런데 그 특징들의 허구성 여부는 선험론적 연역의 성패에 비추어서만 판단될 수 있다. 하지만 먼저 해야 할 일은 우리가 연역에 이르기 전까지 잠정적이나마 도덕적 체험을 있는 그대로 받아들이려면 어떤 원칙들이 전제되어야만 하는가를 식별하는 것이다. 이러한 특징들은 타율을 포함하는 원칙들과는 다른 전제 조건들을 요구하는데, 이 중 가장 중요한 것들은 다음과 같다.

a) **행위의 객관적 필연성.** 도덕적 고려를 할 때 우리는 특정 행위를 하라는 강제를 의식하며, 이는 나 자신이 설정한 어떤 장기적인 목표 달성을 위해 경험하는 강제와 상당히 다른 성격을 지닌다. 뒤의 것이 내가 가진 욕구가 수반하는 강제라면, 앞의 것은 내 모든 욕구와 무관한 것처럼 보이며, 가끔은 욕구와 충돌하는 것처럼 보인다. 이런 종류의 강제가 "의무"(*Pflicht*)이다. 의무는 주관적으로 필연적이지 않은 행위를 객관적으로 필연적으로 만들되, 의무의 수행 여부는 나의 자유로운 선택에 달려 있다.

나의 필요나 바람에 근거한 강제와 그러한 욕구와 무관한 강제의 차이는 어떤 행위가 "불가피하다"(obliged, *müssen*)와 마땅히 하도록 "책무 지워져 있다"(obligated, *sollen*)의 구별을 통해 매우 쉽게 식별될 수 있을 것이다. 어떤 행위가 불가피하다고 믿는 것은 그것을 하도록 책무 지워져 있어서 마땅히 해야 한다고 믿는 것과 전혀 다르다. 예를 들어보자. 내 책을 빌려준 뒤 돌려받지 못하기를 원치 않으므로, 나는 불가피하게 내 책에 이름을 기입한다. 다른 한편 아무리 빌린 책을 내 것으로 삼기를 원하더라도, 나는 빌린 책을 반납하도록 책무 지워져 있다. "나는 마땅

---

4 같은 책, 407.

히 진실을 말해야 할 의무가 있었지만, 곤경에서 벗어나기 위해 거짓말을 하는 걸 피할 수 없었다"고 말하는 것은 완벽히 이치에 맞다. 어떤 일을 불가피하게 해야 한다는 것은 주어진 목표를 성취하기 위해 내키지 않는 일이나 하기 싫은 일을 해야 함을 의미한다. 마땅히 어떤 일을 하도록 책무 지워져 있다는 것은 내 욕구들을 고려하지 않은 채 어떤 일을 하도록 선택하는 필연성 아래 있음을 의미한다. 각 경우에 내 인지능력(칸트의 표현으로 "이성")은 내가 해야 하는 것이 무엇인지 판단해야 한다. 그러나 앞의 경우에 이성의 전제들 중 하나가 욕구인 반면, 뒤의 경우 욕구는 전제된 조건이 아니다(하지만 만일 도덕성의 현상이 전적으로 허구적이라거나 특수한 경우에 위선과 가식의 실례처럼 한갓 가상일 뿐이라면, 욕구는 물론 그 행위의 한 원인일 것이다).

b) 도덕적 판단의 대상으로 간주되는 동기들. 도덕적 판단을 내릴 때, 나는 행위가 욕구의 대상으로 인도하는지 그러지 않는지 그 성패를 따지지 않는다. 나는 행위가 도덕적으로 좋은지 나쁜지 판정하기 위해 행위의 결과를 기다릴 필요가 없으며, 다만 그 행위의 동기만 인식하면 된다. 도덕적 결단을 할 때, 나는 내가 수행할 행위의 성패 여부를 예측할 필요가 없으며, 심지어 내가 실제로 결과를 산출할 능력이 있는지 없는지도 인식할 필요가 없다.[5] 이에 반해 숙련과 영리함의 활동은 성공적 결과만을 목표로 삼으며, 그 경우 동기는 기껏해야 간접적 중요성을 지닐 뿐이다.

그러나 한층 더 분명히 말하자면, 도덕적 판단의 대상은 행위 자체라기보다 행위하려는 결단이다. 비록 칸트가 가끔 마치 행위가 도덕적 판단의 대상이며 그 자체로 좋거나 나쁜 것처럼 말한다 해도, 우리는 행위가 (이를테면 어떤 소리를 내는 것처럼) 외적 행동의 한 사례임을 기억해야 하며, 또 그러한 행동으로 이끄는 동기, 의도, 그리고 결단이 행위의 결

---

5 『실천이성비판』, 15, 45, 68.

정적 성분으로 포함됨을 기억해야 한다. 우리가 도덕적 판단을 할 때 고려하는 것은 타자적 근거가 아니라 자기가 특정한 근거로부터 결단을 내리는 복잡한 활동 자체이다. 그러나 숙련과 영리함이 문제될 때 중요한 것은 행위와 그 성과이다.

c) **도덕적 판단의 보편성.** 도덕적 판단은 인격을 가리지 않고 누구에게나 공평하다. 물론 칸트가 불완전한 의무들을 논하는 가운데 각자가 처한 상황에 따라 도덕적 책임을 충족하는 구체적 활동에서 차이가 있을 수 있음을 인정했다 해도, 도덕적 판단은 늘 무관심한 법정에 호소한다. 이 법정은 영리함의 문제에서 우리가 무엇보다 중요하게 여기는 것, 즉 우리의 욕구와 바람을 고려하지 않는다. 도덕적 책무는 나의 욕구들과 무관할 뿐만 아니라 누군가 지니고 있을 특정 욕구들과도 무관하다. 나는 인간이 아닌 존재(이를테면 신)에 대해서도 도덕적 판단을 내릴 수 있다. 설령 인간만이 책무를 체험한다 해도, 우리는 우리 자신에게 적용하는 올바름의 척도에 따라 동일하게 신성한 의지의 크기를 평가한다.

우리는 도덕적 판단의 보편성이 관습의 가변성과 상관없으며 다양한 사회와 다른 시대에 통용되는 도덕적 판단의 다양성과도 관련이 없다는 점에 늘 주의해야 한다. 도덕적 판단이 때와 장소에 따라 달라진다는 사실은 칸트가 여기서 말하고 있는 종류의 보편성과 아무 상관 없다. 유감스럽게도, 그는 "도덕적 판단은 보편적이다"라는 명제를 통해 그가 의도했던 바가 정확히 무엇인지 설명한 적 없다. 다행히 그는 심미적 판단을 다루면서 보편성의 의미를 설명했고,[6] 우리는 그 논의를 도덕적 판단에도 쉽게 적용할 수 있다. 칸트는 때때로 도덕적 문제들에 대한 판단이 가변적일 수 있다고 믿었던 만큼 심미적 판단이 매우 가변적이라는 사실을 모르지 않았다. 그는 우리가 심미적 판단을 할 때 (실제로 늘 받아들여지진 않을지라도) 보편적 찬동을 요구한다고 주장하는 곳에서, 이를테면

---

6 『판단력비판』, §7.

'규범적' 보편성과 '사회적' 보편성을 구별한다. 심미적 판단은 앞의 보편성을 지니거나 요구하지만, 뒤의 것은 아니다. 유사하게, 도덕적 판단은 규범적으로 보편적이지만, 아마 그 자신이 18세기의 어느 누구보다 풍속에 대해 잘 알고 있었음에도 불구하고, 칸트는 풍속을 도덕적 판단 자체의 분석과 연관시키지 않았다. "내가 보편타당하다고 믿는 것이 실제로 보편타당한가"는 하나의 중요한 물음이지만, "내가 보편타당하다고 믿는 것을 실제로 모든 사람도 보편타당하다고 여기는가"는 앞의 물음과 상당히 다르며, 너무 쉽게 부정적으로 대답될 수 있어서 중요하지 않다. 그러나 두 번째 물음에 부정적인 답변이 명백하다고 해서 원칙적으로 첫 번째 물음도 부정으로 답해야 하는 것은 아니다. 심지어 이는 첫 번째 물음에 답하기 위한 전제도 아니다. 첫 번째 물음에 대해서는 같은 사람도 때로는 이렇게, 때로는 저렇게 답할 수밖에 없다. 이 때문에 칸트는 『정초』와 『실천이성비판』의 이 부분에서 저 물음에 대한 답변의 규준을 찾으려 시도한다. 그러나 규준 찾기에 앞서 우리가 반드시 인지해야 할 것은 도덕적 판단은 바람이나 선호의 표현에 근거하는 것과는 다른 종류의 보편적 요구를 한다는 사실이다.[7]

d) 행위에 대한 직접적인 관심. 어떤 결과에 대한 욕구 때문에 수행된

---

7 칸트가 말한 것과 같은 보편적인 도덕적 규준에 대한 비교인류학적인 사실관계에 관심이 있는 독자는 다음을 참조하라. Alexander Macbeath, *Experiments in Living*, London: Macmillan & Co., Ltd., 1952. 광범위한 자료 수집에 기초해 알렉산더 맥베스는 보편성의 요구와 (보편화로 나아가는 한 단계인) 집단 일반의 복지 간의 관계가 현재하기 이전에 풍속과 관습만으로는 한 집단의 구성원들의 의식 내에 일반적으로 인정된 기준을 세우지 못한다는 결론에 이른다. 따라서 그는 각각의 문화에서 관습과 도덕의 차이를 명확히 밝힘으로써, 정언명령에 견줄 만한 어떤 것이 모든 풍속 체계 내에 문화적 상수로 존재함을 발견했다. 또한 보편화의 문제와 관련해서는 검토되고 있는 규칙 또는 원칙의 추상화 정도가 중요하다. 윤리적 또는 문화적 상대주의자들이 선전하는 "도덕적 규칙들의 예외"는 —"나쁜 동인에서 행하는 것은 때때로 옳다"거나 "타인을 한갓 수단으로 대하는 것은 때때로 옳다"와 같이 예외가 보편적으로 표현될 수 있는 것이 아니라면 — 칸트와 같은 보편주의적 윤리학의 평가 방식에서는 부적절하다. 이를테면 "자기에게 합법적으로 속하지 않은 물건을 점유하는 것은 때때로 옳다"와 같은 규칙이 그렇다.

모든 행위에서 우리의 직접적인 관심은 결과, 즉 우리가 욕구했던 사태의 현존에 있으며, 우리는 행위 자체에 단지 간접적인 관심만을 지닌다. 물론 자발적으로 수행된 모든 행위에도 결과는 주어지기 때문에 우리가 결과에 어느 정도 관심을 가짐은 당연하다.[8] 그렇더라도 칸트는 모든 행위가 필연적으로 대상에 대한 이러한 관심 때문에 일어난다는 점을 부정한다.[9] 그는 도덕적 행위 안에는 행위 자체에 대한 관심이 있다고 확언한다. 여기서 '행위'(Handlung)란 용어는 외향적인 품행뿐만 아니라 동인과 결단 등을 전부 포괄하는 복합적 활동을 의미한다. 현대적 용어법으로 풀면, 칸트는 도덕적 가치가 내재적 가치이며, 우리가 그 내재적 가치를 인정하기 때문에 그것이 우리의 관심을 불러일으킨다고 말한다. 목표 달성의 성공이나 실패는 도덕적 범주가 아니라 숙련과 영리함의 개념이다. 이것에 상응하는 도덕적 범주는 복 받을 만함과 벌 받을 만함이고, 이 범주의 적용 가능성은 성패와 완전히 무관하다.

그 밖에 다른 특징들이 이 목록에 추가될 수도 있겠다. 이를테면 칸트는 실패의 두 종류를 구별하면서 한갓 후회와 참회의 차이를 논하며,[10] 영리함의 충고가 갖는 피할 수 없는 약점인 모호함을 도덕적 명령의 명료함 및 구체성과 대비한다.[11] 그러나 이런 논의는 칸트가 후일 『도덕형이상학』에서 충분히 깨달았듯이 사실들을 지나치게 단순화한 것이다.

---

8 『실천이성비판』, 34. 모든 관심이 필요의 충족에서 기인하는 어떤 감성적 만족과 같은 경험적 관심일 필요는 없다. 도덕적 행위에서도 경험적 관심이 현존한다는 것은 부정될 수 없으며, 그러한 관심이 행위 속에서 좌절될 필요도 없다. 다만 어떤 행위가 도덕적으로 옳은가를 판정하고자 할 때에는 "결코 대상에 대한 관심에 마음을 써서는 안 된다". 같은 책, 93 참조; 『정초』, 413n.; 『이론에서는 옳을지 모르지만 실천에는 쓸모없다고 하는 속설』, VIII, 278(이하 『속설』).

9 『정초』, 413n., 459n.

10 『실천이성비판』, 37. 참회에 대한 조지프 프리스틀리(Joseph Priestley)의 견해는 Joseph Priestley, *The Doctrine of Philosophical Necessity*, 1777, pp. 86ff.; 이에 대한 칸트의 논평은 『실천이성비판』, 98 및 학술원판 전집에 실린 나토르프의 편집자주 참조.

11 『실천이성비판』, 36; 『속설』, VIII, 286.

그것은 그릇될 뿐만 아니라 법칙을 도출하는 데 아무런 소용도 없기 때문에 여기서 더 논의할 필요가 없다. 하지만 도덕적 원리들의 이러한 특징들이 선험론적 연역에서 매우 중요한 역할을 한다는 점은 지적해야겠다. 거기서는 영리함의 충고의 애매함과 대비되어, 구체적인 도덕적 명령들의 명료성이 아니라 단지 도덕법칙 자체의 명료성만이 다루어진다. 이 명료성을 통해 우리는 주어진 상황에서 특정한 활동이 실제로 옳은 것인지 경험적으로 확인하지 않고서도 옳은 것과 단지 권할 만한 것의 차이를 쉽게 인식한다.

3. 원칙에 가장 근접한 것

도덕적 숙고와 도덕적 판단, 그리고 도덕적 행위의 이러한 두드러진 특징들로부터, 칸트는 도덕적 행위 속에 포함된 원칙에 관한 네 가지 결론을 이끌어낸다.

a) **원칙은 한갓 준칙이 아니라 법칙이어야 한다.** 오직 법칙만이 강제할 수 있고, 법칙만이 보편적으로 적용될 수 있다. 그러한 보편화 가능성은 규범성을 위해 필수적이다. 한갓 준칙은, 설령 그것이 모든 사람의 의지의 조건을 표현할 때조차, 그들 중 누구에게도 필연적이지 않을 것이다. 그 누구에게도 책무를 지우지 못할 것이다.

b) **원칙은 그 내용이 아니라 형식에 의거해 법칙이어야 한다.** 내용은 언제나 관심의 어떤 대상이고, 그것은 행위의 준칙이 된 법칙의 준수를 통해 달성될 수 있다. 그러나 그러한 관심은 보편적인 것도, 책무를 만들어내는 것도, 행위 그 자체를 향한 것도 아니다.

c) **법칙은 준칙, 즉 의지의 실제적 조건의 표현일 수 있어야 한다.** 그렇지 않으면 법칙 또는 행위의 합법칙성은 우리의 관심을 불러일으키지 못하며, 법칙의 인식은 준칙의 대상에 대한 관심이라는 우연적 조건 아

래서가 아니면 실천적으로 무력할 것이다. 원칙 자체의 인식이 합법칙적 행위의 동인을 제공해야 하고, 그렇게 될 때라야 행위는 합법칙적일 뿐만 아니라 바로 그 법칙 때문에, 즉 법칙에 대한 존경으로부터 수행된다. 그렇지 않으면 이성은 단지 정념의 노예일 뿐이다.

d) 법칙과 명령은 분명 서로 다르지만, 법칙이 정언명령의 토대여야 한다. 법칙은 어떻게 그 자체로 이성적인 존재자가 필연적으로 행위할 것인가를 알려주어야 한다. 오직 그러한 법칙만이, 본성상 법칙의 표상을 자연스럽게 따르게 되어 있지 않은 인간과 같이 부분적으로 이성적인 존재자에게서 하나의 정언명령이 될 수 있다. 도덕법칙이 이성적 존재자라면 이렇게 "할 것이다"(would)를 알려준다면, 정언명령은 — 비록 늘 그렇게 행위하지 않더라도 — 이렇게 "해야 한다"(should)를 표현한다.[12] 조건적 명령의 "해야 한다"와 달리, 정언명령의 "해야 한다"는 행위의 대상에 대한 관심에 의존하지 않는다. 심지어 도덕법칙과 그것의 지배력에 대한 관심에도 의존하지 않는다. 만일 그랬더라면, 이것에 아무런 관심도 느끼지 못하는 사람들이 법칙을 어길 때 그들의 모든 책임은 면제되었을 것이다.[13]

그렇지만 모든 형식상의 정언명령이 도덕법칙에 근거하는 것은 아니다. 어떤 명령이든 정언적 형식에 편입될 수 있기 때문이다. 여기서는 오직 "실천적으로 올바른"(21) 명령들만이 문제되며, 이것들은 형식상 조건적일 때조차 무조건적인 또는 필증적 명령들이다.[14] 칸트는 명령이 형

---

12 『정초』, 449. 물론 엄밀히 말해 명령 속에 "해야 한다"는 없다. "너는 X를 해야 한다"라는 문장은 X를 하라는 명령이 아니다. 그러나 이 문장과 엄밀한 의미에서의 명령은 둘 다 동일한 방식으로 "그 자체로 이성적 존재자는 X를 행한다"는 법칙과 관계한다. 양자는 그의 자연 본성에 따라서가 아니라 법칙이기 때문에 X를 행하는 이성적 존재자를 지도한다.

13 따라서 도덕적 관심을 가질 의무가 없다고는 해도, 그것을 [실제로] 갖고 있지 않은 존재는 도덕적으로 악해서가 아니라 도덕적 개념들의 영역을 벗어나 있다는 이유로 지탄받을 만하다(『도덕형이상학』, VI, 400 참조).

식상 정언적이지 않아도 권위상 필증적일 수 있음을 간과했다. 이는 도덕법칙의 보편적 적용이라는 칸트의 개념이 낳은 유감스러운 결과들 중하나다. 이리하여 그는 마치 정언명령은 조건적이지만 동시에 필연적인 명령들의 전건에서 나타나는 우연성들을 조금도 고려할 여지가 없다는 듯이 쓸 수 있었다.[15]

4. 도덕적 결단의 세 가지 준칙

제6장 제6절에서 나는 특정 목적(욕구)을 달성하기 위해 착수된 행위를 분석했다. 그리고 조건적 명령을 분석함으로써 다음과 같은 것을 발견했다: (1)질료적 준칙, (2)이론적 법칙(행위와 결과의 인과관계의 인식), (3)형식적 원리("하나의 목적을 충분히 의욕하는 이성적 존재자는 그 목적을 산출하리라고 기대된 수단 또한 필연적으로 의욕한다").

이 장에서는 도덕적 행위의 분석은 도덕성이 키마이라 같은 것이 아니라면, 특정 행위가 그 행위를 통한 실제적 욕구들의 만족 여부와 무관하게, 그리고 우리가 욕구 대상을 현실화할 수 있는 수단들을 인식하고 지배할 수 있는지 여부와 무관하게 결단되어야만 함을 밝힌다. 따라서 칸트는 어떻게 특정 행위가 그 행위에 의해 만족될 수 있는 특정 욕구를 전제하지 않은 채 결단되고 착수될 수 있는지 밝혀야 한다. 이것이 밝혀질 수 없다면, 모든 행위는 제6장 제6절에서 제시된 방식으로 분석될 수밖에 없고, 도덕적 행위의 보편성과 필연성, 그리고 내재적 가치는 가상적이라고 선언될 수밖에 없다. 만일 의지를 규정하는 준칙이 저 분석(즉 질료적 준칙(I)의 목표, 욕구 대상(B) 속에 주어진 인식에 근거해 특정 목적을 산

---

14 이를테면 "약속했으면 지켜라"는 형식상 조건적이지만 그 양상은 필증적이며, "문을 닫아라"는 형식상 정언적이지만 그 양상은 미정적이다.

15 이 책의 139쪽 이하를 보라.

출하려는 의지의 구체적 설정이 있다는 분석)에서의 I, A와 같이 질료적이라면, 그 명령은 정언적일 수 없고 대응하는 원칙은 한갓 준칙이다.

하지만 우리는 질료적 준칙 아래의 행위 I, A를 단순히 제거할 수 없고, 도덕적 행위를 이렇다 할 동기 없이 남겨둘 수 없다. 칸트가 어쨌든 I, A와 유비적인 어떤 것이 모든 행위에 필연적이라고 인정한 것은 정당하다. 그는 말하기를, "물론 모든 의욕이 대상을, 따라서 질료를 가져야 한다는 점은 분명 확실하다". 칸트의 비판자들 중 다수[16]는 이 명제를 간과한 것 같다. 그러나 뒤이어 칸트는 덧붙이기를, "이러한 이유에서 질료가 준칙의 규정근거이자 조건이라고 생각될 수는 없다"(34). 칸트는 질료적 준칙 아래의 행위 I, A라는 조건을 대체하는 원리가 아니라 지배하는 원리를 발견해야 한다.[17]

----

16 이러한 오류에 빠진 이들 가운데 가장 주목할 만한 경우는 막스 셸러(Max Scheler)이다. Max Scheler, *Der Formalismus in der Ethik und die materiale Wertethik*, Halle, 1916 [국역: 『윤리학에 있어서 형식주의와 실질적 가치윤리학』, 이을상·금교영 옮김, 서광사, 1998] 및 *Jahrbuch für Philosophie und phänomenologische Forschung*, Vols. I and II 참조. 셸러의 칸트 비판에 따르면, 칸트에게서 '선험적'이란 순수하게 형식적이므로 그의 도덕적 원칙은 공허함이 틀림없다. 하지만 윤리적 원리들은 셸러에게서도 역시 선험적이므로 질료적 가치-본질들의 직관에 주어져 있는 질료적이고 선험적인 원리가 있어야만 한다. 이런 식으로 셸러는 자신이 칸트 윤리학의 "주관주의"와 "지성주의" — 그는 이것이 칸트의 "공허한 형식주의"의 귀결이라고 주장한다 — 를 피할 수 있다고 믿었다. 그러나 이 비판은 칸트가 항상 현전하는 의지의 대상과 단지 경험적 실천이성에서만 현전하는 규정근거로서의 의지의 대상을 구별했던 주된 취지를 간과하고 있다. 자신의 건설적 저작에서 셸러는 칸트의 이론에서 형식적 원리가 제공하던, 질료적 원리들의 이성적 기준을 남겨두지 못한다. 내가 아래에서 소개한 도식에서 셸러는 '선험적인 것'을 a로, 칸트는 b로 설정한다. 그러나 b가 순수하게 형식적이라는 이유로 그것이 공허하다는 결론이 나오는 것은 아니다. 그것의 **내용은** a이다.

17 Reflexion 6633(*ca.* 1770) 참조: "도덕적 판단의 최상 원리들은 이성적이되 단지 형식적 원리들이다. 그것들은 어떠한 목적도 규정하지 않고 오직 모든 목적의 도덕적 형식만을 규정한다. 그러므로 이 형식에 따라 구체적인 질료적 원리들이 생겨난다" (*vorkommen*). 한 준칙에 의한 다른 준칙의 지배에 관해서는 H. J. Paton, *The Categorical Imperative*, 1948, pp. 136~37[국역: 『칸트의 도덕철학』, 김성호 옮김, 서광사, 1988, 196~97쪽]을 보라.

한 준칙에 의한 다른 준칙의 지배는 이상한 일이 아니다. 질료적 준칙들은 서열화되어 있다. 금전욕이 하나의 준칙으로, 안락하게 살고 싶은 욕구는 또 다른 준칙으로 표현될 수 있다. 이것들 중 한 준칙은 다른 준칙 아래 수행된 행위의 표현을 지배할 수 있다. 이러한 의미에서 칸트는 자기애의 준칙을 **최상의** 질료적 준칙으로 간주했다. 그러나 이 준칙조차도 단지 조건적 명령들만 근거지을 수 있고 여기서 해명되어야 할 것은 무조건적 책무이기 때문에, 그가 찾는 준칙은 질료에 의해 지배될 수 없다. 최상의 준칙은 질료적 준칙들 가운데 우리의 실천적 삼단논법에 입각해 허용될 만한 것들을 선택해야 하며,[18] 내용과 무관하게 형식과 관련해서 준칙들의 규준이 됨으로써 그렇게 해야 한다. 바로 이것이 칸트가 자신이 찾고 있는 원리는 순수하게 형식적이라고 말할 때 의도한 뜻이다. 이에 따르면, 그가 찾는 원리는 허용될 수 있는 준칙들의 형식을 지배함으로써 품행을 규제하는 원리여야만 한다.

따라서 도덕적 행위의 분석에서 우리는 조건적 명령들의 분석을 통해 밝혀진 두 실천원리들에다 한 가지 원리를 추가해야 한다. 그것은 다음과 같이 구별될 수 있다.

(a) 내 의지의 어떤 보편적 조건을 표현하는 질료적 준칙.

(b) (a)의 실행이 도덕적으로 허용될 수 있는가 여부를 규정하는, 그 자체로 준칙인 동시에 원칙(법칙).

(c) (a) 속에서 표상된 목적 달성을 위해 필수적인 행위들을, 즉 행위와 결과의 인과관계의 인식을 통해 발견된 실제 수단들을 선택하는 조건으로 복무하는, 조건적 명령의 형식적 원리.

---

18 이것은 『정초』, 432, 444에서 논의된다: 질료적 준칙을 자기의 법칙으로 삼는 의지는 그것에 진정한 보편성을 제공하기 위해 여전히 또 다른 법칙을 필요로 할 것이다.

예를 들어 나의 목표 (a)가 타인의 행복의 촉진이라고 가정해보자. 법칙 (b)는 내가 이 준칙에 따라 행하는 것을 허용한다. 원리 (c)는 나의 경험적 인식 내용들 가운데 (a)에 적법한 행위를 나에게 야기하는 것들을 선택한다. 법칙 (b)는 준칙 (a)의 어떤 유형들은 금하고 어떤 것들은 허용하며, 그 밖에 또 다른 준칙들을 요구한다.

칸트의 논변에서는 이 중 첫 번째 원리가 가장 쉽게 식별되며, 가끔은 이것이 유일한 원리로 취급될 정도이다. 어떤 사람들은 종종 칸트에게서 (i) 도덕법칙이 질료적 준칙들의 허용 가능성의 유일한 규준이며 그가 (ii) 법칙을 자연적이고 자발적인 질료적 준칙과 항상 충돌하는 것으로 여겼다고 해석했다.[19] 이 해석은 단지 일부만 옳다. 그러나 이 해석이 부분적으로 옳은 까닭은 칸트가 인간의 성격을 실재론적이고 비감성적으로 평가했기 때문이다. 질료적 준칙이 법칙과 실제로 일치하는 행위로 이끄는 경우, 위선을 증오하고 냉정한 사실을 추구하는 우리 철학자의 감관을 가진 누구라도 자연스럽게 질료를 동인으로 간주할 것이지만, 그렇다 해도 질료를 장식하는 것이 의무라고 여기진 않을 것이다(154). 의무와 욕구의 역할이 각기 구별될 수 있도록 칸트는 양자가 서로 상반된 목표에 종사하는 극단적 사례들의 제시를 선호했다.[20] 이 때문에 그의 윤

---

19 정말 그렇게 해석했다면 저 반박자는 칸트에게서 (a)와 (b)가 아무 상관 없다고 간주하는 것이 오류였음을 인정하고 그것을 포기해야 한다.

20 『실천이성비판』, 92-93 참조. 여기서 칸트는 자신의 작업 절차를 화합물을 원소로 분리하는 화학자의 작업에 비유한다. 『정초』에서 칸트의 예들은 이러한 유형의 것이다. 이를테면 그 예들은 동정심이 없으나 "실천적 사랑"에서 행하는 인간에 관한 것이다. 이러한 예들을 취한 칸트의 의도를 기억한다면 누구나 그를 "씁쓸한 의무"의 옹호자로 해석하는 것이 오류임을 확인할 수 있을 것이다. 그는 단지 (a)와 (b)가 구별됨을 주장하고 있으며, 우리는 단지 (a)여서가 아니라 (a)가 (b) 때문에 우리 안에 주입되거나 작동하게 될 때에만 (a)에 '도덕적' 가치를 귀속시킨다고 주장하고 있다. (a)가 보유할 다른 가치들이 무엇인지는 여기서 전혀 논의되지 않지만, 명확한 도덕적 가치는 대조적으로, 즉 유일하게 분명한 가치가 도덕적인 것이라는 (a)의 경우가 선택됨으로써 두드러진다. 이것은 모방이 아니라 예증을 위한 사례이다. 우리는 제12장에서 칸트와 프리드리히 폰 실러(Friedrich von Schiller)의 관계를 논할 때 이 문제로 돌아올 것이다. 이

리학은 자연스럽고 선한 본성을 찬양하는 윤리학이라기보다 도리어 자연적 인간에 대한 억압과 금지의 윤리학인 것처럼 보인다. 의심의 여지 없이, 이러한 외관은 얼마간 칸트 자신의 개인적 습성(*habitus*)에 (적어도 그가 이 책을 쓸 당시의 습성에) 근거한다. 하지만 그 외관의 상당 부분은 칸트 자신이 찾아낸 논쟁적인 상황, 말하자면 그가 그동안 철학사에서 의무와 욕구 양자가 뒤섞였을 뿐만 아니라 심지어 서로 동일시되어온 것에 맞서 그가 설정했던 문제 상황, 따라서 양자를 따로 떼어놓는 일이 불가피했던 그러한 상황을 기억하는 데 실패한 많은 독자의 무능력에서 기인한다.

그런데 상당히 의미심장한 경우는 준칙들이 내 의지의 선행 조건을 표현하든 그렇지 않든 간에, 도덕법칙이 나에게 특수한 준칙들에 따라 행하기를 요구하는 경우다. 우리가 도덕적 행위 안에 직접적 관심이 내재한다는 주장을 정당화하려면, 도덕적 원리는 고유한 질료를 가진 준칙이 되어야 한다. 이 질료는 행복처럼 경험적인 것이 아니라 도덕적으로 선한 것이다. 다시 말해 원리에 앞서 욕구된 것이 아니라 원리 자체에 의해 규정된 것이다. 오직 형식적 원리가 그 자체로 하나의 준칙으로 간주될 수 있고 이리하여 이러한 행위들에 선행하는 기질의 소유 여부와 무관하게 우리 자신이 특정한 방식으로 행위할 준비가 되는 한, 바로 그때에만 우리는 순수 이성, 즉 (b)의 유일한 원천이 실천적일 수 있다고 말할 수 있다.

하지만 우리는 우리의 준칙이 특정 형식을 가질 것을 요구하는 동시에

문제를 더 다루어야 한다는 점이 유감스럽지만, 칸트가 그의 논적들이 간과할 수 없을 만큼 반복적인 진술로 자신이 취한 예들의 의도를 아주 분명하게 드러낸 건 아니어서 바로 이 작업은 필수적이다. 만일 그렇게 했더라면, 그의 윤리학에 반대하는 저술들의 양은 절반으로 감소되고 그 질은 무척이나 높았을 것이다. 나는 다음 논문에서 논쟁적인 맥락의 경시로부터 생겨나는 예들에 대한 오해를 다루었다. L. W. Beck, "Sir David Ross on Duty and Purpose in Kant", *Philosophy and Phenomenological Research* XVI, 1955, pp. 98~107.

우리의 자연적 욕구들에서 유래할 수 없는 대상을 보유한 이 법칙이 무엇인지 아직 알지 못한다.

5. 원칙의 정의

최상의 형식적 원리는 이렇게 진술된다. 순수 이성적 존재자는 모든 이성적 존재자를 위한 법칙으로 인정될 수 없는 질료적 준칙에 따라서는 행위하지 않을 것이다. 그 자체로 이성적인 존재자의 모든 준칙은 그 존재자들 간의 차이, 즉 그들이 지닌 욕구상의 차이와 무관하다. 따라서 그 자체로 이성적인 존재자의 준칙은 법칙이다. 명령은 부분적으로 이성적인 존재자에 대한 이러한 법칙의 강제를 정식화한 것이며, 내가 하나의 준칙을 모든 이성적 존재자가 따라야 한다고 의욕할 수 있다면 그때 나는 그 준칙을 따라야 한다는 것이다. 명령은 도덕적으로 허용 가능한 행위들 속에서 기능할 만한 준칙들을 위한 하나의 규준 역할을 한다.

하지만 내가 단지 적법성을 넘어서 도덕성을 가지려면 행위에 대한 직접적 관심이 있어야 하기 때문에, 앞 절에서 보았듯이, 원칙은 선행하는 준칙을 위한 한갓 소극적 시험에 머물러선 안 된다. 원칙은 적극적이어야 한다. 다시 말해 원칙은 이성적 존재자 일반에 대해 타당하거나 모든 이성적 존재자가 따라야만 한다고 의욕하는 것이기 **때문에**, 이성적 존재자인 우리 자신에게 타당하다고 인정되는 준칙들을 우리 스스로 우리 마음 안에 세우도록 명령하는 어떤 것이어야 한다. 앞의 소극적이고 규제적인 의미의 원칙과 대조적인, 이러한 적극적인, 곧 구성적인 의미에서의 원칙의 인식은 그 자체로 행위를 위한 하나의 근거임이 틀림없다. 우리는 단순히 시험을 통과한 준칙들에 따라 행위해야 할 뿐만 아니라 우리가 생각하는 최상의 준칙 역시 그 준칙들을 따르게 해야 한다. 바로 그것들이 시험에 통과했기 때문이다.

원칙의 소극적-규제적 측면을 강조하고 적극적-구성적 측면을 무시한 채, 준칙들이 보편화될 수는 있지만 나에게 책무를 지우지 못함을 입증함으로써 칸트의 주장이 논박된다고 가정하기는 참 쉽다.[21] 이를테면 나는 모든 사람이 자신의 책에 자기 이름을 써야 한다고 기꺼이 의욕할 수 있지만, 이것이 내게 의무감을 일으키는 것은 아니다. 소극적-규제적 기능에는 말하자면 두 가지 의욕이 있다: [단순히] 어떤 것을 하고 싶다는 바람, 그리고 내가 다른 사람도 그렇게 한다고 바랄 수 **있는 한에서만** 그것을 하고 싶다는 바람. 적극적-구성적 기능에는 두 의욕 사이에 더 밀접한 관계가 있다: 나는 다른 사람에 대해서도 그것을 의욕할 수 **있기 때문에** 어떤 것을 하고자 욕구(또는 의욕)한다. 내가 다른 사람에 대해서도 그것을 의욕할 수 있으므로 나 자신에 대해서도 그것을 의욕하는 한에서만 최상의 도덕적 준칙은 선행하는 질료적 준칙들로부터 그 자체로 자유롭게 세워진다. 나는 이것이 칸트가 다음 정언명령의 진술에서 강조한 낱말로써 의도한 것이라 생각한다. "네 의지의 준칙이 언제나 **동시에** 보편적 입법의 원리로 타당할 수 있도록 행위하라."[22]

칸트에 따르면, 바로 이것이 도덕법칙 또는 순수 실천이성의 최상 원칙이다. 그러나 사실상 그것은 법칙이 아니라 명령이다. 법칙과 명령을 그 자신이 구별했음에도 불구하고, 그는 『실천이성비판』의 어느 곳에서도 법칙을 본래의 형태로 정식화하지 않는다. 그는 오직 『정초』에서만

---

21 이러한 오류를 칸트에게 돌린 대표적인 예는 다음과 같다. C. D. Broad, *Five Types of Ethical Theory*, London, 1930, p. 128[국역: 『윤리학의 다섯 가지 유형』, 박찬구 옮김, 철학과현실사, 2000]. 이 논변의 논리적 분석에 관해서는 다음을 보라. A. Duncan-Jones, "Kant on Universalization", *Analysis* XVI, 1955, pp. 12~14. 이는 이 책의 제9장에서 더 충분히 논의될 것이다.

22 『실천이성비판』, §7(30). 두 가지 의욕이 있다 ─ 하나는 나 자신의 행위를 위함이고, 다른 하나는 앞의 의욕에 대한 준칙을 보편화하기 위함이다 ─ 는 생각은 『정초』에 등장하는 정언명령의 다른 정식들에서도 분명한 언어로 명시되지 않았다. 특히 "자율의 원리"의 진술을 참조하라. "의지 선택의 준칙들이 동시에 보편적인 법칙으로서 **동일한 의욕 속에** 포괄되도록 오직 그렇게만 선택하라"(『정초』, 440, 강조는 인용자).

그렇게 했고, 그것도 부수적으로 그렇게 했다. "단적으로 선한 의지란 그의 준칙이 보편법칙으로 고찰될 때에도 그것을 항상 자기 안에 포함할 수 있는 의지이다."[23] 이것은 하나의 선험적 종합명제이다.

6. 자율

법칙은 모든 이성적 존재자에게 보편타당한 원칙이다. 원칙으로서 그것은 의지의 보편적 규정을 포함해야만 한다. 지금까지 우리는 실천명제로 간주되는 이러한 원칙이 무엇인지 이해하려 시도했다.

그런데 원칙을 정식화한 절(§7)에서 칸트는 "원칙"(*Grundsatz*)이란 낱말을 또 다른 의미로 사용하기 시작한다. 지금까지 "원리"(*Prinzip*)는 기초적, 즉 근본적인 선험적 종합판단을 의미했으나, 이제 실제적으로 **앞서 주어진 것**(*prius*), 또는 이러한 판단에 의해 정식화된 조건을 의미한다. 그가 지금 말하고 있는 원리는 의지의 판단이 아니라 의지의 조건 또는 "보편적 규정" 자체이다. 그리고 그는 말하기를, "의지의 자율은 모든 도덕법칙과 이 도덕법칙을 따르는 의무의 유일무이한 원리다. …… 도덕법칙이 표현하는 것은 순수 실천이성의 자율, 다시 말해 자유의 자율과 다름없다"(33).

『실천이성비판』의 §5와 §6(28-29)에서 칸트는 의지가 자기 준칙들의 질료에 의해 완벽히 규정되지 않는 한, 형식적(종합적) 준칙이 의지를 규정하기에 충분하다고 밝힌다. 만일 어떤 이성적 존재자가 형식적(종합적) 준칙을 따른다면, 그는 자신의 의지가 경험적 규정으로부터 자유롭기 때문에 그렇게 하는 것이다. 이것은 소극적 의미에서의 자유이다. 그리고 의지는 자기규정을 위해 어떤 법칙을 필요로 하므로, 그러한 존재

---

23 『정초』, 447.

자는 자연 본성에 따라 자신에게 주어진 법칙과는 다른 어떤 법칙을 따라야 한다. 그리고 경험의 소여들을 다루는 이성이 아니라 오로지 이성 자체를 통해 완벽히 주어진 것만이 이러한 법칙일 수 있다. 따라서 의지는 또한 자기규정이라는 적극적인 의미에서도 자유로워야 한다.

따라서 칸트는 자유로운 의지와 도덕적 의지, 그리고 순수 실천이성이 동일하다는 결론을 내린다. 만일 이성이 법칙을 그 자체로 수립할 능력이 없었더라면, 이성은 자연으로부터 법칙을 빌려와야 했을 것이며, 그 경우 그 법칙은 오직 타율적 명령만을 뒷받침할 수 있다. 지성계의 일원인 나 자신이 부과한 법칙만이 경험 세계의 일원인 나의 직접적 관심을 불러일으킬 수 있다. 다른 모든 법칙 및 그러한 법칙들 아래에서 일어나는 활동들은 단지 간접적으로만 내 관심을 일으킬 수 있다.

따라서 오직 스스로 부여한 법칙만이 §3에서 서술된 도덕성의 현상들을 뒷받침할 수 있으며, 이성적 존재자가 자기 자신에게 부여한 법칙은 칸트가 진술한 정식을 갖춰야 한다. 이로써 원칙의 형이상학적 연역이 완성된다. 물론 우리는 다음 장에서 칸트를 따라 연역과 연관된 부수적인 문제들을 계속 다루기는 하겠지만 말이다.

하지만 그 개념을 설명하는 이 부분들로 넘어가기 전에, 지금껏 도달한 칸트의 결론들을 특히 이론적 법칙에 대한 그의 철학에 비추어 고찰하는 것이 좋겠다. 몇몇 저자들은 칸트 윤리학이 근대 윤리학의 역사에서 도덕법칙을 자아에 가장 완벽하게 포섭하는 데서 출발해 법칙에 자아를 가장 완벽히 예속하는 것으로 끝난다는 점을 지적하며, 이를 "칸트 윤리학의 역설"(paradox of Kantian ethics)이라고 부른다. 여기서 핵심적인 도덕적 현상은 법칙에 의한 자아의 제약이며, 이를 설명하는 것은 자아의 입법, 즉 자율이다.

하지만 여기에는 어떠한 역설도 없으며, 칸트의 사상은 법칙 일반의 개념에 관한 칸트 이전의 이론적 전개에 비추어보면 낡은 개념의 진보다. 볼프를 비롯한 다른 합리론자들은 자연법칙이 인간 위에 군림하게 했고, 오직 이성만이 자연법칙을 발견할 수 있기 때문에 이성을 인간의 도덕적 조언자로 여겼다.[24] 자연법칙에 대한 복종이 인간에게 완전성과 행복을 가져다주리라는 것이 그들에겐 분명했다. 그러나 그들이 생각하기에 인간이 자연법칙에 복종해야 하는 이유가 행복에 있는 것은 아니었다. 책무는 완전성 개념의 분석으로부터 단순하게 도출되었기 때문이다.[25]

하지만 비판기 칸트는 도덕의 근거로 설정된 자연적 합목적성 개념과 마찬가지로 자연적 책무에 대한 이러한 개념을 더는 수용하지 않았다. 그에 따르면, 자연법칙은 도덕적 취지와 무관하며, 그것들은 어떤 목표가 미리 전제될 때에만 행위를 안내할 수 있다. 그는 자연법칙의 인식이 봉사할 수 있을 유일한 목표가 행복, 그리고 행복을 구성하는 모든 쾌적한 성분임을 발견할 수 있었다. 이로부터 그는 볼프의 실천철학이 법칙의 윤리학을 표방한다 해도, 실제로는 그것이 찬양하던 법칙의 권위를 근거지을 수 없는 욕구의 윤리학이라는 결론에 이른다.

칸트는 도덕법칙의 권위를 조금도 포기하지 않았다. 그의 이론철학은 법칙의 원천 개념에 실마리를 제공했다. 그의 이론철학에서 이성은 자연법칙의 원천이며, 자연법칙들은 수동적으로 기입되는 것이 아니라 우리가 경험의 객관적 의미 규준으로서 경험에 자리매김한 조건들이다. 오직 이러한 기원으로부터만 흄이 부정했던 자연법칙의 필연성은 설명될 수

---

24 C. Wolff, *Vernünfftige Gedancken von der Menschen Thun und Lassen*, §137 참조: 자연법칙들은 우리가 우리의 완전성에 기여하는 일을 행하기를 요구한다. 우리의 양심은 우리가 자연법칙들에 따라 행하기를 요구한다. 자연법칙들은 도덕성의 법칙들이자 그 법칙들을 밝혀내는 이성의 법칙들이다. 크루지우스의 다음 책에도 유사한 대목이 나온다. C. A. Crusius, *Entwurf der nothwendigen Vernunftwahrheiten*, §133, §137 참조: "신이 우리에게 심어둔 자연법칙에 대한 본유관념이 있는데, 그것은 양심에 의해 인지된다. 그것은 이론적 인식이 아니라 근본충동(*Grundtrieb*)인바, 그것은 의지의 충동(*Trieb*)에 기초한다."

25 이 점에서 칸트는 『현상논문』, II, 299에서 그들을 따랐다.

있다. 그렇지 않으면 자연법칙이 본래 자명하게 이성적이어서 또는 신의 법칙들로 계시되었기 때문에 필연적이라고 말해야 하는데, 이것은 흄이 경멸적으로 거부했던 설명 방식이다.

그러나 만일 자연에 대한 이론법칙들의 객관적 필연성의 원천이 이성적 존재자인 우리 안에 있다면, 우리는 칸트가 어떻게 자율적 이성 안에 도덕법칙의 원천을 자리매김한 동시에 그것의 객관적 필연성을 보증할 수 있었는지 또한 쉽게 이해할 수 있다. 이들 간의 유일하게 중요한 차이는 이론법칙은 감성적 조건을 지니고, 따라서 있음에 제약된다는 점이다. 여기서 "있음"이란 "우리 경험의 감성적 조건 아래, 그리고 경험적 사고 일반의 두 번째 요청에 따라 우리 인간에게 있음"을 의미한다. 반면에 실천법칙은 감성적 조건에 제약되지 않으며, 우리는 그 법칙의 실제 현존 여부를 인식하지 못하더라도 우리의 행위를 통해 현존을 끌어내야 한다고 생각한다. 이성은 이성성에 대한 이성 자신의 요구가 실제로 현존하는 것 안에 완전히 충족되어 있다고 여기지 않는다. 완벽한 이성성에 대한 이성의 요구는 우리에게 실제로 주어지지 않은 세계 안에서만 충족될 수 있다. 이성이 요구하는 것과 경험이 보여주는 것의 불일치 — 이론이성에 대한 이러한 불만족스러운 요구 — 는 이성적 법칙의 지배 아래에서는 실천적 관심으로 나타나지만, 이성적 법칙이 자연계에 실제로 지배력을 행사하는 것은 아니다.

현존을 단지 감관에 현전할 수 있음의 범주로 적법하게 적용하는 인간과 같은 존재자에게 그러한 법칙은 있는 것[=존재사실]이 아니라 있어야만 하는 것[=당위]을 처방한다. 도덕법칙의 자격은 그것이 자기를 위한 법칙일 뿐만 아니라 자기에 의한 법칙이라는 데 있다. 만일 법칙이 다른 원천에서 나왔다면, 즉 그 원천이 신 자신이라면, 인간에게 법칙의 자격은 다만 조건적이었을 것이다. 그것은 오직 인간 자신의 욕구에 따른 상벌의 체계를 통해서만 유효할 것이다. 도덕의 순수성은 파괴될 것이다. 오직 자율만이 칸트의 윤리학에 고유한 다음의 두 구상을 결합할 수 있다. 첫째, 인간은 의무의 규정에 있어 자기 밖의 모든 것으로부터 독립적이다. 둘째, 그렇지만 도덕적 투쟁에서 우리는 명령을 받으며 우리는 "자원자"(*Volontär*)가 아니다(82, 85).

역사적으로 칸트의 윤리학은 인간과 세계의 관계에 대한 위대한 두 구상 간의 이행을 대표한다. 인간은 자연의 일부이며 자연법칙에 복종해야만 한다는 18세기의 입장에 맞서 칸트는 기존 질서를 뒤집고 자연이 우리에게 현상하는 대로 그렇게 있다고 주장함으로써 반격했다. 그리고 그는 감히 이성의 저울에 자연의 무게를 달아보고, 자연은 무언가 부족하며 인간의 운명을 감당하지 못한다고 선언함으로써, 이러한 코페르니쿠스적 모험마저도 넘어섰다. 이러한 착상 속에서 실천적 문제 — 인간이 무엇을 해야만 하는가, 그리고 어떻게 자신의 현존을 바꾸어야 하는가 하는 실천적 문제 — 는 자연의 본질, 그리고 자연이 그 자연의 질서의 일부인 인간에게 요구하는 것에 우선한다. 자연은 인간을 낳았지만, 마침내 인간이 자연으로부터의 독립성을 확언할 수 있는 단계에 다다르도록 했다.[26]

이러한 창조적 자아 이론을 이어받은 것은 독일 낭만주의이다. 낭만주의자들에게 인간은 자연의 원작자이자 판관으로서 자연에 대해 우위에 있다. 그러나 그 때문에 재판관은 자신의 법칙을 잃었다. 칸트는 17, 18세기의 합리론자들과 자연주의자들로부터 물려받은 유산인 법칙의 보편성을 견지했을 뿐만 아니라 심지어 확장했다. 비록 그가 그것을 추상적인 인격, 즉 **생각하는 것**(*res cogitans*) 속에 정박시키기는 했지만 말이다. 하지만 헤르더를 비롯한 다른 철학자들의 등장과 더불어 이러한 조치는 단지 미완성으로, 즉 이성주의와 주관주의의 불안한 동거로 간주되었다. 그들이 생각하기에 그 전개는 구체적 인격을 지닌 역사적 인간을 법칙의 원천으로 간주함으로써만 완성될 수 있다.

---

26 『세계시민적 관점에서 본 보편사의 이념』, 제3명제(VIII, 19).

그러나 이러한 자아의 통치 아래에서 법칙은 당연히 더는 이성적이고 보편적이지 않으며, 그것의 필연성은 다만 역사적일 뿐이다. 그것은 다만 감정과 역사의 표현, 즉 시대정신(*Zeitgeist*)과 민족정신(*Volksgeist*)과 열광(*Schwärmerei*)의 표현일 뿐이다. 칸트는 『사유 안에서 방향 정하기란 무엇인가』에서 이 마지막 단계를 취하려는 이들에게 전한다. "정신적 능력과 관대한 마음을 가진 분들이여! 나는 그대들의 재능을 존중하며, 그대들이 지닌 인간성을 향한 감정을 사랑합니다. 하지만 그대들은 스스로 무엇을 하고 있는지 숙고해보셨습니까? 이성에 대한 공격을 어디서 그만두시렵니까?"[27]

　날카로운 선견지명으로 칸트는 그들에게 이 공격의 끝이 무엇을 겨냥하는지 물으며 우려를 표했다. 그러나 공격은 계속되었고, 우리는 그 귀결이 무엇인지 보았다. 그것은 칸트가 예견했던 것과 같다.

27　VIII, 144.

제9장

실천적 개념들과 판단력

—분석론 제2장의 주해

1. 들어가며

분석론 제2장인 "순수 실천이성의 대상 개념"은 연역의 뒤에 온다. 논리적으로 볼 때 그것은 연역보다 앞에, 즉 §7에서 최상 원칙의 정식을 세우고 난 뒤 바로 나와야 한다. 하지만 짐작건대, §7의 몇 가지 난점 때문에 칸트는 개념들과 도덕적 판단으로 이행하기 전에 독자가 원칙과 그 갈래들에 완전히 친숙해지기를 바랐을 것이다. 분석론 제2장이 연역 다음에 나오기 때문에, 때때로 칸트는 이 원칙을 단지 정식화된 것이 아니라 도덕법칙으로 연역된 것(타당성이 확립된 것)으로 다룰 수 있었다. 그러나 다른 곳에서 그는 이 장이 설명, 즉 내가 "형이상학적 연역"이라 불렀던 것의 일부임을 자각하고 있다. 확실히 한 곳에서 그는 마치 (선험론적) 연역이 아직 도달해야 할 목표인 것처럼 명시한다.[1] 제2장의 몇몇 구

---

1 『실천이성비판』, 67: "마침내 양상 범주 ……"로 시작하는 문장은 작문 과정에서, 한번은 그 부분들의 순서가 바뀌었을 수도 있음을 암시한다. 『순수이성비판』에서는 원칙의

195

절은 이미 성취된 연역("형이상학적 연역")에 비추어 해석될 수 있겠지만, 전체적으로 이 장은 ─ (선험론적) 연역으로부터 정식이 획득된다는 보증과 무관하게 ─ 정식(정언명령)의 정교화 작업과 적용으로 이해하는 것이 적합하다.

이 장의 서술은 그리 평탄하지 않다. 앞부분의 서술이 『실천이성비판』에서 가장 명쾌하고 직선적인 반면, 중반부 서술은 이 책 전체를 통틀어 가장 어렵고 모호하다. 자주 그것은 단지 칸트의 "악명 높은 건축술"의 표본으로만 간주되며, 책 전체의 논증에서 필수적인 지위를 점하지 않는다고 여겨진다. 가장 우호적인 해석조차 이 부분이 난해하고 빈약하게 구조화되었으며, 첫 비판서의 대응하는 부분[=판단표와 범주표 부분]과 달리, 학설이 더는 전개되지 않았음을 인정한다. 그런데 구성의 그러한 애매함과 빈약함은 이 절이 건축술적인 한갓 괴팍한 관심의 표현이라는 견해를 반증한다. 왜냐하면 칸트가 그러한 취미를 따랐더라면, 그의 표들은 여기서 결여된 우아함과 세련됨을 지녔을 것이기 때문이다. 적어도 그가 여기서 완전히 새로운 땅을, 그러나 비옥하게 경작하는 데 성공하지 못한 땅을 탐험하고 있었다는 주장이 가능하다. 제2장의 후반부는 어렵고 미묘한 소재를 다루기는 해도, 서술은 다시 명료해진다. 『순수이성비판』과 『정초』의 독해를 통해 단련된 독자라면 이 난해함에 충분히 대처할 수 있을 것이다.

분석론이 개념들의 선험론적 연역 뒤에 나올 것을 요구하는 내적인 이유가 있다. 그러나 『실천이성비판』에서 원칙들의 **정식화**가 개념들의 정식화에 필연적으로 선행할지라도, 개념들과 판단들의 연구에 한해서는 그것이 『실천이성비판』의 연역의 뒤에 나와야 할 마땅한 이유는 없다.

2. 원칙, 개념, 그리고 판단

칸트는『실천이성비판』의 분석론이 첫 번째 비판서의 그것과 동일한 부문들을 갖지만, 그 순서가 역전된 사실을 거듭 보고한다(16, 90). 먼저 『순수이성비판』은 순수 지성 개념들(범주들)을 정식화하고 그것들이 경험적 기원을 갖지 않지만, 우리가 어떤 것을 인식하려면 경험적 대상에 적용되어야 함을 입증한다. 둘째로, 이 개념들이 어떻게 경험에 적용되어야 하는지, 즉 범주 적용의 기회들이 어떻게 경험 내에서 발견되고 구별되는지를 밝힌다. 이것은 '도식론'의 장에서 수행되는데, 그곳에서 선험론적 판단력, 즉 직관과 무관한 개념들 아래에 직관을 포섭하는 능력이 다루어진다. 마지막으로, 이 개념들이 어떻게 지성에 의해 본성에 부여된 법칙들인 원칙들 안에서 선험적으로 종합될 수 있는지를 밝힌다. 이것은 원칙의 분석론의 주된 문제이다. 개념들이 경험의 조건에 제한되지 않으면 그것들은 "이성의 이념들"이라 불리고,[2] 선험론적 변증론은 범주들이 비(非)감성적 대상들의 이념들로 취급될 때 어떠한 선험적 종합판단들 내지 원칙들도 정당화될 수 없음을 밝힌다.

반면에『실천이성비판』은 개념들이 아니라 원칙들에서 시작한다. 그 까닭은 제2장에서 분명히 진술되지만,[3] 칸트 윤리학 전체에 반영되어 있다. 설명뿐만 아니라 이해되어야 할 현상인 도덕적 사실은 도덕법칙에 따라 행위하려는 책무의 의식이다. 우리는 우리가 추구해야 할 선(善)의 개념을 제공하는 어떠한 독립적 직관능력이나 도덕감관도 없다. 도덕적 고려가 최초 발생되는 양태는 법칙과 그것의 명령으로 표현된 책무이다. 그것은 직관이 아니며, 심지어 우리가 성취해야 할 어떤 것이 좋다거나

---

2 또한 이념들에 대한 다른 더 적극적인 구상이『순수이성비판』에서 등장하며, 이는『실천이성비판』으로 전승된다. 이는 이 책의 제13장에서 충분히 논의될 것이다.

3 『실천이성비판』, 62-63. 이는 피스토리우스의 비판에 대한 대답이다.

행위를 통해 실현될 것이 좋다는 판단도 아니다.[4] 도덕적 개념들 — 물론 모든 실천적 개념도 — 은 원칙들로부터 도출되어야 하며, 그 역은 아니다. 만일 역전된 순서라면, "좋다"(good)고 불리는 어떤 것은 수용성(감정)을 통해 식별될 수밖에 없을 것이며, 타율적 원리가 도출될 것이다. 따라서 자율적 원리를 요구하는, 절대적 강제라는 본래의 도덕적 현상은 해명되지 않은 채 남을 것이다. 따라서 칸트는 도덕적 개념에서 시작해 원칙들로 끝나는 절차는 이미 타율을 수반할 것이므로, 우리가 그 절차를 선택함으로써 도덕철학의 가장 중요한 문제를 회피해서는 안 된다고 말한다. 적어도 우리는 윤리학에서 원칙이 개념을 규정할 가능성을 열어두고 탐구해야 한다.

그런데 칸트는 논의 순서의 차이는 설명하지만 판단력의 매개 역할에 관한 논의를 생략한다. 하지만 당면한 원칙들과 개념들이 이론이성에 속하든 실천이성에 속하든 간에, 판단력은 이러한 매개 역할을 한다. 이는 칸트가 두 비판서 모두에서 보여준 삼단논법의 분석을 통해 쉽게 알 수 있다.[5] 두 비판서에서 판단력(Urteilskraft)에 할당된 임무는 원칙이나 대

---

4 선의 개념이 칸트 윤리학에서 의무 개념의 기초라는 페이턴의 주장은 옳다(H. J. Paton, *The Categorical Imperative*, p. 45[국역: 『칸트의 도덕철학』, 62쪽]; *In Defence of Reason*, pp. 157~77 참조). 그것을 행하는 것이 좋다고 생각하는 한에서만 우리는 어떤 것을 해야 할 책무를 지닌다. 의무는 인간과 같이 선을 필연적으로 의욕하지는 않기 때문에 선의 추구를 위해서는 강제가 요구되는 존재자에게 선을 드러내는 유일한 형식이다. 그러나 이것은 선의 **개념**이 도덕적 **원칙**의 토대임을 함축하지 않는다. 의무 개념은 양자 모두로부터 이끌어낼 수 있지만, 선의 개념을 정의하기 위한 토대는 원칙이다.

5 『순수이성비판』, A304 = B360-61; 『실천이성비판』, 90. 다른 곳(『도덕형이상학』, VI, 438)에서 칸트는 실천적 삼단논법의 결론 도출의 책임을 이성에 돌리지만, 거기서 그는 분명히 이성의 실재적 사용이라기보다는 논리적 사용에 주목한다. 이 구절에서 그는 (원칙 또는 대전제의 설정에서) 실재적으로 사용되는 실천이성을 "실천적 지성"(dem praktischen Verstande)이라고 부른다. 『정초』(IV, 412)에서는 이성이 법칙으로부터 행위를 도출하기 위해 요구되므로 의지는 실천이성에 다름 아니라고 한다. 여기서 우리는 또한 이성의 논리적 사용도 다룰 것인데, 이는 『이성심리학』에서 볼프의 용어법을 따른다(C. Wolff, *Psychologia rationalis*, §494, §528).

전제 아래 세계의 사실들 또는 사건들을 포섭하는 일이다. 선험론 철학에서 판단력의 학설은 원칙이나 개념이 적용될 수 있는 실례를 선험적으로 다룬다. "선험론 철학은 보편적이고도 충분한 표지들을 가지고서 대상들과 이 개념들이 합치 가능한 조건들을 제출해야 한다."[6] 유사하게 실천적 삼단논법에서 판단력은 선을 규정하는 원칙에 속하는 것이 어떤 대상 또는 행위인지를 결정해야 하고, 이 결정의 근거를 판단규칙의 형식으로 진술해야 하며, 이렇게 해서 도덕적 판단과 도덕적 사실들은 결합될 수 있고, 경험의 사건들은 도덕적으로 판정될 수 있다.

그러나 형식적으로 유사하다 해도, 두 삼단논법은 그 인식적 또는 선험론적 기능에서는 상당히 다르다. 순수 지성 개념들(범주들)은 직관에 선험적으로 적용되고, 직관은 개념들 사이를 매개해 그것들의 선험적 종합을 가능하게 하는 "제3의 것"이다. 그러나 개념들은 직관에 직접 적용되지 않는다. 그것들은 단지 어떤 형식적 패턴 또는 구조에 관계하며, 이 구조는 대응하는 범주에 종합의 규칙이 주어지는 지성적 종합과 이질동형이다. 이 형식적 구조가 개념들의 도식이다. 이를테면 우리가 경험에 적용되는 원인성에 대해 선험적 종합판단을 할 수 있는 것은 바로 "원인"과 "결과"가 모두 특수한 시간적 관계에서 직관과 연결되기 때문이다. 그러나 도덕적 선의 개념은 도식화될 수 없는 이념이다. 우리는 이에 대응하는 직관의 구조를 찾을 수 없다. 자유의 두 개념 중 하나인 "입법"(*Gesetzgebung*) 개념은 시간상 현존하지 않는 원인 개념이고, 따라서 원인성의 도식이 행위에 대한 도덕적 결단과 표현에 적용될 때, 그것은 이론적 인식에서와 동일한 인식론적 귀결을 갖지 않는다. 하지만 선의 개념이 원칙에 의해 정의된다 해도, 그것은 특수한 행위들 또는 경험세계 내에서 우리의 자유로운 선택에 의해 창조될 수 있는 대상들에 적용될 수 있다. 말하자면 원칙 자체는 도식화되어야 하며(68), 이로써 그것은 의지

---

6 『순수이성비판』, A136＝B175.

선택과 결단의 실천적 경험에 적용될 수 있다.

따라서 이 장은 뚜렷이 구별되는 세 부분으로 나뉜다. 처음부터 열세 번째 문단까지는 선·악 개념이 실천이성의 대상 개념으로 정의된다. 그 다음의 네 문단은 원칙들에 따른 실천이성의 범주들을 전개한다. 남은 부분은 이 개념과 원칙의 적용을 위한 조건을 처방한다.

3. 선과 악의 개념들

실천이성의 대상은 자유를 통해 가능한 결과이다(57). 이 정의에서 두 낱말은 예비적 설명을 필요로 한다. "대상"(Gegenstand)은 두 가지 뜻을 포괄할 만큼 충분히 넓게 취해져야 한다. 하나는 행위에 의해 산출된 상태이고, 또 하나는 행위 자체이다. "대상"은 단지 행위를 통해 창조된 세계 내의 사물만을 의미한다고 생각되어선 안 된다. 이 정의에서 "자유"는 의지선택(Willkür)의 자유이지, 필연적인 선험론적 자유가 아니다. 그 대상이 순수하고 자율적인 의지, 곧 선험론적으로 자유로운 의지의 객체일 필요는 없기 때문이다. 의지는 결코 욕구의 객체에 의해서가 아니라 객체.표상에 의해, 그리고 행위자가 결단의 근거로 삼게 될 규칙에 의해 직접 규정되기 때문에, 위 명제의 의미에서 자유는 — 우리가 도덕적 "자유의지"에 관여하는가 아니면 단지 지적 선택과 기예의 특징이기도 한 "자유로운 선택"에만 관여하는가와 무관하게 — 자발적 선택이라는 특징을 지닌다.[7] 분석론 제2장이 연역 다음에 나오기 때문에 칸트가 때때로 이 자유에 대한 더 심오한 개념을 사용하기는 하지만, 이 장의 해설에서 선험론적 자유의 문제를 다룰 필요는 없다.

---

7 『실천이성비판』, 60;『순수이성비판』, A802＝B830, A548＝B576;『속설』, VIII, 282;『도덕형이상학』, VI, 381.

실천이성의 대상 개념은 대상을 산출할 행위의 원인으로 간주된 객체의 표상이다. 이처럼 실천이성의 대상은 의지의 목표와 동일하다.[8] 게다가 실천원칙의 질료는 그 형식과 대조적으로, 그 대상과 동일하다(27). 그런데 원칙'의' 질료와 질료적 원칙의 구별은 필수적이다. 모든 의욕은 대상을 가지므로, 모든 원칙은 질료를 갖는다(34). 그 질료가 원칙에 의해 지도되거나 이끌어진 행위의 조건인 한에서 그것은 "질료적 원칙"이라 불린다. 칸트는 실천이성의 법칙이 있으려면 질료적이지 않은 원칙이 존재해야 함을 이미 밝혔다. 제2장의 이 부분은 그러한 비(非)질료적 원칙의 질료가 무엇일 수 있는지 찾아내는 데 할애된다.

어떤 대상이 실천이성의 대상이라고 말하는 것은, 법칙 또는 규칙을 따르는 자유로운 행위에 의한 대상 산출의 인과관계에 의해 그 대상을 이해해보려는 것과 같다. 이는 우리가 어떤 표상이 대상과 관계한다고 말하도록 하는 조건과 유비적이다. 우리가 이론적 인식에서 주어진 어떤 것(소여)을 대상에 속한다고 간주한다면, 이는 이 소여가 하나의 시공간적 체계 속에서 다른 소여들과 종합되는 규칙이 존재하며, 그 결과 다른 소여들의 "지속 가능성"을 담보하는 대상의 명증한 상태가 주어져 있다고 여김을 함의한다. 어떤 규칙 아래에서 주어진 다른 것들과 종합될 수 없는 "날것의 소여"는 대상으로 현상하지 못한다. 경험의 대상과 이론적 지성의 관계는 실천이성의 대상과 이성적 선택능력의 관계와 같고, 한갓 지각과 이론적 지성의 관계는 한갓 욕구 대상과 이성적 선택능력의 관계와 같다. 경험 대상이나 실천이성의 대상은 우리의 표상들이 단지 관념들의 연상과 같은 임의적 관계가 아니라 서로 필연적 종합 관계에 있을 때 성립한다.

이성적 존재자는 오직 어떤 의미에서 대상이 선하다고 생각하는 한에서만 그것을 산출하기 위해 행위하고, 어떤 의미에서 그것이 나쁘거나

---

8 『실천이성비판』, 57; 『도덕형이상학』, VI, 381, 384-85.

악하다고 생각하는 한에서만 그런 상태를 피하려고 행위한다.[9] 칸트에 따르면, 그러한 실천이성의 유일한 대상 개념들은 선과 악의 개념들이다.[10] 그런데 선과 악에는 세 가지 의미가 있다. 어떤 것은 어떤 임의적인 목적을 위해(이를테면 청산가리는 자살에 좋다), 또는 어떤 실제적 목적을 위해(이를테면 건강은 행복에 좋다), 또는 앞에서 말한 이성적 존재자가 주장할 법한, 의무로서 해야만 하는 필연적인 목적을 위해 좋을 수도 있다. 따라서 칸트는 명령의 세 종류에 대응해 '**미정적 선**'(*bonitas problematica*), '**실용적 선**'(*bonitas pragmatica*), '**도덕적 선**'(*bonitas moralis*)을 구별한다.[11] 단지 셋째 것만이 아니라 선의 각 유형에는 이성규칙을 통해 규정된, 의지와 대상의 필연적 관계가 성립한다.

자살이 의도된 목적이라면, 단지 자살을 결단한 사람만이 아니라 이성적인 모든 인간이 이 의도를 위해 청산가리가 좋음을 인지한다. 이런 식으로 그것이 좋다고 판단하는 의지와 그 대상의 필연적 관계는 단지 조

---

9 나는 칸트가 말한 "학파들의 오래된 정식"(『실천이성비판』, 59)이 가리키는 것이 분명히 무엇인지 확인할 길이 없지만 적어도 그 비슷한 의미와 낱말들은 볼프(*Psychologia rationalis*, §880, §881, §892)와 바움가르텐(*Metaphysica*, §661, §665)의 저작에서 찾아볼 수 있다. 칸트가 본문에서 지적한 대로, 바움가르텐은 정의하는 자리에서 대상의 쾌에 관한 기대를 끼워 넣는 실수를 한다. 그는 다음과 같이 적었다. "만일 내가 어떤 것이 쾌를 주리라고 예상하고 그것이 나의 노력으로 획득될 수 있다면, 나는 그것을 추구한다. …… 이로부터 나는 **선과 악의 근거에 따라**(*sub ratione* [*boni et*] *mali*) 많은 선을 추구할 수 있고 많은 악을 피할 수 있다"(§665). 물론 칸트는 볼프 역시 이 오류에 책임이 있다고 생각했다. 완전성은 어쨌든 간에 그것이 어떤 도덕적 취지를 지닌다는 점에서는 질료적 원칙이며, 모든 질료적 원칙은 궁극적으로 쾌락주의적이기 때문이다. 그러나 볼프 자신은 완전성이 추구의 대상이며, 쾌는 단지 성취에 따른 부산물일 뿐이라고 주장함으로써 이를 부정한다.

10 『실천이성비판』, 57. 칸트는 쓰기를, "실천이성의 개념은 자유에 의해 가능한 결과로서의 객체의 표상이다". 카를 포어랜더(Karl Vorländer)는 원문을 편집하면서 "개념" 앞에 "대상의"란 낱말을 삽입했는데, 나의 번역도 이를 따랐다.

11 *Lectures on Ethics*, 15. 이것들은 『형이상학 강의』에 나오는 필연성의 세 유형에 대응한다. *Vorlesungen über Metaphysik*, Pölitz ed., p. 186[국역: 푈리츠 엮음, 『칸트의 형이상학 강의』, 이남원 옮김, 울산대학교출판부, 2014].

건적 필연성이지만, 그럼에도 이 판단은 이성적 존재자의 동의를 필연적으로 요구한다. "자살은 좋다"라고 말하는 것이 아무리 비이성적이라 하더라도, "청산가리는 자살에 좋다"라는 것은 이성의 객관적 규정을 표현한다.

단지 목적에 이르는 수단만이 문제라면 저 판단을 이해하기는 쉽다. 그러나 칸트는 "자살은 좋다"와 같은 판단도 마찬가지로 이성에 대한 요구를 나타내야 함을 상세히 논증한다. 만일 자살이 좋다고 한다면, 그것은 절망에 빠진 인간이 그것을 추구해서가 아니라 이성적 존재자의 동의를 필연적으로 요구하기 때문에 좋은 것이다. 그렇지 않다면 그저 이렇게 말하는 것으로 충분하다. "나는 자살하고 싶다"거나 "너 역시 이런 상황 아래에서 나처럼 판단한다면, 나는 자살하고 싶다". 칸트는 여기서 이것과 이성적 동의의 필연적 관계를 탐구한다.

의지의 원칙 또는 준칙과 대상 사이에는 두 가지 관계가 있을 수 있다. 대상이 원칙을 통해 표상을 규정할 수 있거나, 아니면 원칙이 대상의 표상을 규정할 수 있다. 문제는 이렇다. 선과 원칙 중 어느 것이 더 앞서는 표상인가?

'미정적 선'이나 '실용적 선'과 관련해 좋은 것의 개념은 "조건적 명령의 형식적 원리"를 통해 규정된다. 그러나 이 원리가 좋은 **것**, 즉 선의 개념이 적용되는 대상 자체를 규정하는 건 아니다. 미정적 선이나 실용적 선의 의미에서 어떤 것을 좋은 것으로 만드는 것은 어떤 것의 현존으로부터 또는 어떤 행위와 쾌적한 상태의 현존 간의 인과관계로부터 얻을 것으로 기대되는 쾌의 감정이다. 그러나 둘 중 어디서도 선의 대상은 원칙이나 정의를 통해 결정되지 않는다. 하지만 실용적 선의 경우에는 원칙에 따라 좋은 것과 쾌 사이의 관계가 매우 밀접해서 쾌락주의자도 이 두 개념을 동일시할 정도다. 칸트는 이 동일시를 반박하면서 (마치 20세기 일상언어학과 철학자처럼) 일상적 언어 사용도 선과 쾌의 동일시와 상반된다고 말한다.[12] 선은 상호 주관적으로 공유할 수 있는 이성적 개념이고, 쾌는 내감의 순전히 사적인 촉발이다.[13] 선은 사적인 감정이 아니라 이성을 통해 판단된다. 설령 그 판단의 전제로 감정이 놓여 있다 해도 그렇다. 이성은 우리가 욕구할 만한 것을 판단하고 감정은 우리가 욕구하는 것을 규정한다. 그러나 선은 그저 욕구하는 것이 아니라 욕구할 만한 것에 대응하는 규범적 개념이다. 이리하여 어떤 쾌락주의자가 '선'(good)과 '쾌'(pleasure)의 잘못된 동일시를 피하는 동시에 둘의 필연적 관계를 유지하고 싶다면, 그는 '선'을 이성의 판단에 따라 쾌로 인도하는 것이라고 정의할 것이다. 이처럼 '선'은 이성적 선택과 필연적 관계 아래 있는 대상을 표시하며, 그것은 '유용한 것'(the useful)과 의미가 같다. 그렇다면 '쾌가 좋다'와 '쾌에 이르는 수단들이 좋다'에서 좋다는 것은, 즉 이 두 경우에 좋다의 의미는 상당히 다르다.

그러면 선은 현저히 다른 두 가지 뜻을 지닌다. 이는 설령 실용적 선과 완전히 구별되는 도덕적 선이 있다고 보는 칸트 윤리학의 핵심 주장을 부정하는 사람이라 해도 인정할 수밖에 없다. (비록 어떤 것이 욕구된 목적으로 인도하기 때문에 이성이 그것을 '좋다'고 판단하더라도) '선'(das Gute)은 이성판단에 따른 행위들, 준칙들, 그리고 인격들의 특성을 의미할 수 있다. 또 그것은 이성과의 필연적 관계 없이 각자가 자신의 감정에 따라 결정하는 '복'(das Wohl)을 뜻할 수도 있다. 어떤 것이 복인가 또는 복에 기여하는가를 결정하려면 먼저 다음 물음에 대한 대답이 요구된다. 성취된

---

12 『실천이성비판』, 58; 『판단력비판』, §4(V, 208). 통풍 발작의 짧은 순간에 "악"의 두 의미를 (암묵적으로) 구별하고 있다는 점에서 비웃음을 살 만하다고 칸트가 소개한(『실천이성비판』, 60) 스토아 철학자는 포세이도니우스(Poseidonius)이다. M. T. Cicero, *Tusculanae Disputationes*, ii, 25[국역: 『투스쿨룸 대화』, 김남우 옮김, 아카넷, 2014].

13 한갓 쾌는 대상을 단순히 내감 또는 감정의 관계 속에서 표상한다. 쾌는 목표의 개념이 적용될 때라야 이성원칙들 아래 편입될 수 있다. 그때 쾌는 제한적인 의미에서의 선이며, 이 선은 목표의 달성에 포함된 보편적 개념을 통해 필연적으로 충족된다(『판단력비판』, §4 참조). 만일 어떤 것이 개념 없이도 필연적으로 쾌적하다고 판단된다면, 그것은 좋은 것이 아니라 아름다운 것이다.

목적은 행복에 기여할 만큼 실제로 나에게 쾌적한가? 어떤 행위가 실용적 선(선의 세 가지 의미들 중 하나)의 의미에서 좋은가를 결정하려면 먼저 다음 물음에 답해야 한다. 이 행위가 행복이라는 목적의 달성에 기여할 것인가? 경험에 주어진 소여를 다루는 (넓은 의미에서의) 이성만이 이 물음들에 답할 수 있다 해도, 그럼에도 그 대답은 각기 경험적이고 단지 개연적이다. 따라서 특정 대상(복)이 선의 개념을 규정하는 한 이러한 개념으로부터 도출된 어떠한 원칙도 법칙이 될 수 없으며, 사전에 독립적으로 정의된 선을 추구하는 어떤 명령도 정언적일 수 없다.

다른 한편, 원칙이 대상의 선을 규정하는 일도 가능하다. 만일 우리가 준칙 또는 준칙 아래 포섭되는 규칙의 경험적 대상을 참조하지 않고서도 원칙을 선택할 어떤 이유가 있다면 실제로 틀림없이 그럴 것이다. 만일 절대적 책무를 표현할 법칙이 있다면, 그것은 그 대상이 아니라 형식에 근거해야 한다. 하지만 의욕의 모든 원칙에는 질료 또는 대상이 있으므로, 이는 정언적 책무를 근거짓는 원칙의 형식이 선의 개념을 규정해야 함을 의미한다.

도덕적 결단 상황에서 우리는 그 대상이 특정 행위든 행위 결과든 간에 그것이 쾌를 가져다주는가, 또 사실상 그것의 성취가 우리에게 물리적으로 가능한가를 물을 필요가 없다. 대상을 의욕하는 "도덕적 가능성"은 우리의 직접적 경향성과 관계된 심리적 가능성과 실천적 성취 가능성보다 우선한다. 순수 실천이성의 대상에 대해 결단할 때, 우리는 오직 이성적 존재로서 그것을 의욕할 수 있는 가능성만을 고려한다(만일 이성이 우리의 선택을 완벽하게 규정한다면, 우리는 가능성을 넘어 실제 선택을 고려했을 것이다). 이러한 의미에서 "선"은, 우리가 이성법칙을 따르는 한, 필연적으로 의욕하는 것으로 정의된다. 여기서 법칙의 적용 가능성은 대상을 실제로 성취할 수 있는 물리적 능력과 무관하다. 그러므로 오직 어떤 것이 절대적으로 좋을 수 있다는 의미에서의 "선", 즉 나의 사적인 욕구 상태 및 세상만사와 무관하게 좋을 수 있는 "선"만이 유일하게 행위들에, 그 행위들로 인도하는 준칙들에, 그 준칙들을 산출하는 의지에, 그리고 이것들을 다 함께 주관 안에 합일시키는 성격에 관계한다. 이것만이 보편적으로 명령될 수 있는 유일한 선이며, 그 밖의 다른 선들은 "그것에 관심을 가질만한 사람들"에게만 추천될 수 있다. 선과 의욕의 필연적 관계는 조건적이 아니라 정언적이며, 미정적이 아니라 필증적이다.

따라서 행위와 대상의 연관은 실천이성 일반보다 순수 실천이성에 훨씬 더 밀접하다. 칸트도 다른 곳에서 언급했지만,[14] 누군가는 덕이 행위의 고유한 보상(대상)이라고 말할지도 모른다. 이는 선이 행위들을 (물론 여기서 행위가 외적 행동뿐만 아니라 특정한 방식으로 처신하도록 하는 의지의 내적 정립 또한 의미함을 유념해야 할 텐데) 파생적이 아니라 직접적으로 규정함을 뜻한다. 절대적으로 선한 대상은 오직 특정 행위를 통해서만 실현될 수 있으며, 이는 특정 수단들의 사용이나 유리한 환경의 조성으로 성취될 수 있는 목적과 다르다. 특정한 행위 방식은 도덕법칙에 근거한 명령을 통해 요구되는 최초의 것 — 사실상 유일한 것 — 이기 때문에, 그것은 오로지 특정한 행위를 통해서만 실현될 수 있다. 준칙의 형식과 대상은 그 대상이 도덕적 선인 한에서 일치한다. 순수 실천이성의 대상은 행위의 결과가 아니라 행위 그 자체이며, 선의지는 자기 자신을 대상으로 갖는다.[15] 도덕적으로 선한 대상은 시간과 공간에 속하지 않으며, 그 개념은 초감성적 자연의 초감성적 이념이다. 그것은 특정 행위 방식의 결과로 산출될 수 있는 자연이 아니라 행위 자체의 양태 속에서 적어도 부분적으로 실현되는 자연이다(43). 선은 도덕적 행위에 대해 초험적이 아니라 내재적이다.

그럼에도 불구하고 선한 의지는 그 자체만으로 구체적인 행위를 규정

14　그는 말년에 『도덕형이상학』에서 그렇게 말한다(VI, 377).

15　『정초』, 437 참조: "네 준칙들을 동시에 보편적 자연법칙들의 **대상으로** 삼을 수 있는 준칙들에 따라 행위하라"(강조는 인용자).

하기에 불충분하다. 모든 의욕은 대상을 갖는다. 물론 의욕의 대상이 그 자체로 무조건적으로 좋은 것, 절대적으로 좋은 것, 또 모든 점에서 좋은 것일 필요는 없다. 정언명령은 내재적으로 도덕적 선을 추구하라고 명령하지만 그것은 언제나 질료를 가진 준칙들을 전제하며 준칙들을 지배하는 것은 질료이다.[16] 따라서 도덕적 선에 대한 헌신은 다른 선의 포기를 요구하지 않는다. 다만 그것은 우리의 의무를 규정할 때에 욕구들을 고려하지 말 것을 요구한다.[17] 욕구는 다른 종류의 선을 직접 또는 간접적으로 규정하기 때문이다. 어떤 욕구들은 선에 대한 헌신과 양립 가능하거나 실제로 양립할 수 있다. 그러한 욕구들은 도야의 대상이지, 도덕적선에 대한 일면적 헌신을 통해 억압하거나 무화될 것이 아니다.[18] 이는우리의 행복 추구에도 해당하며, "이성은 감성의 편에서 이러한 관심에주의를 기울이고, 이승에서의, 또 가능하다면 저승에서의 행복을 지향하는 실천적 준칙을 만들라는 거부할 수 없는 임무를 떠맡는다".[19] 자기 자신의 행복의 확보는 적어도 간접적으로 하나의 의무이다(93). 그러나 나자신의 행복은 타인들의 행복 또한 내 것과 동일하게 여기는 법칙 아래에서만 이성적으로 의욕될 수 있다(34, 85).

확실히 보편적 행복의 상태는 이성에 의해 또는 경이로운 방식으로 작용하는 신의 은총을 통해 인도되는 게 아니라 자연적 메커니즘에 따라산출된다고 추정할 수도 있겠다. 그러나 그러한 방식으로는 행복의 양화될 수 없는 가치가 상실될 것이다. 순수 이성의 내재적 객체는 우리가 빈번히 그것을 실현하는 데 실패한다는 대가를 치르고서만 이성이 실현할

---

16 이 책의 제8장 제4절 참조.

17 『속설』, VIII, 278-79; 『실천이성비판』, 93.

18 루소에게 동의하는 다음 구절을 참조하라. 『인류사의 추정된 기원』, VIII, 117.

19 『실천이성비판』, 61. 이 구절은 칸트가 이것을 부정한다고, 아니면 적어도 그것을 확언할 권리가 없다고 해석되었다. 따라서 그는 "쓸쓸한 의무"의 지지자라고 비난받았다(『도덕형이상학』, VI, 214 참조; 또한 이 책의 제8장 각주 20을 보라).

수 있는 것이다. 아리스토텔레스 식으로 칸트는 여기서 『정초』의 한 논증[20]을 되풀이한다. 우리가 지닌 각 능력은 각기 고유한 기능을 가지며, 순수 실천이성은 "그 자체로 선하거나 악한 것 ― 순수한, 즉 감성적인 것에 완전히 무관심한 이성만이 이것을 판정할 수 있다 ― 을 숙고할 뿐만 아니라 이러한 판정을 감성적 판정과 구별하고 이것을 감성적 판정의 최상 조건으로 삼는다"(62). 이성적 본성의 완전성과 마찬가지로 이것은 또한 순수 실천이성에 의해 완벽하게 규정된 하나의 목적 또는 대상이며, 이를 추구하는 것은 우리의 무제한적 의무이다.[21]

이러한 의미에서의 대상은 행위의 목적지(*terminus*), 즉 인과법칙의 인식에 의해 지도된 수단들의 사용을 통해서만 획득될 수 있는 어떤 것도, 인류가 완전해질 때라야, 곧 구부러진 것이 곧게 펴지고 거친 것이 매끄러워질 막연한 미래에만 희망할 수 있는 어떤 것도 아니다. 그런 것이 아니라 순수 실천이성의 대상은 특정한 마음씨를 지닌 의지이다. 다시 말해 법칙에 따라, 그리고 법칙에 대한 존경으로부터 행위하려는 마음씨를 지닌 의지이다. 도덕적 행위 자체의 유일한 목표는 법칙의 지배력을 확보하는 것이며, 모든 도덕적 행위는 부분적으로 이 목표를 달성한다. 바로 이러한 의미에서 칸트는 우리가 도덕법칙의 요구를 늘 완수할 수 있다고 말한다. 세계의 실상이 아무리 불만족스러워도 도덕적 행위의 목표는 성취될 수 있다. 여기서 행위를 통해 우리 앞에 놓이게 되는 대상과 대상을 실현하려는 행위는 적어도 부분적으로 동일하기 때문이다.

---

20 『정초』, 395.
21 『도덕형이상학』, VI, 385-87.

4. 실천이성의 범주들

만일 『실천이성비판』의 독자가 제2장의 전반부에서 원칙과 개념, 즉 법칙과 선의 관계에 대한 — 분명 흥미롭지만 특별히 놀랍지는 않은 — 전개가 불러일으킨 편안한 친밀감에 안심했다면, 열세 번째 문단에서 시작되는 문체와 논증 방향의 두드러진 변화 앞에서는 불현듯 충격을 받을 것이다. 이는 마치 빨리 달릴 수 있으리라 예상했던 도로에 갑자기 안개가 낀 것과 같다. 이 문단 및 이어지는 세 문단은 전혀 예상 밖이며 독창적이고 모호하다. 그러한 어려움 때문에 이 부분은 각 문장에 주해가 요구된다. 이제 더 지체할 것 없이 천천히 주의 깊게 어둠 속을 탐색해보자.

> 이제 선과 악의 개념들은 선험적 의지 규정의 결과들로서 또한 순수한 실천원리를, 따라서 순수 이성의 원인성을 전제하기 때문에, 원천적으로 이 개념들은 순수 지성 개념들 또는 이론적으로 사용된 이성의 범주들이 (다양하게 주어진 직관들을 한 의식에 종합적으로 통일하는 규정들로서) 객체들에 관계하듯이 그렇게 객체들에 관계하는 것은 아니다(65).

여기서 칸트는 분명히 제2장 전반부에서 정의된 넓은 의미의 선과 악이 아니라 도덕적 선과 악에 관해 말하고 있다. 하지만 이 대목이 앞으로의 전개의 도입부임을 생각하면, "선과 악"은 더 일반적인 의미로 받아들여져야 한다. 좁은(도덕적) 의미로 사용되면, 선악의 개념들은 지각될 수 있는 대상들과 무관하다. 더 넓은 의미로 사용되면, 그것들은 대상들에 단적으로(*simpliciter*) 관계하는 것이 아니라 오직 의지의 활동을 통한 대상들의 산출이라는 인과적 연관 아래에서만 관계한다. 그러므로 이론적 판단을 행하는 의식의 종합적 활동 속에서 이론적 범주들은 인식으로부터 독립적으로 주어져 있는 대상들을 인식될 수 있게 하는 반면, "선과 악"은 그러한 대상들에 적용되는 것 같지 않다. 또한 그것들은 이론적 범주들처럼 하나의 의식과 하나의 시공간적 체계 속으로 표상들을 종합하는 규칙들로 기능함으로써 이러한 대상들을 가능하게 하는 것도 아니다.

선과 악의 개념들은 도리어 이 대상들을 주어진 것으로 전제하며, 이 개념들은 모두 단 하나의 범주, 곧 인과성 범주의 양태들(modi)이다. 단, 인과성의 규정근거가 인과법칙이라는 이성 표상 안에서 성립하는 한에서 그렇다. 이 인과법칙은 자유의 법칙으로서 이성이 자기 자신에게 제공하는 것이고, 이로써 이성 자신이 선험적으로 실천적임은 증명된다(65).

이 구절 역시 명백히 도덕적 선에 제한된다. 그러나 뒤따르는 설명을 보면, 특히 문장의 첫 번째 절로 보건대, 우리는 칸트가 여전히 개념들을 더 일반적으로 사용하고 있다고 해석할 수밖에 없다. 그는, 이론적 개념들과 달리, 선과 악의 개념들은 경험의 대상들을 구성하지 않는다고 말한다. 도리어 그 개념들이 적용되어야 할 경험의 대상들은 이미 이론적 범주들 아래 주어져 있다는 것이 전제된다. 우리가 어떤 대상을 가리켜 좋다고 말할 때, 우리는 그것을 대상 **일반**(*überhaupt*)으로 구성하는 다른 모든 이론적 범주에, 대상의 원인이 되는 의지의 활동을 대상에 연관시키는 인과성의 범주를 추가로 적용한다. 우리가 주어진 어떤 대상에 대해 그것이 좋다고 말할 때, 우리는 그것이 "자유에 의해 가능한 결과"(57)라는 점에서 그것이 인과성의 양태 아래 주어져 있다는 사실, 즉 그것이 자유로운 선택 활동과 인과관계를 맺고 있다는 사실을 환기한다. 자연 안에서 현존하거나 가능한 것으로서 그 대상은 자연 인과성의 범주 아래에서 경험적 직관들의 종합에 의해 주어진다. 그러나 좋은 것 또는 선한 것으로서 그 대상은 하나의 구체적인 원인, 즉 의지의 활동과 필연적 관계를 맺는다.

한편으로 행위들은 자연법칙이 아니라 자유의 법칙 아래 있고, 따라서 그 행위들은 지성적 존재자들의 품행에 속하지만, **다른 한편으로** 그것들은 감성계 내의 사건들로서 현상들에 속한다. 이리하여 실천이성의 규정들은 오직 현상들과 관계함으로써만, 따라서 지성의 범주에 적합하게 일어날 수 있다(65).

여기서 그는 분명 단지 순수 실천이성만이 아니라 실천이성 일반에 대해 말하고 있다. 칸트는 어떤 대상은 그것이 자유로운 선택의 활동에 의해 실천이성의 대상이 될 때에만 "좋다"고 불린다고 말한다. 그러나 선택의 대상이 감성적 경험의 규칙들(범주들)을 통해 가능하다는 조건 아래서만 자유로운 선택은 가능하다(따라서 내가 아무리 네모난 원을 만들어내는 재주를 부리고 싶다 한들, 그것을 내 의지의 대상으로 삼는 것은 나에게 허락되어 있지 않다). 그러나 순수 실천이성은 가능한 대상을 산출할 능력의 실제 보유 여부와 무관하게 자신의 대상을 결정할 수 있다. 실천적 가능성은 이론적 가능성을 전제한다. 따라서 실천이성의 어떠한 원칙도 사물들의 자연적 가능성의 조건들과 충돌할 수 없다. 실천이성 일반의 대상들은 자연적 경험이 가능한 대상들이어야 하기 때문이다.

[그런데 이러한 실천이성의 규정들은] (감성적) **직관**에 주어지는 다양한 지각 내용들을 하나의 선험적 의식 아래로 보내려는 지성의 이론적 사용의 의도에서가 아니라 단지 다양한 **욕구들**을, 도덕법칙을 통해 명령하는 실천이성 또는 순수 의지의 의식의 통일 아래에 선험적으로 종속시키는 데 기여한다(65).

여기서 우리는 "실천이성의 규정들"을 원칙들을 (법칙들뿐만 아니라 준칙들까지) 포함하는 것으로서 포괄적으로 받아들여야 한다. 이제 이 "규정들"은 감성세계 내에서 어떤 대상이 좋고 나쁜가를 규정한다. 그러나 우리가 한 대상이 좋다고 인식할 때, 이로써 그 대상에 관한 이론적 인식이 확장되는 것은 아니다. 인식 대상인 한에서 그것은 그것이 좋다는 판단에 앞서 전제된다. 그러나 "그것이 좋다"는 판단은 다른 자연적 술어를 보태는 이론적 진술이 아니다.

그럼에도 불구하고 이 "규정들"은 이론적 범주들과 유비적인 역할을 한다.[22] 이론적 범주들(및 도식들)은 직관들을 대상의 표상들이 되게 종합할 뿐만 아니라 한 의식의 표상들로 종합하는 규칙들이다. "나는 생각한다"는 나의 모든 표상에 동반될 수 있어야 하며, 이론적 범주들은 내가 이 표상들을 단일 대상에 대한 하나의 의식 속에, 사건들을 하나의 시공간에 그러모아 생각할 수 있도록 기능한다. 나는 어떤 표상이 특정 규칙들(이론적 범주들)을 따르는 다른 표상들과 하나의 규정된 관계 속에 있을 때에만 그것을 가리켜 어떤 대상의 표상이라고 부를 수 있다. 대상의 통일은 그것을 파악하는 의식의 통일을 전제하며, 그 반대도 마찬가지다. 유사하게, 나는 한 대상이 욕구능력과 필연적 관계에 있을 때에만 그것을 "선"(the good)이라 명명한다. 쾌적한 것에는 이 필연적 관계가 결여되어 있으므로 나는 쾌와 선을 동일시하지 않는다. 나의 욕구는 다양하고 서로 충돌한다. 이를테면 먹는 즐거움은 운동의 즐거움과, 이승에서의 향락은 어쩌면 저승에서 복에 대한 소망과 충돌한다. 그러나 내가 어떤 것을 "선하다"고 부를 수 있다면 나는 그것을 이성적 인간에 의해, 즉 자신의 이성이 욕구를 통제하는, 적어도 자신이 바라는 것들 가운데 하나를 선택하는 행위를 지도하는 인간에 의해 필연적으로 욕구되는 대상으로 간주하는 셈이다. 따라서 "나는 이성적으로 욕구한다"는 "나는 생각한다"와 같다. 다시 말해 그것은 선한 것으로서 규정된 그 대상에 대한 나의 모든 표상에 동반될 수 있어야 한다. "나는 이성적으로 욕구한다"가 내 모든 욕구 표상에 동반되는 한에서, 나는 완벽하게 이성적

---

22 이는 낱장문서의 여섯 번째 단편(Reflexion 7202, 7204)에서 지적된다(XIX, 278, 284).

인 인격의 통일을 성취했다고, 즉 신성한 의지를 소유하게 되었다고 말할 수 있을 것이다. 그러나 나는 선하지 않은 많은 것, 즉 욕구할 만한 것이 아님에도 불구하고 욕구하고 있는 것들도 추구할 수 있다. 그럼에도 불구하고 이성적 존재자로서 나는 내 선택을 이성적으로 욕구된 대상들에 제한할 수 있으며, 이러한 상태는 내가 도달할 수 없는 의지의 신성함이 아니라 "**덕**, 즉 **투쟁** 중에 있는 도덕적 마음씨"(84)이다.

"나는 X를 욕구한다"는 것은 사실의 진술이며, 언제라도 나는 실제로 X를 욕구할 수 있지만, 동시에 내가 X와 양립할 수 없다고 인식하는 것들을 욕구할 수도 있다. 그러나 "나는 X를 이성적으로 욕구한다", 즉 "나는 나 자신뿐만 아니라 타인들에 대해서도 타당하다고 간주되는 이성규칙에 따라 X를 의욕한다"는 것은 "X가 좋다"는 것을 의미한다. 이 판단은 내가 X와 양립할 수 없는 대상들을 제멋대로 욕구하지 않도록 제한할 수 있다. "X는 좋다"는 판단은 객관적으로 타당하다고 간주되는 이성적 판정을 포함한다. 그리고 그것은 X에 대한 감성적 판정, 이를테면 "X는 즐거울 것이다"나 "X는 재미있을 것이다"와 구별된다. 동물도 X를 욕구할 수는 있다. 그러나 실제로 X가 선의 조건을 충족하든 그렇지 않든 "X는 좋다"고 판단할 수 있는 자는 오직 이성적 존재자뿐이다. 다양한 욕구들은 실천적 원칙들 또는 규칙들을 따르는 이성에 의해 종합되며, 그것들의 공동의 초점은 "좋다"고 불리는 대상이다.

이러한 **자유의 범주들** — 우리는 자연의 범주들인 저 이론적 개념들과 대조해 이렇게 부르려 한다 — 은 저 범주들에 비해 명백한 장점을 가진다. 자연의 범주들은 보편 개념들을 통해 우리에게 가능한 모든 직관의 객체들 일반을 무규정적으로 표시하는 한갓 사고 형식들일 뿐이다. 반면에 자유의 범주들은 **자유로운 자의**의 규정에 관계하는 실천적 요소 개념들이다(비록 이 규정에 정확히 대응하는 어떠한 직관도 우리에게 주어질 수 없기는 하지만, 자유로운 자의의 규정은 선험적인 순수 실천법칙에 그 토대를 갖는다. 그리고 이런 일은 우리의 인식능력의 이론적 사용의 개념들에서는 일어나지 않는다)(65).

이 "명백한 장점"을 탐구하고 확인하기 전에, 칸트가 그에 앞서 말한 것부터 숙고해볼 필요가 있다. 앞에서 "실천이성의 범주들"(11n.)이라 불렀던 "이러한 자유의 범주들"이란 무엇인가? "이러한"은 그것들이 앞서 언급된 "규정들"임을 지시한다. 하지만 표 자체에서 칸트는 그 규정들의 이름으로 "규칙"이 더 나은지, 아니면 "개념"이 더 나은지 결정하지 않았음이 드러난다. 그러나 하나의 범주를 때로는 규칙으로, 때로는 개념으로 부르는 것은 오류도, 놀라운 일도 아니다.[23] 하나의 범주는 설령 그것이 하나의 개념이라 해도, (여느 개념과 마찬가지로) 표상들의 종합을 위한 규칙을 포함한다(이것은 범주들에 대해서뿐만 아니라 모든 개념에 대해서도 참이다. 이를테면 "고양이"의 개념은 후험적일지라도 우리가 지각하고 상상하는 표상들의 종합을 위한 규칙이며, 이리하여 우리는 그 표상들 가운데 하나 또는 그 이상이 떠오를 때 "저기 고양이가 있다"고 반드시 말하게 된다). 실천적 요소 개념들은 다만 선과 악 일반의 개념들이다. 규칙들은 욕구들을 종합할 때 분명히 사용된다. 욕구를 이성적 욕구 또는 의욕으로 전환하려면, 이 규칙들을 반드시 준수해야 하기 때문이다.

다음으로 칸트는 말하기를 자유의 범주들은 자유로운 자의를 규정하는 형식들이고, 따라서 이성적 선택의 대상, 즉 선의 대상을 규정하는 형식들이다. 그러나 단적으로 대상들의 형식들인 것은 아니다. 만일 그렇다고 한다면 그것들에 직관들의 종합이 요구될 것이고, 이리하여 그것들은 실천 대상들이 아니라 인식 대상들로 구성될 것이다. 직관으로부터의 이러한 독립이 이론적 범주를 넘어서는 실천적 범주의 "명백한 장점"이

---

23 규칙과 범주의 관계의 일반적인 문제에 관해서는 다음을 참조하라. H. Vaihinger, *Commentar zu Kants Kritik der reinen Vernunft* I, p. 222.

다. 어떤 대상의 규정에 관여하는 모든 범주에는 이에 대응하는 직관이나 직관의 패턴이 제시될 수 있어야 한다. 그렇지 않으면 개념은 공허해지고, 이로부터는 분석판단만 생겨날 수 있다. 그런데 선과 악에는 대응하는 직관이 전혀 없으며, 자유로운 자의의 규정에 대응하는 어떠한 직관도 주어질 수 없다. 반면에 인식 대상의 규정은 개념의 도식화를 통해 이루어진다.

선과 악의 개념들이 공허해지지 않도록 보호하기 위해 우리에게 실제로 주어진 것은 직관, 즉 경험적 사실성의 원천이 아니라 칸트가 다른 곳에서[24] "순수 이성의 사실"(*Faktum der reinen Vernunft*)이라 부른 원칙이다. 말하자면 원칙 자체의 인식이 실천적 개념들에 내용을 주는 반면, 이론적 인식에서 개념들은 직관과 관계해 확립되어야 하고, 그런 뒤라야 종합적 원칙들은 개념들의 도움으로 정식화될 수 있다. 이것이 이론적 범주들을 넘어서는 실천적 범주들의 장점을 이룬다. 이론적 개념들은 오직 직관에 힘입어서만 종합될 수 있지만, 이 직관은 범주들 아래에서 형성된 생각과 완전히 다르며, 독립적이다.[25] 다른 한편 실천적 개념들은 경

---

24 『실천이성비판』, 31, 42; 이 책의 제10장 제3절 참조.
25 따라서 실천적 개념들은 그 인지적 기능에서 이론적 개념들보다 더 중요한 의미가 있다. 『정초』(411-12)에 있는 것이기는 하지만, 다음 진술은 현재의 맥락과 떨어져서는 거의 이해될 수 없는 주목할 만한 진술이다. 사변(이론)철학은 그 원리들이 "인간 이성의 특수한 본성"에 의존하도록 만들며, 그 경우에 "인간 이성"은 지성적인 것이 아니라 언제나 감각 가능한 직관에 종사하는 인식능력 전체를 지시한다. 반면에 실천철학의 모든 원리는 오로지 순수 이성에만, 즉 엄밀한 의미에서의 "이성"에만 의존한다. 그런데 이것은, 그 원리들이 순수하다는 사실에도 불구하고, 선험론 철학으로부터 실천철학을 제외했던(이 책의 제1장 각주 21 참조) 『순수이성비판』의 초기 견해와 양립하기 힘든 것처럼 보인다. 그러나 재판(再版)에서 칸트는, 우리가 본 대로, 경험적 개념들이 **의무의 개념**을 정의하기 위해 요구됨을 지적했다. 여기서 칸트의 의도는 다음과 같이 진술될 수 있을 것이다. 도덕적 원리의 규정은 인간 정신의 특수한 체질과 무관하며, 그들의 이성이 우리들처럼 우회적이든 직관적이든 간에, 또 그들의 의지가 신성하든 단지 덕스럽든 간에, 모든 이성적 존재자에 대해 타당하다. 그러나 의무 개념은 욕구들의 현전을 전제하며, 따라서 우리 마음의 구성과 무관하지 않다. 우리의 인식에 사용된 대상 개념들도 마찬가지로, 그것들의 인지적 사용에서 그것들이 직관의 종합을 위한 규칙들

험적이거나 순수한 직관들 또는 쾌의 감정에 호소할 필요 없이 순수 이성의 사실을 통해 정당화된다. 따라서 (부연설명하는 한 문장은 건너뛰겠다) 칸트는 말하기를,

> 순수 의지의 모든 지침에서는 **그 의도를 실행하기 위한** (실천능력의) 자연적 조건이 아니라 **의지 규정**만이 문제되기 때문에, 선험적으로 실천적인 개념들은 자유의 최상 원리와 관계함으로써 곧바로 인식이 되며, 의미를 얻기 위해 직관들을 기다릴 필요가 없다. 그것도 이 개념들[즉 자유의 범주들]은 자신들이 관계하는 것(의지의 마음씨, *Willensgesinnung*)의 현실성을 스스로 산출한다는 주목할 만한 근거 때문에 그러하다. 이론적 개념들에게 이런 일은 불가능하다(66).

앞의 인용문은 다만 순수 의지에 관련됨이 분명하며, 오직 그것에 대해서만 참이다. "선험적으로 실천적인 개념들"은 마땅히 있어야만 하는 것에 대한 직접적 인식들이다. 왜냐하면 그것들은 원천적 사실의 결과, 즉 그 자체로 이성적인 존재자로 하여금 필연적으로 행위를 의욕하도록 하는 순수 실천이성의 법칙의 결과이기 때문이다. 그것들의 대상은 (있는 것이 아니라 마땅히 있어야만 하는 것으로서) 직접 주어진다. 다시 말해 그 개념 자체는 개념의 도식화나 현시 또는 직관 중의 구성을 기다릴 필요가 없는 인식이다.

이리하여 여기서 우리는 전체 인식 가운데 유일한 실례를 지니며, 이 경우 생각은 특정 대상을 귀결시키는 일련의 사건들의 원인에 의지하지 않고서도 자기의 대상을 직접 창조할 수 있다(이 대상은 법칙의 인식으로부터 필연적으로 따라 나오는 존경이다).[26] 그러나 이렇게 획득된 인식은 현

이라는 사실에 의존한다. 하지만 우리 인간들에게 직관은 개념으로부터 독립적으로 주어진다.

존하는 대상의 인식, 즉 직관이 요구되는 이론적 인식이 아니다. 이것은 어떤 것이 마땅히 있어야만 한다는 인식이며, 이러한 당위의 자각은 그 대상이 선의 실례로서 현존하기 위한 필연적 조건이다. 더 나아가 칸트는 그 대상은 의지가 정립한 것이므로 개념이 대상의 현존을 창조한다고 말한다.[27]

> 자유는 경험적 규정근거들에 속하지 않는 일종의 인과성으로서, 바로 그것에 의해 가능한 행위들인 감성세계의 현상들과 관련해 고찰되며, …… 따라서 [자유는] 자연 안에서의 [행위] 가능성의 범주들과 관계 맺는다. 그렇지만 각 범주는 저 인과성의 규정근거가 감성세계 너머의 지성적 존재자의 고유성인 자유 안에서도 가정될 수 있을 만큼 보편적으로 받아들여진다(67).

자유는 일종의 인과성이지만, 거기서 행위의 원인은 현상계에서 일어난 사건이 아니다. 이러한 종류의 인과성은 우리에게는 이해될 수 없다. 우리는 서로 연관되는 두 부분이 하나의 시공간적 연쇄 속에 있을 때에만 원인-결과의 관계를 이해할 수 있다. 그런데 우리가 감성과의 연결 하에서만 인식을 얻기 위해 범주를 사용할 수 있다 해도, 범주는 감성에 아무것도 빚진 바 없는 순수 지성 개념이다. 우리는 감관에 결코 주어질 수 없는 것을 생각할 때에도 범주와 더불어 생각할 수밖에 없다. 그런데 연관의 한 부분은 자연 안에 자리하고, 따라서 도식화된 이론적 범주들 아래에서 일어나므로, 우리는 원인의 자유를 자연 안에서의 작용 결과의 가능성의 범주들 아래에서 생각할 수 있다. 이로써 우리는 원인에 대한 어떠한 인식도 획득하지 못하지만, 이렇게 해서 우리가 자연 안에서 인

---

26 이 책의 제12장 제6절 및 제8절 참조.
27 이 표현은 여러 번 나온다. 이를테면 『실천이성비판』, 66, 92, 153; 『정초』, 404.

식하는 사건들과 관련해 일정하게 구체적인 방식으로 자유를 생각할 수 있게 된다. 이리하여 단순한 예증을 해보면, 모든 인과적 변화는 어떤 영속적 실체의 우유성(偶有性)들의 변화이다. 실천적 행위는 변치 않는 단일한 주체의 활동성의 표현으로 생각되어야 하고, 이 행위가 귀속하는 주체는 인격이다. 그러므로 자유로운 행위들을 생각할 때, 우리는 그 행위들을 행위자인 인격과 관련해 생각해야 한다. 그러나 이 실체에 대해 우리는 어떠한 이론적 인식도 가질 수 없다.

여기까지 칸트는 도덕적 선의 개념에 대한 더 간단한 설명의 결론을 ―칸트 연구자들만이 관심을 가질 법한 차가운 전문용어로― 되풀이하는 것처럼 보이기도 한다. 그러나 갑자기 칸트는 바로 거기서 이처럼 주목할 만한 특권들을 지닌 범주들이 실천이성 일반의 범주들이라고 논평함으로써 독자들을 당황하게 한다(우리는 앞의 내용을 주해하면서 이 문제를 이미 다루었다).

[이 범주들은] 도덕적으로 아직 규정되지 않았으되, 감성적으로 조건 지어진 것들로부터 감성적으로 무조건적이면서 오직 도덕법칙에 의해서만 규정되는 것들로 나아가는 순서로 진행된다. …… 양상 범주들은, 단 **미정적**인 방식이기는 하지만, 실천적 원리들 일반으로부터 윤리성의 원리들로의 이행을 이끈다.[28]

저 마지막 문장의 난해함은 범주표를 고찰한 뒤에만 해소될 수 있을 것이다. 하지만 이 절의 논의를 마치기 전에, 나는 그 난점들 대부분의 원천을 다시 지적해야겠다. 말하자면 그것은 순수 실천이성의 범주들로

---

28 이 인용구는 66쪽의 한 문장과 67쪽의 한 문장의 결합이다. 여기서 두 문장은 얼핏 보기에 서로 양립할 수 없는 부분들을 제외한 채 결합되었다. 그것들의 완전한 형식 및 서로 간의 관계에 대해서는 범주표의 고찰이 완료된 뒤 논의될 것이고, 거기서 그 관계가 납득될 수 있을 것이다.

부터 경험적 실천이성 및 실천이성 일반의 범주들을 이리저리 혼란스럽게 오가며 논의가 진행되기 때문이다. 만약 칸트가 실천이성 일반의 범주들을 먼저 정교히 설명한 뒤 순수 실천이성의 범주들을 그 하위부류로 도입했더라면, 이 절은 한결 더 명료해졌을 것이다. 이제 나는 가장 중요한 부분들에 한해 이 절을 그렇게 다시 작성해보려 한다.

선과 악의 개념들은 원칙을 따르는 이성의 인과성을 전제하므로 원천적인 구성적 개념들이 아니며, 따라서 미리 주어져 있어야 하는 대상들에 관계하지 않는다. 이 임무는 대상들을 최초로 가능하게 하는 이론적 범주들과 도식들에 의해 수행된 것이다. 도리어 선과 악의 개념들은 대상들이 경험 가능한 것으로서 주어져 있다고 전제한다. 그것들은 다만 선과 악의 판단을 가능하게 하는 원인성의 구체적 양태와 관계한다. 이것이 바로 이성이 법칙을 표상함으로써 일으키는 의지 활동의 인과적 기원이다. 따라서 선과 악의 개념들은 함축적으로 "좋다" 또는 "나쁘다"고 불리는 행위들 또는 대상들의 원인에 관계하며, 어떤 행위나 대상이 좋은가 나쁜가를 결단하는 원칙은 그 행위나 대상의 구체적 인과성에 관계한다.

의지 활동과 그 결과는 현상계에 존재하며, 따라서 가능성의 이론적 범주들 아래 속한다. 이것을 자연적 사건으로 이해하기 위해서는 선과 악의 개념도 실천이성의 원칙도 필요하지 않다. 이론적 개념 및 원칙으로 족하다.

하지만 실천이성의 원칙들은 이론적 원칙들 및 범주들과 유비적이다. 이론적 범주들이 직관의 다양을 자기의식의 통일 아래 불러들이고 경험 대상들에 대한 판단을 일으키는 것처럼 이것들은 욕구의 다양을 실천이성의 통일 아래에 불러들이고 의지 활동 및 결단을 일으킨다. 따라서 실천이성의 원칙들을 "실천이성의 범주들" 또는 실천이성의 인과성의 양태들인 "자유의 범주들"이라 부르는 것은 정당하다.

그것들은 이론적 범주들을 넘어서는 명백한 장점을 가진다. 이론적 범주들은 우리에게 가능한 모든 직관 대상과 관계하며, 어떤 대상의 인식에서 명확하게 구성적으로 사용되기에 앞서 직관을 기다려야 한다. 반면에 실천적 범주들은 그 자체로 인식들이다. 왜냐하면 그것들은 그 자체로 파악될 수 있는 사실, 즉 실천이성의 원칙에 대한 의식과 동일한 원천에서 비롯되기 때문이다. 따라서 그 범주들은 관계하는 대상의 실재성, 즉 의지의 의향을 산출하며, 그것들이 어떤 실재적인 것에 관계하는가 그렇지 않은가를 규정하는 직관을 기다릴 필요가 없다. 이론적 범주들은 우리들의 마음 안에서 이런 식으로 작용할 수 없다. 우리의 지성은 직관적이 아니라 우회적이기 때문이다.

실천이성의 범주들 또는 자유의 범주들에는 두 종류가 있다. 실천이성은 하나의 원칙 아래 종합적으로 통일되는 어떤 실제적 욕구를 그 질료로 가질 수도 있다. 그 원칙은 물론 선험적이지만, 원칙에 기초하는 의지의 의향은 경험적으로 인식된 구체적 욕구들의 현존에 의존한다. 그러한 원칙들 및 이에 대응하는 선과 악의 개념들은 경험적 실천이성의 원칙들과 개념들이라고 불릴 수 있다. 다른 한편 의지의 원칙은 욕구로부터 전적으로 독립적일 수도 있고, 그러한 원칙은 순수 실천이성의 원칙이 될 것이다. 따라서 우리는 도덕적으로 규정되지 않았으나 감성적으로 조건지어진 범주들은 물론이고, 감성적으로 조건지어지지 않았으나 도덕적으로 규정된 범주들 또한 고려해야 한다.

5. 자유의 범주들의 표

범주표를 제시한 뒤에 칸트는 말하기를, "이 표를 설명하기 위해 여기서 내가 덧붙일 말은 없다. 이 표는 그 자체로 이해되기에 충분하기 때문이다"(67). 그의 이러한 주장에 누구도 동의하지 않았다. 심지어 가장 충실한 제자 중 한 사람인 쉬츠도 스승에게 표를 더 개선할 방안을 제안하려 했다.[29] 이론적 범주표와 달리, "이와 같은 원리들에 따라 이루어진 분류는 그것의 철저성과 [분명한] 이해 가능성 때문에 모든 학문에 매우 유용하다"(67)라는 칸트의 진술에도 불구하고, 그 표를 더 잘 이해하기 위해 우리가 할 수 있는 일은 거의 없다. 칸트 자신도 더는 그것을 사용하지 않기 때문이다.[30] 대부분의 주석가들은 표를 무시했고, 오직 멜린만이 표의 여러 난점들과 씨름했다. 물론 그의 제안들은 대개 명석하고 귀중한 것이지만, 몇몇에는 분명 오류가 있다. 표의 모든 부분을 칸트 자신의 진술들과 일관되게 해석하기에 나의 역량이 모자라기는 하지만, 그럼에도 표의 주요한 특징들을 이해할 수 없을 정도는 아니다.

여기서 칸트가 실제로 수행한 작업의 해석에 착수하기 전에, 그가 자유의 범주표를 정식화하기 위해 수행할 작업으로 우리가 정당하게 예상할 수 있을 만한 것이 무엇인지 숙고해보자.

먼저 우리는 그가 실천적 판단들의 추상적이고 논리적으로 불변하는 특징들을 체계적 질서 속에 배열할 것이라고 마땅히 예상할 수 있다. 우리는 그가 이미 이끌어낸 수많은 구별, 이를테면 법칙들과 준칙들, 질료적 원리와 형식적 원리, 정언명령과 조건적 명령, 완전한 책무의 명령과 불완전한 책무의 명령, 적법한 판단과 도덕적인 판단, 법칙들과 명령들 등의 구별들이 얼마간 체계화되기를 기대할 수 있겠다.

둘째, 우리는 각 판단의 종류에 대응하는 선의 개념들(범주들)의 목록

---

29 「칸트에게 보내는 편지」(1788년 6월 23일)(X, 541); Ak., XIII, 219 참조.
30 어쩌면 『도덕형이상학』 전체가 이 표와 관련해 조직된 것이라고 예상하는 일도 있음 직하다. 마치 『자연과학의 형이상학적 기초원리』가 첫 번째 비판서의 범주표에 따라 조직된 것처럼 말이다. 몇몇 단편은 『도덕형이상학』이 이러한 방식으로 구상되었을 수도 있음을 암시한다(Vorarbeiten, Ak., XXIII, 218 및 「융-슈틸링(Jung-Stilling)에게 보내는 [미발송] 편지」[1789년 3월 1일 이후 작성][XXIII, 495] 참조). (이 표의 구성에 앞서) 일찍이 『정초』에서 그는 명시적으로 양의 범주들을 사용하고(436), 후일 『도덕형이상학』에서는 관계의 범주들을 사용한다(Rechtslehre, §4). 범주표의 (약간 공상적인) 사용은 『종교』에도 등장한다(VI, 101-02).

이 제공되리라고 예상할 수도 있다. 그러면 우리는 판단표 내지 규칙들의 표는 물론이고, 이에 대응하는 개념들의 표를 가질 수 있겠다.

그러나 칸트는 이런 식의 작업을 수행하지 않는다. 그는 실천적 판단의 중요한 형식적 특징들이 이론적 판단과 동일하다고 가정하고서『순수이성비판』의 판단표를 끌어와 범주들의 분류에 사용한다. 그리고 그가 판단들과 개념들을 명확히 구별하지 않은 결과, 우리는 표에서 어떤 때에는 판단을, 다른 때에는 개념을 발견한다.

몇몇 난점은 각각의 소제목이 말하자면 단 하나의 범주, 즉 인과성 범주 안에 편입되었다는 사실에서 유래함이 분명하다. 칸트는 "단 하나의 범주, 곧 인과성 범주의 양태들"(65)이 정확히 무엇을 뜻하는지 설명하지 않았다. 따라서 우리는 인과성 범주의 양, 질, 관계, 양상으로 의도된 뜻이 무엇인지 우리 스스로 궁리해보는 수밖에 없다.

다른 난점들은 실천이성의 범주들이 이론적 지성의 범주들처럼 순전히 형식적인 것이 아니라 도덕적 선의 존재근거가 되는 고유한 인과성(자유)에서 항상 그 내용을 갖는다는 사실에서 유래한다. 선과 악의 범주들은 ─ 표의 논리적 편성이 암시하듯이 ─ 단지 실천적 판단형식들에 기원을 둘 뿐만 아니라 다양한 실천적 판단으로 구체화되는 원인 또는 결과의 부류들로부터도 유래한다. 따라서 우리는 범주표에서 순전히 논리적인 구별이 실천 일반의 구별, 그리고 본래 의미에서의 윤리학의 구별과 서로 뒤섞여 있으리라고 예상할 수 있다.

나는 범주표를 해석하면서 한 가지 점에 변화를 주려 한다. 나는 칸트가 범주표의 진술에서 서로 구별하지 않은 양자, 곧 선의 범주 또는 개념과 원칙 또는 규칙을 구별하고, 빈틈을 보충할 것이다.

6. 양 범주들

실천적 판단들은 원칙들이거나 규칙들이다. 여기서 우리는 원칙들만 다룬다. 원칙들은 한갓 준칙들이거나 법칙들이다. 준칙들은 개별자의 준칙들이거나 인류 일반의 준칙들이다. 법칙들은 보편적으로 타당하다는 점에서 각 준칙들과 구별된다. 법칙 아래에 있는 의지는 목적들의 전(全)체계 내에 포괄된 모든 것과의 공존을 요구한다.[31]

이리하여 우리는 다음과 같은 원칙들과 범주들을 획득한다.

1. 개별자의 한갓 준칙	개별자를 위한 주관적 선
2. 인류 일반의 준칙(지침)	인류 일반을 위한 객관적 선
3. 준칙인 동시에 법칙	이성적 존재자 자체를 위한 주관적인 동시에 객관적인 선

칸트의 범주표에는 세 가지 부연설명이 필요하다. 먼저 그는 준칙과 원칙을 잘못 대조한다. 준칙은 원칙의 일종이다. 둘째, 그는 셋째 범주를 처음 두 범주의 종합으로 삼고, 따라서 법칙을 개별자의 준칙으로 해석한다. 다양한 이성적 존재자의 유기적 통일인 목적들의 나라 개념을 근거로 하는 전체성의 판단 아래에서 그는 그렇게 해석할 수 있다.[32] 셋째로, 처음 두 범주의 선과 셋째 범주의 선 사이에는 근본적인 차이가, 즉 양적인 차이로 간주되기 어려운 차이가 존재한다.

칸트는 어떤 종류의 선에 대해 말하고 있는가? 아마 처음의 둘은 복(das Wohl)이고, 셋째 것이 고유한 의미의 선(das Gute)일 것이다. 그러나 이는 양적인 차이가 아니다. 만일 우리가 칸트를 따라 선이 타율적 체계

---

31 『정초』, 438.
32 같은 책, 436; 『실천이성비판』, 28 참조.

내에서는 복이라는 목적으로 이끄는 것을 뜻한다고 말한다면, 세 범주는 모두 동등하게 객관적이고 이성적이라고 판단될 것이다. 물론 칸트의 표에서는 오직 둘째 범주와 셋째 범주만이 객관적이라고 불리기는 하지만 말이다.

여기서, 그리고 다른 곳에서도[33] 칸트는 양의 범주들 아래에서 엄밀하게 도덕적인 개념으로의 이행이 세 번째 범주와 더불어 성취된다고 밝힌다.

7. 질 범주들

질과 관계하는 이론적 판단들은 긍정이거나 부정, 아니면 무한판단이며, 이에 대응하는 범주들은 실재, 부정, 그리고 제한이다.

질과 관계하는 실천적 판단들은 (어떤 것을 행하거나 행하지 말라고 하는 충고들이나 명령들처럼) 하기의 규칙들이거나 하지 않기의 규칙들, 아니면 앞의 규칙들에서 어떤 예외를 허용하는 규칙들이다(여기서 규칙들은 느슨한 의미로 사용되었다). 이리하여 질에 대한 판단들과 범주들은 다음과 같다.

1. '하기'의 규칙들	명령된 선[34]
2. '하지 않기'의 규칙들	어떤 행위들을 피함으로써 성취될 수 있는 선
3. '예외'의 규칙들	일반적 지침을 따르기에 적합한 선

---

33 『실천이성비판』, 67; 『정초』, 436.
34 여기서 명령과 충고의 원천은 도외시된다. 그것은 상급자의 임의적 지시, 시민법, 도덕적 명령, 심지어 요리 레시피일 수도 있다.

예외의 규칙들은, 그것들이 앞의 규칙들 중 한 영역에서 특정 행위를 예외로 둔다는 점에서 무한판단에 대응한다. 그것들은 형식적으로 긍정적이지만 이론적 정식화에서는 부정적 술어를 지닌다.[35] 그것들의 실천적 형식에서 우리는 그것들을 가리켜 긍정적 요소와 부정적 요소를 모두 포함하는 "'단서(但書)'의 규칙들"(but-rules)이라 부를 수도 있겠다. 이를테면 이런 식이다. "이렇게 저렇게 해라, 단(但) ……." 그것들은 허용의 법칙들(leges permissivae)과 구별되어야 한다.[36] 이와 같은 예외의 규칙들은 불완전한 책무의 명령에서 나타난다.

한 가지 주목할 점은 양의 범주들 아래에서 범주의 한 종류에서 다른 종류로의 이행이 뚜렷하게 표시된 반면, 질의 하위범주 가운데 고유한 도덕적 범주가 있다고 보기는 어렵다는 것이다. 숙련과 영리함의 경우에도 이 세 종류의 판단은 반드시 구별될 필요가 있다.

8. 관계 범주들

관계 범주들에 이르면 사정이 더 모호하다. 실천이성의 모든 규칙 또는 원칙은 적어도 함축적으로 행위와 어떤 것의 관계를 진술하고, 행위의 관계항에 선을 위치시킨다. 정언, 가언, 선언이라는 관계의 판단들 및 이에 대응하는 자존-내속, 원인-결과, 공통성의 범주들에 따라 우리는 다음과 같은 관계 범주들을 갖는다.

1. 모든 행위가 주체의 행위로 판단되어 야 한다는 규칙	인격의 특징으로서의 선; 도덕적 선; 존엄

---

35 『순수이성비판』, A72＝B97.
36 『영원한 평화를 위하여』, VIII, 347n. 참조.

2. 모든 행위가 인격의 상태에 야기하는 결과에 따라 판단되어야 한다는 규칙	(이 범주들에 관해서는 아래 본문을 보라)
3. 도덕적 공동체에서 한 인격의 행위가 다른 인격의 상태에 끼치는 영향에 따라 결정되고 판단되어야 하며, 그 반대도 마찬가지라야 한다는 규칙	하나의 공통 법칙 아래에서의 정의나 평등으로서의 선; 도덕적 공동체

첫째 범주는 『순수이성비판』의 자존-내속의 범주에 대응하며, 이는 충분히 분명하다. 실체가 그것의 우유성들의 변화의 원인인 동시에 변화를 통해 보존되듯이, 인격은 품행을 통해 보존될 수 있는 지성적 실체이다. 따라서 인격은 모든 목적을 설정하는 자라는 점에서 목적 그 자체이며, 도덕적 가치는 언제나 인격의 가치이다.

둘째 범주의 적합한 해석은 상당히 어려운 문제이다. 적어도 세 가지 해석이 가능하며, 각 해석은 칸트가 ("상태"나 "조건"으로 옮길 수 있는) *Zustand*라는 낱말을 서로 다른 뜻으로 쓰는 대목의 인용을 통해 뒷받침될 수 있다. 이 낱말은 도덕적 조건이나 물리적 조건과 연관될 수 있거나, 아니면 복이나 불행의 상태와 관계할 수도 있다. 세 가지 해석은 다음과 같다.

a) 도덕적 규칙은 추상적 인격성으로부터가 아니라 특수한 도덕적 조건, 즉 자신의 도덕적 가치를 판정하기 위해 자기인식이 요구되는 "마음"의 조건을 지닌 인격으로부터 나온다.[37]

b) 완전한 책무에 대한 우리의 의무는 모든 사람에게서 동일하지만, 그 적용의 양태는 나이, 성별, 사회적 지위, 그리고 건강과 같은 사람마다 상이한 조건에 따라 다르다.[38]

---

37 『도덕형이상학』, VI, 441. 이것은 공로(*Verdienst*)에 대한 논박과 관련이 있다(같은 책, 228 참조).

c) 이 낱말은 단지 행복이나 불행의 상태를 뜻할 수도 있다(60).[39]

따라서 둘째 범주에 대해 허용될 수 있는 해석은 다음과 같다.

a) 행위를 특정한 도덕적 조건 아래 있는 인격으로부터 생겨난다고 판단해야 하는 규칙	(용기나 관대함처럼) 성격의 특별한 선에서 파생되는 한에서 행위의 선
b) 행위의 영향을 받는 인격의 조건을 고려해야 하는 규칙	작용을 받는 자에게 적합한 한에서의 선
c) 인격의 복지에 야기되는 결과들에 따라 행위를 판단해야 하는 규칙	영리함으로서의 선

관계의 셋째 범주에서는 한 인격의 행위가 다른 인격의 상태에 끼치는 영향과 관련해 판단될 수 있으며, 여기서도 마찬가지로 "상태"의 의미에 따라 여러 해석이 있을 수 있지만, 내 생각에는 그중 세 번째 의미가 가장 그럴듯하다.[40]

9. 양상 범주들

양상 범주들의 구체적 계기들을 고찰하기 전에, 칸트가 범주표를 소개

---

38 같은 책, 469.

39 한 단편에서 이 세 가지 의미들은 모두 결합되어 있는 것처럼 보인다(Reflexion 7211 [XIX, 286]). 거기서 칸트는 "자의(*Willkür*)의 통일"이 "다른 인격과 관련해 한 인격이 지닌 능력과 행복의 정도에 따라 조건지어진다"고 말한다.

40 페이턴은 인격적 소통과 관련해 관계 범주들에 대한 탁월한 해석을 제출했다. 그것들은 (a) 자율의 명령 아래의 예지적 인간(*homo noumenon*), 즉 인격성과의 관계, (b) 목적 그 자체의 명령 아래의 현상적 인간(*homo phaenomenon*), 즉 인격과의 관계, (c) 목적들의 나라에서 다른 인격들의 행위와의 관계이다.

하기 직전에 쓴 문장을 다시 살펴볼 필요가 있다. 그는 말하기를, "이 범주들은 도덕적으로 아직 규정되지 않았으되, 감성적으로 조건지어진 것들로부터 감성적으로 무조건적이면서 오직 도덕법칙을 통해서만 규정되는 것들로 나아가는 순서로 진행된다"(66). 이것은 이 절의 마지막 문단(67)에서 양 범주들과 관련해 부연된다. 방금 인용된 문장은 범주들의 각 그룹에서 처음 두 범주는 경험적 실천이성의 대상들에 적용되는 반면, 세 번째 범주는 도덕적 선에 적용된다고 진술하는 것으로 보인다. 그러나 방금 인용된 문장은 질 범주들이나 관계 범주들에서 예증될 수 없다. 우리 앞에 놓인 물음은 다음과 같다. 저 문장이 양상 범주들에도 적용되는가, 또는 그 범주들은 이러한 이행에서 어떤 고유한 관계를 지니고 있는가?

이 물음에 답하기 전에 양상 범주들의 몇몇 고유성들을 상기해보아야 한다. 이론적 인식에서 양상 범주들은 "오직 생각 일반과의 관계 아래에서 계사(copula)의 가치만을 다루고, 판단의 내용에는 아무런 기여도 하지 않는다".[41] 유사하게, 우리는 실천적 판단들의 양상은 판단들이 관여하는 선이 무엇인가에 대해 아무것도 알려주지 않지만 그것들의 계사, 즉 "해야만 한다"에 부여된 — 또한 부가적으로(per corollary) 이에 대응하는 선에 부여된 — 실천적 가치를 일러준다고 말할 수 있다. 개념의 양상은 당면한 대상이 가능적으로 좋은가, 실제적으로 좋은가, 필연적으로 좋은가 여부를 우리에게 일러주며, 여기서 "선"은 다른 범주들 아래에서 이미 정의된 것이다. 이와 관련된 판단들은 미정적·확정적·필증적 명령일 것이다.

실망스럽게도 칸트는 양상 개념들의 이렇게 명백하게 단순한 실마리를 따라가지 않은 것으로 보인다.[42] 하지만 첫째 범주에는 그의 그러한

---

41 『순수이성비판』, A74 = B99~100.

42 실제로는 아니었지만, 그는 『실천이성비판』에서 이 실마리를 따라갈 것을 암시했다

시도가 암시되어 있다.

1. 어떤 임의적 목표의 성취와 관련해 어떤 행위들은 허용된 것으로, 다른 어떤 행위들은 금지된 것으로 판단되어야 한다는 규칙	허용된 것과 금지된 것; 임의적 목표의 가정 아래에서 가능한 선과 불가능한 선[43]

양상 범주의 두 번째 켤레개념은 현존과 부재라는 이론적 켤레개념에 대응한다. 이는 다음과 같다.

2. 어떤 행위들은 이성 자체에 놓인 실제적 법칙에 의해 요구되거나 금지된다는 규칙	의무를 따르는 행위들과 의무에 어긋나는 행위들; 실제적으로 도덕적인 선과 악

두 번째 켤레개념의 해석에는 논쟁의 여지가 있다. 멜린[44]은 "이성 자체에 놓인 규칙"이 실제적 목적 — 이것은 언제나 행복이다 — 을 성취해야 할 행위를 처방하는 규칙을 뜻한다고 해석한다. 이것은 세 켤레의 양상 범주들이 세 종류의 명령과 세 유형의 선에 대응한다는 해석을 가능하게 한다. 그러나 멜린도 인정하듯이, 그것은 우리가 여기서의 의무 개념을 도덕 외적인 의미로 해석하기를 요구하며, 이 점이 나에게는 그

(11n.). 이것은 이미 자각된 선의 세 개념, 즉 미정적, 실용적, 그리고 도덕적 선을 발생시킬 것이다. 나는 칸트가 이를 달성하는 데 실패했다고 판단하기는 하지만, 이 구분에는 권장할 만한 것도 상당하다. 앞으로 보겠지만, 다른 사람들이 실제로 그것을 여기서 발견했을 만큼 그것은 실로 상당히 권장할 만한 것이다.

43 허용된 것과 금지된 것(*unerlaubt*)의 정의에 관해서는 『실천이성비판』, 11n.을 보라. 또한 『정초』, 439; 『도덕형이상학』, VI, 222 참조.

44 G. Mellin, *Encyklopädisches Wörterbuch der kritischen Philosophie* IV, 1797, p. 534. 다음의 책도 동일한 해석을 하고 있다. L. Bendavid, *Vorlesungen über die Critik der praktischen Vernunft*, 1796, p. 29.

의 견해에 대한 치명적인 반박으로 보인다. 게다가 "이성 자체에 놓인 규칙"이 모든 조건적 명령의 최상 원리, 즉 자기애의 준칙을 가리킨다고 보기도 어렵다.

쉬츠[45]의 해석에 따르면, 이 켤레개념은 "실제로 명령된 것"과 "실제로 명령되지 않은 것"에 대응한다. 그는 켤레개념을 칸트가 표에 쓴 것처럼 "의무"와 "의무에 어긋남"이라는 반대개념으로 고찰하는 대신, "의무"와 "의무 아님"의 모순 관계로 취급한다. 이것은 비록 칸트 자신의 진술에 어긋나기는 하지만, 나는 이것이 표에 대한 가장 합리적인 독해라고 생각한다.

둘 중 어느 해석을 따르든 간에, 정말로 놀라운 것은 세 번째 켤레개념에서 등장한다. 앞에서는 세 번째 범주가 처음 두 범주의 헤겔적인 종합과 같았으나,[46] 여기서는 두 번째 범주의 논리적인 분할에서 유래한다.[47] 실재하는 어떤 것에 대해 우리는 그것이 필연적이라거나 우연적이라고 말할 수 있다. 매우 빈약한 유비를 적용해 칸트는 실제적 의무에 대해 그것이 완전한 책무를 지니거나 불완전한 책무를 지닌다고 말한다. 따라서 필증적 판단과 우연적 판단의 대비에 대응해 우리는 다음의 범주들을 가진다.

---

45 「칸트에게 보내는 편지」(1788년 6월 23일)(X, 541-42). 이 편지에서 쉬츠는 아우구스트 빌헬름 레베르크(August Wilhelm Rehberg)가 세 가지 계기를 아래와 같이 구분함으로써 양상의 범주표를 향상시키려 한 시도[August Wilhelm Rehberg, in: *Allgemeine Literatur Zeitung* III, 1788, pp. 353ff.]를 칸트에게 알리고 이를 비판한다. 레베르크의 구분은 이렇다. (a) 허용된 것과 금지된 것, (b) 의무에 따른(*pflichtmässige*) 또는 도덕적인 것과 그 반대의 것, (c) 신성한 것과 불경한 것. 레베르크의 논문은 Ak., XIII, 219에 요약되어 있다.

46 『순수이성비판』, B110.

47 만일 멜린이 옳다면, 세 번째 범주는 의무의 논리적 분할로서 등장하겠지만, 그때 "의무"는 두 번째 범주에 대한 멜린의 해석에서 결여된 도덕적인 또는 법적인 의미를 지녀야 한다. 벤다비드는 세 번째 범주를 앞의 두 범주의 종합으로 만들려고 시도했으나, 완전히 실패했다.

3. 어떤 **행위들**은 이성 자체에 놓인 실제적인 규칙 덕분에 필연적으로 만들어진다는 규칙, 그리고 어떤 **준칙**은 이성적 존재자들에게 필연적이기는 하지만 그 준칙 아래의 행위들에 대해서는 어느 정도 선택의 여지가 허용될 수 있다는 규칙[48]	완전한 의무; 직접적으로 명령된 행위; 필연적 선 불완전한 의무; 추상적으로 취해진 실제 규칙을 통해 충분하게 규정된 행위는 아니지만, 그럼에도 어떤 규칙이 예외의 규칙을 이용하는 건전한 판단에 의해 규정되는 한에서 그 규칙의 범위에 속하는 행위; 필연적으로 선한 준칙 아래에서의 우연적으로 선한 행위

비록 "강단의 용례"에서 벗어난 것이기는 하지만, 완전한 책무와 불완전한 책무에서 비롯된 의무들의 분류는『정초』에서 채택된 것과 일치한

---

48 멜린은 오직 완전한 의무만을 도덕적이라고 해석하고, 이리하여 칸트의 원래 의도에서 벗어난다(G. Mellin, 앞의 책, p. 537). 따라서 그가 변주한 범주들의 순서는 다음과 같다.

2. 이성 자체에 실제로 놓인 법칙을 따르는 것으로서의 실제적으로 의무를 따르는 행위들; 그리고 이러한 법칙에 반하는 행위들
3. 이성 자체에 필연적으로 놓인 법칙을 따르는 의무들
   a) 필증적 명령에 의해 요구된 필연적 법칙, 즉 도덕법칙을 통한 의무들(이를테면 진리를 말하라는 의무)=완전한 의무들
   b) "이성 자체에 놓인 우연적 법칙(규칙)"에 대응하는 우연적 명령 아래의 의무들(이를테면 진리를 가르치라는 철학자의 의무)=불완전한 의무들

여기서 제안된 도식은 다음과 같다.

2. 사실상 의무를 따르거나 의무에 반하는 행위들; 적법하게 옳거나 옳지 않은 행위들
3. 그것들이 의무를 따르기 **때문에** 필연적인 행위들; 도덕적으로 선한 행위들
   a) 완전한 책무의 행위들 또는 의무들
   b) 불완전한 책무의 행위들 또는 의무들
나중의 해석에 대한 최상의 증거는 그것이『도덕형이상학』의 완전한 책무와 불완전한

다.[49] 완전한 의무는 직접적으로 명령될 수 있는 행위이다. 모순된 준칙은 법칙이 될 때 자기모순에 빠지므로, 그러한 의무의 준칙은 특정한 행위를 요구한다. 불완전한 의무에는 예외의 규칙이 적용될 수 있고, 이로써 하나의 규칙의 준수가 다른 규칙과 충돌하지 않게 된다. 도덕적 의무는 늘 불완전하고, 법적인 의무는 완전하다.

만일 법칙이 행위들 자체가 아니라 단지 행위의 준칙들만 명령할 수 있다면, 이는 [법칙의] 준수(복종Observanz)에 대해 자유로운 자의의 여지(latitudo)가 허용된다는 표지이다. …… 폭넓은 [불완전한] 의무 아래에서는 행위준칙들에서 예외가 허용되는 것이 아니라 단지 의무에 대한 하나의 준칙을 다른 준칙에 의해 제한하는 것만 허용된다. …… 그러한 불완전한 의무들은 [법이나 법리학의 의무들이 아니라] 오직 덕의 의무들이다.[50]

칸트가 양상에 대해 제시한 이 모든 난해한 설명 중에서 무엇보다 가장 당혹스러운 것은 특정 범주들의 목록이 아니라 양상 범주들과 다른 범주들의 관계에 대한 진술에 있다. 그는 말하기를,

마침내 양상 범주들은, 단 **미정적**인 방식이기는 하지만, 실천적 원리들 일반으로부터 윤리성의 원리들로의 이행을 이끈다. 이 윤리성의 원리

─────────────

책무의 학설과 일치한다는 데 있다. 거기서 이 두 범주들은 모두 필증적으로 필연적인 것으로서 간주되며 오직 명령되는 것(특정 행위, 특정 준칙 아래의 행위)에 있어서만 다르다.

49 『정초』, 421n.; Reflexionen 7214, 7264, 7270 참조. 강단철학의 분류에 따르면, 완전한 의무들은 외적인 입법에 의해 강요될 수 있지만, 불완전한 의무들은 그럴 수 없다. 이 분류는 칸트에게서도 법 의무들(Rechtspflichten)과 덕 의무들(Tugendpflichten)의 평행적인 분류를 통해 다시 등장한다. 단, 자율로서 입법 개념이 내재화됨으로써 분류의 강조점은 강제성의 측면에서 벗어난다.

50 『도덕형이상학』, VI, 390.

들은 나중에야 도덕법칙에 의해 **독단적으로** 제시될 수 있을 것이다(67).

과연 이 문장은 각 범주군 안에서 이행이 일어남을 주장하는 앞의 문장과 조화를 이룰 수 있는가?[51]

어쩌면 『순수이성비판』에서 등장하는 (양상 범주들보다는) 양상의 **원칙들**이 대답의 실마리를 제공할지도 모른다. 왜냐하면 여기서 우리는 한갓 논리적 가능성이 아니라 실재적 가능성을 묻고 있기 때문이다. 그리고 이 물음과 관련해 중요한 것이 양상의 원칙들이다. "경험적 사고 일반의 두 번째 요청"에 따르면, "경험의 질료적 조건(지각)과 관련되어 있는 것은 **실제적이다**(*wirklich*)".[52] 의무와 선을 생각함이 단지 논리적으로만 가능한, 공허한 생각들을 분석하는 한갓 논리적인 연습이 아니려면 어떤 실제적인 "경험의 질료적 조건"이 이 개념들과 "관계"할 수 있도록 주어져 있어야 한다. 물론 실천이성에 이 질료적 조건은 지각일 수 없지만, 경험적 직관(지각)이 이론적 범주에 기여하는 것과 마찬가지로 실천적 범주들에 기여할 수 있어야 한다. 이 질료적 조건, 또는 정확하게는 질료적 조건의 이러한 유비는 "순수 이성의 유일한 사실", 즉 연역에서 칸트가 호소한, 도덕법칙에 대한 직접적 의식에서 드러난다.[53]

이렇게 해석하면, 두 문장은 양립할 수 있다. 각 범주군에서 칸트는 실천이성 일반 또는 경험적 실천이성의 개념으로부터 순수 실천이성의 개념으로의 이행을 의도했다(실제로는 양의 범주들을 제외하고 그 이행이 실제로 일어났는가를 의심할 만한 근거들이 꽤 있지만). 그러나 **어떤** 경험이 순수 실천이성의 범주들에 비추어 판단될 필요가 있다고 말할 수 있는 어떠한 증거도 아직 주어지지 않았다. 이행은 처음 세 범주군에서 각기 이

---

51 이 책의 218쪽 이하 참조.
52 『순수이성비판』, A218 = B265-66.
53 『실천이성비판』, 31; 이 책의 제10장 제2절 참조.

루어졌다(또는 시도되었다). 그러나 이러한 이행은 논리적 전개일 뿐이며, 그것은 양상 범주들을 통해서야 비로소 무게를 얻는다. 양상 범주들은 어떤 새로운 내적 형식이나 내용을 판단에 덧붙이지 않은 채 모든 실천적 판단의 계사를 "사고 일반"에 관련시킨다.

그럼에도 불구하고 양상 범주들이 이 이행을 미정적인 방식으로 이끈다고 말하는 것은 부정확하다. 그것들은 실천적 경험의 전체성과 "당위"의 세 가지 가능한 관계가 무엇인지를 밝히며, 이러한 의미에서 이행의 길을 예비한다. 그런데 실제적 이행은 표를 통해서나 표 내부에서가 아니라 실천적 경험의 "질료적 조건"에 다른 모든 범주를 관련시키는 양상 범주들을 통해 우리의 존재가 "순수 이성의 사실"로 인도됨으로써 이루어진다(유념할 것은 여기서 "질료적 조건"은 순수 이성의 사실이고, 실제적 경험적 욕구를 가리키는 "질료"라는 의미에서 실천적 판단의 질료가 아니라는 점이다). 선택의 경험과 관련해 범주표에 새겨진 모든 논리적 구별은 선의 개념의 가능한 의미들을 처방하는 것이 된다. 순수 이성의 사실과 관련해 각 범주군의 하나 또는 그 이상의 범주들은 도덕적 책무의 정식이 되거나 도덕적 선의 개념이 된다.

이것으로 범주표에 대한 장황한 고찰이 끝났다. 나는 주저하며 주해를 제출했고, 대답보다 물음이, 결정적 해설보다 추측이 더 많았다. 유감스럽게도 칸트는 이 작업에서 여느 때의 건축술적 기량을 발휘하지 못했다. 원칙들의 학설과 개념들의 학설을 결합하기 위해서는 확실히 건축술에 필적하는 어떤 것이 요구된다. 나 자신의 해석을 지나치게 주장할 마음은 없지만, 유기적 구조를 세워야 할 책에서 건축술이 거의 사용되지 않았다는 사실은 범주표의 조악한 구성을, 적어도 그것의 모호함을 징후적으로 드러낸다. 어쩌면 실패의 원인은 여기서 칸트가 행위철학(a philosophy of action)의 원리들에 접근하려 했다는 데 있을 것이다. 그는 그 작업에 성공하지 못했지만, 그것은 20세기를 사는 우리도 마찬가지이며, 그가 심오한 저작들에서 능숙하게 제시했던 정식화 방식과 비교할 만한 수준도 아니다. 그의 시도가 실패한 까닭은 그 임무에 내속하는 어려움 때문만은 아니다. 도리어 그가 실천적 판단들을 해명하는 데 적합하지 않은 논리적 형식의 이론을 실천철학에도 부과했기 때문이다. 심지어 오늘날에도 우리는 여전히 결단과 가치 평가의 형식들에 관한 완벽한 이론을 모색하고 있다. 그간 흥미로운 작업이 수행되어왔지만 더 중요한 작업, 이를테면 "명령들의 양" 개념과 관계된 작업은 아직 과제로 남아 있다.[54]

순수 실천이성의 원칙들의 "형이상학적 연역"은 『순수이성비판』의 형이상학적 연역에서와 같은 탁월함을 보여주지 못했다. 거기서는 『실천이성비판』의 목표에 적합한 판단 표상의 어떤 타당한 "논리적 실마리"도 없었기 때문이다. 그러므로 이 판단표를 실천적 범주 이론의 정교화를 위해 사용하려는 이후의 시도는 애초부터 위험한 작업이 될 운명이었다. 그 자신이 이론이성의 범주들에 요구할 수 있었던 완벽함과 탁월함, 그리고 필연성을 여기서 달성하지 못했다는 점을 언급하지 않고서도, 우리는 사실상 그 결과들이 다소 인위적이고 임의적이었다는 판결을 충분히 정당화할 수 있다. 이론이성의 범주표와 거기서 도출된 것들에 대한 여러 반박들은 실천이성의 범주들에 대해 더 유력하게 적용될 수 있을 것이다. 어느 칸트 연구자가 내가 여기서 성취한 것보다 더욱 설득력 있는 해설을 제시하기 전까지 이 판결은 유지되어야 마땅하다.

---

54 예를 들어 R. M. Hare, *The Language of Morals*, Oxford, 1952, pp. 187~92 참조. 극소수의 칸트 연구만이 범주표를 이해하려고 노력했다면, 칸트 저작의 참된 뜻을 살려 더 나은 범주표를 구성하려 한 연구는 훨씬 더 희소하다. 내가 본 유일한 시도는 다음과 같다. J. Stilling, "Über das Problem der Freiheit auf Grund von Kants Kategorienlehre", *Archiv für die Geschichte der Philosophie* XXI, 1908, pp. 518~34; XXII, 1909, pp. 1~27. 슈틸링은 (열여섯 개의 "자유의 범주들"로 인도하는) 자신의 저술이 알브레히트 크라우제의 저작(A. Krause, *Die Gesetze des menschlichen Herzens dargestellt als formale Logik des reinen Gefühls*, Lahr, 1876)을 정교화한 것이라고 말하는데, 나는 그 책을 보지 못했다.

10. 순수 실천적 판단력의 전형론(*Typik*)[55]

판단력(*Urteilskraft*)은 개념 또는 규칙을 특수한 경우에 적용하는 기술 또는 능력이다.[56] 칸트는 기민하게 논평하기를, 이 능력의 빈약함은 다른 규칙들을 배움으로써 완전해질 수 있는 것이 아니다. 이 새로운 규칙들의 적용을 위해서는 다시 그 능력이 요구되기 때문이다. 따라서 그는 이 능력을 "이른바 타고난 기지"(*sogenannten Mutterwitz*)에 돌린다. 약학에 정통한 사람은 건강한 이론적 원리들을 취급하고, 규칙들을 알고 있겠지만, 오직 순전한 재능을 완벽하게 만드는 실천만이 그를 명의로 만들 수 있다.[57]

이론적 범주의 경우처럼 적용될 판단 또는 규칙이 선험적일 때에도, 판단력의 역할은 위와 동일하다. 그러나 그 개념은 그것이 적용되어야 할 경험으로부터 생겨나지 않았으므로 그것이 어떻게 가능한지 납득하기란 더욱 어렵다. 칸트는 어떤 사람이 "이 접시는 둥글다"라고 어떻게 말할 수 있는지 납득하기 쉽다고 주장한다. 접시의 경험적 개념은 원의

---

55 이 기회에 나는 나의 시카고판 영역본(p. 176)의 오류를 환기하려 한다. 거기서 절(節)의 제목은 "순수 실천이성의 전형에 대하여"라고 잘못 부여되었다. 바니는 그의 프랑스어 번역본에서 같은 실수를 범했다.

56 판단력은 또한 제시한 사례에 대한 규칙을 발견하는 기술이다. 이것은 "규정적 판단력"과 대비해 "반성적 판단력"이라 불린다(『판단력비판』, V, 179). 『실천이성비판』에서 칸트는 오로지 규정적 판단력, 즉 원리가 먼저 주어진 뒤에 그것이 적용되는 사례를 발견하는 판단력만을 다루었다. 남(Nahm)은 이것이 칸트 윤리학의 근본적인 불충분함이라고 주장한다. M. C. Nahm, "'Sublimity' and the 'Moral Law' in Kant's Philosophy", *Kant-Studien* XLVIII, 1957, pp. 502~24. 사적인 도덕적 판단력의 창조적인 대담함은 새로운 도덕적 통찰들로부터 새로운 도덕적 원리들로 인도할지도 모른다. 그것은 도덕적 삶의 중요한 측면이지만, 『실천이성비판』에서는 온당한 관심을 받지 못했다. 칸트에게 도덕적 고려는 주어진 사례에 이미 알려져 있는 원리를 적용하는 데 있지, 품행의 문제들로부터 새로운 원리들을 이끌어내는 데 있지 않다. 그 누구도 새로운 도덕적 원리의 발명자가 되기를 원하지 않을 것이라는 칸트의 발언에 주목하라(『실천이성비판』, 8n.).

57 『순수이성비판』, A133=B172.

236

기하학적 개념을 포함하거나 적어도 두 개념은 경험 안에서 연합되기 때문이다. 우리는 원을 생각하는 동시에 직관할 수 있다. 누군가 "태양이 돌을 데운다"고 어떻게 말할 수 있는가를 납득하기는 훨씬 어렵다. 왜냐하면 흄이 입증했듯이, "원인"의 개념에는 그 개념이 추상될 수 있는 어떤 직관도, 그 개념에 대응한다고 지시할 수 있는 어떤 감성적 소여도 없기 때문이다.

칸트의 해결책은 도식론(*Schematismus*)에서 제시된다. '도식'은 직관과 개념 양자와 동종적인 표상이어서 개념은 도식과 직접 관계할 수 있고, 따라서 구체적 직관들과 간접적으로 관계할 수 있다. 경험적 개념의 도식은 일종의 보편적인 그림인 '도상'인바, 그것은 피규정자(*definiendum*)의 정해진 특성들을 그 핵심으로 포함하는 동시에 거기 속하는 모든 요소와의 유사성을 보증해주는 변주의 영역 또한 포괄한다.[58] 반면에 선험적 개념에는 그러한 그림이 있을 수 없다. 그 도식은 도상이 아니라 직관의 가능한 소여를 종합하는 상상력의 절차의 표상이다. 이러한 종합과, 범주 자체를 종합의 규칙으로 삼는 개념적 종합은 동종적이다. 도식은 이 절차의 규칙인 동시에 그것의 산물이며, 범주가 적용되는 직관의 불가결한 형식적 구조이다. 따라서 원인성 범주는 한 사물의 현존이 다른 것의 현존에 대해 지니는 의존의 개념이다. 그런데 흄은 우리가 그러한 의존에 대해 어떠한 직관도 보유하지 못함을 입증했다. 그럼에도 불구하고 우리는 어떤 조건 아래에서, 말하자면 (추정상의) 규칙에 따라 현상들이 일반적으로 귀결되는 경우에 개념을 직관에 적용한다. 따라서 원인의 도식은 두 사건들의 도상에 덧붙여진 어떤 (불가능한) 도상이 아니라 "하나의 규칙에 종속하는 다양한 직관들의 연속"으로 이루어진다.[59] 물론 사건들의 특정한 귀결이 하나의 규칙에 종속하는가 여부는 경험적 탐구

---

58 같은 책, A141=B180.
59 같은 책, A144=B183.

를 통해 결정되어야 할 문제다. 반면에 도식은 그 개념이 규칙에 속하는 귀결들에 적용되고 그렇지 않은 것들에는 적용이 배제되는 방식으로 원인 개념을 드러낸다. 도식 없이 우리는 분석적인, 한갓 논리적 의존의 개념으로부터 종합적인 실재적 의존으로 이행할 수 없을 것이다.[60]

유사한 문제가 실천적 규칙들이나 개념들 아래에 행위들을 포섭하려는 판단들의 경우에도 일어난다. 거기서 포섭은 '특정 행위가 규칙을 충족하고, 따라서 그 행위가 요구된다'는 식의 일반 규칙 또는 결정에 비추어서 특정 행위를 평가하는 일을 의미할지도 모른다. 감성세계에서 가능한 특정 행위가 선을 정의하는 원칙들 아래 속하는가 여부를 결정하기 위해서는 판단력이 요구된다. 그것이 숙련, 심지어 영리함에 관여할 때, 실천적 판단력의 임무는 이론적 판단력의 임무와 본질적으로 다르지 않다. 숙련과 영리함에 관한 모든 실천적 명제는 이론적 상관물을 지니며, 성공적 기술의 기준이나 만족할 만한 생활 양식의 기준은 경험에서 발견될 수 있기 때문이다.

순수 실천적 판단력의 임무와 관련된 문제는 훨씬 어렵다. 여기서 법칙은 지성이 아니라 이성의 법칙이며, 그것에는 어떠한 직관도 부적합하기 때문이다. 우리는 도덕법칙이 완전히 준수되어왔는지 여부를 경험 중에서 결코 확신할 수 없다. 따라서 칸트에 의하면, 이론적 범주 안에 놓인 경험의 한 사례를 찾아 그 경우에 도덕법칙을 적용해 도덕적 선의 초

---

60 내가 범주들을 산출하는 판단 형식들이 오직 분석판단의 형식들이라고 잘못 생각하고 있는 것처럼 독자들이 오해하지 않기를 바란다. 확실히 나는 "영혼이 기적을 일으킨다"라고 말할 수 있고, 이는 종합판단이다. 그러나 영혼과 기적의 개념들에 대응해 직관이 공급되지 않으면, 그리고 그것들이 원인성의 도식을 따르지 않으면, 그러한 종합판단은 정당화될 수 없다. 오직 순수하게 개념적으로 인식될 수 있는 유일한 종류의 의존은 분석적인 의존이다. 도식을 위한 직관들은, 진술된 의존이 종합적이 되는 한에서 필연적이다. 하지만 가언판단과 원인성의 범주 각각은 하나는 종합적 (인과적) 판단들에, 다른 하나는 한 사건의 발생이 다른 사건의 발생에 의존하는 현상들의 종합적 관계에 적용되도록 의도되었다.

감성적 이념이 구체적으로 드러날 수 있기를 바라는 것은 부조리하다.[61] 유사하게 도덕적 선은 다른 행위들과 인과적 관계 또는 여타의 범주적 관계 아래 있는 행위가 지닌 자연적 특성이 아니다. 그럼에도 불구하고 순수 실천적 개념들과 원칙들은 경험적 사례에 적용되어야 하는데, 심지어 "가장 평범한 사람"도 종종 도덕철학자보다 더 뛰어난 기량으로 그 일을 행한다.

우리의 물음은 다음과 같다. 어떻게 이것이 가능한가? 어떻게 하면 당위와 존재의 개념적 간극에 다리를 놓을 수 있는가? 적어도 부분적으로나마 당위의 개념들이 존재의 영역에 분명히 적용될 수 있는 여지가 있는가, 이리하여 우리가 존재하는 사실이 도덕적 명령의 요구에 대응한다거나 모순된다고 말할 수 있는가? 이에 답하지 않으면, 칸트가 매우 중요하게 여기는 규범성과 사실성의 구별(26)에는 건널 수 없는 틈, 곧 당위의 개념과 양립할 수 없는 틈이 남는다. 그러나 사실상 우리가 일상에서 도덕적 고려를 할 때 건널 수 없는 틈이란 없다. 도덕적 결단을 내리거나 도덕적 판단을 할 때마다 우리는 그 틈을 건넌다.

이 물음들에 대한 칸트의 대답이 바로 순수 실천적 판단력의 전형론(*Typik*)이다.[62] 이것은 『순수이성비판』의 도식론과 유사한 지위를 점한다.

61　『실천이성비판』, 68. 그런데 『순수이성비판』(A425=B453)의 발언에 따르면, 수학과 마찬가지로 도덕철학은 "원리들 및 그 실천적 귀결들을 전부 구체적으로, 적어도 가능한 경험들 안에 제시할 수 있다". 그러나 두 구절 간의 모순은, 나중의 구절의 맥락에서 드러날 수 있는바, 실제보다 더 명백하다. 칸트는 거기서 "회의적 방법", 즉 이율배반의 방법이 사변철학에서는 특별히 쓸모가 있지만 자연과학, 수학, 윤리학에서는 무용함을 입증하려 한다. 왜냐하면 그것들 중 어느 것도 "모든 가능한 경험의 영역을 넘어서는 것을 통찰한다고 주장하지 못하기 때문이다". 그것의 인식들을 구체적으로 제시하는 도덕철학은 이미 판단의 전형(물론 전형론은 문제되는 구절 뒤에 정식화되기는 하지만)으로 무장한 철학이다. 다른 한편, 최고선은 실천이성의 인식으로서 구체적으로 제시될 수 없고, 그 점에서 이율배반의 방법이 고유하게 다시 출현한다.

62　전형(Type): "바로 그것을 통해 어떤 것이 상징화되거나 형상화되는 것: 상징, 징표"(*Shorter Oxford English Dictionary*). 이 용어에 관한 의미의 상세한 논의는 H. J. Paton, *The Categorical Imperative*, pp. 160~61[국역: 『칸트의 도덕철학』, 229~30쪽]을 보라.

실천원칙은 그 자체로는 어떠한 경험적 사실의 인식도 제공하지 않는다. 실천적 판단이 명령이나 처방의 수행이 경험세계에서 가능함을 전제한다고 할 때, 이러한 가능성은 순수 인지적(이론적) 절차를 통해 확립된다. 반면에 감성세계에서 나에게 가능한 행위가 도덕적으로도 가능한 행위임을 확립하려면,[63] 다른 종류의 판단이 요구된다. 인지적 성분이나 상관물에 힘입어 특정한 실천적 원리가 행위에 서술적으로 적용되는 경우, 우리는 실천적 결단 자체에 관여하지 않는다. 우리는 단지 이론적으로 가능한 모든 행위 가운데 어떤 것이 수행되어야 마땅한가의 결단에만 관여한다. 따라서 우리는 다음과 같은 유비를 지닌다. 법칙에 따라 발생하는 경우의 도식이 그 인식을 위해 필수적이라면, 실천적인 맥락에서 자연적 연관의 법칙이 아닌 법칙 아래에 놓인 하나의 원인과 경험세계 내에서 가능한 사건들 일반을 결합하기 위해서는 법칙 자체의 도식[64]이 필수적이다. 앞의 경우의 도식은 직관적 요소를 갖기 때문에, 그것은 그 기능상 늘 인지적이다. 그러나 당위를 지시하는 실천법칙에 대해서는 어떠한 직관도 이용될 수 없다. 두 가지 이유에서 그렇다. (a) 그것은 있

『영어 신사전』(*New English Dictionary*)도 그림 형제의『독일어 대사전』도 typic(*Typik*)의 용례를 명사로서 인정하지 않는다. 그러나 칸트가 도덕적 판단의 전형(*Typus*)과 전형론(*Typik*)을 구별하기를 원함은 분명하다. 상징과 도식에 관해서는『형이상학의 진보』, XX, 279-80;『판단력비판』, §59 참조. 칸트는 "개념의 전형"과 "원칙의 전형"을 동의어로 사용한다(『실천이성비판』, 70).

63 『실천이성비판』, 57: "'어떤 것이 순수 실천이성의 대상인지 아닌지를 판정한다'가 의미하는 것은 단지 '우리에게 능력이 있으면(능력이 있는지에 대해서는 경험이 판정할 수밖에 없다) 특정 객체를 실현할 그런 행위를 의욕하는 일이 가능한지 그렇지 않은지 구별한다'에 지나지 않는다."

64 칸트는 "법칙의 도식"이라는 표현의 위험성을 지적한다(같은 책, 68). 한 단편에서 그는 "도식"이란 낱말을 더 넓은 의미로 사용한다(Reflexion 5612). 그리고『도덕형이상학』 §45(VI, 468)에서 그것은 거의 사례의 의미로 쓰인다.『정초』에서는 "도식"도 "전형"도 사용되지 않지만, "도덕적 평가의 규준"이라는 제목 아래의 문제에서 간략히 언급된다(424). 비슷하게『철학에서 임박한 영구평화조약 체결 고지』(*Zum ewigen Frieden in der Philosophie* VIII, 420)에는 "도덕적 실천이성의 규준"이라는 표현이 있으며, 한 단편에는 "유비물"(*Analogon*)이란 표현이 나온다(Reflexion 7260).

는 것이 아니라 마땅히 있어야만 하는 것의 법칙이며, (b) 도덕적 동인-행위 연관의 일부만이 자연 안에 자리하기 때문이다. 따라서 법칙 자체의 도식은 직관이나 상상력이 아니라 지성이나 사유능력을 통해 공급되어야 한다.

도식이 순수 개념과 순수 직관 사이를 매개할 수 있을 "제3자"이듯이, 전형(Typus)은 있는 모든 것, 즉 자연의 개념과 마땅히 있어야 하는 것의 개념 사이를 매개할 수 있는 제3자여야 한다. 실천적 판단에서 제3자는 그것이 하나의 나라 또는 왕국을 규정하는 한에서 법칙 자체의 개념이다.[65] 자연은 합법칙적인 현상들이고, 자연법칙은 전형 또는 모델[66]을 제공하며, 이것의 도움으로 우리는 실천법칙을 구체적으로 생각해볼 수 있다.

유혹에 직면해 우리는 우리 자신에게 묻는다. "모든 사람이 내가 하고 싶은 대로 한다면 세계는 어떻게 될까? 나는 그런 세계를 창조하기를 바랄 수 있나? 또는 그 세계가 현존한다면 나는 거기 살고 싶을까?" 하지만 가령 모든 사람이 자신의 재능을 계발하는 그런 세계에 살고 싶다는 바람은 내가 내 재능을 계발할 이유가 아닐 수도 있다. 그것은 나 자신을 더 낫게 하려는 노력의 동인[67]이 아니다. 왜냐하면 내가 세계의 창조자가 아니라는 것, 그리고 모두 잘 알다시피 내가 아는 이 세계에서 모든 사람이 내가 행위하는 대로 행위하지 않으리라는 것, 바로 이 분명하고 단순

---

65 『정초』, 433.

66 『영원한 평화를 위하여』, VIII, 372: 자연법칙은 입헌적 구성의 "모델"이다.

67 『실천이성비판』, 69-70. 어떤 논자들은 도덕적 판단의 전형과 도덕적 행위의 동기의 차이를 인지하는 데 실패함으로써 정언명령에서 칸트가 실용주의, 아니면 적어도 자기중심적 학설에 전념해왔다고 오해하곤 했다(이를테면 존 스튜어트 밀의 『공리주의』, 제1장 참조). 그러나 칸트는 이러한 혼동에 빠지지 않았고, 도리어 그것을 경계했다. 그는 내가 거짓말을 한다고 해도 그것이 다른 모든 사람도 거짓말을 할 것임을 의도한 적 없으며, 따라서 내 거짓말의 결과에 대한 두려움은 모두가 거짓을 말하는 세계의 현존으로부터 따라 나올 결과들에 대한 두려움을 포함하지 않는다는 사실을 상당히 잘 자각하고 있었다. 특히 『정초』, 438 참조.

한 이유는 좋을 수도 있고 나쁠 수도 있기 때문이다. 그러나 도덕적 질서의 개념에 함축된 것은 상호작용하는 의지들(관계의 세 번째 범주)의 질서라는 개념이고, 그러한 세계에 대해 우리가 가진 최선의 모델은 법칙의 지배 아래 있는 자연의 질서이다.[68] 다시 말해 법칙 아래 있는 자연의 질서에서 가능하지 않은 것은 도덕적으로도 가능하지 않을 것이다. 단, 그렇다고 해도 자연 안에 실재하는 것(경험적 직관이 결정해야만 하는 사안)은 무엇이 도덕적으로 가능하고 필연적인가를 추상적으로 규정하는 데에서 어떠한 판단적 기능도 갖지 못한다.[69]

"자연의 합법칙적 질서"(gesetzmäßige Ordnung der Natur)는 두 가지 의미를 지닌다. 그런데 그중 하나는, 페이턴이 지적한 대로,[70] 오늘날에는 상당 부분 잊혀졌다. 먼저 그것은 인과법칙 아래의 현상들의 균일한 연쇄를 의미하며, 그것의 두드러진 특징은 자연의 보편적 균일성(uniformity)이다. 기계적 체계로서 자연은 18세기에는 보편적으로 적용 가능한 법칙들에 의해 "통치된다"라고 생각되었다. "자연의 질서"의 두 번째 의미로 건너가기 전에, 우리는 이 균일성이라는 개념의 실천적 의미를 검토해야 한다.

---

68 때때로 칸트는 유비를 더 멀리까지 밀어붙였다. 일찍이 그는 루소의 선의지를 뉴턴의 중력에 비교했다. 양자는 그 조직화의 원리가 세계 질서를 야기한다는 점에서 비슷하다(『형이상학의 꿈을 통해 해명한 영을 보는 사람의 꿈』, II, 330, 335: Reflexion 5429). 그가 멘델스존에게 쓴 편지에 따르면, 이것은 진지한 견해의 표명은 아니고 날조(Erdichtung) 속에서, 즉 인식에 부적합한 자료를 가진 환경에서 사람이 얼마나 멀리 나아갈 수 있는가에 대한 예시였다(1766년 4월 8일[X, 72]). 하지만 그러한 의견이『도덕형이상학』의「덕론」, §24(VI, 449)과『유작』(XXI, 35)에서 다시 출현하는 점으로 미루어보아, 그는 그 의견에 분명 매혹되었다.

69 물론 그것이 하나의 기여적 기능을 하기는 한다. 모든 행위가 주어진 목적에 적합한 수단을 선택하는 추상적 원리에 내용을 제공하는 경험적 인식에 기초한다는 점에서 그렇다.

70 H. J. Paton, The Categorical Imperative, pp. 150ff., 160ff.[국역:『칸트의 도덕철학』, 214쪽 이하, 229쪽 이하]. 나는 그의 명확하고 모범적인 해설 가운데 오직 한 지점에 대해서는 페이턴을 따르기를 주저한다. 말하자면 나는 자연의 질서에 대한 이러한 구상들 중 오직 두 번째 것만이 전형론에서 역할을 한다(149쪽)는 그의 확언이 옳다고 생각하지 않는다. 내 생각에는 인과적 균일성의 개념 역시 적어도 작은 역할을 한다. 나는 이 점을 본문에서 밝히려 한다.

준칙의 첫 번째 시험은 준칙의 보편화 가능성, 즉 그것을 서술적인 보편적 원리로 해석하는 것에 불과하다. 몇몇 준칙들에 대해, 칸트는 그것들이 보편적이 될 때 스스로를 파괴한다고 말한다.[71] 다시 말해 그러한 준칙의 효력은 인간 행동의 보편적이거나 심지어 일반적인 서술에 대응하지 않는다는 사실에 의존한다. "모든 인간은 거짓말을 해야 한다"라는 명제는 논리적으로 자기모순적이지 않다 해도, 그러한 준칙이 보편적이어야 한다고 이성적으로 의욕하기는 불가능하다. "나는 거짓말을 해야 한다"와 같은 준칙은 그 영향력에서 그 준칙이 보편적이지 않다는 사실, 즉 그 준칙의 이론적 상관물인 "나는 거짓말한다"가 "모든 인간은 항상 거짓말한다"라는 판단으로 보편화될 수 없다는 사실에 의존한다. 그렇다고 한다면 거짓말과 같은 것은 전혀 존재하지 않을 것이기 때문이다.[72] 누군가의 거짓말은 오직 그것들이 일반적 규칙에서 예외적일 때에만 기만과 영악함을 드러낸다. 그러나 예외를 지닌 일반규칙은 자연법칙이 아니다. 자연법칙에는 예외가 없다.

여기서 우리는 앞에서(제8장 제4절) 이미 논의된 문제에 다시 주목해

---

71 칸트는 이 주장을 반복한다. 하지만 『실천이성비판』에서는 보편화가 가능해지는 행위들에 대해서도 말한다(『정초』의 첫 번째와 두 번째 정식에서 그는 보편화 가능한 준칙에 대해 말하지만, 전형론에서 그것은 언급된 행위 자체의 보편화 가능성이라는 점에 유의하라). 이것은 『실천이성비판』에서는 부정확하다. 만일 거짓말이 보편적이려면, 우리는 단지 그것이 빈번하게 행해지는 이 세계에서보다 훨씬 더 나아갈 수 있어야 한다. 단순히 긍정문을 부정적으로, 부정문을 긍정적으로 해석하기만 하면 된다. 그러나 **준칙**이 다른 인격을 속일 의도를 가진다면, 최선의 길은 때로는 진리를 말하고 때로는 거짓을 말하는 것이다.

72 이것은 에피메니데스(Epimenides)의 역설의 논리적 문제와 무관하게 이야기된다. 에피메니데스를 제외한 모든 사람이 사실상 늘 거짓말을 한다고 가정해보자. 그때 논리적 역설이 일어나진 않겠지만, 거짓말의 실천적 효력은 사라질 것이다. 우리는 다른 사람들이 "아니오"라고 말할 때 에피메니데스는 "예"라고 말했다고 단순히 말해야 한다. 거기서 누구도 속임을 당하지 않을 것이다. 만일 에피메니데스가 다른 모든 사람이 거짓말을 해야 한다고 의욕했더라면, 그의 거짓말에는 어떠한 의미나 목표도 없었을 것이다. 그러므로 그 준칙은 **모든** 인간에 대한 그의 진술이 역설적인 것과 마찬가지로 확실히 "자기 파괴적"일 것이다.

야 한다. 준칙의 보편화 가능성은 그것이 법칙으로서 타당한가에 대한 소극적 시험이다. 그러나 많은 준칙은 법칙의 지위를 점하지 않고서도 사실상 보편화가 가능하다. 이런 식으로 보편적이고 균일한 자연법칙으로서의 도덕법칙의 전형은 오직 도덕적 판단의 소극적 규준일 뿐이다.

자연의 질서의 두 번째 의미는 바로 그것에 따라 모든 법칙과 그 법칙들의 지배 아래 있는 현상들은 전체로서의 자연이 유기적 통일성(organic unity)[73]으로 해석될 수 있는 것과 같은 관계 아래 있다는 점이다. 자연신학자에게서 그 유기적 통일성은 지혜로운 창조자가 자연을 설계했다는 암시이다. 칸트에게 지혜로운 창조자의 추론은 논리적으로 부당하다. 그러나 목적론적인 구성을 생각하는 것은 아직 인식되지 않은 인과관계에 관한 우리의 탐구에서 규제적 원리로서 요구된다. 비록 칸트에게서는 단지 그것의 이념만이 타당한 방법론적 가정이라 할지라도, 자연신학과 자연목적론은 자연세계를 실제로 그러한 영역으로 간주한다. 반면에 도덕적 목적론은 그러한 영역을 행위를 통해 이루어야 할 이상으로 여긴다.[74] 그것은 인식은 물론이고 실천 또한 인도하는 규제적 이념이다. 이것이 목적들의 나라의 이념이다. 이는 실천적 관계의 세 번째 범주, 즉 공통법칙 아래에 있는 인격들의 공동체의 범주에 의해, 곧 이성적 존재자의 신비로운 집합체(*corpus mysticum*) 전체에 의해 조직된다.[75] 그러한 세계는 "원형적 자연"(*natura archetypa*)이며, 그 이념은 "감성세계에 이성적 존재자들 전체의 형식을 부여하기 위해 우리의 의지를 규정한다"(43).

거의 모든 18세기 과학자와 철학자에 의해 실제 우주를 묘사하는 것으로 믿어졌던, 자연을 규제적인 것으로 여기는 구상은 도덕적인 나라에 대한 우리의 사유를 위한 모델이다. 나는 내가 행위하려고 마음먹은 것

73 이러한 구상의 도덕적 의의는 이미 앞에서 가볍게 다루어졌다(『실천이성비판』, 27-28, 및 이 책의 156쪽 참조).
74 『정초』, 436n.
75 『순수이성비판』, A808＝B836.

과 균일하게 활동하는, 이성적 존재자들로 이루어진 자연의 영역이 가능할 것인가 그렇지 않을 것인가를 단지 내 자신에게 묻는 것만은 아니다. 다시 말해 만일 준칙이 보편법칙이 될 수 있고 준칙으로 표현된 내 목적들을 성취할 수 있다고 한다면, 나는 더 나아가 모든 부분이 자기의 자연적 위치와 기능을 지니고 있어야 할 세계의 창조자로서 내가 어떤 준칙들이 법칙의 강제력을 가져야 한다고 의욕할 것인지 그러지 않을 것인지를 묻는다. 그것은 사물들의 자연적 목적과 체계적으로 반목하는 세계인가? 만일 그렇다면 비록 그러한 세계가 균일한 사건들의 계열들의 하나의 '영토'[76]로서 가능하다 할지라도, 그것은 자기의 욕구들이 함축하는 바를 일관되게 추구하는 존재자에 의해 이성적으로 욕구될 수 있을 만한 '나라'는 아닐 것이다. 말하자면 내가 부도덕한 행위를, 이성적 존재자들과 불화를 낳을 어떤 행위를 의욕할 때, 나는 행위준칙에 따라 의욕하고 따라서 내 준칙이 보편적이어서는 **안 된다**는 것을 (암묵적으로) 의욕한다. 그때 그러한 준칙은 자연법칙과 유사하지 않다.

여기서 칸트 해석에서 쉬이 자주 나타나는 오류의 지적이 필요하다. 그 오류란 『정초』 제1절의 세 번째 사례로 제시된 자선 행위가 나의 도움을 받은 이로부터 나중에 얻게 될 이익을 바라기 때문에 수행되었다는 견해를 칸트가 받아들였다고 해석하는 것이다.[77] 이 해석은 칸트가 말

---

76 '영토'(*Territorium*)와 '나라'(*Reich*)에 관해서는 『판단력비판』, 서론 II 참조.

77 이를테면 W. D. Ross, *Kant's Ethical Theory*, 1954, p. 47. 의지 자신을 돕는 준칙에 의해서만 규정된 의지의 준칙이 "도덕적 선에 아주 적합한 유형"으로서 복무한다는 진술(『실천이성비판』, 70)은 "비록 그 밖의 다른 경우에 자연법칙이 모든 것을 조화롭게 만든다고 해도 만일 누군가 여기서 법칙의 보편성을 이 준칙에 부여한다면, 이는 조화의 극단적인 반대이고 준칙 자체와 그 목표 간의 최악의 모순일 뿐만 아니라 완벽한 절멸이 될 것"이라는 또 다른 진술(20)과 조화를 이룰 수 있는가? 우리가 "만일 이 의지가 그 자체로 보편적 법칙이 된다면"이라는 표현을 고려한다면, 그렇다고 답할 수 있다. 왜냐하면 그때 각자의 자유는 타인들의 자유에 의해 제약되기 때문이다. 의지의 상호적인 제약이라는 그러한 구상은, 실천으로 옮겨갈 때 반드시 『순수이성비판』(A809=B837)에서 진술된 최고의 행복으로 인도할 것이다. 거기서 그 구상은 "이성의

하고 의도한 것에 대한 오해일 뿐만 아니라 심지어 계몽된 자기애를 고려하더라도 매우 빈약한 토대를 지닌 의견이다. 인간의 감사하는 마음은 가냘픈 꽃과도 같아서 도움받은 이가 반드시 보답하리란 보장이 없기 때문이다. 문제는 '내가 이타적이 됨으로써 무엇을 얻는 것이 마땅한가'가 아니라 '나는 나 자신의 목표들의 수행에서 다른 사람들의 도움이 필요한 상태에 자주 처하지만, 그럼에도 나의 준칙을 따라서는 내가 **원칙적으로** 타인의 어떠한 도움도 기대하거나 요청할 수 없다고 할 때, 나는 이러한 상황에서 나의 준칙이 보편화되어야 한다고 일관되게 의욕할 수 있는가'이다. 이는 단순히 타인에게 친절을 베풀지 않았다면 마찬가지로 타인의 친절을 받아들여선 안 된다는 말이 아니다. 그런 일은 일어날 수도 있고 일어나지 않을 수도 있다. 문제는 '어떤 준칙이 보편적 법칙이 될 때 그것이 타인의 목적을 보존하려는 나의 노력을 위협한다면, 나는 그것을 나의 준칙들 중 하나로 포함시킬 것인가 그러지 않을 것인가'이다. 내 의지가 선하다면, 다른 사람들의 도움을 기대하거나 희망하는 것은 내 행위의 동기가 아니다. 그러나 내 의지가 이성적이라면, 나는 나의 사적 목표들을 의욕함과 더불어 그 목표들을 충족할 가능성이 없을 수도 있는 상황에서도 일관되게 의욕할 것을 고려해야 한다.

이렇게 해석된 도덕적 판단의 전형은 행위의 균일성이 아니라 다만 공통의 준칙 아래에서 서로 간의 상호작용을 요구한다. 이 해석은 확실히 『실천이성비판』에 등장하는, 준칙의 보편화 가능성을 요구하면서도 "규칙의 다양성"을 허락하는 구절(20)에 의해 뒷받침된다. 그러나 그 해석

이념"이라 불린다. 이것은 목적들의 나라의 이념이고, 우리의 준칙들이 그러한 나라를 위해 입법하기 때문에 적법한 도덕적 동기이다. 그러나 보편적 행복의 이념은 그러한 나라의 유일한 전형이다. 『실천이성비판』, 28의 구절에 따르면, 칸트는 각자의 이기적 준칙이 "최악의 모순"으로 치닫지 않도록 하기 위해 준칙을 수정하고 제약하는 것이 아니라 자연법칙으로서 보편화하려 한다고 추측할 수도 있을 것이다. 반면에 『실천이성비판』, 70에서는 이기적 준칙이 개선되고 제약되어야 한다고 말한다.

이 함축하는 상세한 내용을 보면, 그것은 전형론에서 행위 자체의 보편화 가능성을 요구하는 구절(69)과 일치하지 않는다. 이에 대해 게오르크 빌헬름 프리드리히 헤겔(Georg Wilhelm Friedrich Hegel)을 비롯한 몇몇 철학자는 어떤 행위들은, 이를테면 자선 행위가 그렇듯이, 보편화될 수 없다 해도 타당하다면서 칸트를 반박했는데, 이는 타당하다.[78] 물론 "자선을 베풀라"는 것은 하나의 규칙으로 보편화될 수 없다. 누군가 자선을 베풀려면, 자선을 베풀지 못하고 받기만 하는 사람이 있어야만 하기 때문이다. 그런데 고통 속에 있는 다른 사람들을 돕는 일에서 불완전한 책무의 이러한 준칙은 하나의 원리로서 보편화될 수 있다.

이 장의 끝에서 칸트는 우리의 행위에 의해 실현될 수 있을 목적들의 나라로서 간주된 자연의 전형의 의미를 충분히 전개한다. 단지 자연법칙이 아니라 자연 자체가 전형 또는 상징으로 여겨지지만, 그것은 도덕적 목적들의 나라로 여겨지진 않는다. 따라서 칸트는 볼프와 다른 사람들이 완전성 이론에서 자연의 나라와 목적들의 나라를 혼동하는 오류에 빠졌음을 경고한다.[79] 이 오류는 도덕에서의 경험주의인바,[80] 그것은 피할 수 없이 타율적이고 따라서 도덕의 순수성을 파괴한다. 그리고 그는 또한 목적들의 나라의 유형이 마치 초험적 직관의 도식을 지니는 것처럼 간주해선 안 되며, 따라서 목적들의 나라에 대한 한갓 이상적 사상을 기성의, 실제적인 목적들의 나라에 대한 추정상의 직관과 혼동해선 안 된다고 경고한다.[81] 칸트가 경고한 두 경우에 존재의 이론은 (그것이 앞의 것처럼 현상세계에 속하든 아니면 나중의 것처럼 초험적 세계에 속하든 간에) 당

---

78 G. W. F. Hegel, *Lectures on the History of Philosophy*, trans. Haldane and Simson, 1895, III, p. 460.

79 C. Wolff, *Vernünfftige Gedancken von der Menschen Thun und Lassen*, §137 참조.

80 『실천이성비판』, 70, 94; 『순수이성비판』, A474=B502.

81 『실천이성비판』, 85-86. 이것은 도덕에서의 열광(*Schwärmerei*)이며, 신비주의와 연관된다(71).

위의 자율적 이론의 자리를 점유한다. 이 모든 이론은 오직 이성에 의해서만 적합하게 충족될 수 있는 역할을 판단력에 할당한다. 그러나 판단력이 품행을 지도할 때 필요한 보편적 원리는 오직 이성만이 공급할 수 있다.

제10장

순수 실천이성의 원칙의 "선험론적 연역"

—§7과 Ak., 42-50의 주해

1. 들어가며

'분석론' 제1장의 §§1-6과 제2장에 대한 칸트의 설명 구조가 분석적이고 미정적이라는 것은 지적되었다. 그곳에서는, 오직 이성만이 선험적 실천법칙을 제공할 수 있다면 그 법칙의 형식은 어떠해야 하는지가 탐구된다. 실천이성 그 자체의 성격에 대한 칸트의 진술들에는 하나의 정언적 목적성이 있으나, 그는 §§1-6에서 순수 실천이성과 관련해 분석적으로만 진행한다. 그의 물음은 이렇다. 만일 순수 이성이 실천적이라면, 그 법칙은 무엇이며 법칙에 복종할 수 있는 의지의 본성은 무엇인가?

그럼에도 불구하고 도덕법칙이 순수 이성의 법칙이라는 확신을 칸트처럼 확고히 간직한 사람은 이 믿음을 완전히 비밀리에 간직할 수 없다. 칸트의 이러한 확언이 체계적으로 정당화되는 지점에 이르기도 전에, 이미 여러 구절들에서 순수 실천이성의 실재성에 대한 그의 믿음은 분명히 드러난다.[1] 심지어 자유의 실재성이 아니라 자유의 가능성만을 주장하려 했던 『순수이성비판』에서도, 그는 논리적으로 삼가야 할 것을 어기고 종종 이렇게 확언한다. 도덕법칙이 의지를 선험적으로 규정할 수 있다는 것, "나는 이 명제를 가장 계몽된 도덕론자들의 증명들에 호소할 뿐만 아니라 그러한 법칙을 분명하게 생각해보고자 하는 모든 사람의 윤리적 판단에 호소함으로써 정당하게 전제할 수 있다".[2] "모든 사람의 윤리적 판단"은 칸트의 도덕철학의 참된 출발점이다.『실천이성비판』의 구조가 아무리 분석적이라기보다 종합적이라 해도 이러한 사실이 간과되어서는 안 된다.

도덕적 문제들에 대한 평범한 사람의 생각에 호소하려는 칸트의 시도는 20세기 독자들에게 익숙하다. 우리에게는 이것이 유일한 출발점이다. 그러나 고틀로프 아우구스트 티텔(Gottlob August Tittel)의 서평에 대한 칸트의 명민한 답변에 따르면,[3] 그의 작업은 나중에 평범한 도덕적 현상들을 설명하거나 짐작하는 데 사용될 수 있도록 세계의 체계를 세우는 (적어도 당시 대륙철학에서) 더 익숙한 방식의 작업에 투신하는 대신에, 이러한 방향에서 윤리적 문제에 접근한다는 데에 참신함이 있었다. 이 과정에서 칸트는 루소에게,[4] 그리고 경건주의의 양심에 빚을 졌다. 그러한 양심은 그가 평생토록 공공연히 존경했던 자신의 부모의 소박하지만 깊은 정직함 속에서 그 자체로 분명했다. 하지만 도덕적 의식은 어쩌면

---

1 이를테면『실천이성비판』, 19, 27, 29.

2 『순수이성비판』, A807＝B835.

3 『실천이성비판』, 8n.; 더불어『순수이성비판』, A831＝B859를 보라. "여러분은 모든 인간에게 관계되는 인식이 평범한 지성을 뛰어넘어야 하고 철학자들에 의해서만 발견되어야 한다고 요구하는가? 여러분이 불평하는 바로 그것은 지금까지의 주장들이 옳다는 최선의 확인서이다."

4 "경향성에 따르면, 나는 연구자다. 나는 인식에 대한 전적인 갈증을 느끼며, 인식의 진보를 바라면서도 불안하고, 모든 새로운 인식의 획득에서 만족을 느낀다. 내게는 이것이 인간성의 영예를 이룬다고 믿고 무지한 하층민들을 경멸하던 때도 있었다. 루소는 이런 나를 바로잡았다. 이 맹목적인 편견은 사라졌고 나는 인간에 대한 존중을 배웠다. 내가 만일 [연구자로서의] 나의 태도가 인류의 권리를 세우는 데에서 다른 모든 사람에게 가치 있을 수 있다고 믿지 않았더라면, 나는 나 자신을 평범한 노동자보다 더 쓸모없이 여겼을 것이다"(XX, 44).

가상적일지도 모르며, 의무는 "헛된 망상이고 키마이라 같은 개념"일지도 모른다.[5] 설령 그 개념이 타당하다고 해도, 우리는 이 세상 어디에서 참된 덕이 발견될 수 있는지 알지 못한다. 어떤 사례도 덕의 현존을 입증할 수 없다.[6]

논증의 어조는 §7에서 갑자기 변한다. 그는 순수 이성이 실천적이려면 무엇이 참이어야 하는가라는 가언적 진술에 머무르지 않고 대담하게 그 이상을 확언한다. "순수 이성은 그 자체만으로 실천적이며, 우리가 '윤리법칙'이라 부르는 보편법칙을 (인간에게) 부과한다."[7] 분석과 확언의 대비를 분명히 하기 위해 다음 두 구절을 비교해보자.

때때로 우리는 이성의 이념들이 실제로 현상으로서의 인간 행위[작용]들에 대해 원인성을 증명했다는 것을 발견하거나, 적어도 발견한다고 믿는다.[8]

사람들이 자신들의 행위의 합법칙성에 대해 내리는 판단을 분석해보기만 하면 된다. 이 경우 우리가 매번 발견하는 것은 그들의 이성이 경향성의 어떤 속삭임에도 매수되지 않고 자기 자신에 의해 강제되면서 행위할 때마다 의지의 준칙을 늘 순수한 의지에 결부한다는 점, 다시 말해 이성은 자기 자신을 선험적으로 실천적이라고 간주하는 한에서 의지의 준칙을 자기 자신에게 결부한다는 점이다(32).

---

5 『정초』, 402.
6 같은 책, 407.
7 『실천이성비판』, 31. 이미 우리가 때때로 주목했던 법칙과 명령 사이의 혼동은 여기서 출현한다. 칸트는 이렇게 말했어야 했다. "순수 이성은 우리가 '윤리법칙'이라고 부르는, 모든 이성적 존재자에게 타당한 보편법칙을 부과하며, 인간에게서 그 법칙은 정언명령의 토대가 된다."
8 『순수이성비판』, A550=B578.

무엇이 칸트에게 순수 이성이 실천적일 수 있다는 가정의 지위에 있던 명제를 이렇게 변화시킬 수 있도록 권한을 부여했는가? 어조의 변화만으로 논증이 저절로 새로운 단계로 이행하지 못한다.

이에 대해서는 두 가지 근거가 있다. 하나는 이른바 "순수 이성의 사실" (*Faktum der reinen Vernunft*)이고, 다른 하나는 원칙의 "연역"(*Deduktion*)이라는 다소 모호한 표제이다.

2. "순수 이성의 사실"

전에는 단지 방법론적인 출발점일 뿐이었던 도덕적 의식의 가정은, 그것이 가상적일지도 모른다는 칸트의 고백에도 불구하고 이제 논증의 실제 전제로 기능한다. 그는 말하기를,

> 이 근본법칙에 대한 의식을 우리는 이성의 사실이라고 부를 수 있다. 왜냐하면 우리는 이 법칙을 이성에 앞서는 소여로부터 발견할 수 없으며 …… 이 법칙은 순수하든 경험적이든 간에 어떠한 직관에도 기초하지 않은 선험적 종합명제로서 우리에게 그 자체로 떠오르기 때문이다(31).

> 이 법칙을 오해 없이 주어진 것으로서 고찰하기 위해 우리는 그것이 경험적 사실이 아니라 순수 이성의 유일한 사실임을 명심해야 한다(31).

> 이 분석론이 밝히는 바는 순수 이성이 실천적일 수 있다는 것, 다시 말해 그 자체로, 그리고 일체의 경험적인 것으로부터 독립해 의지를 규정할 수 있다는 것이다. 이것은 순수 이성이 실제로 실천적임을 그 자체로 우리에게 제시하는 하나의 사실에 의해 이루어진다. 이러한 사실은 윤리성의 원칙에서의 자율이다.[9]

도덕법칙은 마치 순수 이성의 사실처럼, 곧 우리가 선험적으로 의식하고 있으며 필증적으로 확실한 것으로서 주어져 있다.[10]

이 유명하지만 모호한 구절들과 관련해 두 가지를 물어야 한다. (a) 여기서 주장된 이성의 사실이란 무엇인가? (b) 칸트가 이성의 사실에 기반을 두고 시도하는 작업은 타당한 토대를 지니는가?

a) 순수 이성의 사실은 무엇인가? 칸트 스스로도 그것을 표현하는 최선의 방식을 확정한 것 같지는 않다. 각 인용문에서 순수 이성의 사실은 다음을 의미한다. 첫 번째 인용문에서 그것은 법칙에 대한 의식이며, 두 번째와 네 번째 인용문에서 그것은 도덕법칙 자체이고, 세 번째 인용문에서는 자율이다. 칸트는 자율로서의 자유를 도덕법칙과 동일시했으므로(33), 아마 이 둘은 하나로 고려해야 한다. 그러나 "도덕법칙에 대한 의식"과 법칙 자체는 첫눈에도 분명히(*prima facie*) 구별된다. 전자는 (우리가 "이성의 사실"이라 부르기를 원하든 원하지 않든 간에) 하나의 사실로서 현존한다고 확실히 말해질 수 있으며, 후자는 (그것의 "현실성"은 아직 계

---

9   『실천이성비판』, 42. 바로 다음 행에서 그는 이 사실이 "의지의 자유에 대한 의식"과 같다고 말한다.

10 같은 책, 47. 이 문장에서 "마치"(*gleichsam*)에 주목하라. 6, 31, 42, 43쪽에서 칸트는 그것을 "사실"(*Factum*)이라 쓰고, 47, 55, 91, 104쪽에서는 "마치 하나의 사실"(*gleichsam ein Factum*)이라 하거나 그것에 준하는 표현을 쓴다. 이것은 "사실"이라는 낱말의 이러한 특이한 사용을 칸트 스스로 불편하게 여겼고 초기의 사용 이후 그가 신중해졌음을 어느 정도 암시했다. 그러나 이것이 차이에 대한 가장 그럴듯한 해석이기는 하지만, 『실천이성비판』을 마친 뒤에 그의 신중함도 무뎌졌음을 우리는 이후의 저작에서 발견하게 된다. 『판단력비판』, §91(V, 468) ― 자유는 사실이다. 「덕론」, §6, 『도덕형이상학』(VI, 252) ― 자유의 실천법칙은 하나의 사실이다. *Vorarbeiten zur Tugendlehre*(XXIII, 378) ― "이 법칙이 우리 안에 있고 실로 최고의 법칙이라는 것은 사실(*res facti*)이다." 『유작』(XXI, 21) ― 정언명령은 도덕적-실천적 이성의 사실이다. 『순수이성비판』의 Bxxii과 xviii에서는 각각 "이성의 실천적 소여"와 "이성의 선험적 소여"로서의 실천적 원칙이 논의된다. 뒤스부르크 유고의 여섯 번째 단편(Reflexion 7201)은 어쩌면 처음으로 "사실"이라는 낱말을 사용하지 않고서 그 개념을 도입한다. 여기서 도덕법칙은 선험적으로 주어져 있는 시간과 공간의 직관과 비교된다.

류 중*sub judice*이지만) 우리가 의식하고 있는 것이다.

첫눈에 분명한 이 구별이 결국 타당하다면, 칸트의 논증은 순환적일 수밖에 없다. 왜냐하면 모든 사람이 첫 번째 의미의 "사실"이 현존함을 받아들일지라도, 거기에 두 번째 의미의 "사실"이 포함되진 않기 때문이다. 하지만 두 번째 의미의 사실은 칸트의 논증에서 불가결하다.

b) 실제로 그것은 우리가 요구하는 의미에서의 "사실"인가? 두 번째 의미의 사실이 명백히 설명될 수 없다는 것이 그것을 그 자체로 거부할 근거는 아니다.[11] 우리가 설명할 수 없다 해도 반드시 인정해야만 하는 사실들도 있다. 하지만 우리는 왜 서로 양립할 수 없는 사실들 가운데서 다른 것이 아니라 바로 이 사실을 취하는가? 혹시 그러한 진리에 대한 근본적인 직관이나 통찰이 우리에게 있는가? 비록 그가 그것을 "직관"(*Intuition*)이라 부르지는 않았지만, 내 생각에 칸트는 분명 우리가 그러한 통찰을 지닌다고 확신했다. 하지만 근본적인 통찰들 또는 직관들은 칸트가 이미 그것이 그릇될지도 모른다고 시인했던 종류의 명증성과 별반 다르지 않은 것 같다. 통찰이나 직관에 대한 호소는 어떤 진리를 이끌어낼 수 있는 논거나 전제를 찾는 데 실패했다는 고백이지만, 그럼에도 진리를 포기하려 하지 않는 고집이기도 하다. 원리상 어떤 종류의 직관은 확실히 필연적이지만, 그것이 어느 특수한 직관이 필연적이거나 확실하다는 것을 의미하진 않는다. 그것은 실로 틀릴 수도 있다. 혹시 도덕법칙은 우리의 도덕적 경험이 설명되고 납득될 수 있기 위해 우리가 가정해야 하는 종류의 사실인가?[12] 그러나 그런 의미의 사실이라면, 그것은

---

11 『실천이성비판』, 31, 47.

12 엄밀한 의미에서 연역은 이러한 경로의 둘째 것을 엄격하게 따르는 것이 아니라 자유를 가정하기 위해 이론이성의 필요로부터 독립적인 원리를 위한 보증을 제시한다. 따라서 그것은 이러한 판결의 선고 범위 바깥에 속한다(이 책의 262쪽 이하 참조). 도덕법칙은, 말하자면 수학과 자연과학의 "사실들"과 같은 의미에서 "사실"이고 따라서 같은 방식으로 정당화된다는 것이 헤르만 코엔(Herman Cohen)과 마르부르크학파의 해석이다(Herman Cohen, *Kants Begründung der Ethik*, 1877, p. 224).

사실이 아니라 단지 가정이라 불러도 충분하다. 왜냐하면 우리가 구성되기를 기대하는 경험은 그 자체로는 계류 중이지만, 어쩌면 어떤 다른 가정들, 이를테면 정신분석의 가정들에 따라서도 동등하게 잘 구성될 수 있을 것이기 때문이다.

따라서 만일 우리가 이른바 두 가지 사실 간의 첫눈에 분명한 구별을 근본적 이중성으로 해석한다면, 칸트는 (우리가 도덕법칙을 의식한다는[13]) 논쟁의 여지 없는 사실로부터 (오직 순수 실천이성으로부터만 나올 수 있는 법칙이 있다는) 논쟁적 사실로 이행할 수 없다. 하지만 도덕법칙의 정당화를 위해서는 후자의 사실성이 증명되어야 한다.

그런데 나는 믿건대, "사실"의 의미의 이중성은 칸트의 전제들을 적합하게 대표하지 못한다. 이에 대한 두 가지 암시가 있다. 먼저 순수 이성의 이러한 사실은 (그것이 무엇이든 간에) **유일한** 사실이라는 그의 확언이 있다. 그리고 나는 칸트가 그저 **우연히** 순수 이성의 유일한 사실을 말했다고 생각하지 않는다. 나는 이러한 사실과 관련해 칸트로 하여금 그것을 선험적으로 유일무이한 것으로 간주하게 만든 무엇이 있다고 생각한다. 둘째로, 결코 전개되지는 않은 어렵고 모호한 암시이기는 하지만, 내가 여기서 제시하려는 해석의 실마리는 이렇다. "자유와 무조건적 실천법칙은 서로가 서로를 지시한다." 칸트는 이어서 말하기를, "여기서 나의 질문은 양자가 실제로 다른가도 아니고, 반대로 무조건적 법칙이 단지 순수 실천이성의 자기의식인가도 아니며, 순수 실천이성이 자유의 적극적 개념[즉 자율의 개념]과 완전히 동일한가도 아니다"(29).

암시된 것의 가능성을 탐구하려면 "순수 이성의 사실"의 의미에 대한 또 다른 구별이 필요하다. 이 표현은 순수 이성이 자신의 대상에 관해 **직**

---

13 만일 "의식한다"가 "인식한다"와 동일함이 논증되어야 한다면, 따라서 참된 명제 또는 실제적 대상을 지시해야 한다면, 그러면 사실들의 첫 번째 의미 역시 논쟁적이 될 것이다. 그 경우 "우리는 도덕법칙이 있다고 믿는다"고 진술해야 할 것이다. 이것은 사실을 진술하지만, 일상적인 발언에서조차 도덕법칙이 있다는 것을 함의하지 않는다.

접적으로 인식한 사실을 의미할 수도 있고, 이성이 반성적으로 인식한 순수 이성이 있다는 사실을 의미할 수도 있다. 우리는 이를 "순수 이성에 대한 사실"(fact for pure reason)과 "순수 이성의 사실"(fact of pure reason)로 구별해볼 수 있다.

우리가 도덕법칙을 순수 이성에 대한 사실로, 즉 유일하고 독특한 통찰 또는 직관의 대상으로 생각할 때, 적어도 이 사실의 바로 그 유일함이 의혹의 근거이다. 『순수이성비판』에 따르면, 순수 이성으로는 어떤 사실도 인식될 수 없다. 사실들은 오직 직관을 거쳐서만 이성에게 주어진다. 순수 이성"에 대한" 어떤 사실이 존재해야 한다면, 그것은 오직 "마치" 사실 같을 뿐이다. 반면에 그가 순수 이성"의" 사실에 대해 말하고 있다면, 우리가 이성"에 대한" 사실에서 느끼는 의혹이 여기에는 해당되지 않는다. 칸트의 요점은 **어떠한** 의욕이든 순수 이성의 원칙을 포함한다는 것이며,[14] "만일 순수 이성이 실제로 실천적이라면, 그것은 그것 자신과 그것의 개념들의 실재성을 행위로 입증할 것이다".[15]

이성이 이성 자신에게 부과한 법칙만이 순수 이성에 의해 선험적으로 인식될 수 있고, 이것만이 순수 이성에 대한 사실일 수 있다. 도덕법칙은 이성의 자율 외에 다른 어떤 것도 표현하지 않는다(33). 그것은 오직 순수 이성의 사실, 즉 순수 이성이 실천적일 수 있다는 사실의 표현인 한에서만 순수 이성에 대한 사실이다. 바로 이것이 도덕법칙이 순수 이성의 유일한 사실이며, 순수 이성에 대한 유일한 사실인 까닭이다.

만일 이것이 다소 교묘한 논증으로 보인다면, 그것이 나타내는 도덕

---

14 이것은 이 책의 제6장 제6절에서 조건적 명령들의 분석에 의해서도 확인된다. 그러나 칸트는 더 나아가 우리가 의지를 위한 준칙들을 세울 때마다 도덕법칙을 의식한다고 말한다. 내 생각에 이것은 삶의 방침에 대한 모든 결정은 원칙과 거기 포섭된 규칙들 안에 합리성이 있음을 전제한다는 것, 그 결과 충분히 전개된다면 수단의 합리성뿐만 아니라 동기의 합리성도 전제한다는 것을 의미한다(『실천이성비판』, 29 참조).

15 『실천이성비판』, 3; 『순수이성비판』, B430-31 참조. 이것은 『실천이성비판』 이전에는 그저 간략히 서술되었음이 틀림없다.

적 현상에 주목해보자. 도덕적 원칙은 이 원칙이나 법칙에 무지한 사람을 구속하지 못한다. 하지만 어떤 사람이 명령이 그 자신에게 타당하다고 믿는다면, 명령은 그의 믿음만큼 그에게 타당하다. 여기서 그 사람이 이러한 요구의 타당성을 의식하고 있다는 데서 이미 이성은 실천적임이 입증된다. 명령이 사실상 타당한 요구를 표현하든 그렇지 않든 간에 이것은 참이다. 규범성의 선험적 개념을 가지고 있는 존재자만이 이에 대한 실수도 범할 수 있다. 이에 대한 반론도 규범적 근거들에 호소하는 것이고, 이성이 존재하지 않음을 이성에 의해 입증하려는 시도만큼이나 우스꽝스럽다(12). "이제 나는 주장하건대, 자유의 이념 아래에서만 행위할 수 있는 모든 존재자는, 바로 그 때문에, 실천적인 관점에서, 실제로 자유롭다."[16] 그러나 자유의 이념은 도덕법칙으로 표현된다. 이리하여 도덕적 강제, 즉 법칙에 대한 의식은 ─ 이것이 순수 이성의 사실이다─**그 자체로** 순수 이성에 대한 사실인 도덕법칙의 실천적 요구를 타당하게 만든다. 그것은 실로 매우 이상한 종류의 사실이라서 칸트가 이를 "마치 하나의 사실"이라고 부른 건 정당하다.

요약하자면 도덕적 의식, 곧 의무의 의식은 논쟁의 여지 없는 사실이다. 얼핏 보기에 그것은 의무가 가상적이고 키마이라 같은 개념이 아니라는 확언을 정당화하지 못한다(만일 내가 이를테면 신이 존재한다고 믿고 의무가 신의 의지에 의해 규정된다고 믿지만, 사실상 신이 존재하지 않는다면 그때에도 내가 의무의 부름을 감지한다는 사실은 남아 있을 테지만, 의무가 객관적으로 타당한 강제라는 것은 사실이 아니다). 그러나 도덕법칙 ─ 순수 이성에 대한 사실 ─ 은 이성 자체의 입법 외에 어떤 것도 표현하지 않으므로, 순수 이성의 사실은 순수 이성에 대한 사실에 반영된다. 어떤 존재자가 책무가 존재한다고 믿는다면, 그에게는 타당한 법칙이 존재한다. 형이상학적 연역은 이 법칙이 무엇이어야 하는지를 밝혔다. 순수 이성에

---

16 『정초』, 448.

대한 사실이다.

3. 연역

『순수이성비판』에서 칸트는 말하기를, "법학자들은 법적 행위에서 권한과 월권을 논할 때, 권리 문제(*quid juris*)와 사실 문제(*quid facti*)를 구별하고 이 양자의 증명을 요구한다. 그들은 권한 또는 권리의 요구를 밝혀내야 하는 전자의 증명을 연역이라 부른다".[17] 바로 이것이, 적어도 부분적으로는, 칸트가 이 대목에서 "연역"이란 낱말을 사용한 의미이다. 사람들이 원인성 개념을 사용한다는 것, 그리고 자기 자신이 적법한 도덕적 강제 아래에 있다고 믿는다는 것은 논란이 되는 사실이 아니다. 하지만 이 개념들을 사용할 권리에 관한 물음은 사용의 사실에 관한 물음과 다르다.

법적 연역에서 법학자는 다음의 삼단논법을 제출한다. "X는 A이고 헌법은 A가 옳다고 말하므로, X는 옳다." 그러나 칸트의 선험론적 연역은 이렇게 정돈된 구조를 지니지 않는다. 인류의 정신에 바로 그것으로부터 인과성이나 도덕성의 원리가 논리적 귀결로 제시되어 그것이 허용될 수 있거나 필연적이라고 증명할 수 있게끔 미리 이식된 원리는 없다. 설령 그러한 원리가 있다 해도, 그것은 원인 개념이나 당위 자체보다 더 분명하지 않을 것이고, 흄이 인과율에 야기했던 것과 똑같은 도전을 받을 것이다. 만일 우리가 이러한 의미에서 행복을 향한 인간의 자연적 욕구와 같은, 이성에 대한 다른 어떤 사실로부터 도덕법칙의 연역을 시도한다면, 이로부터 도출되는 것은 필연적 법칙이 아니다. 도덕적 원칙들은 상위에 놓인 더 잘 확립된 원리로부터 삼단논법적으로 연역될 수 있는 것

---

17 『순수이성비판』, A84=B116.

258

이 아니다. 그러한 원리는 없다.

선험론적 연역의 과정은 전제에서 그것의 논리적 결론에 이르는 직접 추론의 절차가 아니다. 그것은 의문시되는, 가정된 사실의 일부(이를테면 수학이나 과학)를 받아들이는 절차이고, (a) 그것의 필연적 전제가 무엇인지, 그리고 (b) 이 전제의 부정의 귀결이 무엇인지를 증명하는 절차이다. 예를 들어 수학의 객관적 타당성은, 그 전제가 경험에 기초하고 따라서 필연성이 결여되었다거나(흄의 『인간본성론』), 그 전제가 분석적이고 따라서 객관적으로 적용될 수 없다고(흄의 『인간 이해력의 탐구』) 주장하는 사람들에 의해 도전받게 되었다. 『순수이성비판』은 만일 수학이 경험적이라면, 그것은 불확실할 뿐만 아니라 그것이 다루는 공간은 유한할 수도 무한할 수도 없음을 보여주고자 했다. 말하자면 경험론적 수학은 자기모순이다. 이리하여 칸트는 이율배반을 피할 수 있는, 공간에 대한 다른 이론을 정식화하고, 그 이론의 결과 중 하나가 수학의 필연성임을 제시한다. 이 연역은 수학자들의 고유한 작업이 못마땅해서 수행된 것은 아니다. (칸트가 볼 때) 그들은 공간에 대한 상당히 잘못된 견해에도 불구하고 잘해 나가고 있었다. 연역은 그들이 자연과 수학의 한계와 관련해 보증되지 않은 결론의 도출을 방지하기 위해, 그리고 회의주의자들이 수학에 대한 잘못된 견해들에서 가짜 증거를 끌어다 쓰지 못하게 막기 위해 수행되었다.[18] 유사하게 칸트는 원인성 개념에 대한 흄의 도전에 답하려 시도한다. 그러나 그는 흄이 거부했던 결론을 직접 삼단논법적으로 도출하기 위해 "흄이 의심했던 전제의 승인"[19]에서 시작하지 않는다. 도리어 그는 만일 원인성이 습관적으로 인가된, 관념들의 주관적 연상일 뿐이라면, 그러면 심지어 경험의 소여들도 — 우리는 바로 이 소여들로부터 귀납추론을 통해 보잘것없는 "인과적" 일반화라도 가능해지기를

---

18 같은 책, A87=B120-21.
19 『형이상학 서설』, IV, 258.

희망하지만 — 쓸모없어짐을 보여줌으로써 흄에게 답한다. 왜냐하면 오직 인과적 체계 내에서만 우리는, 귀납을 가능케 하는 사건들의 객관적 질서와 귀납을 뒷받침하기에는 너무 변화무쌍한, 표상들의 주관적 연쇄를 구별할 수 있기 때문이다.[20] 다시 말해 인과율에 따른 어떤 결과가 이미 이용 가능한 한에서만 그 자신의 고유한 근거들에 따른 흄의 원리의 재구성도 수행될 수 있다.

비록 매우 기이하게도, 칸트가 그 절의 표제와 달리 앞선 비판서와의 차이를 강조하면서 순수 실천이성의 원칙의 연역 가능성을 부정한다 해도(47), 전체적으로 볼 때 여기서 그의 절차는 『순수이성비판』과 비교된다. 그런데 그는 이미 "순수 이성의 사실"을 사용한 뒤에야, 그리고 그 원칙은 어떠한 연역도 필요하지 않다고 확언한 뒤에야 연역에 착수한다.

첫눈에는 유감스럽게도 표제가 잘못 붙은 것 같은 이 절의 나머지 부분에서 칸트가 실제로 행한 작업을 서술하기 전에, 칸트가 연역에서 합당하게 논의할 것으로 예상되는 것이 무엇인지 먼저 숙고해보자. 우리는 여기서 그가 지금 아주 널리 쓰이고 있는 개념, 즉 분석되고 분명해지고 확립되어야 할 하나의 실재로서의 "도덕적 경험" 개념을 도입하리라고 기대할 수 있다.[21] 그 경험의 전제를 향한 비판적 역진은 그를 하나 이상의 선험적 종합명제로 인도할 것이다. 그것들의 정당화는 그것들이 "그 자체로 확고하게 세워졌다"는 주장에 있는 것이 아니라 그 명제들이 원리들이라는 것, 그리고 바로 그러한 원리들 없이는 '앞서 주어진 것' (prius)으로 놓인 도덕적 경험이 이해될 수 없음을 입증함으로써 수행된다. 만일 이것이 순환논증이라는 반박이 있다면, 적어도 모든 논증에는 전제들의 전체가 포함되는 것 아니냐고 답할 수 있겠다. 도덕적 현상들에 주목하기를 완강히 거부한 비판자에게 그 논증은 별로 설득력이 없

---

20 『순수이성비판』, A196＝B241.
21 같은 책, A807＝B835 참조.

을 것이다. 이는 마치 『순수이성비판』이 '7+5=12'임을 확언하거나 부정하기를 거부하고 침묵한 회의주의자의 갑옷을 전혀 손상하지 못한 것과 같다. 여기서 "도덕적 경험"은 첫 비판서의 "가능한 경험"과 동일한 지위를 점한다. 인식론적이거나 윤리적인 분석을 위해 어떤 대상이 있어야 한다면, 이 영역들은 둘 다 적어도 미정적으로 가정되어야 한다.

하지만 이것은 여기서의 칸트의 방식이 아니다. 도덕적 원칙에서는 연역이 필요하지 않다. 『실천이성비판』의 방법의 특이성을 이해하기 위해 『정초』를 잠시 되돌아보자.

『정초』에서 칸트의 논증은 다소 예상된 형식을 취한다. 절대적 선의지의 개념과 보편적으로 입법하는 의지의 개념은 서로 종합적으로 연관된다. 이 연관이 필연적이려면, 그것들은 (『순수이성비판』에서 순수 직관과 같은) 어떤 제3의 순수한 인식을 통해 매개되어야 한다. 제3의 인식은 자유의 적극적 개념에 의해 제공되는바, 이는 우리의 의지에 귀속하는 한에서 감성계의 원형이 되는 지성계의 이념이다. 지성적 또는 초감성적 세계는 순수 실천이성의 자율 아래서 고찰된 자연세계에 다름 아니다 (43, 44). 이것은 칸트가 "도덕적 세계"의 개념 또는 도덕적 원리의 정당화로서의 도덕적 경험 체계의 개념에 도달했던 것과 밀접해 보인다.

『실천이성비판』에서 그는 윤리학의 원리의 연역은 불필요하다고 말함으로써 『정초』의 논증을 뒤집는 것처럼 보인다. 그는 도덕법칙을, 곧 이성의 사실을 다른 어떤 것을, 말하자면 도덕법칙의 존재근거(*ratio essendi*)인 자유를 연역하기 위해 앞서 주어진 것(*prius*)으로서 사용한다.

칸트가 도덕법칙의 연역을 부정함에도 불구하고 논증은 형식적으로는 첫 비판서의 선험적 종합적 원칙의 연역과 유사하다. 자유의 개념은 직관과 유사한 역할을 수행할 것이 요구된다. 만일 자유의 직관이 존재한다면, 두 논증의 평행론은 완벽했을 것이다. 그러나 그러한 직관은 없다. 이성의 이념(자유)이 연역에서 직관의 대체물이 될 수 있음을 입증하려면, 첫 비판서에서 연역의 추상적 구조를 다시 한 번 상기할 필요가 있다. 그러지 않으면 우리가 검토하고 있는 개념은 완벽하게 기묘하고 믿기 힘든 것처럼 여겨질 것이다.

범주들의 연역에 따르면, 범주들의 적용을 위해서는 먼저 인식 대상들이 경험이 가능하게 주어져 있어야 한다. 따라서 대상들이 주어지는 방식(직관)에 대한 연구에서 시작하고, 그다음에 직관 대상들을 생각할 수 있도록 매개하는 개념들과 판단들의 연구가 뒤따를 수밖에 없다. 그런데『실천이성비판』에서는 직관들이 아니라 원칙들이 "주어져 있는 것"이고, 우리는 원칙들에서 시작해야 한다. 이론적 인식의 경우처럼 우리의 개념들을 직관에 적용하는 대신, 둘을 날카롭게 분리하고 원칙들에서 개념들을 도출해야 한다. 직관적 또는 경험적으로 주어져 있는 것을 제거하는 과정에서(30) 두 비판의 길이 갈린다.『순수이성비판』에서 경험적 질료를 제거하면 순수 직관 형식이 남는 반면,『실천이성비판』에서는 "당위"의 한갓 형식만이 남는다. 이론적 종합판단들은 직관의 순수 형식을 참조해서만 — 말하자면 그것은 판단의 주어와 술어 개념의 틈을 매개한다 — 가능하기 때문에, 도덕철학에서는 어떠한 순수 종합판단도 가능하지 않은 것처럼 보일 것이다. 하지만 그것들은 가능하며 "순수 이성에 대한 사실"로서 실제로 주어져 있다.

"선의지[즉 순수 실천이성]는 오로지 보편법칙만을 자기의 준칙으로 삼는다." 이것은 선험적 종합판단으로 주장된다. 왜냐하면 "절대적 선의지라는 개념의 분석을 통해서는 준칙의 저러한 특성이 발견될 수 없기 때문이다."[22] 그렇다면 그것은 어떻게 확증될 수 있는가? 그것은 (이론철학에서는 분명한 수순일) 직관의 발견을 통해서가 아니라 **직관의 어떤 대체물을 추가함으로써만** 가능하다.[23] 그것은 순수하게 지성적이어야 하며,

---

22 『정초』, 447.
23 칸트는 "직관의 대체물"이란 표현을 사용하지 않는다. 그러나 자유가 이러한 기능을 한다는 것은 그가 (직관을 수단으로 한) 이론적인 선험적 종합판단을 정당화하는 방법들과 실천적인 선험적 판단을 정당화하는 방법들 사이에 설정한 유비를 통해 완전히 명

따라서 도덕감정으로는 충분하지 않을 것이다. 그것은 선험적이어야 한다. 그렇지 않으면 종합판단은 선험적이지 않을 것이다. 그리고 그것은 직관처럼 **독립적으로 보증**되어야 한다. 즉 그것은 단지 정당화가 필요한 사유의 산물이어서는 안 된다. 이러한 제3의 것, 곧 직관의 대체물은 자유의 이념이다. 자유는 결코 주어져 있지 않다! 오직 그 이념만이 주어져 있다.

여기서 논증은 참으로 놀라운 전회를 이룩한다. 누군가는 칸트가 선험적 종합판단을 연역하는 모습을 보기를 기대했겠지만, 선험적 종합판단은 연역을 필요로 하지 않고 연역될 수도 없기 때문에, 논증은 자유의 이념 자체의 연역을 위해 사용된다. 그런데 다행히 "연역"은 직접 추론이 아니며, 도덕법칙이 자유가 연역되는 근거로 복무하는 한편, 자유의 개념 또한 도덕법칙의 "신임장"(*Kreditiv*)으로 복무한다. 자유의 개념은 독립적으로 보증되기 때문에 그러한 역할을 할 수 있다. 오로지 이 독립적 보증을 통해서만 칸트는, 도덕법칙을 확립하기 위해 자유를 사용하고 자유를 확립하기 위해 도덕법칙을 사용하는 순환에서 벗어날 수 있다. 자유의 인식근거인 도덕법칙의 독립적 보증은 순수 이성의 사실이다. 법칙의 존재근거인 자유 개념의 독립적 보증은 그것의 이론적 사용에서 발견된다.

> 도덕법칙에 대한 이런 종류의 신임장은, 말하자면 그것 자체가 순수 이성의 원인성인 자유의 연역의 원리로서 정립된바, 모든 선험적인 정당화의 충분한 대체물이다. 이론이성은 **그 자신의 필요들 중 하나를 보충하기 위해** 적어도 자유의 가능성을 상정하지 않을 수 없었기 때문이다(48; 강조는 인용자).

백해진다. 이 유비는 『유작』에서 가장 잘 드러난다(XXI, 420-22).

그 자신의 필요들 중 하나, 즉 이론적 필요를 충족하기 위함, 이것은 이론이성 자체 안에서 해소할 수 없는 모순 또는 불완전함을 피하기 위한 필요이다. 사변이성은 다만 "이성의 본질이 공격받고 회의주의의 심연에 빠지는 일을 막기 위해" 자유의 가능성을 정립했다(3). 여기서 제3이율배반의 해결의 고유성을 상기해볼 필요가 있다. 제3이율배반은 처음의 두 이율배반과 마찬가지로 노골적인 자기모순을 피하기 위해 반드시 해소되어야 하는 것이었지만, 정립과 반정립 모두가 참임을 증명함으로써 모순이 해소된다는 데 차이가 있다. 정립이 거짓이고 반정립이 참이었다 해도 모순은 해소되었을 테지만, 하나의 연결된 세계를 생각하려는 이론이성의 관심[24]은 좌절되었을 것이다. 이성추리는 조건들의 전체를 요구하며, 만일 어떤 것으로부터 귀결되지 않은 원인이 불가능함이 입증되었더라면 이 요구는 현상계나 지성계 어디서도 충족될 수 없었을 것이다. 그 경우 심지어 자유 개념은 우리로 하여금 우리의 생각을 조건 지어진 것에서 조건들로, 그리고 조건들의 조건들로 거슬러 올라갈 수 있게 하는 이성을 인도하는 타당한 규제적 이념일 수도 없었을 것이다. 그랬더라면 이론이성은 마치 직접적인 논리적 모순이 전혀 제거되지 않은 듯, 희망 없는 곤경에 처했을 것이다.

이론이성은 단지 자유에 반하는 어떠한 타당한 논리적 증거도 발견할 수 없다는 이유만으로 자유가 가능하다고 생각하는 것이 아니다. 이성은 또한 우리로 하여금 자유가 가능하다고 생각하기를 **요구한다**.[25] 그러나 이것만으로는 우리가 자유의 실재성을 인식한다고 증명하지 못한다. 자유를 실제로 인식한다는 우리의 주장을 정당화할 수 있을 증거는 "순수 이성은 물론이고 사변이성의 전체 건축물 아치의 이맛돌"을 고정할 것

---

24 『순수이성비판』, A474=B502-03.

25 사변이성은 오직 사변에서 그 기능을 완성하기를 바라는 한에서만 자유를 가정해야 한다. 그리고 이것은 임의적인 필요이고, 조건적이며, 법칙의 자격은 없다(『실천이성비판』, 5). 자유는 설령 미정적 개념이라 해도, 사변이성에 절대 불가결하다(7).

이다. 이 증거는 순수 실천이성의 증거이며, 그것은 "인과성 개념의 사용에서 사변이성에 의해 요구된, 절대적인 의미에서의" 선험론적 자유를 실증한다(3). 따라서 자유와 같은 순수 실천이성의 개념들은 "보통 서둘러 지은 건축물에 나중에 끼워 넣어야 하는 받침목이나 버팀기둥과 같은 것이 아니라 체계의 연관을 더욱 명료하게 만드는 참된 구성 요소이며, 이로써 우리는 전에는 다만 미정적인 방식으로만 표상할 수 있었던 개념들을 이제 실제로 현시되는 것으로서 통찰할 수 있을 것이다"(7).

따라서 『실천이성비판』은 첫 번째 비판서에서 특별한 규정 없이 남겨진 "공터"를 점유해도 된다는 한갓 허가로 시작하지 않는다. 인식이 결여된 이 공터는 도처에서 실제로 인식될 수 있는 것들의 인식의 요구들을 통해 이미 충분히 규정되었다. 자연적 인과성의 개념이 채울 수 없는 빈자리는 오직 한 종류의 거주자에게만 적합하다. "이제 순수 실천이성은 이 빈자리를 (자유에 의해) 지성계에 지정된 인과성의 법칙으로, 즉 도덕법칙으로 채운다."[26]

이 에움길의 끝에서 우리는 이렇게 물을 수 있겠다. 이로써 순수 실천이성의 원칙을 위해 무엇이 획득되었는가? 그 원칙은 이미 "사실"로서 확언되었기 때문에 더 이상 적나라하게 고립된 확언이라거나 폐쇄적이고 순환적이며 공허한 체계로 둘러싸인 확언이 아니다. 이로써 도덕법칙은 이론이성의 변증론의 이율배반이 해소되는 한, 이론이성이 요구하는 형식에 적합하다고 뒷받침된다.

『순수이성비판』에 따르면, 자연에 대한 우리의 인식과 우리의 도덕적 원칙들 사이에 해소될 수 없는 충돌이 발생한다면 우리가 포기해야 할 것은 후자이다.[27] 그러나 자유 개념의 필수불가결함이 인정됨으로써, 또

---

26 『실천이성비판』, 49; 『순수이성비판』, A288-89=B344-45; A255=B310; A259=B315; 『정초』, 462 등. 이것은 칸트가 선호하는 은유 중 하나이며, 이에 대한 창의적인 변주들도 많다.
27 『순수이성비판』, Bxxix, A536=B564.

한 그 이율배반이 해결될 수 없다면, **양측** 모두 위태로워질 것이다.[28] 이제 자유의 이념은 이론이성에 의해 요구되면서도 확증되지 않지만, 그럼에도 순수 이성의 사실을 통해 실천적으로 확증되기 때문에 더는 상충의 위험이 없다. 도리어 양자는 한갓 일관성이라는 명증한 가치를 훨씬 뛰어넘어 서로를 뒷받침한다. 자유의 개념이 독립적으로 보증된다는 것은—즉 자유 개념이 이론이성에 의해서도 요구된다는 것은—자유의 개념을 순수 실천이성의 실재성의 체계적 신임장으로 복무하도록 한다.

---

28 같은 책, A543=B571.

제11장
———
자유

1. 들어가며

자유의 논의는 칸트의 저술들 곳곳에서 나타나므로 그 개념의 전 범위와 그에 수반되는 문제들은 해당 구절을 차례대로 따라가며 해설하는 방식으로는 충분히 조망될 수 없다. 따라서 여기서 나는 칸트의 자유 이론을 제2절에서 제시될 순서에 따라 검토할 것이다.

『실천이성비판』에 대한 해석의 난점들의 일부는 우리가 의지의 자유의 중심 학설에 자유의 두 가지 개념과 의지의 두 가지 개념이 포함되어 있음을 깨달으면, 더 다루기 쉬워진다. 각 켤레개념은 이미 칸트 이전에 골치 아픈 긴 역사를 지니며, 칸트 자신의 초기 저술들에서도 쓰였다. 『실천이성비판』의 가장 중요한 기여는, 한 켤레개념이 건전하다면 그것은 다른 켤레개념과 연관됨을 밝힌 일이었다. 그러나 그는 이것이 자신의 의도였음을 독자들이 이해할 수 있도록 도움을 주진 않았다. 왜냐하면 그는 최초에 두 켤레개념을 정립하거나 정의하지 않았고 나중에 그것들을 결합하지도 않았기 때문이다. 그는 예고 없이 한 개념에서 다른 개념으로 건너가고 그의 언어는 자주 그가 사용하고 있는 개념을 직접 지시하지 않으므로, 부주의한 독자들은 그가 이 두 켤레개념을 사용하고 있었음을 아마 깨닫지 못할 것이다. 게다가 그 자신 스스로도 그 개념들의 이원성과 그가 다루고 있던 문제의 이원성을 늘 의식하고 있었는지도 확실하지 않다.

우리는 두 문양으로 이루어진 실가닥들을 추적해감으로써 칸트가 혼란스럽게 뜨개질한 직물의 짜임새를 포착해야 한다. 그다음에 두 문양으로 이루어진 보다 큰 하나의 문양이 있다면 그것을 발견하려고 시도해야 한다. 이 작업은 제2절에서 개괄되고 제3절부터 제12절까지 할애되며, 후반부(제11절과 제12절)에서 결론지어진다. 제13절과 제14절은 이 장의 대전제와 무관한 두 가지 논점을 다룬다.

2. 의지의 두 개념과 자유의 두 개념

『실천이성비판』에서 자유를 그 속성으로 갖는 의지 개념은 다의적이다. 나란히 제시되는 의지의 자유 이론들은 서로 조화로워 보이지 않으며, 양자는 실제로 서로 다른 것에 관한 이론이면서 서로 다른 물음에 답한다. 『실천이성비판』은 서로 다르지만 명백히 구별되지는 않는 의지의 두 개념과 자유의 두 개념이 만나는 장소이다. 두 개념 중 하나는 주로 『순수이성비판』에서 유래하며, 다른 하나는 『정초』의 유산이다. 두 개념은 상호 의존성이 『실천이성비판』에서 밝혀진 뒤, 후기 저술들에서만 명백히 구별된다. 따라서 우리는 『실천이성비판』을, 초기 저술들에서 얽혀 있던 길들이 모아지는 동시에 최초로 분명하게 서로 다른 편으로 갈라지는 다리로 보아야 한다.

『순수이성비판』에서 넘겨받은 것은 자발성, 즉 시간상에서 새로운 원인의 계열을 시작하는 능력으로서의 자유 개념이다. 『정초』에서 물려받은 것은 자율, 즉 미리 주어진 법칙으로부터 독립한 입법으로서의 자유 개념이다. 두 능력은 일반적으로 "의지"(will)라는 하나의 이름으로 불리며, "의지 자유"(freedom of the will)의 문제라는 하나의 이름 아래에서 논의된다. 칸트는 그가 "공식적으로" 앞의 능력을 '자의'(*Willkür*),[1] 뒤의 능력을 '의지'(*Wille*)라고 불렀던 후기에 이르러서만 독자들이 그것들을 구분할 수 있도록 약간의 도움을 주었다. 그는 그 전에도 종종 이 낱말들을 사용했는데, 이 낱말들은 때로는 암묵적인 구분을 위해, 때로는 명백하게 서로 호환될 수 있는 것처럼 사용되었다. 그러나 그가 의도적으로, 그리고 일관되게 둘 중 하나를 배제한 채 하나의 논제만 제한적으로 다룬 적은 단 한 번도 없었다. 심지어 탁월한 구분 아래 둘 사이의 혼동을 피

---

1 내가 빈번히 독일어로 남겨두려 하는 Willkür의 정확한 뜻과 적합한 번역에 대해서는 상당히 많은 논쟁이 있다. 라틴어본 번역자 보른은 이것을 칸트 자신의 제안을 따라 arbitrium으로 옮겨 voluntas와 구별했다. 프랑스어본 번역자 바니는 arbitre로, 또 다른 프랑스어본 번역자 피카베는 libre choix로 옮겼다. 프랑스어 번역에 관해서는 C. Khodoss, *Kant: La Philosophie pratique*, Glossary, p. 242를 보라. 이탈리아어본 번역자 카프라는 libero arbitrio로 옮겼다. 영역자 애벗은 will이나 choice 또는 elective will을 혼용했고, 나는 여기에 free will과 faculty of choice를 더했다. Willkür는 볼프가 『독일어 형이상학』에서 썼던 용어이다. "자유는 그 자신의 자의를 통해 동등하게 가능한 두 대상 중 더 마음에 드는 것을 선택하는 영혼의 능력에 다름 아니다"(C. Wolff, *Vernünfftige Gedancken von Gott, der Welt und der Seele des Menschen*, §519). 이 저작의 "첫 번째 색인"(*Erstes Register*)에서 Willkür는 spontaneitas(자발성)로 옮겨지며, 프리드리히 크리스티안 바우마이스터스(Friedrich Christian Baumeisters)는 볼프를 따라 자발성을 "자기 내부로부터 행위하도록 자기 자신을 규정하는 원리"(*principium, sese ad agendum determinandi intrinsecum*)라고 정의한다(F. C. Baumeister, *Philosophia definitiva*, 1768, §911). 그리고 볼프는 『경험심리학』에서 의지와 자의 간의 구별을 연상시키는 분류를 제시했다. "의욕하는 활동(*actus volendi*)은 의지(*voluntas*)와 구분해 의욕(*volitio*)이라 불리며, 의지는 저 활동을 이끌어내는 영혼의 능력 또는 힘 또는 가능성을 나타낸다"(C. Wolff, *Psychologia empirica*, §882). 비슷하게 바움가르텐은 『형이상학』에서 이렇게 서술한다. "어떤 것을 욕구하는 이성적 활동이 의욕(*volitio*)이다. 나는 의욕한다. 따라서 나는 의욕하는(*volendi*) 능력 또는 의지(*voluntas*)능력을 지닌다"(A. G. Baumgarten, *Metaphysica*, §690). 바우마이스터는 "의욕은 의욕하는 활동 자체"(*Volitio est ipse actus volendi*)라고 썼다(Baumeister, 앞의 책, §893). Volitio는 고전 라틴어에서 이런 의미로 쓰이지 않는다.

하는 일이 시도된 『도덕형이상학』에서조차 둘 중 하나의 논의가 다른 하나의 논의를 방해하지 못하도록 하는 일이 매번 성공적이었던 것은 아니다.

칸트는 의지의 형식적 정의를 제출하면서 의지가 마치 관찰될 수 있고 우리가 직접 의식할 수 있는 능력 또는 능력들의 혼합물인 것처럼 서술한다. 의지는 규칙들의 표상을 통해 우리의 인과성을 규정하는 능력이며(32), 규칙 또는 법칙으로부터 행위를 이끌어내려면 이성이 요구되기 때문에 의지는 실천이성에 다름 아니다. 그것은 지성과 욕구능력의 관계이다(55). 이성규칙을 객체가 실재하도록 하는 행위의 작용인으로 만드는 능력은 의지이다. 의지는 대상 또는 대상의 표상에 의해서가 아니라 언제나 이성규칙에 의해 직접 규정된다(60). 이러한 의미에서 의지가 직접적인 감성적 필연성으로부터 자유롭다는 것은 경험적 사실이다.[2] 준칙으로 간주된 이성의 규칙에 의해 인도되는 욕구능력으로서의 의지 개념은 훗날 더 구체적으로 자의, 즉 준칙 자체에 의해 완벽하게 규정되지 않고 남아 있는 대상을 선택하는 능력이 된다. 따라서 자의는 법칙에 더해 행위의 동기(*Triebfeder*)를 갖는 반면, 의지는 어떠한 동기도 갖지 않는다.[3] 자의는 그것이 준칙으로 삼는 법칙의 종류에 따라, 혹은 대상의 순간적 표상이 아니라 준칙이 행위를 규정하는 정도에 따라 자유로울 수도 있고 그렇지 않을 수도 있다. 자의는 법칙이 아니라 단지 준칙만을 산출하지만 법칙을 자신의 준칙으로 삼을 수 있으며, 특히 자의가 도덕적인 경우에는 반드시 그래야만 한다.[4]

이와 대조적으로 행위의 직접적 규정자로서가 아니라 행위를 규정할

---

2 『순수이성비판』, A802＝B830. 거기서는 '자의'(*Willkür*)라 불린다. 그것은 경험적으로 알려진 선택능력과 연관해 예증되기는 하지만 정의되지는 않는다(『도덕형이상학』, VI, 226).

3 *Vorarbeiten zur Tugendlehre*, XXIII, 378.

4 같은 책, 383; 『도덕형이상학』, VI, 226.

준칙들에 법칙을 부여하는 자로서의 의지 개념이 있다. 이러한 의미에서 칸트는 ─ 그리 정확한 말은 아니지만 ─ 법칙은 일어나야만 하는 것을 규정하고, 준칙은 일어나는 것을 규정한다고 말한다.[5] 이 말의 취지는 충분히 건전하다. 말하자면 이성이 법칙의 정식화를 위해 필수적이더라도 행위를 직접적으로 규정하는 것은 준칙이다. 법칙을 정식화할 때, 우리는 이성의 한갓 논리적 사용이 아니라 **실재적 사용**에 관계한다.[6] "실재적 사용"이 뜻하는 바는 선험적 종합명제의 정립이지만, "논리적 사용"은 단지 규칙으로부터 행위의 추론을 의미한다. 순수 실천이성은 주어진 규칙들로부터 행위들을 논리적으로 이끌어내는 일과는 관련이 없다. 이러한 순수 실천이성을 '의지'라고 부르는 것은 거의, 아니 결코 언어적으로 정당화되지 못한다. 하지만 이것을 의지(자의)가 감성적 조건으로부터 독립해 자유롭도록 규정하는 능력이라고 부르는 것은 더할 나위 없이 마땅하다.

만일 실천이성이 의지(자의)를 규정한다면, 이 경우 의지(자의)는 심리적이거나 상대적인 의미에서 자유롭다고 말할 수 있다(96). 설령 실천이성의 개념과 행위를 연결하는 자연법칙이 있을 수 있다 해도, 그리고 이 법칙을 떠올리는 일이 내면적 삶에서 그 자체로 자연스럽게 일어난 사건이라 해도, 심지어 이 법칙이 자연법칙의 실천적 번역이라 할지라도 그렇다. 그러나 칸트는 이것이 윤리학이 요구하는 의미에서의 자유라고 생각하는 것을 "궁색한 미봉책"으로 여겼다. 설령 행위의 모든 원인이 인간의 외부가 아니라 내면에 존재한다 해도, 즉 감성적이 아니라 지성적이라 해도, 그리고 행위와 원인을 연결하는 법칙들이 물리적이 아니

5 『정초』, 420n.
6 이성의 실재적 사용과 논리적 사용의 일반적 구별에 관해서는 이 책의 26쪽 이하와 121쪽을 보라. 경험적 실천이성은 그 사용에서는 언제나 논리적일 뿐이다. 『순수이성비판』에서 칸트는 논리적 사용을 순수 실천이성의 "규제적 사용"이라 부르고 이를 이성이 법칙을 부여하는 "구성적 사용"과 대조해 둘을 구별한다(A800 = B828).

라 심리적이라 해도(97), 그리고 칸트의 선배 철학자들과『새로운 해명』(1755)에서의 그 자신에 의해 적합한 것으로 간주되었을지라도,[7] 그럼에도 이에 대응하는 자유 개념은 윤리학에 대해서는 부적합하다.

이제 자유의 새로운 개념이 요구된다. 도덕적 복종을 위해 주어진 법칙은 바라는 목적과 수단을 연결하는 법칙, 즉 내가 "자연법칙의 실천적 번역"이라 불렀던 것이어서는 안 된다. 실재해야 할 것은 이미 실현된 자연으로부터 나온 것이 아니라 이성에 의해 본성에 주어진 법칙이어야 한다. 그러한 법칙에 복종할 수 있는 의지나 자의는 단지 현상들끼리만 관련된 자연의 메커니즘을 벗어나야 한다. 왜냐하면 우연적이 아니라 절대적 복종을 요구하는 법칙은 그것의 현상하는 내용이 아니라 이성을 통해 인식되는 그 형식에 의해 명령되므로 순수하게 형식적이어야 하기 때문이다. 자연의 메커니즘으로부터의 이러한 독립은 "가장 엄밀한 의미에서의 자유" 또는 선험론적 자유인바, 그 논리적 가능성은『순수이성비판』에서 확립되었다(29).

그러나 법칙 자체의 기원은 어디인가? 칸트의 가장 중요한 발견은 법칙이 자유의 한갓 제한이 아니라 자유의 산물 자체라는 것이다. 이 견해는『순수이성비판』을 넘어서는『실천이성비판』의 주요한 진보를 표시한다. 이는 도덕철학에서의 코페르니쿠스적 혁명이다.『순수이성비판』은 이성이 법칙 없이 그 자체로 있는 자유를 제한하는 것으로 여겼지만,[8] 어떻게 그렇게 하는지는 보여주지 못했다. 그것은 법칙의 기원도, 그것이 작동하는 메커니즘도 정립하지 못했다.

법칙은 자의가 아니라 순수 실천이성인 '의지'의 자유의 산물이다(설령 누군가는 칸트가 '자의'라고 쓰는 것이 더 적합할 때 '의지'라고 쓴다며 이따금 불평하기도 하지만, 나는 칸트가 순수 실천적으로 입법하는 이성으로서의

---

7 『새로운 해명』, 정리 9.
8 『순수이성비판』, A569=B597.

의지를 가리키기 위해 '자의'란 낱말을 사용한 적이 있다고 믿지 않는다). 물론 의지가 직접 활동하는 것은 아니기 때문에 의지의 행위가 자유롭다고 말할 수는 없다.[9] 의지는 다만 활동하는 자의가 복종하기 위한 법칙을 제공한다. 그렇다 해도 의지는 그 법령이 자기 고유한 본성으로부터 나온다는 점에서 자유롭다. 그것은 어떤 임의적 목표의 만족으로 쏠리는 자의와 자연법칙들을 매개하지 않는다. 그러한 매개는 논리적으로 사용될 때의 실천이성의 기능이다. 의지는 충고하는 것이 아니라 명령하며, 그것도 대행자가 아니라 당사자로서 자기 자신에게 명령한다. 자의는 의지에 복종함으로써 자신의 소극적 자유에 더해 순수 이성적 의지로서의 자기 자신의 이상화된 본성에 대한 복종으로부터 발원하는 적극적 자유를 확보한다. 그가 자주 이성 입법의 영토와 나라에 대해 이야기할 때 그랬던 것과 같은 정치적 은유를 사용하면서 칸트는 그것이 자율적이고 그 자체로 자유롭다고,[10] 즉 적극적인 의미에서 자유롭다고 말한다. 자의는 소극적 자유가 자연 본성에 대해(*vis-à-vis*) 순수 실천이성의 법칙에 따라 발휘되는 정도만큼 자율에 참여한다. 순수 실천이성은 자발적으로 원형적 자연(*natura archetypa*)의 이념을 산출하며,[11] 자의는 이것을 자기의 객체로 삼음으로써 그러한 지성계의 형식을 자연세계에 제공하는 작용인이 될 수 있다.

하지만 외적이고 강제적인 방식으로 서로 연관된 두 가지 능력이 있다고 가정해서는 안 된다. 오직 하나의 능력만이 있을 뿐이지만, 결국 둘 중 하나가 다른 하나의 완성이거나 논리적 형식으로 밝혀진다 해도 이 능력은 분명히 이종적인 자유를 지닌다. 자의는 오직 순수 실천이성, 더

---

9 『도덕형이상학』, VI, 226.

10 *Vorarbeiten zur Tugendlehre*, XXIII, 383. 의지의 자율은 자의의 타율과 대비된다. 자의의 자유는 욕구의 질료로부터의 독립, 즉 소극적 의미의 자유인 반면에 의지의 입법 또는 자율은 적극적 의미의 자유이다(『실천이성비판』, 33).

11 『실천이성비판』, 43;『순수이성비판』, A548 = B576 참조.

정확히 말하자면 그것의 입법적 임무에 의해 주어진 규칙의 지배를 받을 때에만 완전히 자발적이다. 자유의 두 역할과 의미의 구별의 실패라는 정반대의 오류에 빠지는 것은 아니라 해도, 마치 두 가지 능력이 있는 것처럼 말하지 않기도 힘들다. 하지만 우리가 칸트 자신이 실제로 그런 것보다 칸트를 더 어렵고 모호하게 만들지 않으려면 우리는 기능의 단순한 동일시에 대해서도, 그리고 "두 능력 이론"에 대해서도 경계해야 한다.

적극적 의미에서의 자유가 소극적 의미에서의 자유와 같은 정도의 문제들을 내포하는 것은 아니다. 칸트에 따르면, 만일 우리가 자유를 전제할 수 있다고 한다면 법칙은 자유로부터 분석적으로 따라 나올 것이며 (31), (이러한 의미에서) 의지는 자유로운 의지와 동일하다. **이러한** 의지의 자유는 절대적인 책무가 있다는 사실에 의해 증명된다. 만일 실천이성의 모든 법칙이 경험적이라면, 즉 실천이성이 순수하지 않다면, 다시 말해 자율적이지 않다면, 그러한 책무는 없을 것이다. 의지의 두 개념과 자유의 두 개념이 서로 풀 수 없이 엉켜 있음에도 불구하고 형이상학적 곤경은 대개 소극적 의미에서의 자유의 편에서, 즉 그 자유가 현상계의 자연적 필연성과 접촉하는 지점에서 발견된다.

3. 『순수이성비판』의 논증에 대한 칸트의 요약

"순수 실천이성의 분석론의 비판적 조명"과 "사변적 사용에서 그 자체로 가능하지 않은 순수 이성의 권한을 실천적 사용에서 확장함에 대하여"는 『순수이성비판』이 자유 이론에 기여한 바를 간결히 요약한다. 우리는 이 절들을 칸트 자신이 이 저작의 "가시밭길"이라 일컬은 곳을 통과하기 위한 예비적 길잡이로 삼아도 좋을 것이다.

『형이상학 서설』에서 칸트가 흄에 의해 "독단의 선잠"에서 깨어났다고 말한 것처럼 여기서도 흄은 칸트의 비판을 추동한 핵심 인물로 등장한다. 흄은 인상으로부터 생겨나지 않은 어떤 정당한 관념도 있을 수 없다는 원리에 의거해 연구하면서 필연적 연결의 인상을 발견하는 데 실패했고, 따라서 다음과 같이 결론지었다. "원인[즉 시간상의 사건들의 필연적이고 종합적인 연결의 원인] 개념은 정당성 없이 획득된 것이며", 혹은 더 거칠게 표현하자면 "그것은 그 자체로 아무것도 아닌, 키마이라 같은, 그리고 어떠한 이성도 견지할 수 없는 연결, 즉 어떠한 대상도 그에 대응할 수 없는 연결을 요구하기 때문에 결코 획득될 수도 신임될 수도 없다"(51; 56 참조).

저 전제들로부터 흄이 추론한 것의 타당성을 인정하면서도, 칸트는 경험의 대상들이 사물들 그 자체라는 것이 흄의 전제에 놓인 유일한 오류임을 발견한다(53). 대상의 인식과 관련해 대개 현상론자 또는 주관주의자로 생각되는 흄에게 이러한 전제를 귀속시키는 것은 어쩌면 기이해 보일지 모른다. 물론 비(非)칸트주의자의 용어법으로 원만하게 정식화될 수도 있겠지만 그것이 흄의 전제라는 말은 사실이다. 거기서 칸트는 흄이 인식의 대상을 "인상"(impression)이라 부를지라도, 그는 우리가 그 대상의 발생과 종합에 능동적으로 참여하지 않고서도 그것을 있는 그대로, 그리고 그것이 주어져 있는 질서에 따라 식별한다고 믿었음을 지적한다. 그러나 사물 자체의 경우(이것은 어쩌면 '인상'일 수도 있고, 로크 식의 '실체'일 수도 있겠다) 우리는 어째서 하나가 주어져 있다고 해서 다른 하나도 주어져 있어야만 하는지를 알 수 없다. 인과성 개념은 이성에서 생겨나지 않는데, 원인과 결과의 연결은 그것의 부정이 자기모순은 아니기 때문이다(53). 그것은 또한 경험으로부터 생겨나지도 않는데, 필연적 연결은 경험적으로 인식될 수 없기 때문이다. 흄이 옳다면 그것은 "경험을 통해 잉태된 상상력의 사생아"이다.[12]

---

12 『형이상학 서설』, IV, 257-58.

그런데 코페르니쿠스적 혁명과 더불어 『순수이성비판』은 사건들 간의 필연적 연결이 대상들의 인식에 필수적이기는 하지만, 이는 단지 경험의 대상들에 대해서만 인식을 제공한다는 것을 밝힘으로써 사건들 간의 필연적 연결을 구제했다. 왜냐하면 대상들은 규칙들에 의해 종합된 현상들일 뿐 우리가 그에 대한 어떠한 인식도 갖지 못하는 사물들 그 자체는 아니기 때문이다. 한갓 습관에서 기인한 흄의 종합과 달리, 종합의 규칙들은 필연적이다(규칙은 대상의 인식, 즉 경험에서 도출되는 것이 아니라 반대로 대상들의 인식을 가능하게 하기 때문에 규칙은 순수 지성 안에 그 자리와 기원을 가져야 한다). 규칙의 순수 지성적 기원 때문에 그러한 개념과 규칙은 가능한 경험의 대상이 아니라 경험의 한계를 벗어나 있는 사물들에도 적용될 수 있는 것처럼 보일지도 모른다(54). 이것은 옳지만 여기에는 칸트를 이전의 합리론 철학자들과 구별해주는 매우 중요한 단서가 붙는다. 만일 그 개념의 기원이 경험적이라면, 그것은 경험 너머에 있는 대상들을 생각하는 데 쓰일 수 없다. 하지만 그 기원이 경험적이지 않다고 해서 그 개념을 그러한 대상들의 인식을 위해 쓸 수 있음으로 귀결되지도 않는다. 생각에 있어 그 개념의 사용 제한은 줄어들지만, 인식에 있어 흄 식의 사용 제한은 남아 있다.

자연에 대한 인과적 인식을 가능하게 하는 것은 바로 우리가 경험 너머의 것들을 생각할 때 결여하고 있는 것, 말하자면 '직관'이다. 직관, 즉 감관에 주어진 소여는 개념들의 종합을 위해 필수불가결하다. 순수 개념들 간의 모든 필연적 연결은 분석적이다. 하지만 개념들은 직관들에 관계할 수 있고, 이리하여 필연적인 제3의 사물과 관련됨으로써 이것들은 서로 필연적인 연결을 일으키며, 이는 종합적이다. 우리의 직관은 감성적이다. 다시 말해 직관은 있는 그대로의 사물들 자체가 아니라 사물들이 우리에게 영향을 끼치고 우리에게 나타나는 대로만, 우리에게 사물들을 현시한다. 그러나 우리가 있는 그대로의 사물들 자체를 인식하려고 범주들을 그것들에 적용하려 할 때면, 우리는 어떠한 지적 직관도 지니고 있지 않으므로 사물들 자체에 대한 직관의 조건을 결여한 채로 있다(31).

하지만 이러한 결여가 우리가 있는 그대로의 사물들 자체를 생각하기 위해 범주들을 사용하지 못하도록 막는 것은 아니다. 그러한 생각이 어쩌면 타당할 수도 있지만, 그럼에도 그것은 사물들 자체의 인식이 아니다. 만일 범주들이 이처럼 적용될 수 있으리라는 어떤 근거가 있다면, 그러면 범주들의 순수 비(非)경험적인 기원은 우리가 이것을 적용할 수 있도록 허락할 것이다. 그런데 만일 이 개념들의 기원에 대한 흄의 견해가 옳다고 한다면 이러한 적용은 불가능할 것이다(56).

여기서 칸트의 요약은 매우 중요한 지점에서『순수이성비판』의 실제 논증에서 벗어나며,『순수이성비판』을 더 적확하게 평가했던『실천이성비판』의 다른 구절들과도 상이하다.[13] 왜냐하면 그는 여기서 우리에게 경험적 인식의 한계 너머의 개념들의 적용을 필연적으로 만드는 것은 이론적 의도가 아니라 실천적 의도라고 말하기 때문이다.[14] 이 중요한 차이를 충분히 고찰하기 위해 우리는 다시『순수이성비판』자체로 눈길을 돌려야 한다.

4. 이론적 이념으로서의 자유

가능한 경험의 한계에서 벗어나서 모든 경험의 완벽한 종합을 위해 사용되도록 이성에 건네진 범주가 바로 "이념"(*Idee*)이다.[15] 지성에 의한 표

---

13 이를테면『실천이성비판』, 3, 48, 그리고 이 책의 제10장 제3절을 보라.

14 여전히 칸트는 말하기를, 이론적 의도는 실천적 의도에 종속될 뿐만 아니라 이성의 모든 의도는 궁극적으로 실천적이다(같은 책, 121;『순수이성비판』, A816＝B844). 그러나 여기서 요점은 이성 개념이 이론적 의도를 위해 복무한다는 것이지, 이론적 의도 자체가 실천적 의도에 종속된다는 것이 아니다.

상들의 모든 종합은 부분적일 뿐이지만, 이성은 총체적이고 무조건적인 종합을 요구한다. 다시 말해 이성의 이념들은 언제나 무조건적인 동시에 부분들의 모든 조건을 포함하고 있는 전체와 관계한다(107). 이성의 원리는 조건지어진 것이 주어져 있다면 그 조건들의 총합 또한 주어져 있어야만 한다는 것이고, 따라서 그 조건들의 총합 또는 그것을 이루는 절대적인 무조건자가 주어져 있어야만 한다. 무조건자에 대한 탐구의 길목에는, 존재하는 조건성의 범주의 수만큼의 이념들이 있다. 그러나 이 장에서 우리는 인과성의 범주와 이에 대응하는 이념만을 다룰 것이다.

한 사물의 인과적 의존과 관련해 우리는 바로 앞에서 말한 원리, 즉 '조건지어진 것이 주어져 있다면, 무조건자도 마찬가지로 주어져 있어야만 한다. 그렇지 않다면, 그 조건들의 전체성이 주어질 때에만 생겨날 수 있는 조건지어진 것은 생겨나지 못할 것이다'라는 원리를 적용한다. 이러한 무조건자를 찾아가면서, 혹은 적어도 그것에 대한 분명한 개념을 형성함에 있어 ─ 설령 그것이 어떠한 단일한 경험에서 직접 주어질 수 없는 어떤 것의 개념이라 해도 ─ 우리는 두 가지 선택지를 갖는다. (1) 우리는 조건들의 계열이 무한해 그 계열의 어떤 일부도 무조건적이지 않지만 계열 전체는 무조건적이라고 가정할 수 있다. (2) 우리는 그 계열이 유한하고, 그 계열 속에 무조건자(첫 번째 부분)가 포함된다고 가정할 수 있다. 첫째 선택지는 자연적 원인성, 즉 하나의 시간적 사건(원

---

15 『순수이성비판』, A409=B435-36. 이것은 "우주론적 이념"의 이론이며, 이념의 기원을 오로지 관계 범주와 삼단논법의 형식에서만 찾는 더 일반적인 이론(A299=B356)과 뚜렷이 구별된다. 두 이론은 『순수이성비판』에 나란히 존재하는데, 켐프-스미스는 앞의 것이 "더 이른" 시기의 이론이라고 주장한다(N. Kemp-Smith, *Commentary on Kant's Critique of Pure Reason*, p. 478). 재판 B385에 추가된 각주는 삼단논법으로부터의 이념들의 연역이 탁월하다는 것을 암시한다. 다행히도 두 이론 모두에서 신, 영혼, 그리고 자유의 이념은 각기 자리를 점하고, 매우 흥미롭게도 자유가 다뤄지는 곳은 두 이론에서 동일하며, 이것은 원인성 범주와 가언 삼단논법에 대응하는 제3이율배반에서 나타난다.

인)과 다른 하나(결과)의 관계를 유일한 종류로 가정하는 것이다. 그리고 시간상의 어떤 사건도 보다 앞선 사건의 결과가 아닌 것으로 발견될 수 없으므로 우리는 어떤 주어진 사건의 조건으로서 사건들의 무한한 계열의 학설을 받아들인다. 둘째 선택지는 무한한 계열 속에서는 무조건자가 발견될 수 없으므로 자연적 원인성은 유일한 종류가 아니라고 가정하는 것이다. 그리고 이는 다른 종류의 원인성, "자유의 인과성", 즉 "자연법칙에 따라 진행되는 현상들의 계열들을 **자기로부터** 시작하는" 절대적으로 자발적인 인과성을 가정하는 것이다.[16]

이 중 어느 것도 임의적인 가정이 아니다. 이것들은 서로 모순됨에도 불구하고 각기 가정되어야만 하고, 따라서 이론이성은 필연적으로 이율배반에 빠진다. 이율배반에서 둘 간의 대립은 그저 철학의 호기심이 아니라 마음의 부정될 수 없는 두 관심 간의 불가피한 대립이다. 이는 이성에 의해 생겨나기 때문에 이성의 힘으로 해결되어야 하는 대립이다. 그리고 두 관심은 각각의 편에서 둘 사이의 화해를 깊이 의도하고 있으므로, 그것은 철학이 조용히 체념과 함께 받아들여야 할 대립이 아니다.[17]

이제 서로 상충하는 정리들 각각의 증명을 간략히 제시해보자. 정립 명제는 다음과 같다. "자연법칙을 따르는 인과성은, 그로부터 세계의 현상들이 모두 도출될 수 있는 유일한 인과성이 아니다. 이 현상들을 설명하기 위해서는 또 다른 인과성, 즉 자유의 인과성이 있다는 것을 반드시 받아들여야만 한다." 거칠게 말하면 이 명제의 증명은 원인들의 무한한 계열들의 불가능성, 따라서 첫 번째 원인, 즉 그 자체로 결과가 아니어서 말 그대로 자유로운 원인의 필연성에 관한 아리스토텔레스주의적-토미즘적 증명의 되풀이이다. 말하자면 조건들의 계열 안에 첫 번째 조건은 없다. 하지만 자연법칙은 어떤 것도 그것에 앞서는 충분한 조건 없이 일

---

16 『순수이성비판』, A446＝B474.
17 같은 책, A480＝B508; 『실천이성비판』, 3 참조.

어나지 않는다는 것이다. 그러므로 어떤 것이 일어남을 인정한다면 자연법칙이 무제약적으로 보편적이라고 간주될 때, 그 법칙은 자기모순에 빠진다. 따라서 자연적 원인성, 즉 자연법칙 아래의 원인성은 유일한 종류의 것이 아니다.

반정립 명제는 다음과 같다. "자유는 없다. 세계 내의 모든 것은 오직 자연법칙에 따라 발생한다." 이에 대한 증명은 이렇다. 만일 자연적인 인과계열 속에 자발적 원인 또는 절대적인 시초가 있다면, 계열의 뒤에 오는 것은 처음의 것으로부터 독립적이며, 이리하여 시간상의 사건들의 합법칙성에 의존하는 "경험의 통일"은 불가능해지고, 따라서 경험적 진리 또는 객관성의 어떠한 기준도 있을 수 없다.[18]

정립은 독단론자(이를테면 플라톤)의 주장이고, 반정립은 경험론자(이를테면 에피쿠로스)의 주장이다.[19] 일반적으로 도덕적이고 종교적인 관심은 순수 이성의 관심사로서 정립의 편에 선다.[20] 경험의 내부에서 원인들을 끊임없이 찾아가는 과학의 관심은 반정립에 있다. 물론 이 관심은 경험론 자체가 독단으로 치닫지 않는 한, 즉 그것이 현상들에 대한 끊임없는 탐구에 만족하지 않고 그것의 주장들과 방법들을 형이상학에까지 확장함으로써 "이성의 실천적 관심에 돌이킬 수 없는 손실을 초래"[21]할 때가 아니라면, 도덕적 관심과 양립할 수 없는 게 아니다. 앞의 실천적 관심은 과학적 관심과 필연적으로 양립 불가능하지는 않으나 위험의 여지가 있다. "그것은 실천적인 것을 위한 탁월한 원리를 제공하기는 하지만 바로 그렇게 함으로써 이성으로 하여금, 우리로 하여금 …… 자연현상

---

18 『순수이성비판』, A451＝B479, 반정립에 대한 주해.

19 같은 책, A466＝B494, A471＝B499.

20 하지만 이것이 전부는 아니다. 도덕성의 실재적 관심은 독단론의 편이 아니라 독단론자들이 변호하는 자유의 편이다(『실천이성비판』, 146ff.와 이 책의 제13장 제7절 이하 참조). 도덕철학에는 연좌제가 없어야 마땅하다.

21 『순수이성비판』, A471＝B499.

의 관념적인 설명들에 머무르고 물리적 탐구를 소홀히 하게 한다."[22] 다른 한편 정립은 한 가지 분명한 장점도 있다. 모든 이율배반의 반정립은 "인식의 건축물의 완성을 전적으로 불가능하게 한다. …… 이성의 건축술적 관심, 즉 이성의 경험적이 아니라 순수 선험적 통일에 대한 요구는 자연스럽게 정립의 확언을 추천하기에 이른다".[23] 따라서 실천이성뿐만 아니라 사변이성 또한 자유의 편에 관심을 둔다.[24] 그런데 만일 이율배반이 없었더라면, 형이상학은 다만 물리학의 확장태, 즉 반정립의 독단화에 이르렀을 것이다. 따라서 이렇게 되는 것을 막는 이율배반은 순수 이성이 빠질 수 있는 "가장 다행스러운 탈선"이다.[25]

5. 제3이율배반의 해결

이율배반을 발생시킨 원리는 이렇다. 만일 조건지어진 것이 주어져 있다면, 그 조건들의 전 계열이 주어져 있는 것이다. 조건지어진 것은 주어져 있다. 그러므로 무조건자는 주어져 있다. 그러나 칸트에 따르면, 여기에는 오류가 있다. 말하자면 대전제는 "조건지어진 것"이라는 주어를 순수 범주라는 의미로 받아들인 반면, 소전제는 현상들에 적용된 지성 개념이라는 경험적인 의미로 받아들이고 있다. 그러나 경험에서 모든 조건이 현상들로서 주어지는 건 아니다. 그것들은 **주어져 있는 것**(*gegeben*)이 아니라 **부과된 것**(*aufgegeben*), 즉 선물로 제공된 것이 아니라 임무로 배

---

22 같은 책, A472=B500.

23 같은 책, A474=B502-03.

24 바로 이런 의미에서 칸트는 이성이 이론적으로 사용될 때 자유의 개념을 요구한다고 말한 것이다(『실천이성비판』, 3, 7, 48). 어떤 이는 이성의 첫째 관심이 이율배반의 제거라고 말할지 모르나, 칸트는 그것을 이성의 "관심"이라 부르기보다는 단지 이성의 존재조건이라고 말한다(같은 책, 120).

25 같은 책, 107;『순수이성비판』, A464=B492 참조.

정된 것이다. 현상의 영역 안의 조건지어진 것은 탐구가 지시된 대상이다. 반정립에서는 첫 번째 현상이라는 것이 존재하지 않으므로 "조건지어진 것"을 현상의 시간적 조건이라는 의미로 받아들이는 것이 옳다. 다른 한편으로 정립에서는 "조건지어진 것"을 시간성에 제한되지 않는다는 대전제의 의미로 받아들이는 것이 옳다.[26] 만일 두 전제가 "조건지어진 것"을 동일한 의미로 받아들인다면, 이율배반은 해결될 수 없다. 그 경우 우리는 조건들이 동종적인 무한 계열을 이루는 동시에 이종적인 유한 계열을 이루어야 한다고 생각할 수 있어야 할 텐데, 그런 일은 불가능하다(95). 하지만 이제 우리는 반정립이 시간상의 현상들에 대해 참일 수 있을 뿐만 아니라 참이어야 하는 반면, 정립은 현상들과 관련된 사물 자체에 대해 참일 수 있고 참이어야 함을 납득하게 된다. 이어서 칸트는 현상들의 관념성이 이율배반과 그 해결에선 간접적으로 증명되지만, 선험론적 감성론에서는 직접적으로 증명된다고 말한다.[27]

따라서 조건들의 총체성의 이념은 경험의 구성적 이념이 아니다. 거기서 우리는 객체에 대응하는 경험을 발견할 수 없다. 그것은 규제적 이념이거나 "주어진 현상 계열의 역진을 명하는 규칙이자 경험에서 도달할 수 있을 어떤 것을 절대적으로 무조건적인 것으로 간주함으로써 이성이 역진을 끝내는 일을 금지하는 규칙"이다.[28] 이것을 가리켜 우리는 "인과

---

26 『순수이성비판』, A499＝B527 이하.

27 같은 책, A506＝B534. 칸트는 「가르베에게 보낸 편지」(1798년 9월 21일)에서 이율배반의 발견이 시간과 공간이 오직 현상의 형식일 뿐이라는 결론으로 이끌었다고 썼다 (XII, 257; 『실천이성비판』, 107 참조). 그런데 반정립의 증명은 자연의 현상성에 대한 칸트의 학설의 타당성, 특히 '경험의 제2유추'의 타당성을 전제하고 있음에 유의해야 한다. 이와 달리 정립의 증명은 칸트의 학설에만 속하는 것은 아닌 전형적인 합리론적 논증이다. 따라서 이율배반만으로는 자연적 질서의 현상성이 전제될 수 없다. 아마도 이율배반은 칸트에게 이런 점을 암시했을 것이다. 정립의 증명이 시공간의 학설과 무관하다는 사실은 칸트의 자유 이론을 평가하는 데에서 상당히 중요하다(이 장의 제8절 참조).

28 『순수이성비판』, A509＝B537; 『실천이성비판』, 48 참조.

적 메커니즘의 규제적 이념"이라 불러도 좋을 것이다. 이로써 자유로운 원인이 자연 탐구에 스며드는 것은 금지되지만, 여전히 다른 현상들 속에서 모든 현상의 조건을 발견하도록 우리를 인도한다. 그런데 만일 우리가 현상들을 사물들 자체로 간주한다면, 이 규제적 이념은 구성적인 것으로 간주되어야 하며, 이리하여 우리는 이율배반에 빠져들어 자유**도** 자연적 원인성**도 모두** 구제할 수 없을 것이다.[29]

　다음으로 칸트는 우리가 자유로운 인과성의 현존을 확언할 어떤 근거가 있다고 할 때, 이는 자연적 메커니즘과 모순되지 않음을 밝히려 한다. 그는 자유로운 원인성의 결과가 현상 계열에, 곧 자연적 메커니즘의 질서에 속하게 된다고 확언함으로써 그렇게 한다. 모든 현상은 실재성의 현상이다. 실재성의 현상은 자연의 인과법칙 아래 다른 현상들과 연결되어 있으며, 확실히 예측 가능하다. 그러나 현상이 아닌 것, 즉 본체 및 시간 계열의 일부가 아닌 것과 관련해 실재성은 자유롭게 활동하는 원인의 결과인바, 여기서 자유는 결과가 아니라 원인으로 존재하는 능력으로 정의된다. 그러므로 원칙적으로 세계 속의 **모든** 사건은 자연적인 동시에 자유로운 원인성의 산물이다. 우리는 사건을 자유의 인과관계로 파악하지는 못한다. 우리의 모든 인식은 사건들의 현상들 간의 연결에 관한 인식이기 때문이다. 사물들 자체를 인식하기 위해 우리가 사물 자체에 원인성 범주를 적용할 수는 없지만 현상들(*phenomena*)과 본체들(*noumena*)의 관계의 유비에 따라[30] 범주를 적용할 수 있으며, 우리의 가능한 인식과 관계되는 한에서 기계론적 인과율을 어기지 않고서도 본체를 현상의 자유로운 원인으로 생각할 수 있다.

29　『순수이성비판』, A543＝B571. 자연 인과성은 구제될 수 없다. 필연적-종합적 연결은 이론이성에 의해 처방되는 한에서만 규정될 수 있기 때문이다. 이론이성은 오직 현상계에 대해서만 처방할 수 있다(여기서 "이론이성"은 지성과 직관도 포함하는 넓은 의미로 사용되었다).

30　같은 책, B431-32.

그런데 여기서 우리 능력을 넘어선 주장을 하지 않도록 유의해야 한다. 칸트는 자유를 생각할 권리를 다음과 같은 점에 제한한다. 우리는 사물 자체의 자유로운 인과성을 인식할 수 없다.[31] 우리는 사물 자체를 다양한 시간과 장소에서 활동하는 것으로 생각할 수 없다(시공간 안에 존재하지 않기 때문이다).[32] 우리는 우리의 자유 개념이 어떻게 특수한 사례에 적용될 수 있는지 알지 못하므로 이 개념을 자연적 원인성 개념의 보충물로 쓸 수 없다. 우리가 자유로운 원인의 가능성을 인정한다고 해서 자연의 운행에 대한 우리의 서술이 달라지는 것은 아니다.[33] 칸트의 의도는 단지 "자유를 통한 인과성이 적어도 자연과 양립 불가능하지 않음"을 밝히기 위함이지, 자유의 (실재적) 가능성이나 실재성을 확립하기 위함이 아니다.[34] 따라서 자유는 다만 미정적인 개념이다.

6. 실천적 자유

이 지점에서 제3이율배반의 정립의 증명이 지닌 기이함을 고찰하는 것이 좋겠다. 나는 앞에서 칸트의 논증이 제1원인의 현존에 대한 아리스토텔레스적인 논증의 변형태라고 말했다. 그렇다면 이것이 자유의 확립에 기여한 바는 무엇인가? 칸트는 정립에 대한 주석에서 답하기를,

　　이제 우리는 자유로부터 생겨나는 현상들의 계열의 제1시작이 필연적임을, 그것도 오로지 본래 세계의 기원의 파악을 위해 요구되는 한에서 그러함을 입증했다. …… 그러나 이로써 시간상에서 한 계열을 자발적으

31　같은 책, A540＝B568; 『실천이성비판』, 133, 134.
32　『순수이성비판』, A541＝B569; 『실천이성비판』, 99.
33　『순수이성비판』, A550＝B578; 『보편사의 이념』, 서문(VIII, 17-18) 참조.
34　『순수이성비판』, A448＝B476; 『실천이성비판』, 3 참조.

로 시작하는 능력이 일단 증명되었으므로, 이제 또한 우리는 세계의 진행 경로 내에 자기 자신으로부터 시작될 수 있는 인과성을 따르는 여러 계열들이 있다는 것과 세계의 실체들에 자유롭게 행위하는 능력이 속한다는 것을 허용할 수 있다.[35]

이 논증이 성공적이라면 전적으로 아주 많은 것을 성취했다고 말할 수도 있을 것이다. 이것이 어떤 면에서 자유 개념을 정당화하는 것처럼 보인다면 모든 면에서도 그렇다. 모든 현상은 두 차원에 관계하는데, 하나는 그보다 앞선 현상들과의 관계이고 다른 하나는 본체와의 관계이다. 두 번째 차원 또는 관계는 무차별적으로 보편적이기 때문에 우리가 주목할 만한 의미에서의 자유가 아니다. 보편적 술어로서의 자유는 아무런 관심거리도 아니다. 지성적 원인성의 개념은 우리가 (a) 논의되는 실체나 (b) 그 실체의 활동의 지성적 법칙을 알 수 없다면 공허하다. 이를테면 돌멩이의 경우에 우리는 둘 중 어느 것도 알지 못하며, 따라서 돌멩이로 현상하는 것들의 현상적 관계의 인식에 만족할 수밖에 없고, 실제로 그것에 쉽게 만족한다. 하지만 우리의 고유한 자아의 경우에 우리가 우리 자신의 현상들밖에 인식하지 못할지라도 지성적 활동의 법칙을 인식한다. 이 경우 그것은 도덕법칙에 다름 아니다. 그러므로 칸트는 현상적 원인성을 넘어설 수 있는 이성이 있는 경우에만 지성적 원인성에 호소하고, 이것들은 오직 인간의 의욕에서만 발견된다. 게다가 도덕성이 문제되지 않을 때조차 지성적 원인성의 개념이 사용되는 다음과 같은 경우가 있다.

생명이 없거나 한갓 동물적인 자연 본성의 경우, 우리는 어떠한 능력도 한갓 감성적인[즉 기계적인, 현상적인] 방식으로 조건지어진 것이 아니

35 『순수이성비판』, A448=B476ff.

라고 생각할 근거를 발견하지 못한다. 오직 인간만이 그 밖의 다른 모든 자연을 단지 오직 감관을 통해 인식하는 한편 순수 통각을 통해 자기 자신을 인식하는데, 말하자면 그러한 자기인식은 결코 자기 감관의 인상들에 속한다고 간주될 수 없는 행위들 및 내적 규정들과 관계된다.[36]

이제 칸트가 처음에 말했던, "순수 이성의 관심"은 정립의 편에서 정당화된다. 그는 말하기를, "자유의 실천적 개념은 자유의 선험론적 이념에 기초하고 그것 없이 지탱될 수 없다".[37] 실천적 의미에서 자유는 감성적 충동을 통한 강제로부터의 자의의 독립이다. 인간에게는 자연으로부터 독립해 자기를 규정할 수 있는 능력이 있다. 실천적 자유는 어떤 것이 일어나지 않았다고 해도 그것이 일어나야만 한다는 것을, 즉 현상계의 원인은 우리 의지의 인과성이 필연적으로 배제되도록 규정하지 않음을 전제한다. 설령 우리가 의욕할 수 있는 모든 것이 간접적으로나마 감성적 충동에서 기인한다 해도, 자연법칙 아래서의 충동과 모든 현상은 자연적 원인성이 아니라 자유로운 원인성의 개념을 수반하는 "당위"의 개념을 낳을 수 없다. "나의 **의욕**을 촉진하는 자연적 근거가, 또 감성적 자극이 아무리 많다고 해도 그런 것들은 결코 **당위**를 일으킬 수 없고, 필연적인 것과는 거리가 먼, 늘 조건지어진 의욕만을 낳을 수 있을 뿐이다. 이에 반해 이성을 통해 표현된 당위는 그 의욕의 척도와 목표뿐만 아니라 금지나 권위를 세운다."[38] 만일 모든 법칙이 자연법칙이라면, "당위"를 생각하기란 불가능하다.[39] "당위"를 생각함은 자유롭게 "할 수 있다"는 생각을 전제하며, 만일 순수 이성이 행위의 통제에 실제로 영향을 끼

---

36 같은 책, A546=B574;『실천이성비판』, 49, 99, 100 참조.
37 『순수이성비판』, A534=B562.
38 같은 책, A548=B576.
39 같은 책, A547=B575: "(전체 자연 안의) 어떤 것이 이 모든 시간 관계상에서 실제로 있는 것과 다르게 있어야만 한다는 것은 불가능하다."

친다면 실천적 의미에서는 물론이고 선험론적 의미에서도 자유로운 원인성이 성립한다. 또한 이로써 선험론적 자유는 모든 것을 포용하는 식의 공허한 개념이기를 그친다.

칸트는 양 비판서 모두에서 실천적 자유가 실재적이기 위해서는 선험론적 자유의 필연성이 전제되어야 한다고 고집한다.[40] 칸트는 경험적 자유를 "상대적"(komparativ)이라 부르는데, 이 자유는 절대적 또는 선험론적 자발성의 산물이 아니라 우리 행위들 가운데서 얼마간 경험적으로 발견되는 것이다. 예를 들어 이것은 보통 자기 통제를 훈련하는 행위에서 발견되지만 분노나 욕정에서 솟아난 다른 행위에서는 발견되지 않는다. 상대적 자유에서 행위를 규정하는 원인들은 행위자의 내부에 있고 어떤 외적인 충동도 없다. 이것은 한번 궤도에 오르고 나면 그다음에는 내적인 계기에 의해 운동이 필연적으로 일어나는 포물체의 자유이다. 설령 내적인 원인이 충동이 아니라 지성적으로 생각된 근거라 하더라

---

40 칸트는 내적인 이성적 규정이 경험적으로 제시될 수 있다면 그것은 도덕성을 위해 충분하지 않다고 확언함으로써, 거의 모든 선배 철학자 및 동시대 철학자와 그 자신의 초기 견해(『새로운 해명』), 즉 그러한 활동들은 이성의 수동성이 아니라 능동성을 표현하기 때문에 자유롭다는 견해에 더는 동조하지 않는다.

"순수 이성의 규준" 장의 제1절은 종종 실천적 자유가 선험론적 자유와 무관하다는 확정적 주장으로 간주되며, 이런 점에서 "비판의 가르침"과 조화를 이루지 않는 것으로, 곧 전(前)비판기의 것으로 여겨진다. '규준' 장은 어쩌면 『순수이성비판』에서 가장 일찍 쓰인 부분 중 하나일 수도 있겠으나, 나는 이 해석에 동의하지 않는다. 그 맥락은 칸트가 저술 중에 이 핵심적인 지점에서 마음을 바꿔먹었다고 가정하기 위해서가 아니라 칸트의 진술들 사이의 명백한 불일치의 설명에 충분히 도움이 되어야 한다. 칸트에게 '규준'은 "어떤 인식능력 일반의 올바른 사용에 대한 선험적 원칙들의 총체"이다 (A796=824). 제1절의 마지막 문단은 선험론적 자유가 실재적이지 않더라도 실천적 자유가 있을 수 있다는 말이 아니다. 다만 그것은 "품행의 지침을 위해서만 이성을 요구하는" 규준 또는 실천의 영역에서 이것이 문제되지 않는다는 뜻이다. 여기서는 이 지침이 자연법칙으로 환원될 수 없다는 증명을 요구받지 않는다. "이 문제는 이성의 실천적 사용에 속하지 않는다." 이는 그것이 실천이성의 비판과 아무 관련이 없다는 말이 아니라 단지 그것은 이론적 문제이지 실천적 문제가 아니라는 것만을 진술한다. 이것은 『정초』(448n., 456)와 『슐츠의 윤리 이론에 대한 서평』에서도 되풀이된다.

도, 이 자유는 시계와 같은 자동기계의 자유일 뿐이다.[41] 경험론자들 ─
여기서 칸트는 울리히와 슐츠 같은 저자들을 염두에 두고 있음이 틀림
없다 ─ 은 자유의 상대적 개념이 윤리학의 적합한 조건이라고 생각하
지만 이것은 오해이다. 자유의 개념은 "모든 경험론자에게 걸림돌"이며
(7), 그들의 상대적 자유 개념은 "궁색한 미봉책"에 지나지 않는다(96).

곧바로 다음과 같은 물음이 떠오른다. 칸트의 학설은 경험론의 학설
에 맞서 자연의 메커니즘을 위반하는 건 아닌가? 그리고 만약 그게 아니
라면, 그의 자유 개념이 경험론자의 것보다 윤리학에 더 적합한가? 칸트
는 자신의 자유 개념이 자연법칙을 침해하는 것은 아니지만, 도덕적 책
임 귀속의 기초라고 말한다. 이 점을 밝히기 위해 그는 지성적 성격과 경
험적 성격을 구별한다. 여기서 전자는 지성적 원인(*causa noumenon*)이 되
는 지성적 또는 선험론적 주체의 것이고, 후자는 시공간에서만 현상하
는 것이다.[42] 전자는 자유롭고 후자는 자연법칙 아래에 있다. 전자는 (시
간상에서 존재하지 않으므로) 아무것도 **일어나지** 않고 변하지 않는 실체로
서 (인식되는 게 아니라) 생각되며, 후자는 자연의 인과 조건에 따라 시간
속에서 펼쳐진다. 우리는 후자의 본성으로부터 전자의 본성을 추론하며,
후자가 전자의 자유의 발현이라는 믿음에 따라 후자를 벌하거나 보상한
다. 경험적 성격의 자유는 처음에는 오직 소극적으로, 곧 자연의 운행을
통해 필연적으로 조건지어진 것이 아닌 것으로 이해된다. 지성적 성격의

---

41 『실천이성비판』, 96-97, 98, 101. 정신적 자동기계(*automaton spirituale*)에 대한 고트프
리트 빌헬름 라이프니츠의 암시는 Gottfried Wilhelm Leibniz, *Théodicée*, §52, §403[국
역: 『변신론: 신의 선, 인간의 자유, 악의 기원에 관하여』, 이근세 옮김, 아카넷, 2014]에
나온다. 아마 칸트는 쥘리앵 오프루아 드 라 메트리(Julien Offray de La Mettrie)의 『인
간기계론』(*L'Homme machine*)을 통해 자크 드 보캉송(Jacques de Vaucanson)의 자동기
계(*automata*)를 알게 되었을 것이다.

42 『실천이성비판』, 97; 『순수이성비판』, A545=B573; Reflexion 5608. 그런데 다른 곳
(『실천이성비판』, 98, 100)에서 칸트는 우리의 의식이 경험적 성격을 자유롭게 창조할
수 있다고 말하는데, 이런 점에서 그것은 자연법칙의 영향 아래 있다거나 물자체-현상
의 도식에 적합하다고 보기 어렵다.

자유는 적극적 자유인데, 지성적 성격이 달랐더라면 세계 속에서 일어나지 않았을 사건들의 계열을 시작하기 때문이다.[43] 따라서 인간의 품행을 드러내는 모든 사건은 두 측면에서 생각될 수 있다. 한편으로는 보다 앞선 사건들의 필연적인 결과로, 다른 한편으로는 지성적 성격에 의해 직접 규정되는 것으로 여겨질 수 있다.

7. 이 학설에 대한 비판적 해명

이것은 난해한 학설이며, 칸트도 그러한 판단들이 "첫눈에는 어떠한 동의도 얻지 못할 것처럼 보인다"(99)라고 인정한다. 그러나 "첫눈에"만 그러한가? 사람은 왜 자기가 저지른 과실에 대해 후회해야 하는가?(98) 우리는 어떻게 행위의 책임을 행위자 자신에게 돌리면서 동시에 "행위가 이미 일어나기 전부터 그 경험적 성격은 모두 미리 정해져 있다"라고 주장할 수 있는가?[44] 만일 우리가 모든 경험적 사실 및 그것들과 연관된 자연법칙들을 인식하고, 이리하여 "미래의 행동을 월식이나 일식처럼 매우 확실하게 예언할 수 있게 된다면, 그럼에도 우리는 여전히 인간

---

43 『순수이성비판』, A554=B582, A556=B584. 이것과 매우 비슷한 구절이 『실천이성비판』, 99에 있다. 그러므로 '지성적-경험적'의 구별이 의지와 자의의 구별에 부합한다고 단순히 추정해서는 안 된다. 지성적 성격은 무시간적으로 활동하고, 그 활동은 경험적 성격의 행위로 발현된다. 의지는 활동하는 것이 아니라 자의에 법칙을 제공한다(의지는 자의의 법칙이다). 또한 칸트는 원형적 인격성(지성적 인격성)이 있으며, 이 원형적 인격성에 대한 존경이 자의의 동기를 이룬다고 말한다(같은 책, 87). 지성적 자유(*libertas noumenon*)가 현상적 자유(*libertas phenomenon*)와 구별되듯이, 의지의 자유는 자의의 자유와 구별된다. 하지만 자의의 자유가 경험적으로 정의되는 것은 아니다(『도덕형이상학』, VI, 226; 『유작』, XXI, 470 참조). 왜냐하면 이것은 단지 자유의 상대적 또는 심리적 의미만을 부여하기 때문이다. 칸트의 진술들은 상당히 비밀스러운 구석이 있어 그가 전적으로 일관된 태도를 견지하는지 알기는 어렵다.
44 『순수이성비판』, A553=B581.

이 자유롭다고 확언할 수 있겠는가?"(99) 이리하여 우리는 인간의 자유와 신의 예지 사이에 놓인 고전적인 신학적 곤경의 세속적 변형태를 수용하게 된다. 이 학설은 저 고색창연한 신비주의보다 구조에 있어 더 납득할 만하지도 않고, 결과에 있어서 더 만족할 만한 성과가 있는 것도 아니다.

만일 "자유"가 지성적 원인성을 뜻하고 지성계의 어떤 것도 인식 불가능하다면, 현상들의 연구에서 어떤 경우에 자유의 개념을 적용해야 하고 다른 경우에 적용해서는 안 되는지 정당화할 길이 없다. 인간 행위의 통일성은 원리상 태양계의 통일성만큼이나 심오하며, 우리에게는 인간 행위의 자유에 대한 진술들이 어떤 경험적 결과들을 갖는다고 간주할 어떤 근거도 없다. 만일 지성적 자유의 소유가 자연의 통일성에 균열을 불러온다면, 통일성은 더는 없을 것이다. 그리고 통일성이 부정될 때, 이것을 "자유"라 부르는 일은 헛된 주장이다.

딜레마의 출구는 하나뿐인 것 같다. 칸트는 멀리 떨어져 있는 두 저작에서 이에 대한 어렴풋한 착상들을 암시하기는 했지만 충분히 전개하지는 않았다. 그의 모든 비판자와 후학 대부분이 그의 견해에서 감지했던 역설을 정작 그 자신은 감지하지 못했던 것 같다.

첫 번째 암시는 다음과 같다. 세계를 서로 다른 법칙의 지배 아래 있는 두 영역, 곧 현상계와 지성계로 간주하는 대신에 우리가 하나의 세계를 두 측면으로 생각할 수는 없는가? 이 두 측면은 공통된 세계에 대해 두 가지 관점을 인정하려는 의도에서 존재론적으로가 아니라 방법론적으로 정의될 수 있다. 칸트는 관찰하는 이론적 태도와 행위하는 실천적 태도를 대비함으로써,[45] 그리고 "초감성적 자연은 순수 실천이성의 자율 아래 있는 자연에 다름 아니다"라고 진술함으로써(43) 보통 더 유명한 "두 세계 이론"(two-world theory) 대신에 두 측면 이론(two-aspect theory)

---

45 『순수이성비판』, A550=B578; 이 책의 제3장 참조.

을 암시한다.

앞의 암시를 충분히 전개하기 위해 필수적인 또 다른 암시는 세 번째 비판서의 결론, 즉 자연법칙과 도덕법칙의 구별이 우리 지성의 고유한 본성에 의존한다는 것이다.[46] 우리는 경험을 구성하는 권한에 따라 하나의 법칙을 다른 법칙에 종속시키는 것이 아니라 이종적인 법칙에 동등한 권한을 부여하려는 암시로서 이 구절들을 독해할 수 있다. 칸트가 그러한 견해를 가지고 있었다는 유일한 증거는 『판단력비판』의 §70에서 확인된다. 거기서 그는 자연의 완벽한 메커니즘적 규정성에 관한 명제와 자연에 대해서도 규제적 이념으로 기능하는 목적론적 원인성에 관한 명제 간의 이율배반을 다룬다. 이것을 자연과 자유의 원인성 간의 이율배반적 관계로 확장하기는 쉽다. 이념은 다음과 같은 준칙으로 표현된다. "질료적 사물들 및 그 형식들의 모든 산출은 한갓 기계적 법칙에 따라 가능하다고 판단되어야만 한다."

『순수이성비판』의 제3이율배반의 해결에서 반정립의 참된 의미는 그 정리가 자연을 구성하는 원리가 아니라 절차를 위한 준칙이라는 데 있다고 칸트가 말했더라면, 우리는 다음의 두 준칙을 보유했을 것이다. "(자연과학에서는) 언제나 메커니즘적 원인을 탐구하고, 자연현상들의 설명에 어떠한 초자연적 원인도 끼어들지 못하게 하라." "(윤리학에서는) 언제나 마치 의지의 준칙이 행위의 수행이나 판정을 위한 충분한 규정 근거인 것처럼 그렇게 행위하라." 두 준칙은 모두 선험적으로 선언하는 진술이 아니다. 그것은 각기 우리가 관찰자나 행위자로서 무엇을 해야 하는지 일러주지만 누구도 두 준칙을 동시에, 그리고 동일한 품행과 관련해 준수할 수는 없다.[47]

---

46 『판단력비판』, §70, §76.
47 이 책의 제3장 참조. 두 번째 준칙이 허구주의자들이 하는 식으로, 즉 "마치 ~처럼"(*Als ob*)이 사실에 반하는 조건을 도입하라는 비현실의 가정으로 해석될 필요는 없다. 게다가 그 준칙은 첫 준칙보다 더 허구적이라거나 첫 준칙은 구성적이지만 둘째 준칙은 단

이 규칙들에 따르면, 우리는 어떤 사람이 불가피하게 할 수밖에 없었던 행위들에 대해서도 때로는 그가 책임져야 한다고 생각하게 될 것이다. 내가 보기에 인간의 자유는 칸트가 생각했던 것보다 훨씬 더 제한적이다. 사정이 이렇다면 우리는 명백히 부당한 판관이다. 우리는 추상적이고 도식적인 인과적 설명을 사실상(아마 우리는 결코 이를 인식할 수 없다 해도) 충분한 자연적 원인이 없는 사건에 제공하게 될 것이다. 이 경우에 우리는 우리의 과학적 작업에서 (불가피하게) 독단적이다. 그러나 '때때로 부당하다'의 대안은 '항상 부당하다'가 될 것이다. 만일 칸트가 옳다면, 인간의 어떤 행위도 자연법칙에 의해 구성된 자연과 역사의 진로로부터 예외일 수 없는 상황에서 우리가 어떤 사람에게 그의 행위에 대한 책임을 지운다면, 그것은 늘 부당한 판결이다.

여기서 제안된 해법은 『순수이성비판』의 선험론적 변증론의 일부에 비추어 선험론적 분석론의 새로운 독해를 동반한다. 특히 이것은 구성적 범주들과 규제적 이념들 간의 날카로운 구별의 폐기를 요구하며, 심지어 범주들조차 자연에 대한 우리 경험의 고정된 구성에 필연적으로 주어진 구조들이 아니라 경험의 규제 장치들로 간주되기를 요구하고, 칸트가 매우 온건한 의미에서 "규제적"(regulativ)이라 불렀던 경험의 유추들도[48] 충분히 변증론의 의미에서 규제적으로 재해석되기를 요구한다.[49]

우리가 이 개정 작업에 착수한다면 우리는 도덕적 또는 실천적 영역을 경험 영역의 관점에서 고려해야 하며, 이것은 다른 규제적 이념들(범주들)을 통해서는 자연의 영역으로 생각될 것이다. 그러면 우리는 더는 과학이 (얼마간 존재론적으로 평가절하된 의미에서) 현상들을 다루고, 도덕은

지 규제적이라고 가정될 필요도 없다.

48 『순수이성비판』, A179=B222.

49 선험론적 분석론에 대한 이러한 해석은, 비록 지성과 이성의 기능들의 관계에 대한 칸트 자신의 평가를 확실히 왜곡한다 해도 사실상 순수하게 인식론적 근거들에 따라서는 권장될 수 있다.

(얼마간 인식론적으로 평가절하된 의미에서) 지성계를 다룬다고 생각할 필요가 없을 것이다. 양자는 각기 선험적 구조를 그대로 유지하되, 연관된 모든 경험을 포괄하기를 요구할 것이다.[50] 그러나 둘은 각기 다른 목표를 위해 복무할 것이고, 단지 가끔씩만 정통적인 칸트의 이론에 따라 그것들이 해야만 하는 것을 변함없이 행하는 대신에 서로 충돌할 것이며, 이 충돌은 모든 삶의 무수한 사실들을 섬세하게 음미하는 도덕적 태도에 의해 생겨날 것이다. 이 영역들 중 하나가 다른 하나를 제한하는 입장이라는 것, 즉 이것들 중 하나의 범주가 다른 하나의 범주를 이끌어낼 수 있다는 것은 피히테에 의해 고전적으로 전개된 견해이자 관념론과 실용주의 모두에서 강하게 표명된 견해이다. 물론 그 맹아는『판단력비판』에서도 목격된다고 볼 수 있지만, 피히테의 견해는 칸트가 말했거나 아마 받아들였을 견해를 훨씬 넘어선다.

8. 행위자 개념으로서의 자유: 자발성

이율배반이 어떻게 해결되든 간에, 그리고 자유와 자연적 원인성의 양립 가능성과 무관하게 우리는 우리 행위에 자유 개념을 적용할 권리를 지니며, 또 그 권리를 필연적으로 발견한다. 요컨대, 도덕적 상황에서 행위자는 자신이 자유롭다는 듯이 행위해야만 하며, 이로써 자신이 자유롭다는 것이 이론적으로 입증되었을 때 자신이 지닐 모든 책임을 떠맡아야만 한다. 바로 이 점을 칸트는 여러 방식으로 밝혀냈다. 그런데 칸트는 그것을 이른바 상대적 자유, 즉 경험적으로 관찰된 외적 자극과 내적 충동으로부터의 상대적인 독립성에 호소함으로써 지성적 예측을 통해 밝

---

50 『판단력비판』, 서론, II: 이론이성의 영역과 실천이성의 영역은 그 입법에서는 아니지만 감성세계에서는 끊임없이 서로를 제한한다.

힌 것이 아니다. 그것은 오직 선택의 내적 현상에 주목하고 그것의 조건들로의 역진을 통해서만 밝혀진다.

『순수이성비판』의 재판은, 초판에는 (적어도 명시적으로는) 나오지 않은 자아의 현존에 대한 구상을 포함한다. 그것은 우리가 우리 자신의 자발적 활동의 직접적 경험을 실체로서 가진다는 것이다.[51] 이 경험은 감성적 직관도[52] 추상적 사고도 아니다. 칸트는 그것이 인식론적으로 어떤 지위를 점하는지 설명하지 않는다. 하지만 그것은 『순수이성비판』의 인식론적 정당성을 훼손함에도 불구하고 사실로서 인정된다.

비록 우리가 의식의 사실을 이론적으로 설명할 때 자아의 개념을 사유 실체에 적용할 수 없다 해도, 고유한 자발성에 대한 그러한 자기의식과 이에 수반되는 자유의 가정은 심지어 이론적 사유 활동에서도 발견된다.[53]

그러나 자기 자신의 자발적 자유의 가장 분명한 증거 ─ 때로는 유일

---

51 『순수이성비판』, B157-58n.: "나는 나의 현존을 자기 활동적인 존재자의 현존으로 규정할 수 없고[즉 범주적으로 인식할 수 없고] 단지 나의 사유 활동, 곧 규정 활동의 자발성을 표상할 뿐이며, 나의 현존은 여전히 감성적인 것으로, 곧 현상의 현존으로서 규정 가능한 것으로 남는다. 그렇지만 이 자발성은 내가 나 자신을 지적 존재자라 명명하게 한다." 유사한 내용이 다른 저작에도 등장한다. 『정초』, 451; 『실천이성비판』, 56.

52 전(前)비판기에 칸트가 지적 직관이 있다고 믿었을 때, 그는 자기의식을 이 능력에 귀속시켰다(Reflexionen 4228, 4336, 6001 참조). 인간의 지적 직관이 부정됨으로써 인간은 자기 자신의 자발성을 인식할 수 있는 입지를 공공연히 박탈당하지만, 그러한 경험이 부정된 것은 아니다. 이 문제에 대한 전거들과 더 자세한 설명을 위해서는 H. Heimsoeth, *Studien zur Philosophie Immanuel Kants*, 1956, pp. 245ff.: I. Heidemann, *Spontaneität und Zeitlichkeit*, 1958, pp. 173ff. 참조.

53 이 표상의 이론적 무용성은 『순수이성비판』의 오류추리론의 주된 주장이지만, 거기서도 이 개념의 실천적 중요성은 인정되고 보존된다(B431-32). 자발성의 자각에 관해서는 『정초』, 448, 451-52 참조. 『슐츠의 윤리 이론에 대한 서평』(*Besprechung von Schulz's Sittenlehre*, 1785)에서 칸트는 형이상학에서 결정론자는 자기 자신의 사유 활동에서, 더 나아가 자신의 행위에서 스스로 자유를 요구한다고 말한다(VIII, 13). 또한 *Beantwortung der Frage: Ist es eine Erfahrung dass wir denken?* (Cassirer ed., IV, pp. 519~20) 참조. 거기서는 생각함의 자각이 경험(*Erfahrung*)이라는 것이 거부되고 단지 "선험론적 의식"이라 불릴 뿐이다. 유사한 내용이 『순수이성비판』, A117n.에도 등장한다.

한 증거라고도 말해진다[54] —는 자기 자신의 책무에 대한 의식이고, 이는 모든 자연적 강제와 전혀 다른 종류의 것이며, 독특한 종류의 감정을 산출한다(92). 그러한 강제는 도덕법칙에 복종할 때가 아니라 도덕법칙을 자각할 때 자유를 계시한다.[55] 그것은 자연적 규정과 전적으로 다르기 때문에 이론적 언어로 파악될 수 없다. 울리히의 책에 대한 서평에서 그가 썼듯이, 파악될 수 있는 자유는 윤리학을 위해 소용이 없고, 윤리학이 요구하는 자유는 파악될 수 없다.[56] 우리가 할 수 있는 것은 단지 자유의 파악 불가능성[57]의 파악이며, 자유가 순수 이성의 사실에 의해, 즉 우리에게 자유를 계시하는 도덕법칙에 의해 확인됨을 받아들이는 것이다.[58]

도덕법칙 자체에 대한 의식이 자유의 실재성을 입증한다는[59] 이러한 논증과 더불어 우리는 자유의 다른 개념에 이르렀고 이제 이것을 검토해야 한다.

---

54 『순수이성비판』, Bxxxiii, B430-31; 『실천이성비판』, 42.

55 『실천이성비판』에 등장하는 한 쌍의 사례는 예외 없이 작용하는 자연적 강제와 항상적이지는 않은 도덕적 강제의 대립을 만들어낸다(30). 통제할 수 없이 쾌락을 추구하는 사람의 예는 루소의 것을 연상시킨다. J.-J. Rousseau, *Emile*, 제4부[국역: 『에밀 또는 교육론 2』, 문경자·이용철 옮김, 한길사, 2007]: "자기 감각을 거의 통제할 수 없는 광인을 한번 가정해보자. 그 자신이 사형 집행을 눈앞에 두고 있고, 조금 뒤 그가 고통스럽게 죽을 것이 확실함을 알고 있다고 하자. 바로 그때부터 그는 유혹에 저항할 수 있을 뿐만 아니라 그가 어떻게 그렇게 될 수 있는지도 쉽게 알게 될 것이다." 두 번째 예는 방법론에 나오는 것(155-56)과 유사하다.

56 Ak., VIII, 458.

57 『정초』, 463.

58 이 책의 제10장; 『실천이성비판』, 31 참조.

59 마찬가지로 그것은 경험적 조건들과 무관한 자기의식으로 향하는 하나의 길로 여겨지며, 따라서 이론적 인식에 어떠한 기여도 할 수 없을지라도 이성적 심리학(영혼론)의 실패를 보충하는 것으로 쓰인다(『순수이성비판』, B430-31; 『실천이성비판』, 105-06 참조).

9. 최상의 입법으로서의 자유: 자율

인간에게 지성적 원인(*causa noumenon*) 또는 세계에서 새로운 인과 계열들을 시작하는 능력이 있다고 말하는 것이 자기모순적이지 않음을 『순수이성비판』이 입증했다고 가정해보자. 이 능력을 "소극적 의미에서의 자유"[60] 또는 자연으로부터의 자유라 부를 수 있겠다. 그러나 자연과 역사 속에서 발견된 자유의 결과들이 무법칙적이지 않은 것과 마찬가지로 자유는 무법칙적인 변덕이 아니다. 하지만 무엇이 자유를 제한하고 법칙적이 되게 하는가? 『순수이성비판』에는 이성이 자유를 제한한다고 나와 있지만,[61] 어떻게 그렇게 하는가에 대한 탐구도 설명도 없다.

이 물음에 답하는 것이 『정초』의 목표 중 하나다. 문제는 의지의 자유를 잃지 않고서도 복종할 수 있는 그러한 법칙을 정하는 일이다. 의지는 자연법칙에 "복종"할 수 있는데, 의지가 의도적으로 그 법칙을 사용한다는 의미에서 수단-목적의 진술 형식에 따라 자연에서 인간의 목표를 탐색한다는 점에서 그렇다. 하지만 인간의 자연적 현존을 통해 주어진 목표인 행복 추구를 향한 집착으로부터 자유로워지려면 이성법칙은 자연으로부터 빌려온 법칙이 아니어야 하며, 따라서 간접적으로는 자연의 지배를 벗어나야 한다. 법칙은 이성에 의해 주어져야 한다. 인간의 자의의 능력이 자발적 활동성이라는 소극적인 의미에서 자유롭다면, 실천이성은 외부의 법칙에 종속하기보다는 법칙을 수립한다는 의미에서 자발적이다. 실천이성은 그 자신이 자유롭게 ─ 고유한 본성의 필연성에 따라 ─ 수립한 법칙을 자의에 부과한다. 입법능력은 순수 실천이성과 동일한 의미에서 의지이며, 의지의 입법은 "적극적 의미에서 자유" 또는

---

60 『순수이성비판』, A553＝B581;『실천이성비판』, §5, §6, §8(29, 33).
61 『순수이성비판』, A569＝B597. 이성은 심지어 조건적 명령을 내릴 때조차도, 즉 실재적 사용뿐만 아니라 논리적 사용에서도 이러한 통제를 행한다(같은 책, A548＝B576).

자율이다. 이 용어를 선택할 때 칸트는 자주 그렇듯이 정치적 은유와 유비를 따르고 있으며, 특히 루소의 정치 이론의 관점을 고려한다.

자유의 이러한 의미는 우리가 지금까지 검토했던 것과 상당히 다르다. 여기서 자유는 행위 주체가 새로운 인과 계열을 시작할 수 있는가의 문제가 아니라 주체가 따르는 법칙의 원천과 관계된다. 도덕법칙에 대한 의식은 ― 그 복종이 아니라 ― 적극적 의미에서 자유의 증거이다(47). 자유와 무조건적인 법칙은 서로가 서로를 포함하는바, 법칙은 자유의 인식근거이며, 자유는 법칙의 존재근거이다(4n.). 자유는 **분석적으로** 이성에 속한다.[62] 도덕법칙은 나에게 "놀라운 능력", 즉 나의 현존의 규정을 위한 순수 지성적 원리를 계시한다.[63]

여기서 자유에 관한 칸트의 유명한 논증 하나를 소개하는 편이 낫겠다. 그는 말하기를, 어떤 존재자가 자유롭다는 것의 이론적 입증 여부와 무관하게 오직 자유의 이념 아래에서만 행위할 수 있는 존재자는 실천적 관점에서 실제로 자유롭고, 그 이념에서 도출된 법칙에 책무 지워져 있다.[64] 이 논증을 통해 어떤 자유가 확보되는가? 어쨌든 자발적 행위의 자유는 아니다. 이러한 의식의 자유는 환영일지도 모른다. 모든 사람이 ― 숙명론자나 결정론자조차 ― "당신은 밀고 있다고 믿는다"(*Du glaubst zu schieben*)는 메피스토펠레스의 말에 동의한다. 그러나 숙명론자나 결정론자는 다음 말을 덧붙인다. "그러나 당신이 떠밀리고 있는 것이다"(*Aber du wirst geschoben*).* 그 논증은 책무의 실행이 아니라 창조라는 의미에서의 자유와 관계한다. 왜냐하면 우리는 어떤 것을 **행하도록** 직접 책무 지워져 있는 것이 아니라 시간상 특수한 인과 계열을 시작하도록

---

62 『실천이성비판』, 31: 도덕법칙은 "의지의 자유가 전제된다면 분석적일 것이다". 또한 『정초』, 420n., 426 참조.

63 『순수이성비판』, A431-32.

64 『정초』, 448n.

• [옮긴이] J. W. Goethe, *Faust*, Part I, Vers 4116ff.

책무 지워져 있기 때문이다. 우리는 직접적으로 예외 없이 오로지 어떤 준칙을 채택하고 그것에 따라 행위하도록, 그리고 이와 양립할 수 없는 준칙들 및 행위들을 거부하도록 책무 지워져 있을 뿐이다. 게다가 이러한 생각은 이성 입법이 자연에서 유래하지 않음을 보여준다. 자연은 어떠한 "당위"도 나타내지 않기 때문이다. 자기 자신이 어떤 것을 행하도록 책무 지워져 있다고 생각하는 사람은 실제로 어떤 것을 하도록 책무 지워져 있는 것이다(물론 그 스스로가 책무 지워져 있다고 생각했던 바로 그것을 하도록 실제로 그가 책무 지워져 있지 않을 수도 있기는 하다).[65] 따라서 자발성의 감정은 그 자체로 보증되지 않는 반면, 책무를 생각함은 그 자체로 보증된다. 따라서 누군가는 입법의 의미에서 자유가 실재적이라고 말할 수 있다. 설령 그가 인류의 전 역사를 통틀어 어떠한 자유로운 **행위**도 수행된 적 없었음을 인정한다 해도 그렇다.

10. 두 개념의 종합

유감스럽게도 칸트는 자유에 대한 두 구상을 분명히 구별하지 않았고, 서로 간의 관계를 형식적으로 탐구하지도 않았다. 그는 이것들을 함께 다루되, 어떤 순간에도 그가 말하고 있는 개념이 무엇인지 분명히 제시하지 않았다. 그가 진정 종합적 방법을 따랐더라면, 그는 두 개념을 정립하고 그다음에 서로 연관시켜야 했을 것이다. 그러나 실상은 그러지 않았으므로 우리는 개념들의 복합체를 분석함으로써 그것들의 연관관계를 찾아야 한다. 다행히 이 일은 어렵지 않으며, §6(29-30)에서 칸트 스스로 이 작업을 거의 명시적으로 수행한다. 나는 이제 §6의 종합적 또는

---

65 하나의 명백한 책무는 오직 또 다른 명백한 책무 또는 실재적 책무에 의해서만 폐기될 수 있다. 그것은 일종의 도덕적 진공상태로 도피함으로써 단순히 부정될 수 없다.

다리 놓는 기능을 밝히기 위해 의지의 두 개념과 자유의 두 개념을 사용해 이 구절을 해설할 것이다.

인간이 실천적이고 현상학적 의미에서 자유의지(자의)[66]를 가지고 있다고 한다면, 자연 안에서 새로운 인과 계열을 자발적으로 시작하는 능력인 자유의지의 행위법칙은 무엇인가? 법칙은 내용과 형식을 지녀야 한다. 여기서 내용은 자연으로부터 받아들일 수도 있지만, 형식은 보편성의 형식으로서 오직 이성에 의해서만 지시될 수 있다.[67] 자의는 그 내용 때문에 법칙에 복종할 때 실천적 의미에서 자유로울 수 있다. 왜냐하면 의지는 조건적 명령에 복종하는 경우에도, 심지어 악한 행위를 할 때조차 자유를 드러내기 때문이다. 그러나 자의가 필연적으로, 즉 의욕의 질료적 원인인 욕구와 무관하게 — 마치 의무인 것처럼 — 규정되려면 그것은 내용이 아니라 형식에 의해 규정되어야 한다. 법칙의 형식은 보편성, 즉 보편적 입법의 적합성이다. 입법할 때, 이성은 자연의 충동에 반응하지 않는다. 따라서 그것은 자발적인 입법자이고 자유롭다.

따라서 자유로운, 즉 자발적인 '자의'가 선할 때, 자의는 자유로운, 즉 자율적인 '의지'에 의해, 또는 의지에 법칙을 부과하는 순수 실천이성에 의해 규정된다.[68] 자발적인 자의는 자신의 자유를 손상하지 않은 채 오로지 이 법칙에 복종할 수 있다. 게다가 그것은 이제 자발적인 의지뿐만 아니라 자율적인 의지가 됨으로써 자신의 자유를 확장한다. 이처럼 자유의 소극적 개념(외부의 법칙들로부터의 자발적 독립성)에 자유의 적극적 개념(자율적인 자기 입법)이 더해진다. 손실되는 것은 오로지 무법칙적인 자유뿐이다. "도덕법칙이 명령하는 곳에서는 무엇을 할 것인지에 대해 객관적으로 더는 자유로운 선택(Wahl)이 없기 때문이다."[69]

---

66 칸트는 이 절에서 마땅히 '자의'란 용어를 써야 했지만, 그러지 않았다.
67 이는 자연법칙과 도덕법칙 모두에 대해 참이다(『실천이성비판』, 26 참조).
68 『정초』, 455: 선한 의지는 감성세계의 성원인 악한 의지에 대해서도 법칙이다. 안타깝게도 칸트는 이 구절에서 구별 없이 둘 다 '의지'라고 썼다.

의지와 자의가 서로 외적으로 연관된 두 능력이 아닐 때에만 자의는 자신의 자유를 잃지 않고서 의지의 법칙에 복종할 수 있다. 이것들은 입법 기능과 실행 기능으로 구분되는 실천이성의 두 측면이다. 입법 기능은 실행 기능을 구속하는 것이자 실행 기능의 순수 형식이다. 만일 자의가 신성한 의지였더라면, 즉 자신의 순수성의 잠재력을 완전히 실현했더라면, 실천이성의 입법 기능은 실행 기능으로 하여금 자신이 부과한 법칙에 복종하게 했을 것이다. 그 법칙은 자의의 바깥에서 발견되는 것이 아니라 자의의 충분한 근거들, 즉 자연적 인간에게서 실제로 실현되지 않은 조건들로의 역진을 통해 발견된다. 따라서 칸트는 명시하기를, 우리는 '자의'의 조건들로의 역진을 통해 '의지'를 발견한다.[70]

인간의 의지는, 그것이 단순 개념이 아니라 서로 다른 두 측면을 지닌다는 사실 때문에 책무를 창조하는 동시에 수행할 수 있다. 이것은 이론철학의 코페르니쿠스적 혁명만큼 칸트 철학에서 가장 감동적인 논제 중하나이다. 법칙의 기원이 자연이나 경험 또는 신에게 귀속되는 한, 우리가 그것을 아무리 엄격하고 확실하게 준수하든 간에 그러한 법칙에 대한 복종은 타율적이며, 자유를 제한할 수밖에 없다. 도덕법칙은 이성적이며 선험적으로 발견되어야 하고, 어떤 점에서는 그 법칙에 대한 복종에 수반한다고 기대되는 보상들과 거리를 두도록 인간을 구속하고 있다는 것 — 이런 것들은 칸트 시대의 독일 강단철학에서 이미 잘 알려져 있던 학설이었다. 그러나 완전성의 추상적 존재론 때문에 강단철학은 도덕법칙의 그러한 추정상의 원천들로부터 어떠한 구체적인 법칙도 도출할 수 없었고, 법칙에 대한 복종은 언제나 행복주의적으로 설명될 위험에 처해 있었다. 칸트는 (추상적 완전성 또는 "의지 일반"이 아니라) 이성적 의지의 개념에서 법칙을 발견했고,[71] 법칙의 원천적 개념으로부터 그 정식

69 『판단력비판』, §5(V, 210).
70 『도덕형이상학』, VI, 221; 『실천이성비판』, 30 참조.

을 도출해낼 수 있었다. 이 원천은 인간 안의 자발성의 능력으로 간주되는 의지의 이상화였으므로 칸트는 법칙에 대한 복종을 위해 어떠한 외적 동인도 구할 필요가 없었다. 이성적 인격성의 입법이 표현하는 것은 '존재사실'이지만, 그것은 부분적으로 이성적 존재자에게 **사실상** '당위'이다. 법칙 및 그에 대응하는 명령과 복종의 필수 조건들은 공동의 원천을 갖는다. 이는 칸트의 선배 철학자들이 결코 발견하지 못했고 심지어 그 시도조차 한 적 없던 것이다. 그 결과 그들은 그 원리의 형식성을 손상하거나 파괴하지 않고서는 그 형식주의적 윤리학을 실천적 학설로 변환할 수 없었다.

칸트에 앞서 자율의 학설을 선취한 이는 오직 루소뿐이다. 18세기의 다른 철학자들이 법칙을 단지 자유의 제한으로 여긴 반면, 루소만이 법칙과 자유의 본질적 관계를 통찰했기 때문이다. 단, 루소는 정치철학에서만 자율을 탐구했고 칸트는 그의 학설을 계승하면서 조금 변화시켰다. 이리하여 법칙을 통한 자유시민의 자기 지배의 학설은 칸트에 의해 도덕적이고 형이상학적인 학설로 깊어진다. 루소와 더불어 칸트는 스스로 부과한 법칙에 대한 복종이 실재적 자유라고 말할 수 있었다.[72]

그런데 법칙의 부과와 복종은 상당히 다른 기능이다. 우리 인간의 의지는 자발적일 뿐만 아니라 자율적일 수도 있는가? 물음은 여러 근거들에 따라 긍정으로 대답될 수 있다. 첫째, 의지의 자율 없이는 자발적일 수도 없다.[73] 그렇지 않으면 의지는 무법칙적이었을 것이고, 따라서 과학과 양립할 수 없을 뿐만 아니라 윤리학에도 소용없었을 것이다. 둘째, 정

---

71 『정초』, 390.

72 J.-J. Rousseau, *Du Contrat Social*, 제1권 제8장[국역: 『사회계약론』, 김영욱 옮김, 후마니타스, 2018]: "자기가 스스로에게 부과한 법칙에 대한 복종이 자유이다."

73 악한 의지조차 어떤 의미에서는 자율적이다. 이를테면 도덕적 악을 자유롭게 행하는 사람도 자신의 준칙에 동기를 끼워 넣고 준칙을 자신의 행위에 부합하는 규칙으로 만든다는 점에서 그렇다(『종교』, VII, 24; 이 장의 제12절 참조).

반대로 추론하더라도 의지는 자발적일 수 있다. 의지는 자율 아래서도 자발적이어야 하기 때문이다.[74] 의무에 대한 의식이 우리에게 충족될 수 없는 요구를 했더라면 — 흡사 우리의 자의가 잠재적으로도 결코 자유롭지 않았을 때와 마찬가지로 — 의무라는 생각은 망상일 것이다. 그런데 우리는 의무를 어떻게 인식하는가? 의무는 오로지 순수 이성의 사실이라는 적극적 증거와[75] 제3이율배반의 해결을 통해서만 인식된다 — 후자가 의무를 가능하게 한다면, 전자는 의무를 현실화한다. 셋째, 칸트는 자율의 불가능성을 증명하는 논거들이 거짓임을 인간의 경험적 본성에 근거해 제시할 수 있다고 확신한다.

칸트의 윤리학에 두 가지 역설이 있다는 반박이 종종 제기되었다. (1) 칸트는 자신의 윤리학이 "개인주의적"(individualistic)이라는 평판을 얻었다. 그런데 칸트에게서 도덕적 인격은 다만 개별적 인격을 얼마간 지배하고 제한하기 위한 추상이다. (2) 칸트의 윤리학은 너무 자율적인 나머지 도덕성의 사회적이고 인륜적인 측면을 소홀히 했다. 그 측면은 단지 그가 주장하는 자유의 외적인 제한일 뿐이기 때문이다.[76]

이렇게 추정된 두 역설은 서로를 상쇄한다는 사실과 별개로 둘 다 타당하지 않으며, 도리어 지금의 논점에 대한 오해에서 생겨난 것이다. 각

---

74 칸트의 가장 유명한 "진술들" 중 하나가 "너는 해야만 하기 때문에 할 수 있다"라는 것인데, 이 진술은 이렇게 정돈된 형식으로 그의 저술에 등장하지 않는다(D. Baumgardt, "Legendary Quotations and the Lack of References", *Journal of the History of Ideas* VII, 1946, pp. 99~102; L. W. Kahn, "Legendary Quotations", 같은 책, VIII, 1947, p. 116 참조). 이러한 추론을 표현한 그의 진술들은 간결하지 못하다. 이를테면 다음을 보라. 『실천이성비판』, 30; 『순수이성비판』, A807=B835; 『속설』, VIII, 287; 『도덕형이상학』, VI, 380; 『학부논쟁』, VII 43-44; 『형이상학 강의』(Kowalewski ed.), 600; 『유작』, XXI, 16.

75 이것은 분석론 제1장 및 이 책의 제12장에서 논의된다.

76 동일한 "역설들"이 루소에게서도 발견되었다는 사실은 주목할 만하다. 루소는 몰개인적인 파시즘의 원조인가, 아니면 민주적 개인주의의 원조인가? 어느 쪽을 택하든, 이 물음에 대한 긍정적 답변은 여기서 탐구된 칸트에 대한 오해와 마찬가지로 루소에 대한 오해를 드러낸다.

역설이 충분히 전개되면, 칸트의 학설에는 두 가지 의지가 있다는 가정을 필요로 하며, 여기서 어떤 역설이 도출되는가는 비평자가 칸트에게서 둘 중 어떤 의지가 더 중요하다고 생각하는지에 달려 있다(역설은 언제나 비평자가 다른 하나를 덜 중요하다고 여기는 데서 생겨난다 — 바로 이것이 철학적 논쟁의 지점이다). (1) 의지 또는 순수 실천이성이 추상적인 인식적 또는 도덕적 개념으로 강조되면, 개별적 인간의 자의는 제한되며 자유롭지 않게 된다. (2) 입법이 개인적 자의의 산물로 생각되면, 그렇게 수립된 법칙이 어떻게 사회적 보편성과 조화의 요구를 충족할 것인지를 통찰하기란 불가능하다.[77]

그러나 의지는 둘이 아니라 하나다. 의지는 보편적으로 타당한 이성을 형식적 조건으로 보유하고, 그 질료적 조건은 특수한 시간과 장소의 세계에서 의지의 내포가 특수하게 한정됨으로써 생겨난다. 그리고 두 역설은 칸트 윤리학의 역설이라기보다는 인간이 처한 운명을 나타낸다 — 이 운명은 우리에게 보편적 명령과 요구를 개인으로서 충족하라고 한다. 인간은 보편자를 표현할 뿐만 아니라 스스로가 다른 사람들 일반의 실례여야만 하는, 세계 안의 유일한 존재자이다. 인간은 스스로에게 부과하지 않은 어떠한 타당한 법칙도 다른 사람에게 부과하지 않으며, 자신이 다른 사람들에게 허락하지 않은 어떠한 특권도 자기 자신에게 허락하지 않는 개인이다. 이 역설 앞에서 칸트가 놓친 어떤 진실이 있다면, 그것은 스스로를 짐승으로도 신으로도 한갓 특수자로도 한갓 보편자로도 간주할 수 없는 인간의 삶 자체의 역설적 측면에 충분히 진실하게 대응하지 못했다는 점이다.

하지만 아마 칸트에 대한 그 모든 오해 중 가장 그릇되고 가장 널리 유포된 것은 칸트가 이른바 "프로이센의 철학"을 대변한다는 고발이다. 사

---

77 G. Santayana, *Egotism in German Philosophy*, 1916; 2d ed., New York, 1940, pp. 50~51 참조.

람들은 프로이센 당대의 실정과 마찬가지로, 칸트에게서 법칙에 대한 맹목적 복종이 절대적 덕으로 간주되는 탓에 정치적 또는 도덕적 자유가 모두 한갓 수사에 지나지 않는다고 비난했다. 이는 진지하게 고려할 만한 가치가 없는 우스운 오해이지만, 다만 그것이 널리 만연해 있기 때문에 논박되어야 한다.[78] 논박은 쉽다. 이 오해는 개인의 내부에서 두 의지를 분리할 뿐만 아니라 한 사람에게는 권리를 다른 사람에게는 의무를 귀속시킴으로써 분리된 의지를 각기 다른 인격에게 부여한다.[79] 이는 칸트에게서 모든 도덕적 훈육(Disziplin)이 자기 훈육이며, 그것이 도덕성 전체는 아니더라도 도덕성의 필연적 조건임을 간과한다. 또한 그것은 모든 정당한 지배가 자기 지배에 근거한다는 칸트의 가르침을 간과한 해석이다. 한 사람은 동일한 능력을 적극적 및 소극적으로 사용함으로써, 목적들의 나라와 정의로운 국가의 신민인 동시에 입법자가 된다.

---

78 존 듀이(John Dewey)는 이 극단적 견해에 책임이 없다. 그는 칸트의 "개인주의"를 인정했고, 단지 "칸트의 두 세계는 서로 너무 멀리 떨어져 있어서" 오직 역사 및 국가에 대한 관념론적 유물들을 통해서만 연결될 수 있었기 때문에 그러한 "프로이센주의"(Prussianism)가 발생했다고만 주장했기 때문이다. John Dewey, *German Philosophy and Politics*, New York, 1915, p. 122 참조[국역:『존 듀이의 독일 철학과 정치』, 조성식 옮김, 교육과학사, 2016]. 이에 맞서 칸트를 변호한 연구와 그에 대한 반론은 다음과 같다. J. Ebbinghaus, "Interpretation and Misinterpretation of the Categorical Imperative", *Philosophical Quarterly* IV, 1954, pp. 97~108; K. Kolenda, "Professor Ebbinghaus' Interpretation of the Categorical Imperative", *Philosophical Quarterly* V, 1955, pp. 74~77.

79 『영원한 평화를 위하여』, VIII, 350n.: "신을 예외로 두고 생각할 수 있는 세계에서 가장 숭고한 [이성적] 존재(말하자면 위대한 에온Äon)와 관련해, 에온이 자신의 지위에서 자기 의무를 다하듯이 내가 나의 지위에서 나의 의무를 다할 때, 평등의 원리 아래에서 왜 의무에 대한 복종이 오직 나에게만 속해야 하고 왜 명령에 대한 권리는 그에게만 속해야 하는가에 대해서는 어떠한 근거도 없다." 신은 오직 의무의 개념의 신성한 의지에 대한 적용 불가능성 때문에 제외된다. 그러나 동일한 법칙은 나에게나 신에게나 모두 다 적용된다.

11. 요약

여기서 잠시 멈추고 앞의 제2절에서 예고된 우리의 논증 결과를 요약하고, 그것을 칸트 윤리학의 몇 가지 다른 개념들과 연관시켜보자.

우리는 의지를 두 가지 의미로, 실천이성, 즉 입법 기능을 하는 '의지' (*Wille*)와 인간의 실행능력인 '자의'(*Willkür*)로 구별했다.

의지의 자유는 자율이며, 이는 자의에 법칙을 부과한다. 이 법칙은 인간 본성이나 신의 의지를 포함하는 세계 내의 다른 어떤 것에 의해서가 아니라 의지의 본성에 의해 규정된다. 도덕법칙은 자의가 전적으로 이성적인 경우 필연적으로 해야 하는 것을 선험적–종합적으로 진술한다. 법칙의 요구를 본성적으로 따르지는 않는 자의에게 이 법칙은 의무의 명령이다. 실천이성은 도덕법칙을 발견하거나 정식화하는 실재적 사용 외에도 또한 도덕법칙으로부터, 또는 영리함의 경우 인간의 욕구 및 자연법칙으로부터 행위규칙들을 이끌어내는 순전히 논리적 사용을 보유한다.

자의의 자유는 자발성, 즉 자연에서 하나의 인과 계열을 시작하는 능력이다. 자의는 두 가지 방식 중 하나로 이 (소극적) 자유를 발휘할 수 있다. (1) 자의는 법칙에 대한 존경 또는 이성적 인격성으로부터 발원한 순수 실천이성의 법칙을 자신의 준칙들을 제한하는 조건으로 삼을 수 있다. 그때 자의는 의무를 수행하는 선의지이다. 만일 자의가 어떤 내적 장애물 없이 그 자신의 본성에 따라 행한다고 한다면, 그것은 신성한 의지일 것이다. 그러나 실제로 자의는 감성적 충동과 싸워야 하므로 기껏해야 유덕한 의지이다. (2) 자의는 실천이성의 논리적 사용에서 실천이성이 부여하거나 채택한 다른 어떤 원리(준칙)를 자의의 형식적 원리로 삼을 수 있다. 이 경우 두 가지 가능성이 생겨난다. (a) 자의는 이성의 입법에 반하지 않는 원리를 취할 수 있으며, 그때는 적법한 의지이고, 때로는 영리한 의지이다. (b) 자의는 순수 실천이성의 법칙에 반하는 원리를 취할 수도 있으며, 그때 그것은 악한 의지이다. 서로 다른 가능성에도 불구하고, 양자는 모두 자유로운 의지이다.

하지만 자의는 자신의 자유의 실행에, 또는 소극적인 의미에서 자유로워지려는 자신의 잠재력의 실현에 실패할 수 있다. 그때 그것은 감성의 충동에 문을 열어주고 사실상 '동물적 자의'(*arbitrium brutum*)가 됨으로써 단지 이름만 의지일 뿐이다.[80] 반면에 순수 실천이성은 아무리 자의의 통제에 무력하다 해도 그 자신이 자유로워지고[81] 자율적이 되는 데 실패할 수 없다. 자의가 아무리 타락하더라도 순수 실천이성은 여전히 "천상의 목소리"를 듣는 탓에 가장 비정한 범죄자조차도 심판대 앞에서 두려움에 떠는 것이다(35, 80).

12. 도덕적 악

'선의지는 자유로운 의지이다'라는 결론을 받아들였던 수많은 칸트 옹호자를 곤경에 빠뜨린 딜레마를 고찰해보자. 만일 악이 있다면, 그것은 자유로워지는 데 실패한 결과임이 틀림없다. 그러므로 모든 악은 자연적이고 따라서 인간에게 책임을 물을 수 없는 것이어서 어떠한 도덕적 악도 존재하지 않든지, 아니면 의지의 선함은 도덕적 자유와 같지 않다. 따라서 칸트가 『종교』에서 인간 본성 안에 근본악이 현존한다고 확언했을 때, 그는 비판기의 입장에서 벗어났다. 체계의 정돈을 위한 일임을 감안하더라도 독자의 입장에서는 칸트가 도덕적 악이라는 견고한 사실을 날것으로 제시한 것이거나, 아니면 유감스럽게도 그 자신의 견해를

---

80 『순수이성비판』, A534＝B562.
81 『정초』, 448. 이론이성 역시 이러한 의미에서 자유롭다. 왜냐하면 "우리는 이성이 자기 의식을 가지고서 판단을 내릴 때, [자기 자신이 아니라] 다른 것으로부터 지도를 받는다고는 생각할 수 없기 때문이다".

일관되게 유지하는 데 실패한 것으로 보인다.

그러나 『종교』와 『실천이성비판』의 입장이 상반된다는 가정은 다음의 분석에 입각할 때 제거된다. 칸트는 인간의 모든 행위의 인과적 예측 가능성이 가장 극단적으로 진술되는 직접적인 구절에서, 즉 도덕적 행위와 부도덕적 행위를 모두 할 수 있는 자유가 가장 극단적인 시험을 치르는 곳에서 도덕적 악의 실재성에 대해 말한다. 그는 악인에 대해 말하기를, 악인의 "행위들은 품행의 균일성으로 인해 자연 연관을 드러내기는 하지만, 이 자연 연관은 의지의 악한 성질을 필연화하는 것이 아니며, 도리어 의지가 자유롭게 받아들인 악하고 불변적인 원칙들의 결과, 즉 의지를 더욱더 비난받아 마땅하고 벌받아 마땅하게 만드는 원칙들의 결과다"(100).

이것은 『종교』에서 더 상세히 다루어진 내용과 우리가 앞의 제11절에서 요약한 내용 모두와 일치하는 진술이다. 『종교』에서 "인간 본성"은 외적인 충동에 의한 규정으로부터 독립적인 (자의의) 결단의 주관적 근거로 이해된다. 그렇지 않으면 도덕적 선도 도덕적 악도 존재하지 않을 것이기 때문이다. 주관적 근거는 그 자체로 자유의 **활동**(Aktus)이어야 한다. 그것은 "자의가 자유의 사용을 위해 스스로 만든 규칙"일 수밖에 없다. 그러므로 악은 자연의 조건들 아래에서 자유를 발휘하는 데 실패한 것이 아니라 자유롭게 채택된 것이되, (충동처럼 자의의 준칙에 반하는 것이 아니라) 순수 실천이성의 준칙에 반하는 준칙들에 존립한다.[82] 도덕법칙이 아닌 다른 어떤 준칙들을 행위를 지도하는 원리로 삼으려는 성향(Hang)은 도덕법칙에 저항하는 마음씨로도 설명될 수 있다. 두 경우에 모두 문제는 자유로운 활동의 인과적 규정이 아니라 그 소질에 있고, 여기서 자유로운 활동 자체는 어떤 식으로도 설명될 수 없다.

자의가 욕구 또는 다른 자연적 충동을 통해 규정되는 한, 자의는 도덕

---

82 『종교』, VI, 21.

법칙에 대한 복종을 그만두도록 부추겨지고 이것이 **사실상** 자의의 자유를 파괴하는 탓에, 여기서 생겨나는 악은 도덕적으로 무고하다고 생각하는 위험이 상존한다. 하지만 그는 말하기를, "자의의 자유는 완전히 독특한 성질을 갖고 있어서 오직 인간이 자신의 준칙 안에 받아들인 동기(즉 인간이 자신의 행위의 보편적 규칙으로 삼은 동기) 외에는 어떤 다른 동기에 의해서도 행위하도록 규정되지 않는다. 그러한 경우에만 동기는 그것이 무엇이든 간에 자의의 절대적 자발성(즉 자유)과 공존할 수 있다".[83] 칸트가 『실천이성비판』에서 말하듯이, 악(또는 선)의 성향은 그 자체로 자유롭게 선택된 것이다.[84]

의지와 자의의 뚜렷한 분리가 어떻게 악의 귀책 가능성을 확고히 마련하는지 이해하기는 쉽다. 그렇기 때문에 누군가는 앞의 제11절로부터 칸트의 악 이론의 주요 윤곽을 그려볼 수도 있을 것이다. 설령 우리가 『종교』에서 아무런 증거도 발견하지 못했더라도 말이다. 자의가 도덕법칙과 양립 불가능한 준칙들에 따라 자신의 자발성을 발휘할 때, 자의는 도덕적 악을 저지른다. 오직 순수 실천이성으로서의 의지의 자유만이 도덕성과 분석적으로 연결되어 있지만, 이 의지는 단지 자신이 복종할 수도 복종하지 않을 수도 있는 명령들을 내릴 뿐이다. 아무것도 행하지 않으므로 이 의지에는 죄도 유덕한 행위도 없다.[85] 의지에 하나의 기능만 있

---

83 같은 책, 23-24. 그러므로 이 학설은 귀책 가능한 악의 현존을 부정하기보다는 모든 행위에 책임을 지울 수 있다고 설명한다. 자의가 존재하는 한, 그것은 도덕적이거나 비도덕적 준칙들에 따라 행위하기 때문이다. 따라서 도덕적으로 중립적 행위는 없다(같은 곳). 선택 없이 자의가 맹목적 충동에 굴복할 때는 더는 자의라 불려서는 안 된다. 그런 상황에서는 인격에게 책임을 지우지 못하기 때문이다.

84 같은 책, 25; 『실천이성비판』, 100.

85 칸트는 말하기를, "행위준칙을 선택(*Wahl*)하는 자유"는 "절대적 자발성" 또는 지성계의 자유(*libertas noumenon*)이며, 이로부터는 "법칙에 반하는 어떤 것이 일어나는 까닭이 제시될 수 없다". 반면에 자의의 자유, 즉 주관적 자유 또는 현상계의 자유(*libertas phaenomenon*)는 법칙적인 것 또는 법칙적이지 않은 것의 선택(*Wahl*)과 관련된 자유이다(『유작』, XXI, 470). 만일 누군가 절대적 자발성에 대한 진술에다 '누구도 법칙에 따

고 한 종류의 자유만이 있다고 믿었던 사람들은, 바로 그러한 믿음 때문에 『실천이성비판』이 자유로운 행위와 도덕적 행위를 동일시했다고 잘못 생각하게 되었다. 따라서 그들이 칸트가 도덕적 악에 대해 말했을 때 그가 심각한 불일치에 빠졌다고 생각한 것도 따지고 보면 자연스럽다.

13. 자유와 창조

형이상학적 또는 신학적 필연성과 자유의 관계는 어쩌면 오늘날에는 물리적 필연성과 자유의 관계보다 덜 절실한 문제일지도 모른다. 그러나 칸트 시대의 실정은 이와 분명 달랐고, 『새로운 해명』에서 그가 최초로 다룬 자유에 대한 논의들 중 일부는 인간의 자유와 신의 예지 및 예정설을 화해시키려는 오래된 문제와 관련되었다. 청년 칸트는 신의 예정과 도덕의 관계, 그리고 이로부터 비롯된 악의 문제와 같은 예정설의 고전적 문제에 매료되었고, 이후의 저작들에서도 때때로 이 문제로 되돌아왔다.[86] 『실천이성비판』의 독특한 문제는 자연의 나라와 은총의 나라가 라이프니츠적인 방식으로 연결된 세계 안에서 자유의 가능성과 연관된다. 칸트의 방식은 이것과 거의 흡사하다. 만일 자유와 신의 전지함이 라이

라 어떤 것이 일어나는 까닭을 결코 제시할 수 없다'고 덧붙인다면 그러한 선험론적 자유는 설명적 가치가 없으므로, 우리는 여기서 헨리 시지윅(Henry Sidgwick)이 "비결정적 자유"와 "도덕적 자유"라 불렀던 구별을 도입하게 된다. Henry Sidgwick, "The Kantian Conception of Free Will", *Mind* XIII, 1888, pp. 405~12[국역: 「칸트의 자유의지 개념」, 강준호 옮김, 『윤리학의 방법』, 아카넷, 2018].

86 이를테면 『실천이성비판』, 100-03; 『종교』, VI, 144; 『도덕형이상학』, VI, 280n.; 『영원한 평화를 위하여』, VIII, 361n.; 부수적으로 『순수이성비판』, A206＝B251-52 참조. 역사 속에서의 자유와 역사적 결정론의 관계는 『보편사의 이념』과 『학부논쟁』, VII, 41에서 논의된다. 신의 예지와 관련된 자유의 문제와 라플라스적인 우주 안에서의 자유의 문제 간의 관계는 다음 저작에서 간략하지만 시사적으로 다뤄진다. T. Weldon, *Kant's Critique of Pure Reason*, 2d ed., 1958, pp. 210~11 참조.

프니츠에게서 양립할 수 없다면, 칸트에게서도 역시 양립할 수 없는 것처럼 보인다. 여기서 칸트는 칼뱅주의의 변종적 형식이 아니라 바로 이러한 라이프니츠적 형식의 문제를 다룬다.

그는 만일 신이 최초에 인간의 실체를 창조함으로써 인간 행위의 원인이 된다면, 그러면 오직 상대적 자유만이 존재할 뿐 도덕성은 불가능하다고 논증한다. 그러나 칸트는 지성계의 창조라는 전제를 기꺼이 인정하기는 하지만, 그 추론의 타당성은 부정한다. "원인성"과 "창조"는 동치가 아니라는 점에서 저 삼단논법은 네 개념을 함유하기 때문에 타당하지 않다. 그 추론은 물자체가 시간적인 한에서만 타당할 것이다. 그러나 물자체가 시간적이라면, 신을 비시간적 존재로 간주함으로써 인간 자유를 구제하려는 멘델스존의 시도[87] 역시 실패할 것이다. 왜냐하면 신의 본성이 무엇이든 간에 물자체가 시간 안에 존재한다면, 물자체에 대한 신의 창조는 시간적 활동이고 시간의 조건들에 제한되기 때문이다. 그러나 이는 신의 신학적이고 형이상학적 술어들과도, 그리고 시간상의 새로운 인과 계열의 창조와도 모순된다.

그러나 신은 물론이고 물자체 역시 시공간상에 존재하지 않으므로 신과 물자체는 인과관계일 수 없다. 비록 우리가 이 관계를 원인성과 유비적으로 생각할 수밖에 없다 해도 그렇다. 인과관계는 오직 현상계에서만 유효하다. 만일 그 관계가 존재론적으로 실재적이고 신의 창조가 그 자체로 원인이 된다고 한다면, 그러면 "인간은 꼭두각시나 자동기계일 것이며" 오직 스피노자주의만이 살아남을 것이다.[88] 그러나 칸트는 다른 근거들에 따라 물자체의 시간성을 부정했기 때문에 신과 물자체의 관계, 더 나아가 신과 물자체의 시간적 현상의 관계는[89] 원인의 일종이 아니다.

---

87 M. Mendelssohn, *Morgenstunden*;『실천이성비판』, 101 참조.

88 『실천이성비판』, 101-02. 광신과 스피노자주의의 관계에 관해서는『사유의 방향』, VIII, 143을 보라.

89 『영원한 평화를 위하여』, VIII, 361n. 참조.

칸트의 견해는 다음과 같이 요약될 수 있겠다. 매개념이 대전제에서는 "창조"이고 소전제에서는 "원인성"인 삼단논법은 형식적으로 타당하지 않으며, 만일 'X가 Y를 창조'하고 'Y의 현상들이 Z의 현상들을 일으킨다'면, Z의 현상들과 X의 관계에 대해 우리가 말할 수 있는 것은 아무것도 없다.

하지만 나는 이것이 어떻게 적합한 결론이 되는지 모르겠다. 왜냐하면 X 또한 Z의 창조자이기 때문이다. Y와 Z의 각 현상들의 기저를 이루는 본체가 서로 다르지 않다면 그 현상들도 그 자체로 서로 다를 리 없으므로,[90] 그리고 그것들 각각은 X에 의해 창조되었으므로, Z의 현상들이 어떻게 그렇게 쉽게 X로부터 풀려날 수 있는가를 이해하기는 쉽지 않다.

칸트 스스로도 자신의 논증을 전적으로 설득력이 있다고 여긴 것 같진 않고, 단지 부득이하게 제출한 것으로 보인다. 이 절의 마지막 문단(103)은 그러한 불만족의 증거로 읽힐 수 있다.[91] 추정컨대, 당시 신학과 고전적 합리론의 난제인 이 문제에 대한 칸트의 관심은 전(前)비판기만큼 크지 않았다. 신과 세계의 관계는 이론적 인식 대상이 아니라 오직 실천적 믿음의 대상이다. 관계의 이러한 특수한 측면은 칸트가 필연적으로 입각해야 할 적극적인 도덕적 결과로 이어지지 않으며, 『학부논쟁』에서 그러한 아포리아는 추방된다.

---

90 『순수이성비판』, A556＝B584.

91 『실천이성비판』의 초창기 주석가 중 한 사람은 대부분의 논점에서 이 책에 감정적으로 동조하고 무비판적인 찬사를 보냈으나, 이 문제에 대한 칸트의 해결책은 거부했다. 아니 거부라기보다 그는 칸트의 고유한 해결책이 무엇인지 모르겠다고 고백했다(G. U. Brastberger, *Untersuchungen über Kants Kritik der praktischen Vernunft*, 1792, p. 156). 자유의 문제와 관련된 칸트의 여러 논점들을 선취했던 크루지우스는 이 문제가 해결될 수 없다고 선언했다.

14. 요청으로서의 자유

자유는 순수 이성의 이념들 가운데 우리가 인식할 수 있는 유일한 이념이다. 그것은 실천이성의 필증적 법칙에 의해 입증된다. 모든 다른 이념은 오직 자유와 연결됨으로써 실재성을 얻는다(즉 대상들을 가진다).[92] 이것들은 신의 이념과 영혼 불멸의 이념이다. 그것들은 최고선의 가능성을 세우려는 인간 이성의 요구에 의존하기 때문에 "요청들"(Postulate)이라 불린다. 그것들은 직접적으로 도덕성을 위해 필연적인 것도 아니고, 순수 이성의 사실에 의해 계시되는 것도 아니다. 그것들은 이론적으로 정당화될 수 없다.

따라서 칸트가 적극적인 의미의 자유 또한 순수 실천이성의 요청이라고 부르는 것은 조금 놀랍다.[93] 이것은 세 가지 방식으로 설명될 수 있다. 첫째, 칸트는 넓은 의미에서 "요청"이란 용어를 썼다. 요청의 다양한 용례와 의미는 제13장에서 논의될 것이다.

둘째, 자유는 도덕법칙 자체가 아니라 최고선과 구체적 관계를 맺는다. 인간이 반드시 필요로 하는 객체인 최고선에 관한 한, 그것의 성취를 위해 필연적으로 가정해야 하는 것은 무엇이든 요청으로 생각될 수 있다. 분석론에서 자유가 최고선에 필연적이라는 근거보다 자유를 확언할 더 나은 근거들이 제시되었다 해도, 최고선이 논의 주제일 때 우리가 그것의 실재적 가능성의 증명을 위해 가정해야 하는 모든 것은 어떤 점에서 요청이다. 우리는 분석론에서 "연역"된 것이 여기서는 "요청"되었다고 해서 분석론의 학설이 어느 정도 포기되었거나 심지어 수정되었다고 결론 내릴 수 없다. 자유의 요청 이론은 사실상 자유의 연역에 앞선다.

---

92 『실천이성비판』, 4. 요청들은 "사변이성의 이념들 일반에 객관적 실재성을 준다"(132). 이러한 의미에서 자유는 요청으로 생각될 수 있다.

93 같은 책, 132. 다른 곳에서 그는 소극적 의미의 자유도 요청이라 부른다(『철학에서 임박한 영구평화조약 체결 고지』, VIII, 418 참조).

『실천이성비판』의 변증론에는 신, 자유, 영혼 불멸을 정확히 동일한 수준에서 다루었던『순수이성비판』의 학설의 마지막 반향이 있다.[94]

셋째, 도덕법칙의 조건으로서의 자유와 최고선의 조건으로서의 자유는 의미상의 차이를 지닌다. 최고선의 조건이라는 의미에서 자유는 믿음의 대상이지 **인식될 수 있는 것**(*scibile*)[95]이 아니다. 그것은 최고선의 도달 가능성에 대한 확신(*Vertrauen*), 즉 최고선에 도달하기에 적합한 것인 덕에 대한 믿음(*Glaube an die Tugend*)이다. 이러한 의미에서 자유는 자율일 뿐만 아니라 "의지의 자치(*Autokratie*)"이다.[96]

---

94 『순수이성비판』, B395n. 알베르트 슈바이처(Albert Schweitzer)는『실천이성비판』의 본래 계획이『순수이성비판』의 우주론적 이념들의 학설을 — 변증론에서의 도출 순서에 따라 — 진척시키는 것이었으나 도리어 거기서 칸트는 자유의 이념의 특수한 우위를 발견했다고 주장한다. 이 때문에 칸트가 자유의 이념을 원래 계획된 자리인 변증론이 아니라 분석론에서 다루게 되었다는 것이다(A. Schweitzer, *Die Religionsphilosophie Kants*, 1899, chap. ii, p. 134).

95 『판단력비판』, §91.

96 『형이상학의 진보』, XX, 295.

제12장

순수 실천이성의 "감성론"

—분석론 제3장과 변증론의 일부, 그리고 방법론의 주해

1. 심리적인 동시에 윤리적인 문제

칸트는 관찰을 통해 알 수 있는, 품행의 주관적이고 심리적인 요인들과 오직 순수 이성에 의해서만 발견될 수 있는 객관적이고 선험적인 법칙 또는 도덕성의 규범을 구별해야 할 필요성을 강조했다. 『정초』는 이 구별이 평범한 도덕적 의식에 —그 의식이 아무리 소박하더라도, 그리고 이성의 자기의식적 훈육이 아무리 미약하다 해도— 내재함을 밝히려 했다. 이 저작에서 칸트는 이러한 구별에 명확한 형식을 부여하려 했고, 이리하여 선험적 원칙은 단순하고 순수하게 식별될 수 있었다. 『실천이성비판』은 종합적 또는 전진적 방법을 따라 경험적이고 심리적인 용어들로 남김없이 설명될 수 없는 도덕적 의식의 특징들을 밝히기 위해, 의무의 의식이 아니라 모든 의욕 속의 형식적이고 질료적인 요소들의 서술로 시작한다. 순수 실천이성이 도달해야 할 최상 원칙은 다만 분석론 제1장 끝부분에서 진술된다. 그것은 인간 본성에 주어져 있는 경험적 소여에 근거하지 않는다. 그것은 이성적 존재자 일반에 대한 법칙이다.

게다가 그것은, 인간처럼 완전히 이성적이지는 않은 존재자가 또 있다고 한다면, 인간과 더불어 다른 이성적 존재자를 위한 규범 또는 그 존재자를 인도하는 규제적 원리이다. 말하자면 그것은 완전히 이성적인 존재자에 대한 선험적 서술이자 부분적으로 이성적인 존재자를 인도하는 규제적 개념이며, 따라서 인류에게도 적용 가능하다.

"적용 가능하다"라는 표현은 두 가지 의미를 가질 수 있다. 그것은 이 법칙이 인간의 행위를 판단할 때 규범으로 적용될 수 있음을 뜻할 수도 있다. 이 경우에 법칙은 있는 것과 있어야만 하는 것을 서로 비교하는 기준이다. 또 그것은 누군가가 이 법칙에 복종하게 됨을 뜻할 수도 있다. 여기서 법칙은 의지를 선택하고 행위를 규정하는 과정에서 가장 중요한 요인이다. 적용의 첫 번째 의미는 주로 『도덕형이상학』에서 탐구되는데, 거기서는 거의 결의론(Casuistik)으로 취급된다. 우연한 경우를 제외하면 두 번째 의미는 오직 『실천이성비판』에서만 연구된다. 그것은 위치상 따로 떨어져 있지만 내용상 서로 밀접한 두 장에서 논의되는데, 한 곳이 "순수 실천이성의 동기" 장(章)이고, 다른 곳은 "방법론" 장이다. 필연적으로 귀결되는 몇몇 문제는 최고선의 이념에서 생겨나는 이율배반이 해소되는 장에서 다루어진다.

도덕적 원리를 다루는 그 밖의 다른 곳에서 그는 이성적 존재자 일반에 대해 진술하기 때문에, 이 장들과 절들의 문제는 칸트에게 특히나 어렵다. 게다가 선험적 인식으로부터 후험적 적용으로의 이행은 (비단 칸트만이 아니라 누구에게나) 늘 어려운 일이다. 게다가 이 길은 극도로 조심스럽게 발을 내디뎌야 한다. 만일 칸트가 여기서, 그리고 그의 다른 저작들에서 후험적 요인들을 분석하는 도중에 실수한다면, 그의 주요한 관심사였던 경험의 선험적인 특징의 타당성이 의심에 휩싸일 수 있기 때문이다. 그는 이것을 알고 있었다. 그러나 그의 저작 어디서도 이 이행은 반대자들이 완벽히 만족할 만한 방식으로 설명되지 않았고, 그의 심리학에 대한 불만으로 인해 그들은 순수 철학에 대한 그의 주장보다 도리어 회의주의의 편으로 기울었다. 그럼에도 순수 이성이 실천적이려면 이 이행은 반드시 완수되어야 한다.

인간은 이성적 존재자이지만, 또한 욕구와 충동이 있는 감성적 존재이다. 인간은 자유로운 행위자일 수도 있지만, 또한 자연 메커니즘의 일부를 이룬다. 인간의 자아는 지성적이지만, 또한 다른 모든 이성적 존재자와 경험적 대상의 작용을 받는 경험적 성격을 지닌다. 그렇다면 우리는 어떻게 인간과 순수한 도덕법칙의 관계, 즉 실제적인 동시에 관념적인 관계를 서술할 수 있는가? 현 상황에서 인간이 도덕적 행위자라고 적합하게 주장될 수 있으려면, 도덕법칙 또는 이 법칙에 대한 인간의 의식은 어떻게 인간의 행위를 규정하는 요인일 수 있는가?

칸트에게 실제 대답을 듣기 전에, 그의 용어들 중 어떤 것이 만족스러운 대답을 구성하는지 우리 스스로 이해를 시도해보자. 칸트에 따르면, 이것은 의지가 어떻게 자유로울 수 있는가와 동일한 물음이며, 근본 능력들과 관계된 다른 모든 물음과 마찬가지로 결코 답이 미리 주어져 있을 수 없는 물음이다. 우리에게는 우리 직관의 감성적 성격, 의지의 자유, 이성이 실천적이라는 것, 그리고 우리의 이성이 직관적이 아니라 우회적이라는 것 등의 사실들을 해명할 수 있는 어떤 상위의 원리도 없다. 하지만 우리는 근본 능력들이 불가해함을 설명할 수 있고, 그것들을 남김없이 설명하려는 시도가 늘 실패함을 밝힐 수 있다. 하지만 이러한 인간의 불가해한 신비에도 불구하고, 『실천이성비판』은 심리학적인 용어들로 도덕법칙의 인식이 어떻게 행위의 규정에 작용할 수 있는지를 설명하려 한다. "우리가 도덕법칙이 어떻게 동기를 제공하는지 그 까닭을 선험적으로 밝혀야만 하는 것은 아니다." 우리는 그럴 수 없기 때문이다. "도리어 우리는 도덕법칙이 동기인 한에서 마음에 어떻게 작용하는가 (혹은 더 정확히 말해, 작용해야 하는가)를 밝혀야만 한다"(72). 여기서 중요한 점은 이 신비가 현상의 외피를 벗게 되었다는 것이다. 말하자면 사태 자체가 너무 놀라워서 그것의 실재성에 대한 의심은 실제로 이러한 동기의 작용을 축소하는 효과를 불러오기 때문이다. 그리고 이러한 동기가 축소되거나 제거되면, 오직 적법성(*Legalität*), 즉 도덕법칙의 요구에 대한 우연적 합치만이 있을 뿐 어떠한 도덕성(*Moralität*)도 존재하지 않을 것이다. 따라서 우리는 실천적인 도덕 교사들처럼 어떤 단계들이 이 동기를 충분하고 효과적으로 만드는지 인식해야 한다. 이것은 오직 우리가 그 작용의 메커니즘을 알고 의심을 떨쳐낼 때라야 가능하다. 이를테면 이 의심 때문에 흄은 이성을 정념의 노예로 간주하게 되었다. 그러나 칸트에 따르면, 도리어 이성이 정념의 주인이다.

칸트에게는 법칙에 대한 의식이 어떻게 도덕적 마음씨와 의도에 작용하는지 상세히 분석해야 할 또 다른 이유가 있다. 도덕적 판단의 본래 대상은 법칙이 아니라 인간이다. 인간은 오직 두 가지 요구를 충족하는 한에서만 도덕적 행위자이다. 하나는 자신의 행위가 법칙에 부합해야 한다는 것이고, 다른 하나는 그 행위가 법칙의 요구로부터 수행되어야 한다는 것이다. 따라서 의무로부터 수행될 때, 행위는 도덕적이다. 우리가 도덕법칙이 어떻게 우리의 의식에 들어와 충성을 요구하는지 이해하지 못한다면, 우리는 도덕성의 주관적 현상을 결코 이해할 수 없거나 도덕적 책임 귀속이나 도덕적 결단의 확고한 기초를 가질 수 없다. 우리가 이것을 이해할 수 없다면, 우리는 쉽게 이해된다는 장점을 지니는 더 단순한 설명을 제공하는 이들에게 문을 열어주게 된다. 그러나 이는 동시에 이론적으로 틀린 설명이며, 도덕성 자체를 위협하는 단점을 지닌다.[1]

이러한 논의를 "감성론"(*Ästhetik*)이라고 부르기 위한 정당화는 처음 두 비판서의 분석론의 일부에서 발견되는 유비들에 입각한다.[2] 두 비판서의 구획은 평행하지만, 부분들의 순서는 반대이다. 『순수이성비판』은

---

1 『실천이성비판』에서 암시된 바에 따르면, 철학자의 실천적 기능은 "철학의 섬세한 탐구에 대해 대중은 아무 관심도 없다"(163)는 데 있다. 또한 같은 책, 108 참조.
2 같은 책, 16, 90; 이 책의 제4장 제7절 참조.

표상들이 감성적으로 주어져 있다는 데서 시작해 대상을 의식하게 하는 표상들의 종합이 탐구되고, 마지막으로 대상 의식을 경험세계 내에서 종합하는 규제적 원리로 올라간다. 『실천이성비판』은 원칙들에서 시작해(제1장), 원칙을 실천이성의 대상에 적용하고(제2장), 마지막으로 "이 용어가 전적으로 적합한 것은 아니지만 유비에 기초해 이 용어 사용이 허락될 수 있는 한에서, 순수 실천이성의 감성론"(90)에 관한 장에서 "주관과 주관의 감성능력에 대한 원리들의 적용"에 이른다(칸트는 "논리학"도 완전히 적합한 용어는 아니라고 말한다).

이 용어의 적합한 범위와 그렇지 않은 범위에 대해 잠시 고찰하는 것도 좋겠다. 그것은 "감성론"이란 낱말이 감성을 일반적으로 지시하는 한에서,[3] 이 경우에는 감관의 한 양태인 감정을 지시하는 한 적합하다.[4] 그러나 두 감성론에서 그 이상의 유사성을 기대하기는 어렵다. 『순수이성비판』에는 선험적 종합적 인식의 감성적 조건들을 다루는 선험론적 감성론이 있다. 그런데 실천철학은 선험론 철학에서 제외되었으며,[5] 여기서 칸트는 실천이성의 **대상**이 어떻게 인식에 주어져 있는가를 고찰하지 않는다. 오히려 그는 감성적 존재인 주체가 어떻게 순수 실천이성의 대상이 아니라 그 원칙에 의해 촉발되는가를 탐구한다.

2. 연관된 다른 문제

어쩌면 누군가는 이 장의 문제에 대해 칸트가 할 수 있는 한 이미 충분히 대답했다고 생각할 수도 있을 것이다. 우리는 여기서 인간의 감성적

---

3 『순수이성비판』, A21=B35.
4 이 책의 제7장 제3절 참조.
5 『순수이성비판』, A15=B29; 이 책의 30쪽 이하 참조.

본성과 지성적 본성의 관계를 다루고 있으며, 칸트는 이미 지성적-현상적 구별이 선험론적 자유의 학설의 핵심이라고 말했기 때문이다.

비록 심리적-윤리적 문제들과 현상적-지성적 문제들이 밀접하게 연관되기는 하지만 둘이 완전히 겹쳐지는 것은 아니다. 칸트에게 선험론적 자유의 학설은 도덕 또는 실천적 자유의 학설을 위해 필수적이지만, 그것으로 충분한 것은 아니다. 따라서 감성론의 문제는 제3이율배반의 해결로 해소되지 않는다. 여기서 칸트는 드러난 현상과 실재의 존재론적 문제가 아니라 내재적인 현상학적 문제를 다룬다. 물음은 '지성계의 법칙이 어떻게 현상계의 사건들의 규정에 반영될 수 있는가'처럼 직접적이지 않다. 차라리 '현상계의 존재자가 어떻게 지성계의 법칙의 인식을 통해 자신의 품행을 통제해 이 법칙이 사실상 작용하게 할 수 있는가'이다. 물음에 답하려면 법칙뿐만 아니라 인간에 대해서도 알아야 한다. 선험론적 자유의 학설은 우리에게 이러한 정보를 제공할 수 없다.

3. 전(前)비판기에 시도된 답변

『정초』를 저술하기 전에도 칸트는 저 문제를 고찰했지만, 그 비판적 학설이 충분히 무르익기 전까지는 기존의 해결책이 지닌 난점을 인식하지 못했다.

『현상논문』에서 그는 볼프와 영국 도덕론자들의 영향 아래 "네가 할 수 있는 가장 완전한 것을 행하라"는 형식적 원리를 제출했지만, 이제 그는 합리론자에 맞서 "실천적 인식에 대한 입증될 수 없는 질료적 원리들"이 추가되지 않는 한,[6] 형식적 원리로부터는 어떠한 구체적 책무도 도출될 수 없다고 덧붙인다.[7] 그 무렵 그는 이러한 질료적 원리들을 공급

---

6 『현상논문』, II, 299.

하는, 더는 분석될 수 없는 "선의 감정"이 존재한다고 믿었다. 그가 그렇게 명시적으로 말하진 않았지만, 그는 도덕성의 추진력이 형식적 원리 자체가 아니라 도덕감정에서 나온다고 믿었음이 분명하다. 하지만 이 논문은 예기치 않게 주저하는 논평으로 끝난다. "실천철학의 제1원칙들을 규정하는 것이 단순히 인식능력인지, 아니면 (욕구능력의 제1의 내적 근거인) 감정인지는 여전히 해결되어야 할 문제이다." 당시에도 칸트는 감정이 도덕성에서 독립적인 요인이라고 확신했던 것 같지는 않다.

같은 해 출판된 『아름다움과 숭고의 감정에 관한 고찰』에서 칸트는 감정을 도덕적 관념들의 원천으로 삼기로 결정한 것 같다. (한갓 선량한 기질로는 충분하지 않으므로) 도덕성에서 도덕적 원리의 필요성을 피력한 뒤 그는 말하기를, "이 원칙들은 사변적 규칙들이 아니라 모든 인간의 가슴속에 살아 있는 감정에 대한 의식이며, 동정심과 호의의 특정 근거들보다 훨씬 더 깊숙이 자리한 것이다. 그것을 아름다움과 인간 본성의 존엄함에 대한 감정이라고 부르면, 나는 그 모두를 포괄할 만하다고 확신한다". 그런 뒤에 그는 이 감정 및 이것과 결합된 "확장된 경향성"이 어떻게 우리의 선한 본성이 지닌 충동들을 통제할 수 있고 "덕의 아름다움"을 불러일으킬 수 있는지 설명한다.[8]

이것은 행복주의이다. 『형이상학의 꿈을 통해 해명한 영을 보는 사람의 꿈』은 그가 "도덕적"이라 부르는 이러한 더 확장적이고 포괄적인 사회적 감정에 대해 "심령학적"(pneumatological) 설명을 시도한다.[9] 그것은 영혼의 법칙 아래 있는 이성적 존재자들의 공동체의 메커니즘을 통해 일어나는바, 이때 영혼의 법칙은 물리적 자연의 통일을 지배하는 뉴턴의 법칙에 비견된다. 이것은 도덕감정에 관한 사변형이상학이다. 여기서 형

---

7 『실천이성비판』, 41; 이 책의 166쪽 이하 참조.
8 『아름다움과 숭고의 감정에 관한 고찰』, II, 217.
9 『형이상학의 꿈을 통해 해명한 영을 보는 사람의 꿈』, II, 330, 335; 이 책의 제9장 각주 68 참조.

이상학은 그저 경험적 체험에 대해 타당한 설명 방식의 가설적 확장에 지나지 않는다. 그러나 우리가 1770년 이전과 그 이후에 칸트에게 "형이상학"이 무엇을 의미했는지 기억한다면, 그리고 이 시기 형이상학의 범위와 방법의 구상에 일어난 변화를 기억한다면,[10] 칸트가 옛 제자 마르쿠스 헤르츠가 쓴 윤리학 논문에 대해 논평하면서 남긴 아주 의미심장한 진술에서 지성주의를 전개하는 것은 놀라운 일이 아니다. 1773년에 그는 쓰기를, "도덕성의 최상 근거는 가장 높은 정도로 만족을 주어야 하고, 추진력(*Bewegkraft*)을 지녀야 한다. 비록 그것이 지성적이라 해도, 그것은 의지의 제1의 동기들과 직접 관계 맺어야 한다".[11]

이 견해는 당시에 더욱 전개되지 않았을뿐더러 그 상세한 해석을 모험적인 것으로 만들 정도로 간략히 제시되기는 하지만, 그럼에도 그것은 1780년대의 비판적 학설에 대한 최초의 암시이다. 그사이 기간에 칸트는 (그가 정말로 이 문제에 대해 조금이라도 숙고할 여유가 있었다면) 도덕적 동인에 대한 양립 불가능한 두 학설을 분리한 것으로 보인다. 우리는 『순수이성비판』의 단 한 쪽에서만 그가 두 학설을 동시에 옹호하고 있음을 확인할 수 있을 정도이다. 거기서 그는 종교적 행복주의를 연상시키는 방식으로 도덕성의 촉진제로서 보상과 처벌이 필요하다고 말한다.

우리의 행실 전체가 윤리적 준칙들에 종속됨은 필연적이다. 그러나 동시에 이성이 순전한 이념인 도덕법칙과 그 도덕법칙에 따른 품행을, 이승에서든 저승에서든 간에, 우리의 최고 목적들에 정확히 대응하는 결과

---

10 이 책의 26쪽 이하 참조.
11 「헤르츠에게 보내는 편지」(1773년 말)(X, 145). 『형이상학 강의』(*Vorlesungen über Metaphysik*, Pölitz ed., 1821, p. 242)를 보면, 날짜 미상의 어느 날 칸트는 지성의 동기들이 도덕감정을 통해 추진력을 획득한다고 말한다. 하지만 정확한 날짜를 추정할 수 있다 해도, 엄밀하게 볼 때 이 글귀는 학생들의 강의 필기록에 의존하는 것이므로, 안타깝지만 우리가 학문 연구자인 한 그것만으로 이 미묘한 문제의 성패를 점칠 수는 없다.

를 규정해주는 작용 원인과 연결하지 않으면, 그것은 불가능하다. 따라서 신이 없다면, 그리고 지금 보이지 않는다 해도 우리가 희망하는 세계가 없다면, 윤리성의 훌륭한 이념들은 찬동과 경탄의 대상들이지만, 의도와 실행의 동기들은 아니다.[12]

그러나 직접적으로 칸트는 미래의 행복의 전망이 도덕적인 마음씨를 가능하게 한다는 것을 부인하는 일관성 없는 모습을 보인다. 도덕적 마음씨는 행복할 만한 자격의 하나이며, 행복의 희망은 이 "요청"을 통해 추가된다. 그러나 행복 추구의 욕구는 도덕적 마음씨를 발생시키지 못한다.[13] 바로 이 견해가 칸트 저작에서 거듭 등장하며, 이로써 인용된 구절의 종교적 행복주의는 극복되고 다시는 확언될 수 없게 된다. 『순수이성비판』에서 행복할 만한 — 행복주의적 욕구가 아니라 참으로 도덕적인 — 자격의 추구를 분석하는 일은 헛수고이다. 하지만 그러한 분석이 없다면 『순수이성비판』의 견해는 양립 불가능한 혼합물로 보일 것이다.

그러한 분석과 관련해 저 유명한 뒤스부르크 유고의 여섯 번째 단편은 주목할 만하다. 나는 이것이 『순수이성비판』의 탈고 직후 작성되었다고 본다.[14] 비록 여기서 다시 칸트는 그러한 욕구가 **그 자체로**(*eo ipso*) 덕을 발생시키지 않음을 자각하기는 하지만, 여기서도 행복 추구는 여전히

12 『순수이성비판』, A812-13=B840-41.
13 『아름다움과 숭고의 감정에 관한 고찰의 주해』에는 이와 유사한 구절이 있다. 거기서 칸트는 상벌의 영향으로부터 무관하게 순수하게 남아 있을 수 있는 도덕적 마음씨에 대해서도 미래의 상벌의 신비한 작용에 호소했다. 그는 말하기를, "그런데 만일 우리 본성의 순수성에 대해 어떤 초자연적인 방식으로 영향을 끼치는 것이 있다면, 미래의 보상은 더는 동인들의 성격을 지니지 못한다"(XX, 28). 그러한 생각이 기독교적 도덕의 순수성에 관한 그의 평가에서, 그리고 기독교적 동인들에 대한 쾌락주의적 해석의 거부에서 남아 있을지라도, 이것은 더는 『실천이성비판』에서 견지할 만한 태도가 아니다.
14 Reflexion 7202 (XIX, 276-82; Reicke, I, 9-16).

근본적이다. 그러나 여기서 행복의 정의는 도덕적으로 주어지며, 행복은 도덕적으로만 추구될 수 있다. 우연적 상황이 아니라 오직 우리의 선택에 의존하는 한에서만 행복은 잘 삶(well-being)이다. 따라서 그것은 "잘 질서지어진 자유"에 다름 아니다. 그 실행이 자기만족을 야기하는, 잘 질서지어진 자유는 일반 법칙들 아래의 모든 행위의 통일이며, 도덕성에 부합한다. 이로부터 칸트는 도덕성이 행복의 필연적 조건이며, 행복이 도덕성의 목표는 아니지만 행복을 가능하게 한다고 결론짓는다. 행복의 내용이 상황에 의존한다 해도 행복의 선험적 형식은 도덕성이다. 오로지 덕만이 행복을 가져다줄 수 있지만, 덕이 필연적으로 행복을 일으키는 것은 아니다. 그리고 심지어 그럴 때조차도 행복은 가치의 원천이 아니다. 그러나 우리가 행복할 만한 자격의 원작자라고(즉 행복의 선험적 조건을 점유한다고) 느끼는 것은 그 자체로 자기만족이라는 긍정적 감정이며, **바로 이것**이 도덕성의 인간적 가치를 구성하는 것이자 행복에 필연적 요인이다. 내부의 찬사는 충분한 동기이며, 자유의 향유에 있어 "지성적 만족"이다.[15]

이 단편에서 도덕적 동인의 이론은 이원론에서 일원론으로 이행한다. 과거에는, 아마 헤르츠에게 보낸 편지의 한 문장을 예외로 하면, 인지적 요인와 의욕적 요인이 서로 분리된 채 유지되었고, 그 결과 순수 이성은 본질적으로 실천적이라고 일관되게 확언될 수 없었다. 뒤스부르크 유고의 여섯 번째 단편에서 의욕적 요소는 그 자체로 지성화되고[16] 정식화되며 도덕적 행복, 다시 말해 도덕성**으로부터** 유래하는 행복이 아니라 도덕성 **안에서의** 행복이 목표가 된다. 그러나 몇 해 지나 칸트가 자율의 학설을 정식화했을 때, 도덕적 행복조차도 도덕적 목표에서 별개의 뚜렷한

---

15 "지성적 만족"이라는 용어는 후일 거부된다(『실천이성비판』, 117).

16 요제프 보하텍(Josef Bohatec)은 저 유고의 여섯 번째 단편의 학설을 "지성적 행복주의"라 부른다(Josef Bohatec, *Die Religionsphilosophie Kants*, 1938, p. 141).

요인이 되는 동기가 아니라 부수적인 효과가 되었다. 이제 우리는 칸트 견해의 이 마지막, 가장 중대한 변화를 탐구할 준비를 마쳤다.

4. 동기들

동기(*Triebfeder*)는 의욕 안의 역학적 또는 의욕적 요인을 총칭한다.[17] 그것은 동물에게서처럼 충동일 수도 있고, 어떤 법칙 — 그것이 자연법칙이든 도덕법칙이든 — 의 표상이 행위를 지도하는 식의 관심[18]일 수도 있다. 우리의 관심이 행위 대상에 있다면 동기는 자기애의 원리에 속하는 감성적 욕구여야 함을 칸트는 이미 증명했다(22). 우리가 행위에 직접 관심을 지닌다면, 그 까닭은 우리가 행위법칙에서 만족을 발견하기 때문이다. 물음은 다음과 같다. 감성적 존재자가 어떻게 순수 이성적 원리에 대한 관심을 가질 수 있는가? 또는 이성적 원리가 어떻게 그 자체로 감성적 존재자에게 동기일 수 있는가?

『정초』에서 주관적 목적들과 모든 이성적 존재자에게 타당한 목적들을 구별했듯이, 여기서 칸트는 "동기"와 "의욕의 객관적 근거"(동인)를 서로 구별했다.[19] 결과적으로 그는 거기서 도덕적 명령의 입법 활동에 어떠한 관심의 혼합물도 동기로 끼어들지 못하도록 배제한다. 이것은 우리의 동기들이 도덕법칙의 원작자가 아님을 의미한다. 그는 이후 결코 이 입장을 철회하지 않는다. 그러나 동기와 동인의 대조와 더불어 동기를 오직 우리의 감성적 측면에만 귀속시키려는 태도는 포기된다. 모든 동기가 주관적이라 — 이 말에 대해서는 더 설명이 필요하다 — 해도, 그것이

---

17 Triebfeder의 적합한 번역어에 대한 논의는 이 책의 제7장 각주 2 참조.

18 『실천이성비판』, 79: "동기 개념으로부터 관심 개념이 생겨난다." 또한 『정초』, 459n.; *Vorarbeiten zur Tugendlehre*, XXIII, 378; 『도덕형이상학』, VI, 212.

19 『정초』, 427.

사적이고 감성적일 필요는 없다. 이미 『정초』에서도 동기의 사적인 성격이 그 개념에 필수불가결하지 않음이 입증됨으로써, 지성적 세계(도덕적 나라)의 이념은 "동기"라 불린다.[20] 이로써 동기의 주관성은 두 가지 의미를 획득한다. (a) 그것은 주관의 사적인, 개인적인 동기부여를 의미한다. 이것은 기껏해야 이성에 의해 지도되는 감성적 충동에 기초한다. (b) 그것은 인간의 주관의 구성에 관여하는 그 자체로 객관적인 도덕적 원리의 작용을 가리킨다. 이 작용은 객관적으로 규정될 뿐만 아니라 명백히 주관적으로 조건지어진 동기이다. 『실천이성비판』에서는 "주관적"의 이 두 번째 의미가 강조된다. 동기는 "본성상 자신의 이성을 객관적 법칙에 필연적으로 일치시키지 못하는 존재자의 의지를 주관적으로 규정하는 근거이다"(72). 여기서 "주관적"은 단지 그것이 위치한 소재지만을 뜻하며, 부분적으로는 주관의 구성에 의존함을 뜻할 뿐 감성적 욕구상의 개인적 차이에 대한 의존을 함의하지 않는다. 그러므로 객관적 법칙이 동기여야 한다고 말하는 데에는 아무런 모순도 없다. 비록 그것의 동기로서의 역할이 주관적이고 "감성적임을, 따라서 인간과 같은 존재자의 유한성을" 전제하더라도 그렇다.[21]

따라서 도덕법칙과 동기의 관계는 법칙과 정언명령의 구별, 또는 법칙과 의무의 구별과 유사한 형식을 띤다. 자신의 의지가 본성상 법칙에 복종하지 않는 유한한 존재자에게 법칙은 명령으로 나타난다. 명령은 명령법으로 제시된 법칙이다. 유사하게, 유한한 감성적 존재자에게 법칙은 강제 또는 당위, 즉 의무로서 나타난다. 법칙의 "존재"는 우리에게 "당위"이기 때문이다.[22] 이에 반해 도덕법칙은 그 자체로는 어떠한 동기도 없는 순수 실천이성의 지시이다.[23] 따라서 동기는 오직 감성적으로 촉발

---

20 같은 책, 462.

21 『실천이성비판』, 76. "법칙 자체가 동기여야 한다"는 진술은 그다지 적절하지 않으며, 단서가 붙어야 한다(이 장의 제7절 이하 참조).

22 『정초』, 449, 455.

되는 존재자에게서만 발견되는데, 이는 동기가 평가절하적 의미에서 주관적이기 때문이 **아니라** 비(非)감성적인 이성적 존재자는 동기 없이도 자신의 본성에 따라 도덕법칙을 따를 것이기 때문에 그렇다.

5. 욕구와 쾌

따라서 도덕법칙이 객관적임에도 불구하고 어떻게 주관적 동기가 될 수 있는지 납득하기 위해서는 인간의 감성적 본성에 대해 무언가를 인식해야 한다. 이를 위해 우리는 칸트의 심리학을 다루어야 한다. 특히 그의 표현에 따르면, 실천이성의 비판을 위해 유일하게 "심리학에서 빌려올" 필요가 있었던 "선험론적 정의"[24]에 주목해야 한다.

인간 — 물론 이 세계 안에 존재하는 인간 — 이 욕구의 영향 아래 있고 쾌에 민감하게 반응하는 생명체라는 것은 경험적 사실이다. 쾌와 욕구의 관계는 (배고픔이나 목마름처럼) 욕구의 구체적 내용이 주어져 있을 때 경험적으로 주어질 수 있다. 그런데 심리학자의 정의는 오직 경험적으로만 확정될 수 있는 문제들에 대한 포괄적인 가설이 아니라는 점이 중요하다.[25] 도리어 그 정의는 정의된 감정들 사이의 관계들에 경험적 규정의 여지를 열어두어야 한다.[26] 칸트의 표현이 아주 정확하진 않지만 그것들은 오직 "순수 지성, 즉 경험적인 어떤 것도 포함하지 않는 범주들에 귀속하는 용어들로" 정의되어야 한다. 그 정의들은 다음과 같다.

---

23 *Vorarbeiten zur Tugendlehre*, XXIII, 378.

24 『판단력비판 제1서론』, XX, 230n.; 『실천이성비판』, 9n.

25 이것은 정의의 철학적 사용들 및 위험들에 관한 칸트의 이론과 일치한다(L. W. Beck, "Kant's Theory of Definition", *Philosophical Review* LXV, 1956, pp. 179~91 참조).

26 여기서 그가 생각하는 것은 범주가 아니라 "순수 지성의 준술어(*Prädikabilien*)"이다 (『순수이성비판』, A82 = B108). 그러나 이것 역시 정확하지 않다. 쾌는 선험론적 술어가 아니라 경험적 술어이다(A343 = B401).

생[명](*Leben*)이란 어떤 존재자가 자신의 욕구능력의 법칙에 따라 행위하는 능력이다. 욕구능력(*Begehrungsvermögen*)이란 그 존재자가 어떤 것의 표상을 통해 이 표상의 대상을 실현하는 원인이 될 수 있는 능력이다. 쾌(*Lust*)는 대상 또는 행위와 생[명]의 주관적 조건이 일치한다는 표상이다(9n.).

우리는 앞서 상위 욕구능력과 하위 욕구능력의 구별을 다루었다.[27] 상위 욕구능력은 욕구 대상을 현존하게 함으로써 단지 간접적으로만 쾌를 얻는 식으로 주관적 필요를 충족하는 능력이 아니라 오로지 순수 이성을 통해 표상될 수 있고 바로 이 표상에 힘입어 실현될 수 있는 대상에 대한 욕구능력이다. 다시 말해 상위 욕구능력의 대상은 질료적으로(*materialiter*) 고찰된 것이 아니라 법칙 아래에서 형식적으로 고찰된 것이며, 오직 법칙과 일치하는 한에서만, 그리고 법칙을 통해 발생되는 한에서만 우리에게 쾌를 가져다준다. 오직 이성만이 법칙을 표상할 수 있으므로 이성은 상위 욕구능력이며, 이성의 선험적 원칙은 합목적성인바 그것은 모든 실제적 목표 설정에서 명령으로 나타난다.[28]

이제 이 장의 물음을 이렇게 바꿔보아도 좋겠다. 이성은 단지 사후적으로(*post facto*) 판단 규범을 전달하는 것을 넘어서 어떻게 상위 욕구능력일 수 있는가?

6. 존경의 발생

이제 우리는 분석론 제3장의 전반부를 체계적으로 다룰 준비가 되었

---

27 이 책의 제7장 제4절 참조.
28 『실천이성비판』, 24-25; 『판단력비판 제1서론』, XX, 246.

다. 유감스럽게도 이 장은 책 전체에서 가장 반복이 심할 뿐만 아니라 구성 면에서도 유기적이지 못하며, 많은 비평자가 심각하게 일관성이 없다고 지적했을 정도로 부적절한 표현들이 즐비하다. 그럼에도 불구하고 논증의 핵심은 때때로 거의 동일한 낱말들로, 결론은 비슷한 추론을 통해 반복된다. 이리하여 여기서 칸트의 의도에 대한 심각한 오해나 의심의 여지는 거의 없다.

만일 도덕성이 실재한다면, 도덕법칙은 우리의 선택을 직접적으로 규정해야 한다. 첫 문장은 우리에게 이것을 말하고 있다(71). 만일 그렇지 않다면, 법칙과 무관한 어떤 감정이나 욕구가 원인이어야 하고, 행위는 기껏해야 적법할 뿐이다. 참된 도덕성의 경우에는 도덕법칙이 동기여야 한다.

여기서 왜, 그리고 어떻게 도덕법칙이 그러한 동기인가 묻는 것은 대답될 수 없는, 또 어쩌면 의미 없는 물음이다. 우리는 왜 도덕적이어야 하는가? 여기서 문제는 도덕법칙의 권위에 관한 것이 아니다. 인간과 같은 존재자에게 문제는 이렇다. 그로 하여금 법칙에 관심을 갖거나 법칙을 동기로 삼는 일을 가능하게 하는 조건들은 무엇인가? 칸트는 선험론적 정의의 도움을 받아 이 물음에 대해 선험적으로 답할 수 있다고 생각한다.

우리의 경향성들은 본성상 법칙을 준수하지 못한다. 그러므로 도덕법칙은 실천이성을 지닌 존재자에게 경향성들에 대한 강제로 지각된다. 도덕법칙은 어떤 경향성들을 뒤스부르크 유고의 여섯 번째 단편에서 서술된 것과 같은 수미일관한 체계 아래에서 훈육함으로써 그것들을 좌절시킨다. 이리하여 이기심이 이성적 자기애가 되도록 훈육된다.[29] 그러나 도덕법칙에 절대적으로 반하는 종류의 경향성도 있다.[30] 그것은 자기의 주

---

29 이성적 자기애는 도덕적일 수도 있고, 그렇지 않을 수도 있다. 어떠한 경우에도 그것은 직접적 의무의 기초가 아니다(『실천이성비판』, 93; 『종교』, VI, 45n. 참조).

30 이기심의 두 종류에 관해서는 이 책의 제7장 제7절 참조. 둘 중 어느 것이든 간에, 이를 '경향성'이라 부르는 것은 적절하지 않다. 차라리 그것은 준칙 아래의 경향성들의 체계

관적 준칙과 관심을 법칙의 권위에 상당하는 것으로 고수하는 경향성이다. 이것은 자만심과 도덕적 오만이며, 이는 도덕성과 절대 양립할 수 없다. 인간 앞에 현시된 도덕법칙은 인간의 자만심을 누르고, 인간의 오만을 꺾는다. 그것은 어떤 감정을 불러일으키는데, 이것은 불쾌의 선험론적 정의 아래 속하는 감정이다. 우리를 굴복시키는 것은 존경의 대상이다. 그 때문에 우리는 도덕법칙을 존경하고, 우리가 그 법칙에 복종하지 않을 때조차 그것에 대한 존경의 감정을 지닌다.

　도덕법칙은 또한 적극적 감정을 일으킨다. 왜냐하면 이성의 관심 또는 목표는 도덕법칙의 지배 아래 있으며, 이 관심과 조화를 이루는 모든 것은 반드시 쾌 또는 만족의 감정과 연합될 것이기 때문이다. 이 장에서 칸트는 존경 안에 쾌를 야기할 만한 성분이 있다고 명시적으로 말하진 않으며, 대체로 존경을 쾌라기보다는 불쾌한 것처럼 보이게 한다. 그러나 다른 곳에서 그는 존경을 "소극적 쾌감"이라고 부르며,[31] 그것을 쾌 또는 만족의 감정의 근거로 선언한다(116). 그러나 기껏해야 쾌와 유비적일 뿐이라 해도 우리의 감정에 대한 존경의 적극적인 동시에 소극적인 작용은 인정된다. 우리는 도덕법칙의 위엄에 압도될 뿐만 아니라 또한 그것을 통해 높은 곳에, 우리의 자연적 재능이 감당할 수 없는 곳에 이르도록 고양된다. 존경이 수동적으로 경험된 감성적 감정이라는 견해를 피하기 위해 칸트는 그것을 쾌감이라 부르는 것뿐만 아니라 감정이라 부르는 것도 주저하는 것처럼 보인다. 그러나 존경이 우리의 품행에 가하는 작용은 쾌나 불쾌가 일으키는 것과 비슷하다. 하지만 우리가 그것을 단순히 쾌나 불쾌라 부르게 되면 존경이 지닌 독특한 현상학적 특징은 모호해질 것이다(88).

이다. 버틀러는 "특수한 정념"(particular passion)과 대조해 이를 "정감"(sentiment)이라고 옳게 불렀다.
31 『판단력비판』, §23.

이성적 규정근거들과 경험적 규정근거들의 이종성은 어떠한 경향성의 간섭에 대한 실천적으로 입법하는 이성의 저항에 의해 자각되며, 이 저항은 특유의 감정으로 나타난다. 이 감정은 실천이성의 입법에 선행하는 것이 아니라 정반대로 처음에는 강제를 통해 일어난다. 다시 말해 그것은 일종의 존경의 감정을 통해 일어난다. 그 누구도 경향성과 관계해서는 이런 종류의 감정을 갖지 못하고, 오로지 법칙에 대해서만 존경을 느낄 수 있을 것이다(92).

그것이 만족이라는 점에 오해의 여지는 없지만, 그 만족이 법칙에 의한 의지 규정의 결과가 아니라 원인이라고 잘못 치환하지 않도록 유의해야 한다. 우리가 내적 만족을 법칙에 대한 복종에 필연적으로 수반되는 쾌의 양태로 인지하는 것은 마땅하지만, 그 만족을 행위의 대상 또는 규정근거로 여기지 않도록 조심해야 한다.

도덕법칙의 숭고함은 칸트에게 은유 이상을 의미한다. 도덕법칙의 묘사에서 그는 숭고 미학의 언어를 사용할 뿐만 아니라 숭고와 존경의 감정들의 기원에 관한 유비적 해석을 제시한다. 양편의 경우 모두 우리의 감성적 본성은 (숭고의 경우 우리의 지각능력과 상상력이, 존경에서는 우리 자신의 가치에 대한 감정이) 굴복되거나 좌절된다. 그 경험에서 처음에는 불쾌가 야기되지만, 뒤이어 (숭고의 경우) 우리를 굴복시키는 외부 대상보다, 그리고 (존경과 숭고의 감정 모두에서) 굴욕을 느끼는 우리 자신의 능력보다 더 탁월한 능력이 우리 내부에 있음을 발견함에 따라 그것은 일종의 고양된 감정으로 바뀐다. 그러한 치환이 숭고의 감정에서 반드시 일어나고, 그 결과 우리는 오직 우리 자신 내부에서만 현존하는 숭고함을 대상에 귀속시키는 반면, 존경의 감정은 법칙, 즉 외부에서 우리에게 부과된 것이 아니라 우리가 스스로에게 부과한 자유의 법칙으로 향하며, 이 법칙을 구현하고 있는 인격들이나 우리 자신 또는 다른 사람들에게로 향한다. 따라서 법칙에 대한 존경과 우리의 인격성에 대한 존경은 숭

고의 체험에서 융합되는 두 감정처럼 서로 구별되거나 경쟁하는 감정이
아니다.[32]

7. 일관성이 없다는 혐의

많은 학자가 도덕성의 동기에 대한 칸트의 논의가 심각하게 일관성이
없다고 지적한다. 그는 진술하기를,

> ⋯⋯ **도덕법칙은 의지를 직접적으로 규정해야 한다.** 의지 규정이 도
> 덕법칙에 **맞게** 일어난다고 해도, 그러나 그것이 어떤 종류이든 간에 다만
> 감정을 통해서만 일어난다면, 그리고 이때 도덕법칙이 의지의 충분한 규
> 정근거가 되기 위해 이 감정이 전제될 수밖에 없다면, ⋯⋯ 그 행위는 적
> 법성을 포함하기는 하지만 도덕성을 포함하지는 않을 것이다(71).

이 인용구는 제3장, 즉 '동기' 장을 시작하는 문장들이므로 그 위치에
걸맞게 진지하게 고찰되어야 한다.

그다음에 칸트는 법칙에 대한 존경이 도덕성의 동기라고,[33] 또 존경은
도덕성의 동기가 아니라 도덕성 자체라고(76), 또 법칙이 동기(72)라고
말한다.

---

32 『실천이성비판』, 86-87; 『도덕형이상학』, VI, 402-03; 『판단력비판』, §27 참조. 그는 이
　전에 분명 에드먼드 버크(Edmund Burke)를 따라(『숭고와 아름다움에 대한 우리의 관
　념들의 기원에 대한 탐구』, 제3부 제10장과 제11장) 아름다움의 덕들과 숭고한 덕들
　을 구별했다(『아름다움과 숭고의 감정에 관한 고찰』, II). 칸트 이전의 윤리학 및 칸트의
　초기 저작들에서의 이러한 심미적 개념들의 오랜 역사에 관해서는 G. Tonelli, "Kant:
　Dall'estetica metafisica all'estetica psicoempirica", *Memorie della Academia delle Scienze
　di Torino*, 1955, pp. 77~421 참조(이 책의 철저한 색인을 활용하라).
33 『실천이성비판』, 78; 85에서는 "의무에 대한 존경"이라고도 한다.

유감스럽게도 칸트는 신중하지 못했다. 그가 신중했더라면 주석가들이 할 일도 줄었을 것이다. 그러나 우리가 여기서 그의 부주의함에 대한 불평 이상의 발언을 하고, 그가 논증 자체를 전개하면서 때로는 이런 말들을, 때로는 저런 말들을 적절하게 선택한 구절들에서 극복할 수 없는 심각한 비일관성의 혐의를 씌우는 것은 부당하다. 물론 그 구절들에서 진술들의 고유한 맥락이 제거되면 확실히 양립할 수 없어 보이기는 하지만 말이다.

　앞서의 칸트의 진술과 달리, 법칙 **자체**는 동기가 아니다. 법칙은 분명 동기가 될 수 있는 부류에 속하지 않는다. 기껏해야 법칙에 대한 의식이 동기가 될 수 있을 뿐이다. 만일 법칙 자체가 (우리 인간에게는 또한 감정을 뜻하는) 의식의 개입 없이도 행위를 규정하는 요소일 수 있었더라면, 이것은 실천법칙이 아니었을 테고, 인간도 자유로운 행위자가 아니었을 것이다. 세계가 법칙이 서술하는 대로(자연법칙대로) 그렇게 있다고 또는 법칙에 대한 의식은 이성적 존재자가 법칙의 요구에 따라 행위하게 한다고 칸트가 의도할 때, 그는 자주 법칙의 작용에 대해 말한다.[34]

　따라서 우리는 이렇게 물어야 한다. 법칙이 동기가 될 수 있다면, 그러한 법칙에 대한 의식의 본성은 무엇인가? 『실천이성비판』에는 아직 의혹이 남아 있다 해도, 『도덕형이상학』에서 물음은 완전히 제거된다. 거기서 칸트는 말하기를, "주관적으로는 감정이라 일컬어지는, 법칙에 대한 존경은 자기 자신의 의무에 대한 의식과 동일하다".[35] 그러므로 우리는 존경의 감정은 물론이고 우리의 의무에 대해서도, 의무와 일치하지 않을 가능성이 있는 우리의 의지에 대해서도 이론적으로 인식할 수 없다. 소크라테스가 믿었던 것과 달리, 자기 자신의 책무의 의식이 곧 의무의 수행으로 이어지지 않을 수도 있다. 그러나 도덕법칙에 대한 인식이

34　같은 책, 29. 여기서 법칙은 오직 실천이성의 자기의식일 뿐이라고 암시된다.

35　『도덕형이상학』, VI, 464.

순수하게 이론적이지 않을지라도, 칸트에게서 법칙이 요구하는 바의 자각과 (법칙에 실제로 복종하지 않더라도) 존경의 감정의 지각은[36] 서로 동일하다. 따라서 "법칙"과 "존경"의 그릇된 대비는 우리가 법칙을 "법칙에 대한 의식"으로 읽을 때 제거되며, 이 법칙에 대한 의식은 실천법칙을 유효하게 하면서도 자연법칙과 구별될 수 있도록 만드는 유일한 방식이다.

그러면 제3장을 시작하는 문장들은 무엇을 의미하는가? 둘째 문장은 그것을 썼을 당시에 칸트가 마치 법칙은 법칙과 결단 사이에 어떠한 감정의 개입 없이 의지를 직접적으로 규정해야 한다고 생각했던 것처럼 잘못 읽힐 여지가 있다. 이런 독법에 따라 이 문장은 제3장의 나머지 부분과 일치하지 않는 견해로 오인되었다. 하지만 이 문장을 썼을 때조차 칸트는 그렇게 생각하지 않았다. 거기서 "전제"라는 낱말은 정확히 다른 오류(즉 도덕감관학파 내지 도덕감정학파의 오류)를 피하는 동시에 또한 사람들이 어떠한 감정도 **수반하지** 않는 의지의 규정이 있어야 한다고 혹은 있을 수 있다고 가정하는 정반대의 오류를 막기 위한 것이기 때문이다. 법칙에 의한 의지 규정은 어떠한 감정도 전제되기를 요구하지 않는다. 다른 모든 감정과 마찬가지로 존경의 감정도 오직 법칙 속에서만 발견될 수 있는 대상을 기다리고 있는 자연인에게 내재하는 어떤 것으로서 전제될 필요가 없다. 존경의 감정은 법칙과 법칙에 대한 우리의 의식을 전제한다(또는 존경의 감정은 실로 법칙에 대한 우리의 의식과 같다). 따라서 첫 문장은 나중에 나올 다음의 진술과 양립 불가능한 것이 아니라 도리어 이를 예고한 셈이다. "도덕성으로 향하게 하는 어떠한 감정도 주관 안에 **선행하지** 않는다."[37]

---

36 법칙을 어긴 죄인조차 법칙의 위엄 앞에서는 전율하면서 법칙에 머리를 조아린다(『실천이성비판』, 80). "우리가 결코 잃어서는 안 될" 도덕법칙에 대한 존경의 효력의 회복과 관련해서는 『종교』, VI, 46-47을 보라.

37 『실천이성비판』, 75; 비슷한 진술이 23-24, 117에도 있다. 동일한 논점이 『판단력비판』, §29, 주해(VI, 271)에서 강조된다. 그러나 『실천이성비판』, 25의 다음 진술과 견

8. 도덕감정

칸트는 비판기 이전 저작들에서 도덕감정의 개념을 사용하기는 했지만, 거기서도 학설의 일반적인 경향은 도덕성으로부터의 모든 감정의 제거였던 것 같다. 칸트의 인격이 '순수 지성적 인간'(reiner Verstandesmensch)으로 건조하게 묘사된 탓에 사람들이 도덕감정을 긍정하는 칸트의 이론을 경시하게 되었는지, 아니면 그의 윤리학에 대한 초현실적 풍자가 그에 대한 그릇된 상을 만들어냈는지 알기란 어렵다. 보통 이 두 가지 의견은 함께 생각되지만 둘 다 틀렸다.

칸트는 다만 감정이 감성적으로 촉발되는 한에서 윤리학의 긍정적 지위로부터 감정을 추방했다. 심지어 도덕감정조차도 그것이 이성적 원리의 원천이라는 지위를 그릇되게 점유하는 한, 추방 대상이다. 따라서 그는 쾌의 관점 이외에 다른 관점에서 도덕성을 정의하지 않고서 도덕성에서 쾌를 찾는 에피쿠로스의 태도를 비판한다(115). 칸트에 따르면, 도덕감관 내지 도덕감정에 관한 모든 이론은 자기애의 원리에 필연적으로 포섭된다(38). 그 기원이 무엇이든 간에, 모든 쾌는 이것과 하나이자 같은 종류에 속하기 때문이다(23). 게다가 이 원리에 기반을 둔 도덕감정 이론은 필연적으로 주관주의와 상대주의에 빠지고 만다. 그는 말하기를, 만일 감정이 도덕적 찬동의 원천이라고 한다면, 어떤 사람이든 자기에게 요구된 행위가 마음에 들지 않는다고 말함으로써 도덕적 의무로부터 적법하게 자신을 변호할 수 있을 것이다.[38]

주어보라. "이성은 실천법칙 안에서 직접적으로 의지를 규정하는데, 그 사이에 등장하는 쾌와 불쾌의 감정의 개입을 통하지 않고서 — 심지어 이런 감정이 법칙에 수반될 때조차 — 그렇게 한다." 이 진술은 다른 나머지 진술들과 화해되기 어렵다. 이것은 순수 실천이성이 이 장에서 탐구된 메커니즘 없이 행위를 규정할 수 있음을 암시하기 때문이다.

38 *Lectures on Ethics*, 13, 37.

그럼에도 불구하고 도덕감정은 이 장에서 분명해진 대로 칸트 윤리학에서 하나의 지위를 점한다. 하지만 그것은 도덕법칙에 대한 의식이 감성적 감정에 미치는 작용이지, 법칙이 우리에게 요구하는 것의 발견보다 원리상 앞서 주어진 감정도, 초자연적 영감에 그 원천을 갖는 신비한 감정도 아니다.

도덕감정은 두 가지 성분을 갖는다. 도덕감정에서 필수적인 것만 남기면 그것은 존경과 같으며(75, 80), 그 밖의 나머지는 존경에 부수적인 다른 감정들이다. 하지만 이것을 논하면서 "존경"이라는 용어로 칸트는 법칙의 지위를 높이는 데 필수적인 자아의 굴복을 강조하는 반면, "도덕감정"이라는 용어로는 도덕적 마음씨가 느끼는 자발성과 자유의 향유에 더 무게를 둔다.

"도덕감정"에 뚜렷하게 포함되진 않는(이 낱말만으로는 부족한) 도덕성의 적극적인 기쁨을 논하기 전에,[39] 우리는 도덕감정이 또 다르게 서술되는 시기로 향해야 하고, 그다음에 의무와 덕의 개념을 고찰해야 한다.

『도덕형이상학』에서 칸트는 "의무 개념 일반을 위한 마음의 감수성에 대한 심미적 예비 개념"이라는 표제 아래 마음의 소질들(*Gemüthsanlagen*)의 목록을 작성한다. 이 소질에 대한 의식이 마음에 영향을 끼치고 도덕법칙을 따를 수 있게 하는 한, 인간은 바로 이 소질 덕분에 책무 지워질 수 있다.[40] 이 소질들 중 하나가 도덕감정인데, 여기서 칸트의 설명은 『실천이성비판』에서와 현저히 다르다.

그는 말하기를, 도덕감정은 "우리 행위와 의무의 법칙 간의 합치 또는

---

39 이에 대한 주요한 논의는 『실천이성비판』, 115-18 참조.

40 『도덕형이상학』, VI, 399. 다른 소질들은 양심, 인류애, 그리고 (자기) 존경이다. 『판단력비판』의 §86은 이를테면 감사, 복종, 굴욕(마땅한 처벌의 감수)과 같은 "의무를 촉진하는 마음의 기분들"이라는 또 다른 목록을 제공한다. §91에서는 우리가 인식하지 못하는 원인에 대한 감사와 경외가 논해지는데, 이는 자연에 대한 경탄으로부터 야기되고, 도덕감정에 영향을 끼친다. 비슷한 생각이 『실천이성비판』에서 라이프니츠의 일화를 소개하는 곳에서 표현된다(160).

상충에 대한 의식으로부터 전적으로 따라 나오는 쾌 또는 불쾌의 감수성이다".[41] 이어지는 난해한 문장에 따르면, 자의(*Willkür*)의 모든 규정은 (a) 가능한 행위의 표상에서 출발해 (b) (행위 또는 행위 결과에 대한 관심이 불러일으키는) 쾌 또는 불쾌의 감정을 통해, (c) 행위로 나아간다. 이때의 감성적 상태는 정념적(*pathologisch*) 감정이거나 도덕적 감정이다. 쾌가 법칙의 표상에 앞서면 정념적이고, 쾌가 법칙의 표상에 뒤따르면, 말하자면 법칙 **안에** 쾌가 존립한다면 도덕적이다.

이러한 진술과 『실천이성비판』의 진술의 차이는 서로 다른 두 개념을 한 이름으로 부르는 데서 유래하는데, 이러한 개념 사용에는 오랜 역사가 있다. 『실천이성비판』에서 그는 이성적이고 감성적인 존재자가 의무의 자각에 직면해 갖게 되는 감정을 다룬다. 반면에 『도덕형이상학』에서는 의식의 현상학적 상태로서의 감정이 아니라 **감수성**(*Empfänglichkeit*)의 능력을 다룬다. 당연히 이것이 존경의 실제 감정에 논리적 또는 시간적으로 선행해야 한다. 글자 그대로는 아닌 듯 보일지라도, 이 진술은 "이것보다 앞서 도덕성으로 향하는 감정은 없다"라는 진술과 충돌하지 않는다. 이는 마치 누군가 영어로 "A man must have feeling before he can have a feeling"(인간이라면 어떤 감정을 가질 수 있기 전에 감정을 가지고 있어야 한다)라고 말하는 것과 같다. 이건 단순한 내용을 명료하게 말하는 방식이 아니기는 하지만, 확실히 화자에게 근본적 혼동의 증거는 없다.

그럼에도 불구하고 실제적 도덕감정(즉 감정의 능력이 아니라 지각)의 분석에서는 『실천이성비판』과 『도덕형이상학』의 진술 사이에 차이가 있다. 『도덕형이상학』은 도덕감정을 쾌 또는 불쾌라고 진술한다. 감정이 법칙과 조화를 이루면 쾌이고, 그렇지 않으면 불쾌이다. 반면에 『실천이성비판』은 행위가 법칙을 따른다고 해도 쾌뿐만 아니라 불쾌에 대응하는 어떤 감정이 있다고 말한다. 왜냐하면 행위와 법칙이 일치할 때에도

---

41 비슷한 정의가 『종교』, VI, 27; *Lectures on Ethics*, 44에 나온다.

굴욕은 우리의 경향성의 좌절 또는 억압으로부터 발생하는 불쾌감이기 때문이다.

그러나 두 저작 사이에 어떠한 실제적 불일치도 없다. 『도덕형이상학』은 쾌와 불쾌를 정념적 감정과 도덕적 감정으로 날카롭게 대조한 뒤에 도덕적 쾌와 불쾌만을 다룬다. 이제 법칙에 대한 복종에 도덕적 불쾌는 없다. 기껏해야 정념적 감정의 좌절로부터 생겨난 불쾌가 있을 뿐이다. 칸트는 이러한 이종적 감정의 구별에 힘입어 자신의 후기 저작에서 다른 한 측면을 무시할 수 있었다. 『실천이성비판』에서 그는 둘을 함께 다루었고, 정념적 감정을 도덕감정의 질료적 원인으로 생각했다. 그는 말하기를, "감성적 감정은 우리의 모든 경향성의 기초인 동시에 우리가 존경이라고 부르는 독특한 감정의 조건이다"(75). 『도덕형이상학』에서 이 관계는 무시되고, 따라서 쾌와 불쾌의 이러한 고유한 혼합은 실종된다. 그가 실제적 도덕감정을 두 저작에서 약간 상이한 의미로 논한다는 점은, 『실천이성비판』과 달리 『도덕형이상학』에서 도덕감정이 존경과 동일시되지 않는다는 사실을 통해 밝혀진다.

9. 의무[42]와 인격성

『정초』에서[43] 칸트는 다음과 같은 정의를 정식화한다. "의무는 법칙에

---

42 의무에 대한 유명한 돈호법 형식(86)은 칸트가 칭송했던 루소가 『에밀』에서 양심에 대해 행한 돈호법을 연상시킨다. 칸트의 글쓰기에 관해서는 다음을 참조. H. Romundt, "Vorschlag zu einer Änderung des Textes von der Kritik der praktischen Vernunft", *Kant-Studien* XIII, 1908, pp. 313~14. 그리고 같은 책, pp. 315~16에 실린 브루노 바우흐(Bruno Bauch)와 나토르프의 논평도 참조. 칸트는 이러한 통속적 미사여구를 거의 쓰지 않았다. 그것은 사실성(*Sachlichkeit*)이라는 그의 문체적 특징과 어울리지 않기 때문이다. 『종교』에는 정직함에 대한 돈호법이 등장한다(VI, 190n.).

43 『정초』, 400.

대한 존경으로부터 나온 행위의 필연성이다." 우리는 마침내 칸트가 "법칙에 대한 존경은 도덕성의 동기가 아니라 도덕성 자체"(76)라고 말한 의미를 모든 면에서 충분히 이해할 수 있는 곳에 이르렀다. 도덕성은 그것이 법칙이기 때문에 그것에 따라 행위하려는 기질 또는 굳어진 습관이다. 누군가 여기서 기술된 의미에서 법칙을 존경한다면, 그는 의무로부터 행위하는 것이다. 의무는 본성상 법칙이 요구하는 대로 행위하지 못하는 인격의 의식과 품행이 법칙을 따르도록 강제한다. 비(非)감성적인 이성적 존재자는 그러한 복종에 대한 어떠한 경향성도 가질 필요가 없을 것이고(72), 따라서 의무 개념은 그러한 존재자에게 적용될 수 없다. 그러한 존재자는 신성한 의지를 지닐 것이다. 도덕적 명령의 "당위"는 그러한 존재자에게는 "존재"이다.[44] 그러나 감성적 존재자인 인간은 "이성의 훈육 아래" 있으며(82), 신성한 의지를 부여받지 않았다. 인간의 의지는 잘해봐야 유덕할 뿐이다.

그럼에도 불구하고 인간은 하나의 인격이고 그 자체로 신성하다. 인간은 목적을 설정하는 존재자이며, 따라서 그 자신이 목적이다. 인간은 존엄하며, 한갓 가격만을 지닌 사물과 다르다. 이성적 존재자를 사물과 구별짓는 속성인 인격성은 자기 자신에 의해 주어진 법칙에 복종하는 능력(자율)을 통한 자연 메커니즘으로부터의 자유이다. 단지 소극적 자유만을 가지고 있는 경험적 자아는 "그가 지성계의 구성원인 한에서 자신의 인격성에 종속된다"(87). 인격성은 숭고하며, 우리가 어떤 사람을 존경할 때마다 우리는 그가 현상계에서 얼마간 적합하게 본을 보이는 지성계의 법칙을 존경한다(77-78). 경험적 자아에게 정언명령은 지성적 자아의 법칙이다. 경험적 자아의 "해야 한다"는 지성적 자아에게 "할 것이다"이다. 경험적으로 고찰될 때 인간은 "신성할 리 없으나", 그 안의 인격성과 인간성은 신성하다.

---

44 같은 책, 449, 455; 『판단력비판』, §76 참조.

의무의 기원의 설명과 더불어 인격성의 개념이 뚜렷하게 도입된다. 칸트가 『순수이성비판』에서 실체로서의 영혼에 대한 이성심리학의 불가능성을 강조했고 ─ 이 강조는 『실천이성비판』에서도 계속된다 ─ 자아를 한갓 현상으로서 고찰했다면, 여기서는, 그리고 또 다른 저작에서는 인격에 대한 한층 더 형이상학적인 해석으로의 이행이 나타난다.[45] 여기서 인간의 지성적 성격은 단지 사고의 대상일 뿐만 아니라 직접적 경험의 대상이다. 자아에 대한 현상학적 해석이 말하자면 공식적인 칸트의 학설이라 해도, 자기의식 안에서 지각된 자발성은 인간을 자연으로부터 분리하므로, 여기서, 그리고 또 다른 곳에서 그의 현상학적 해석은 형이상학적 인격주의와 활동주의(a metaphysical personalism and activism)로 건너가는 징후를 보인다. 이리하여 칸트적 의미가 아니라 고전적 의미에서 "형이상학"이 암시되는 것처럼 보이지만, 그것은 이론형이상학이 아니라 인격성 개념을 포함하는 실천적-독단적 형이상학이다.

> …… (그 개념이 순전히 선험론적인 한에서, 다시 말해 그것이 우리에게 알려져 있지 않지만 그것의 규정들에는 통각에 의한 일관된 연결이 있는 그런 주관의 통일성인 한에서) 인격성의 개념이 남아 있을 수 있다. 그런 한에서, 이 개념 또한 실천적 사용을 위해 필수적이고 충분하다. 그러나 우리는 결코 그 개념을 순수 이성을 통해 우리의 자기 인식이 확장된 것으로서 과시할 수 없다.[46]

거듭 확언되는 것은 인격성 개념의 이론적 사용이, 이를테면 영혼 불멸을 위해 이론적으로 타당한 논증에 대해서 결코 성립될 수 없다는 것

---

45 이와 관련된 구절들의 모음과 더불어 상세한 연구는 H. Heimsoeth, *Studien zur Philosophie Immanuel Kants*, pp. 227ff. 참조.
46 『순수이성비판』, A365(B판에서 삭제); (A판에 없는) B431-32도 참조.

이다. 그러나 자발성의 증거와 지성적 자아의 법칙에 대한 우리의 인식은 통각의 선험론적 통일보다 인격성에 대한 보다 풍부한 개념화를 제공한다. 물론 이 개념화는 실천적으로만 기능할 뿐 이론적이지 않다.

따라서 인격성은 범주가 아니라 이성 이념이다. 인격성은 주어져 있는 것이 아니다. 우리는 인격들이지만, 어떠한 유한한 감성적 존재자도 인격성의 이념에 완전히 적합하지는 않다. 경험적으로 고찰된 인간 본성에서 우리는 기껏해야 도덕법칙을 존경하고자 하는 능력이자 그 존경을 자의의 충분한 동기로 삼고자 하는 감수성인 "인격성의 소질"만을 발견한다.[47] 이 소질이 실천을 통해 강화되고 실제적이며 효과적이게 될 때, 유덕하고 선한 성격이 세워진다. 경험세계에서 선한 사람은 그 자신의 법칙을 지성세계 내 인격성의 이념으로부터 이끌어내고 법칙에 대한 존경으로부터 행위하는 사람이다. 심지어 악한 사람이라 해도, 즉 도덕법칙과 일치하는 준칙이 아니라 다른 준칙들을 자발적으로 채택하는 사람이라 해도, 인격성의 소질을 잃은 것은 아니다. 그것은 도덕법칙의 요구에 반하는 자유로운 선택을 통해 단지 무력화되었을 뿐이다. 도덕적 악은 순수 실천적인, 입법적인 이성으로서의 자기 자신의 인격성의 요구를 자발적으로 거스르는 것이다.

10. 덕

덕은 신성하지 않은 의지가 "자연적으로 획득한 능력"(33)이다. 그것은 투쟁 중에 있는 도덕적 마음씨 ─ 또는 애벗이 잘 번역한 대로 "전투 중인 도덕적 마음씨"(the moral disposition militant) ─ 이다.[48] 감성적 경

---

47 『종교』, VI, 27-28. 이것은 『실천이성비판』에서의 의미(이 책의 336~37쪽 참조)라기보다는 『도덕형이상학』(VI, 399)에서의 도덕감정의 의미와 동일시된다.

향성과 순수 이성적 원리라는 양극 없이 덕은 생겨날 수 없다. 우리는 이성의 훈육 아래 있다. 우리는 도덕적 전투에 참전을 명령받은 징집병이지, 개인적 가치판단에 따라 행위하는 자원병이 아니다. 우리는 목적들의 나라의 구성원이지만 처음부터 그곳의 군주가 아니라 신민이다(82). 인간에게 덕은 항상 결함을 지니고, 인격성과 같은 덕 자체는 한갓 이념이며, 그 이념에 완전히 적합한 경험적 표상은 결코 발견될 수 없다.[49]

칸트가 열거하는 덕의 사례들은 대개 경향성이 아니라 법칙에 대한 존경에서 나온 행위의 필연성이 마치 행위가 경향성 없이, 또는 심지어 항상 경향성에 반해 일어날 수밖에 없다는 듯이 묘사된다. 그러나 그러한 경향성의 부정은 경험의 사례들에서 일어나지 않을뿐더러 칸트의 이론에 속하지도 않는다. 경향성으로부터의 행위는 그 자체로 악이 아니다. 악의 근원은 자신의 행위준칙을 따르면서도 감성적 동기들을 이성적 동기들 아래 종속시키기를 거부한다는 데 있다. 그럼에도 불구하고 이러한 거부 자체는 자유롭고 자발적인 선택이며, 원리의 문제이다.[50]

유덕한 행위의 사례들은 그것들이 논쟁적 또는 교육적 목적을 위해 사용되는 한에서만 이해될 수 있다. 누군가 자신에게 의무로서 요구된 행위를 자신의 경향성에 따라 행한다면, 그 행위는 쉽게 그의 경향성 **때문에** 법칙과 조화를 이루어 수행된 행위라고 여겨질 수 있을 것이다. 분명 칸트처럼 위선에 대한 강한 불신을 가진 사람은 그렇게 생각할 것이다. 심지어 우리의 경향성이 법칙에 반하는 것처럼 보일 때조차 심화된 자기 분석을 통해 "친애하는 자아"가 의지의 실제적 규정근거가 아니라고 장담할 수 없을 만큼 인간 마음의 신비는 헤아리기 어렵다.[51] 그러나 "친애하는 자아"가 이러한 역할을 하는 경우 도덕성의 여지는 없다. 따라서

---

48 『실천이성비판』, 84. 애벗의 영역본은 여기서 그 구절의 군사적 상징을 적절히 보존한다.
49 같은 책, 127n.;『순수이성비판』, A315=B372;『판단력비판』, §57, 주해 1.
50 『종교』, VI, 36.
51 『정초』, 407.

진정한 도덕성을 위한 최선의 **실례**는 "친애하는 자아"가 명백히 도덕법칙의 반대쪽으로 향하는 곳에서 발견될 것이다. 물론 그렇다고 해서 이것이, 우리가 곧 보겠지만, 최선의 도덕성은 고통스러운 적극적 자기부정을 수반해야 함을 뜻하진 않는다. 덕은 행복의 포기가 아니라 오직 "의무가 문제될 때 행복을 고려하지 않은 채"(93) 기꺼이 의욕함을 수반한다.

그러나 칸트가 사례들을 제시한 의도를 납득하지 못한 사람들은 늘 그의 윤리학에 거부감을 느껴왔다. 그들에 따르면, 그 사례들이 전형적이고 매우 고귀한 덕을 대표한다면, 그런 사례들로 세워진 윤리학은 거부해야 마땅하다.[52] 하지만 경향성과 감정은 칸트 윤리학 내에 적법한 자리를 지닌다. 다만 그것이 이런 사례들로부터 도출되지 않을 뿐이다. 내적 저항이 없다면 그것은 신성한 의지이지 유덕한 의지가 아니므로 참된 덕은 반드시 그러한 경향성과 감정을 수반하는 것처럼 보인다.[53] 그러나 인간 본성은 덕의 실천에서 헤겔이 말한 것과 같은 "위장 안에 소화되지 않은 씁쓸한 덕의 덩어리"를 남겨두지 않는다. 덕이 인간 본성의 혁명을 야기할 때라야 이성적 요소는 강화될 수 있다.[54] 이 혁명이 있기 전에는 도덕적으로 무차별하고 심지어 악한 것조차[55] 가장 완벽한 덕을 참칭할 수 있다.

---

52 이 책의 제8장 각주 20 참조.

53 신성한 의지는 동기도, 의무도, 덕도 지니지 않는다. 그것은 우리가 바로 그것에 따라 인간 동기와 의무와 덕을 판정하는 기준이거나 이념일 뿐이다. 칸트에 따르면, 스토아 학파에서 현자는 "타인들에 대한 의무를 설파하기는 하지만, 그 자신은 의무 위에 드높이 존재했을" 정도로 완벽하다고 여겨졌으나, 이러한 오류는 다만 스토아학파 사람들이 "복음서의 가르침과 같이 그렇게 순수하고 엄격하게" 법칙을 마음에 품는 데 실패했다는 점에서 생겨났다(『실천이성비판』, 127n.).

54 "달콤한 의무와 씁쓸한 의무"에 관해서는 『도덕형이상학』, VI, 377, 391; *Lectures on Ethics*, 199 참조.

55 문명을 통해 세련된 경향성이라 하더라도, 그 안에 영속적이거나 절대적 가치를 지닌 것은 전혀 없다. "도덕적으로 선한 마음씨와 결합되지 않은 선은 전부 순전히 가상이고, 겉만 번지르르한 비참함에 다름 아니다"(『보편사의 이념』, 제7명제, VIII, 26). 이렇게 판단할 때, 칸트는 종종 루소 식의 열정적 어법을 쓴다.

11. 도덕적 만족

앞의 제7절에서, 도덕적 행위에서 우리는 우리 자신의 자율적 자발성의 경험 속에서 만족을 발견하고, 이것이 도덕감정으로서 존경이 지닌 긍정적 요소라고 말했다.[56] 법칙의 위엄이 극악무도한 죄인을 겁에 질리게 하기 전에, 법칙의 광채 앞에서 인간은 굴욕(humiliation, *Demütigung*)을 느낀다(79-80). 그러나 이 굴욕이 자신의 더 높은 사명의 표지임을 의식함으로써 그는 고양된다. 왜냐하면 그 굴욕은 스스로가 자기 자신에게, 즉 그의 자율적인 지성적 존재가 그의 타율적인 자연적 존재에게 부여한 것이기 때문이다.*

따라서 도덕성에는, 즉 법칙에 의한 의지 규정의 의식에는 기쁨의 감정이 있다. 거기서 이성의 관심은 더 촉진되기 때문이다(116). 이리하여 도덕적 의지의 실행인 자유 자체는 기쁨의 향유에 종속되는데, 이 향유가 행복은 아니지만 행복에 불가결한 조건이기는 하다.[57] 하지만 이 기쁨이 덕을 정의할 수는 없다. 기쁨은 오직 그보다 앞서는 덕의 의식으로부터 발생하며, 형식적으로, 그리고 추상적으로 고찰될 때 덕의 의식은 행복 자체와 아무 관계도 없기 때문이다. 덕이 자기 자신 안의 행복의 원천이라고 주장하는 행복주의자들의 기본적인 논리적 오류는 이렇다. 그들은 덕과의 일치가 실제로 기쁨의 원천이 될 수 있는 만족의 규준을 제시하지 않은 채 덕의 의식에 입각한 자기만족으로부터 행복이 발생한다고

---

56 『판단력비판』, §29, 일반적 주해(V, 271)는 『실천이성비판』보다 도덕감정의 긍정적인 면을 더욱 강조한다. 사실상 『실천이성비판』에서는 자기만족을 도덕감정의 성분으로 인정하지 않으며, 그것이 온전히 다루어지는 곳도 '동기' 장(章)이 아니라 '최고선' 장이다. 그럼에도 불구하고 도덕성 안의 기쁨이 자기만족의 일부임은 명백하다. 그리고 이 기쁨은 법칙에 직면한 자연적 인간의 굴욕을 필수적 선결 조건으로 갖는다.

• [옮긴이] 『실천이성비판』, 76에 나오는 베르나르 드 퐁트넬(Bernard de Fontenelle)의 인용구 참조.

57 같은 책, 118 및 뒤스부르크 유고의 여섯 번째 단편(Reflexion 7202).

주장한다. 그러나 이미 허치슨과 프라이스가 잘 지적했듯이,[58] 에피쿠로 스와 도덕감 이론의 오류(38, 116)로 인해 우리가 도덕적 품행에서 가능한 긍정적 기쁨을 부정하게 되는 정반대의 오류를 범해서는 안 된다.

흄[59]은 이러한 도덕적 지복(well-being, *Wohlergehen*)의 감정을 부를 마땅한 이름이 없다는 점을 불평했는데, 칸트는 마치 흄에게 직접 답하기라도 하듯 다음과 같이 말한다.

> 우리는, '행복'이라는 말처럼 향유를 표시하지는 않지만, 자기 현존에 대한 흡족을, 즉 덕의 의식이 필연적으로 수반해야 하는 행복과 유비적인 것을 지시하는 말을 갖고 있지 않은가? 그렇다! 바로 **'자기만족'** (*Selbstzufriedenheit*)이라는 말이다. 이 말은 본래 의미에서 항상 아무런 필요도 의식하지 않는, 자기 현존에 대한 소극적 흡족만을 시사한다. 자유, 그리고 굳센 마음씨로 도덕법칙을 준수하는 능력인 자유의 의식은 적어도 우리의 욕구를 (비록 **촉발**하는 것은 아닐지라도) 규정하는 운동 원인인 **경향성들로부터의 독립**이다. 내가 나의 도덕적 준칙들을 준수할 때 자유를 의식하는 한에서, 자유는 이와 필연적으로 결합되어 있는, 어떠한 특수한 감정에도 의존하지 않는 불변적인 만족의 유일한 원천이며, 이는 지성적 만족이라고 불릴 수 있다.[60]

이 감정이 강할수록 법칙이 더 순수하게 표상된다는 것이 칸트 교육이론의 기본 가정이다.[61] 다른 불순한 동기들도 우리를 적법하고 옳은 행위

---

58 이 책의 165~66쪽 참조.

59 D. Hume, *Enquiry concerning the Principles of Morals*, Appendix IV, ed. Selby-Bigge 2d ed., p. 314.

60 『실천이성비판』, 117; 만족에 관해서는 C. Wolff, *Vernünfftige Gedancken von Gott, der Welt und der Seele des Menschen*, §463 참조.

61 『실천이성비판』, 152, 157; 『정초』, 410-11; 『속설』, VIII, 288.

로 인도할 수 있겠지만(81), 그것들은 또한 도덕성과 지속적인 평정심을 가져다줄 수 있는 유일한 것을 향한 우리 인간의 시선을 흐릿하게 만들 수도 있다. 따라서 칸트는 계속해 말하기를,

동정심이나 상냥한 공감조차도 의무가 무엇인가에 대한 숙고에 **앞서** **서** [의지의] 규정근거가 되면, 그것은 생각이 깊은 인격 자신에게도 짐이 되며, 그가 숙고한 준칙들을 혼란에 빠뜨리고, 이리하여 그에게는 그런 혼란에서 벗어나 다만 입법하는 이성에게 복종하고자 하는 소망을 일으킨다.[62]

프리드리히 폰 실러(Friedrich von Schiller)가 다음과 같이 말한 것은 칸트에 대한 응답이었음이 틀림없다.

칸트의 도덕철학에서 의무의 이념은 대단히 준엄하게 설파되고 있어서 모든 단아함은 두려워 물러가고, 연약한 지성은 그 독촉을 못 이겨 음울한 수도자의 금욕의 길에서 도덕적 완성을 추구하는 지경이다. 위대한 철학자가 자신의 고요하고 자유로운 정신과 더불어, 무엇보다 자신을 방해할 것이 틀림없는 이러한 오해를 피하려고 아무리 노력한다 해도, 나는 여전히 칸트 스스로가 인간의 의지에 작용하는 두 원리들의 날카로운 대조를 통해 그 오해에 분명한 기회를 제공했다고 생각하며, 그것은 아마 그의 이론이 거의 피할 수 없는 것이었다.[63]

---

62 『실천이성비판』, 118. 강조는 인용자. 유사한 내용이 『정초』, 428에도 등장한다. 한편 모든 경향성으로부터 자유롭기를 바라는 것의 허영과 죄악에 대한 다음의 언급과 대조해보라. 『종교』, VI, 58.

63 F. Schiller, "Über Anmut und Würde" [국역: 「우미와 존엄」, 장상용 옮김, 『쉴러의 미학예술론』, 인하대학교출판부, 1999]. 실러가 이것을 칸트에 대한 세간에 퍼진 오해의 한 사례로 소개했다는 점, 그리고 칸트는 실러를 적이 아니라 철학적 동지로 여겼다는 점(『종교』, VI, 23n., 첫 문장 참조)에 유념하라. 실러의 유명한 시는 칸트 철학에 대한 그 자신의 실제 견해라기보다 단지 농담으로 여겨질 수 있다. 하지만 그들의 논

이에 대해 칸트는 『종교』의 한 구절에서 대답했다. 이 대답은 『실천이성비판』의 학설과 어떤 점에서도 양립 불가능한 것은 아니어서, 그것이 『실천이성비판』에서 제시되었더라면 실러가 말한 오해의 "기회"는 그렇게 분명하지 않았을 것이다.

누군가 이렇게 물을 수 있다. 덕의 심미적 성질, 즉 기질이 어떤 종류인가, 용감하고 즐거운 것인가, 아니면 불안하고 침울한 것인가? 대답할 필요가 없을 정도로 답은 분명하다. 후자의 노예적인 기분은 법칙에 대한 숨겨진 증오 없이는 결코 일어날 수 없다. 그리고 (법칙을 승인할 때의 쾌적함이 아니라) 의무를 준수할 때의 즐거운 심정이 유덕한 마음씨의 순수함의 표시이다. 이는 경건함에서도 마찬가지이다. 경건함은 죄인의 (대단히 애매하고 보통 단지 영리의 규칙을 위반한 데 대한 내적 비난에 불과한[64]) 자책이 아니라 앞으로 더 선해지려고 하는 확고한 의도에 존립한다. 그런데 더 선해지려는 이 의도는 선한 진보에 고무됨으로써 즐거운 기분을 일으킬 수밖에 없다. 그리고 이러한 즐거운 기분 없이 인간은 참으로 선을 사랑하게 되었음을, 즉 선을 자기의 준칙으로 받아들였음을 결코 확신할 수 없다.[65]

이제 낡은 오해의 유령은 내버려두고 다른 반론을 다루기로 하자. 그것은 칸트의 학설이 이성적 규정 다음으로, 곧 두 번째 위치에 감정을 지

쟁(*Auseinandersetzung*)에서 분명히 제출되지는 않았으나 실제로 견해가 서로 다른 지점이 하나 있다. 말하자면 이성적 요소와 감성적 요소의 협력이 덕에 불가결한가(실러), 아니면 그것은 고작해야 의무의 하나인가(칸트, 『도덕형이상학』, 「덕론」, §48[VI, 473] ─ 덕과 은총을 결합하는 것은 의무이다)와 관련해 두 사람은 견해를 달리했다. 칸트-실러 논쟁에 대한 어쩌면 가장 훌륭한 연구와 이와 관련된 방대한 참고문헌을 위해서는 H. Reiner, *Pflicht und Neigung*, Meisenheim, 1951, pp. 28~49 참조.

64 후회에 관해서는 『실천이성비판』, 98을 보라.

65 『종교』, VI, 23n.

정하기 때문에 바로 자발적 감정의 역할을 무시하거나 부정한다는 점에서 "인간 본성과 모순된다"는 주장이다.[66] 따라서 이는 자연적 인간에게 그가 의욕할 수 없는 것을 요구하는 것처럼 보인다. 그러나 그것은 아마 "네가 해야만 하기 때문에 너는 할 수 있다"라는 칸트의 학설로 보건대, **선험론적으로** 불가능한 요구가 아니라 살아 있는 인간이 합리적으로 인정하리라고 볼 수 없는 요구이다.

이에 대한 세 가지 답변이 있다. 첫 번째 답변에 따르면, 칸트에게서 윤리적 이론은 인간 본성의 사실들에 의거해 판단될 수 있는 것이 아니므로(실제로 인간 본성에 대해 우리는 거의 알지 못하며, 우리의 취향에 따라 검증되지 않은, 비관적이거나 낙관적인 도덕적 판단들을 그것에 투사한다) 그것은 부적절한 비판이다.[67] 이것과 연결되는 두 번째 답변은 인간의 무력함에 대한 그러한 판단이 칸트 자신에게 낯선 것이 아님을 기억해야 한다는 것이다. 인간 본성과 사회의 도덕적 전망들에 대한 그의 신랄한 판

---

66 새뮤얼 존슨(Samuel Johnson) 박사는 위대한 철학자도 유능한 철학자도 아니었지만 견고한 이해력을 지닌 사람이어서, 도덕적 판단의 핵심에 대해 그가 이해한 바에 대한 증언은 무게를 지닌다. 그러나 만일 그 증언이 그의 철학적 교양에서 나온 것이었더라면 — 하지만 그는 그것을 갖추지도, 그것을 찬양해본 일도 없는 사람이다 — 그러한 무게를 지니지 못했을 것이다. 이처럼 때로는 문외한도 철학적 논쟁에서 공정한 관찰자로서 기여한다. 제임스 보스웰(James Boswell)의 전언에 따르면, 존슨 씨는 이렇게 말했다고 한다. "선생님, 나는 원칙에 기초하지 않은, 저 본능적이고 타고난 선은 거의 강조할 수 없습니다. 나는 그런 사람이 사회의 훌륭한 일원이 되리라는 점에서는 당신께 동의합니다. 나는 그가 옳은 것으로부터 엇나갈 만큼 유혹되지 않는 상황에 있다고 생각할 수 있습니다. 선함이 그것[선함]의 지침을 위반하려는 어떤 강력한 유혹도 존재하지 않을 때 가장 바람직한 것처럼, 이리하여 나는 그가 어떠한 해악도 끼치지 않는다고 생각할 수 있습니다. 그러나 그 사람에게 돈이 필요해지면 나는 그를 신뢰해서는 안 될 것입니다. 그리고 지금도, 젊은 숙녀분들과 함께 있는 뎀스터(Dempster) 씨를 신뢰해서는 안 될 것입니다. 그가 처한 상황에는 항상 유혹이 있기 마련이니까요"(*London Journal*, July 22, 1763). 다음 책에는 같은 내용이 약간 달라진 형식으로 나온다. *Life* ("Modern Library" ed.), 268; 또한 R. Price, *Review of the Principal Questions of Morals*, ed. D. D. Raphael, Oxford, 1948, p. 191.

67 『속설』, VIII, 276-77.

단은 사실상 이성적 도덕성의 또 다른 위대한 두 변호자인 아리스토텔레스나 듀이보다 더 날카롭다.[68] 그리고 세 번째로 칸트는 우리 인류가 인간에게 더 자연스러운 다른 것들을 가지고 순수한 도덕적 동기를 보충할 필요가 있다고 여겼다. 비록 『실천이성비판』에서는 이와 반대되는 경고를 했지만, 그것은 거기서 그가 순수한 실천이성을 고찰하고 있었기 때문이다. 사랑은 이러한 보충적 동기들 중 가장 중요한 것이다.

[『실천이성비판』의 임무인] 의무의 표상뿐만 아니라 의무의 준수가 문제일 때, 즉 누군가 ─ 물론 이런 근거를 전제하는 게 허락되는 한에서 ─ 그가 **해야만 하는** 객관적 근거가 아니라 적어도 그가 할 것이라고 기대할 수 있는, 행위의 주관적 근거를 묻는다면 ─ 그런 근거를 전제해도 된다면 그것은 역시 사랑, 곧 다른 사람의 의지를 자기 자신의 준칙 아래 자유롭게 받아들이는 일인바, 인간 본성의 불완전성에 대한 불가결한 보충물이다.[69]

이러한 사랑은 명령될 수 없다. 그것은 의무가 아니다. 어떤 사람이 경향성에 따라 어떤 것을 행하도록 명령받는 것은 자기모순이기 때문이다.[70] 그러므로 그것은, 이를테면 복음서에서와 같이 명령될 수 있는 실

---

68 『정초』, 407; 『보편사의 이념』, 제6명제(VIII, 23): "굽은 목재로부터 완전히 똑바른 것이 나올 수 있다고 누가 기대할 수 있겠는가?" 비슷한 구절이 『종교』, VI, 100에도 있다.

69 『만물의 종말』, VIII, 337-38. 비슷한 임무가 동정심에 할당된다. 동정심은 "의무의 표상만으로 성취할 수 없는 것을 행할 수 있기 위해 자연적으로 우리에게 심어진 충동이다"(『도덕형이상학』, 「덕론」, §35). 그러나 도덕교육에서는 그러한 감정들을 의무의 의식과 협력시키기보다는 경향성들의 약화를 시도하는 것이 더 낫다. 그러한 협력이 물론 더 나은 행위들로 나아가게 할 수도 있겠지만, 더 나은 사람으로 만들지는 못할 것이다(Reflexion 6722; 『실천이성비판』, 88 참조). 게다가 다른 동기들이 도덕법칙과 협업하도록 내버려두는 것도 위험하다(72). 이 구절들의 차이는 분명하다. 그러나 일종의 도덕적 상승 효과의 강조는 윤리학에 대한 순수 이론적 탐구에서보다 실천적 탐구에서 더욱 분명히 나타난다.

천적 사랑이나 다른 사람에 대한 우리의 전적인 책무를 기꺼이 완수하려는 의욕과는 구별되어야 한다. 칸트는 모든 종교적 진리의 참된 핵심이 도덕적이라는 확신에 따라 이것을 기독교가 명령하는 사랑과 등치되는 것으로 간주한다.[71]

12. 도덕교육

어떤 경로를 통해 인류는 도덕적 마음씨가 길러져 번성한 상태에 이르렀는가? 문명화된 국가에서 어린이는 어떻게 순진무구한 상태에서 도덕적 성숙의 상태로 이행하는가? 이 두 물음은 밀접히 연관되며,『실천이성비판』에서 칸트는 두 번째 물음만 다루기는 하지만, 첫 번째 물음은 그 책을 쓰기 직전 몇 해 동안 그가 마음에 품고 있었던 것이다.

계몽의 시대에 인류의 도덕 교사인 종교는 그 우월한 지위에서 점차 밀려나게 되었다. 칸트가 종교를 인류의 도덕 교사로 존중했다 해도 그에게 종교는 단지 교사일 뿐 도덕의 원천은 아니었다. 위대한 계몽철학자들은 도덕성의 보편적인 자연주의적 기원을 발견하려 했으므로, 이에 비하면 종교는 그들에게 단지 운송 수단으로 여겨졌을 뿐이다. 레싱, 헤르더, 칸트, 그리고 실러는 자유의 자연사와 더불어 도덕의 자연사를 추적하려 시도한 점에서 일치했다. 적어도 칸트에게는 자연사도, 신의 계시도 도덕성의 고유한 형식과 독특한 권위를 설명하기에 부적합했지만 말이다. 이 시도들은 그들의 역사철학이 되었고, 거기서 인류의 교육은 그들의 책들 가운데 몇몇의 제목에서 드러나는 바와 같이 핵심 주제이다.

---

70 우리는 경향성으로부터 어떤 것을 수행하도록 명령받을 수 없다.『실천이성비판』, 83;
    『만물의 종말』, 같은 곳.
71 실천적 사랑에 관해서는『도덕형이상학』, VI, 449; 이 책의 제13장 각주 13 참조.

칸트는 인류가 스스로 진보해야 한다는 점을 분명히 진술한다.

　　자연은 인간이 인간 자신의 동물적 현존의 기계적 질서를 넘어가는 모든 것을 전적으로 스스로 산출할 것을, 그리고 인간 자신이 본능으로부터 자유롭게, 자기의 고유한 이성을 통해 창조한 것이 아니라면 다른 어떤 행복이나 완전성도 그에게 분배되지 않을 것을 의욕했다.

말하자면,

　　그것은 마치 자연이 이렇게 의욕하기라도 한 것 같다. 만일 인간이 일찍이 가장 조야한 상태로부터 기술적으로 가장 숙련되고 사고방식의 내적인 완전성에 이른 상태까지 진보해왔고, 이로써 (지상에서 가능한 한) 행복을 높게 실현해왔다고 한다면, 오직 그런 인간만이 공로를 인정받아야 하고, 그런 인간만이 다만 자기 자신에게 감사해야 한다. 이는 마치 자연이 인간의 복지보다 인간의 이성적 자긍심(Selbstschätzung)을 더욱 추구하기라도 한 것 같다.[72]

인간 안에는 도덕성의 자연적 소질은 있지만 자연적 도덕성은 없다. 인간은 자연적으로 무결한 상태로부터 악으로 떨어졌다. 역사는 거기서 스스로 탈출해 나가는 점진적 과정이다. 『인류사의 추정된 기원』은 성경의 창세기를 이 타락과 그 귀결에 대한 우화로 다룬다. "자연의 역사는 신의 일이므로 선에서 시작하지만, 자유의 역사는 인간의 일이므로 악에서 시작한다."[73] 『보편사의 이념』은 인간의 사회적 계약의 역사를 추적

72　『보편사의 이념』, 제3명제, VIII, 19-20.
73　『인류사의 추정된 기원』, VIII, 115. 이 문장은 분명 루소의 『에밀』의 첫머리를 연상시킨다.

한다. 그 계약은 "비(非)사교적 사회성"(ungesellige Geselligkeit)을, 즉 자신의 동료들이 필요함에도 불구하고 그들에 대한 적개심으로부터 자연적으로 발생하는 악을 통제하는 수단이다. 헤라클레이토스가 말했듯이 투쟁은 만물의 기원이며, 그 산물은 문명화이자 질서지어진 국가이다. 이제 그 틀 안에서 인간은 이기적이지 않은 역할을, 그리고 타인에 대한 존경과 예의를 갖춘 역할을 가장한다. 이 역할은 누구도 우롱하지 않으며, "허용된 도덕적 가식"이라 불린다.[74] 그런데 이것으로부터 참된 도덕성은, 하나의 도구로서 점차 완성된 이성이 더 상위의 소명을 자각하게 될 때 생겨날 수 있다. 그때부터 도덕성의 참된 관심이 생겨나며, 이로부터 "도덕적 가식"과의 싸움이 일어나야 한다.[75]

참된 도덕적 관념들이 사회 속에서 특정하게 통용된다고 가정한다면, 어린이는 어떤 과정을 거쳐 그것들을 인지하고 존경하게 되는가? 이것이 본래 의미에서의 도덕교육의 문제이다. 칸트에게 그것은 교육학의 불가결한 특수 부문인바, 단지 방법론적 이유에서만이 아니라 그의 도덕적 평등주의 때문에 그렇다. 계몽철학자들은 건전한 윤리학이 인식에 기초해야 하고 인식의 진보가 도덕적 진보의 선결 조건이자 거의 보증수표라고 확신했지만, 다른 한편으로 실천적 인간으로서 그들은 (종교에 기초한) 철학적으로 옹호될 수 없는 통속적 도덕성을 임시도덕(Interims-Ethik)의 일종으로 허용하려 했다. 반면에 칸트는 그들의 전제는 물론이고 결론도 강력히 거부했다. 그는 당대의 어느 철학자보다 더 평범한 사람의 "평범한 도덕적 의식"을 존경했다. 그는 젊은 시절 경건주의와 루소의 영향 아래, 장삼이사(張三李四)의 흔들림 없는 도덕적 확신을 철학

---

74 『인간학』, §14(VII, 152-53): "[사교적으로] 거래되는 모든 인간적 덕은 잔돈이다. 어린아이만이 그것을 진짜 금화처럼 여긴다. 그러나 아무것도 유통되지 않는 것보다는 그런 잔돈이라도 있는 게 낫다. 결국 그것들은 상당히 에누리되더라도 금화와 교환될 수 있다."
75 『순수이성비판』, A748=B776.

적 분석의 적합한 출발점으로 삼게 되었다. 그리고 철학은 인류의 도덕 교사가 되는 데서 멀어져(8n.) 외부의 적들 — 타율적 윤리학의 철학자들 — 과 내부의 위험들 — 도덕적 광신과 신비주의 — 로부터 도덕을 지키는 임무를 맡게 되었다.[76]

이러한 평등주의적 맥락에서, 심지어 어린이에게도 도덕성을 위한 교육은 오직 소크라테스적인 방식으로 추구될 때에만 성공적이다. 엄격한 의미에서 도덕교육은 어쩌면 불가능할지도 모른다. 왜냐하면 도덕성은 의욕을 통해 불시에 일어나는 내적 혁명의 산물이며,[77] 모든 활동은 매번 마치 전적으로 새로운 시작처럼 간주되어야 하기 때문이다.[78] 그러나 우리 인간에게 덕은 늘 결함을 지니고 선함이란 선을 향한 지속적인 추구일 뿐이며,[79] 이러한 선의 추구만이 격려되고 안내될 수 있다.

"순수 실천이성의 방법론"은 칸트가 이러한 격려와 안내에서 가장 효과적인 조치들이라고 믿었던 것을 서술한다. 그 모든 것의 밑바탕에는 도덕성의 유일한 동기가 도덕법칙에 대한 존경이며, 이 법칙이 더욱 순수하게 표상될수록 동기도 더 강력해진다는 확신이 있다.[80] 따라서 덕의 본래 가치 외에 어떠한 다른 근거들 때문에 덕을 추천하는 것은 잘못이다. 왜냐하면 유용성 때문에 덕이 추천된다면, 자신의 이익을 위한 더 확실한 수단들을 찾아낼 수 있는 영리한 사람들은 어디에나 있을 것이기 때문이다.[81] 이와 마찬가지로 피해야 할 것은 어린이에게 의무 대신 과장된 공상과 실질적 기여의 사상을 불어넣는 "감상적"(sentimental, *empfindelnd*) 교육이다.[82]

---

76 『실천이성비판』, 70-71, 163; 『정초』, 405.

77 『종교』, VI, 47-48.

78 같은 책, 41.

79 같은 책, 47-48.

80 같은 책, 48; 『실천이성비판』, 157, 158, 159.

81 『속설』, VIII, 288 참조.

82 『실천이성비판』, 86. 그 자신이 소설 애호가임에도 불구하고 칸트는 공상의 위험에 대

마치 도덕적 마음씨가 어린이에게 주입될 수 있는 혈장이라는 듯이, 그것을 주입하려는 설득과 헛된 시도 대신에 칸트는 "모든 사람의 이성적 소질에 깃든, 어렴풋하게 생각된 도덕형이상학"을 드러내기 위해 소크라테스적 방법을 추천한다.[83] 그런 뒤에 그는 루소의 『에밀』의 방식으로 도덕적 문답법(catechism)을 제안한다. 그것은 어린이의 정신이 도덕적 존엄과 사물들의 가치의 본래 차이를 더 뚜렷이 인식하도록 만들 것이다.[84] 칸트의 제안에 따르면, 교육자들은 그러한 분석을 위해 역사적 사례들을 수집하고 실천적 수단으로 사용해야 한다. 그가 제시한 사례는 앤 불린(Anne Boleyn)의 재판에서 증인을 매수하려는 시도에 관한 것이다.[85] 검토 중인 행위의 본질에 대해 어린이가 명민한 판단을 할 때 이성법칙에 대한 관심이 일깨워지고, 이 법칙에 의해 어린이는 분석적 능력을 발휘한다. 이로써 아이는 교육의 최종 단계로 넘어갈 준비를 마친다. 마침내 교사는 학생이 사례들에서 "도덕적 마음씨의 생생한 현시를 통해 의지의 순수성"에 주목하도록 가르칠 것이다.[86] 이런 식으로 아이는 오직 덕으로부터 생겨날 수 있는 만족과 자기 자신에 대한 존경을 경험하게 될 것이고, 아이의 "가슴은 은밀히 자신을 짓누르고 있던 부담으로부터 해방된다"(161).

"단지 예비적 작업"인 『실천이성비판』은 구체적인 의무들의 교육을

해 경고한다(같은 책, 155, 157, Reflexion 7236).

83 『도덕형이상학』, VI, 376.

84 이에 대한 실례들은 같은 책, VI, 480ff.; *Vorarbeiten der Metaphysik der Sitten*, XXIII, 413-15에서 제시된다.

85 도덕성의 실례들에 대한 경고는 부당가정의 오류(*hysteron proteron*)에 대한 경고일 뿐만 아니라 타율과 질풍노도(*Sturm und Drang*)에 대한 경고이다(『정초』, 408-09 참조). 그러나 이는 추상적인 지침보다 더 효과적이기 때문에 도덕교육에서 유용하다(『인간학』, §75).

86 『실천이성비판』, 160. 이 "생생한 현시"를 위해 칸트는 유베날리스(Iuvenalis)를 인용한다(『풍자시』, viii., 79-84). 『종교』(VI, 49n.)와 『도덕형이상학』(VI, 334)에서도 다시 인용되는 것을 보면 그가 선호하는 시구들 중 하나임이 분명하다.

논하지는 않는다. 이것은 하나의 결의론적 문제로서 칸트는『도덕형이상학』과『윤리학 강의』, 그리고『교육학 강의』에서 그것에 착수한다.

제3부

제13장

순수 실천이성의 변증론
— 변증론 제1장과 제2장의 주해(제4~5절 제외)

1. 변증성

이론이성과 실천이성은 둘 다 같은 이유로 변증성(*Dialektik*)을 지닌다. 이를테면 그것들은 이성인 까닭에 조건지어진 모든 것의 무조건자를 구하려 하지만, 그것을 인식 대상으로 발견할 수 없다. 물론 비판이 결여될 때 이성은 그런 것을 발견한 것처럼 보이기도 한다(107). 변증론은 이성이 요구하는 바로 그것, 즉 무조건자를 어떤 구체적 인식 대상으로 여기는 일이 가상임을 폭로하는 곳이다.

변증성이 무엇인지는『순수이성비판』에서 상술되었다. 거기서 칸트는, 일반 논리학은 때때로 경험적 인식들 가운데서 추론의 설립과 평가의 규준으로 복무하는 대신에 마치 인식의 산출을 위한 기관처럼 사용된다고 말한다.[1] 그러한 기관으로 사용될 때, 논리학은 무지와 궤변에 진리의 외관을 부여하는 기술이 된다. 그러나 그러한 기술의 가르침은 철

---

1 『순수이성비판』, A61=B85.

359

학의 품격을 떨어뜨린다. 칸트는 그러한 궤변적 기술에서 생겨나는 가상의 비판을 가리켜 '변증론'이라고 부른다.

마찬가지로 선험론적 논리학은, 경험과 관련해서만 인식을 제공하는 지성의 범주들이 사물 일반 — 그것이 경험에 주어지든 주어지지 않든 간에 — 의 인식 기관으로 사용될 때 가상을 만들어낸다.[2] 이러한 방식으로 생겨나는 선험론적 가상은, 궤변적 변증술사들이 수사적 목적을 위해 만들어내듯이, 임의적이거나 의도적으로가 아니라 불가피하게, 아직 만족할 줄 모르는 사유의 요구로부터 필연적으로 생겨난다. 모든 판단의 조건은 범주들이지만, 경험이 도달할 수 없는 곳에서 그것들은 우리의 이성 사용을 위한 한갓 이념들, 규칙들, 또는 준칙들일 뿐이다. 경험으로부터 풀려나면 그것들은 불가피하게 최고로 객관적인 진리인 듯 현상한다. 어떤 경험도 그것들을 논박할 수 없기 때문이다. 우리를 속이지 못하도록 막는 비판에 의해 그 가상성이 폭로되기 전까지 그것들은 참인 듯 여겨진다. 비록 가상이 일어나는 것을 막을 수 없다 해도, 빛에 관한 법칙들에 대한 인식이 우리를 시각적 가상에서 벗어나게 하듯이, 비판은 우리가 선험론적 가상에 현혹되지 않게 한다.[3]

변증적 가상을 폭로하는 뛰어난 방법을 가리켜 칸트는 "회의적 방법"이라고 부르는데, 그것은 "확언들의 충돌을 눈여겨보는 일, 더 정확히는 충돌 자체를 유발하는 방법이다. 이는 그것들 중 어느 한 편의 우월함을 결정하기 위해서가 아니라 논쟁의 대상이 혹시 한갓 환영은 아닌지 탐구하기 위해서다".[4] 회의적 방법의 목표는 회의주의가 아니라 확실성이다. 이 방법은 가상의 폭로를 통해 이성 전체가 의심에 휩싸이지 않도록 막기 때문이다. 이론적 인식의 월권을 제한함으로써 이성의 실천적 사용

---

2 같은 책, A63=B88.
3 같은 책, A297=B353-54.
4 같은 책, A423=B451.

의 길이 열리고, 이로써 초감성적인 것과 관계된 사변적 또는 이론적 형이상학을 파괴하는 이율배반은 인간 이성이 빠질 수 있는 "가장 다행스러운 탈선"이 된다(107).

2. 순수 실천이성의 변증적 가상들

누군가는 순수 실천이성에도 변증성이 있음에 놀랄지도 모른다. 『순수이성비판』에서 칸트는 도덕철학에는 회의적 방법이 적합하지 않다고 말했다. "도덕도 그것의 원칙들을 모두 구체적으로 실천적 결과들과 함께 적어도 가능한 경험 중에서 제공할 수 있고, 그런 만큼 추상의 오해를 피할 수 있기" 때문이다.[5] 감관의 경험을 넘어서는 것이 이론을 "불확실하고 모호하고 불안정한 혼돈에 내맡기는" 이론적 변증성의 기회인 반면, 실천적 판단력은 감성적인 모든 것이 배제될 때 가장 잘 드러난다.[6] 순수 실천이성은 이론이성처럼 "월권적으로 자기 분수를 넘어서지 않을까" 걱정할 필요가 없다(3). 그것은 "도달할 수 없는 대상들 혹은 심지어 서로 모순되는 개념들 틈에서 헤매지" 않으며, 어떠한 비판도 필요하지 않다(16).

하지만 칸트는 『실천이성비판』의 서론에서 "실천이성의 판단들에 내재한 가상을 폭로하고 해결하는 변증론"을 약속했다(16). 그런데 여기서 변증성은 경험적으로 기능하는 실천이성이 제 분수를 넘어 순수 실천이성의 지위를 찬탈하려는 가상과 아무 관계가 없다.[7] 이 약속을 이행하는

---

5 같은 책, A425=B453.

6 『정초』, 404.

7 이것은 『정초』(405)에서의 "변증성"의 의미이다. "자연적 변증성"은 이성과 감성적 욕구들의 상충으로부터 생겨난다. 그것은 "엄격한 의무의 법칙을 피하기 위해 궤변을 늘어놓으려는 성향이다".

부문의 표제는 "순수 실천이성의 변증론"이기 때문이다. 여기서 변증론은 그가 서문과 서론의 첫 문단에서 말한 내용과 명백히 상충하는 듯 보인다.

그러나 실천이성은 무언가를 **인식**하기 위한 이성이 아니며, 그 실재성은 **행위**를 통해 증명된다. 의욕의 문제와 관계되는 한, 그것은 늘 "객관적 실재성"을 갖는다. 이렇게도 말할 수 있겠다. 순수 실천이성이 **실천적**인 한, 그것은 어떠한 선언적 진술도 하지 않으므로 어떠한 변증성도 없고 어떠한 가상도 산출하지 않는다. 다만 그것은 당장 실재하지 않더라도, 언제라도 가능한 행위들을 요구하고 고무하며 인도하고 판단한다. 그럼에도 불구하고 실천이성은 **이성**인 한, 행위들과 판단들 및 결단들의 무조건적 조건을 찾으려 하며, 이 작업을 할 때 "실천적 소여"들을 다루는 이론이성이 된다.[8] 칸트는 철학의 궁극적 물음들을 정식화하면서 스스로에게 묻는다. "나는 무엇을 알 수 있는가?" 이는 순수 사변적 물음이다. "나는 무엇을 해야만 하는가?" 이는 순수 실천적 물음이다. "나는 무엇을 희망해도 좋은가?" 이는 "실천적인 동시에 이론적인 물음이며, 여기서 실천적인 물음은 이론적 물음에 답하기 위한 실마리이고, 이 물음이 집요해지면 결국 사변적 물음이 된다".[9]

순수 실천이성의 변증론이 의무 수행에 기초하는 희망에서 생겨나는 변증적 가상에 제한되는 것은 아니지만, 그 가상은 변증론의 주요 문제를 이룬다. 이에 대한 모든 논의는 '실천 그 자체는 변증적이지 않다'라는 정식과 '회의적 방법은 실천철학 자체에 필요하지 않다'라는 정식에 부합한다. 그 가상들은 **도덕적 가상**이 아니라 "**도덕성에 대한** 이론적 **가상**이다. 도덕적 가상은 타율적이다. 이것은 이미 분석론(109)에서 밝혀졌다.

---

8 『순수이성비판』, Bxxii.
9 같은 책, A805=B833.

분석론에서 보았듯이, 폭로되어야 할 가상은 이론적이기 때문에 여기서 첫 비판서를 넘어서는 진보를 기대할 수는 없다. 물론 여기서는 어느 정도 다른 성과가 나오겠지만, 그럼에도 대부분의 문제는 첫 비판서의 변증론에서 이미 다루어졌다.

실천이성이 **이성**이라는 것, 그러므로 실천이성이 무조건자를 추구한다는 것으로부터 생겨나는 하나의 가상이 분명 존재한다. 실천이성은 의지의 규정근거인 무조건자를 완전성 또는 신의 의지에서 찾을 수도 있다(41). 이것이 오류임은 분석론에서 다루어졌다. 아니면 도덕성의 참된 무조건적 조건(도덕법칙)이 주어질 때, 그것은 순수 실천이성의 대상의 총체성인 무조건자를 최고선의 개념에서 찾을 수도 있고, 그것을 이론적으로 인식하려고 할 수도 있다(108). 바로 이것이 변증론에서 해소되는 문제다.

그런데 변증론에서 칸트가 더 중요한 가상으로 주목한 것은 따로 있다. 이것은 이론이성과 실천이성의 필연적 상충이 있다(121)는 가상이며, 첫 비판서에서 금지된 것이 둘째 비판서에서 허용된다는 가상이다. 변증론의 상당 부분은 이성의 자기 자신과의 이 분명한 상충을 폭로하는 데 할애된다.

3. 최고선의 개념

최고선(*summum bonum*)의 개념은 실천적으로 조건지어진 것에 대한 무조건자의 개념, 즉 다른 모든 목적을 통일하는 궁극목적의 개념이다. 궁극목적이 없으면 목적들의 체계도 없다. 추정컨대, 그 정의에 따르면 최고선은 개별적인, 즉 구체적인 사태로서 순전한 이념(*Idee*)이나 개념(*Begriff*)이 아니라 이상(*Ideal*)이라 불린다.[10] 목적들의 체계로서 그것은 단지 의지의 형식뿐만 아니라 의지의 대상도 포함한다. 분석론이 오직 도덕적 선만이 순수 실천이성의 유일한 대상이라 가르친 반면, 변증론은 의지의 모든 다양한 목표를 소외하지 않으며, 다만 그 모든 것을 하나의 체계로 종합할 수 있는 조건을 정한다. 이로써 그것은 비(非)도덕적 선들을 도덕적 조건 아래 둘 것을 요구하며, 서로 구별되는 종류의 선의 이러한 체계적 연결의 개념은 도덕성의 선험적 종합적 연결의 개념이 된다. 즉 최상선(bonum supremum)과 ("행복"[11]으로 총괄되는) 다른 선들 전부를 완전선(bonum consummatum)이라 불리는 하나의 전체로 합하는 것이다.

우리는 완전선으로 해석된 최고선과 관련해 세 가지 물음을 탐구해야 한다. (1) 그것은 도덕적 의지의 규정근거인가? (2) 그것을 추구하고 촉진할 만한 도덕적 필연성(의무)이 있는가? (3) 그것은 어떻게 가능한가? 이 절에서는 일단 앞의 두 물음을 다루도록 하자.

1. 최고선은 도덕적 의지의 규정근거인가? 아니다. 이것이 칸트가 되풀이하는 대답이다. 하지만 그의 대답은 우리의 바람과 달리 그리 명료하지 않으며, 오해의 소지가 있다. 변증론 제1장의 마지막 두 문단을 검토해보자(109-10). 첫 문단에 따르면, 오직 도덕법칙만이 도덕적 의지의 규정근거이며 그 밖의 다른 것은 타율에 복무한다. 두 번째 문단에 따르면, "최고선의 개념 및 우리의 실천이성에 의해 가능한 최고선의 현존이라는 이상도 마찬가지로 순수 의지의 규정근거이다". 그러나 이는 도덕법칙이 최고선의 개념에 포함되고, 그 개념 속에서 생각되는 한에서만 그렇다. 다시 말해 오직 최고선의 필수 성분이 되는 법칙만이 규정근거이다.[12]

---

10   같은 책, A810=B838, A840=B868.
11   최고선은 다른 명칭으로도 불린다. 예를 들어 "신국"(128), "지성계"(132), "도덕법칙 아래서의 자연적 존재들의 현존"(『판단력비판』, §86), "인간의 도덕적 사명"(『순수이성비판』, A840=B868) 등이다. 이 명칭들이 따로 논의될 필요는 없다.
12   『실천이성비판』, 109. 대상은 도덕법칙과 무관하게 정의되지 않으므로, 최고선을 대상으로 삼는 것은 그 자체로 타율을 수반하지 않는다(64). 하지만 그것이 도덕법칙과 무관하게 규정근거로 쓰인다면 타율을 수반할 것이다. 따라서 최고선에 포함된 행복은

이것은 확실히 하나의 사태를 부적절하게 이중화하는 방식이다. 최고선의 두 성분 중 어느 것에 의거하든 간에, 최고선은 의지의 독립적 규정 근거가 아니다. 최고선은 의지를 보충하지 못하고 의지의 순수성을 훼손할 수 없다. 그러나 칸트는 이 결론을 분명하게 도출하기를 꺼린다. 왜냐하면 도덕적 의지는 그 형식은 물론이고 대상도 가져야만 하며, 인간의 유한하고 감성적인 본성 탓에 최고선의 가능성 개념은 의무를 정의하기 위해서는 불필요하지만 도덕적 마음씨를 위해서는 필수적이기 때문이다.[13] 그러나 만일 "최고선의 가능성"이 그 필연적 조건을 넘어서는 어떤 것을 의미한다면, 이는 그가 앞서 더 일관되게 말했던 것, 즉 준칙 자체의 적법한 형식이 도덕적 의지의 대상 자체라는 말과 그만큼 더 양립할 수 없다.[14]

간단히 말해 칸트는 두 경우 모두 택할 수 없다. 그는 최고선이 순수 의지의 동기라고 말할 수 없고, 또 우리는 완전히 도덕적이지는 않은 객

의지의 대상일 수는 있으나 규정근거일 수는 없다. 그럼에도 불구하고 최고선이 도덕법칙을 자기의 조건으로 함유하는 한에서 최고선은 규정근거로 불릴 수도 있다. 이것은 『속설』, VIII, 280n.에서 주장된다.

13 따라서 도덕법칙과 연관해 이성이 우리의 최고 목적에 정확히 부합하는 결과를 산출하는 한에서만 이성이 인생 전체를 도덕적 준칙들 아래 복속시키는 일이 가능하다(『순수이성비판』, A812=B840; A811=B839 참조). 이것은 최고선의 조건들을 도덕법칙의 "지침에 복종하기 위한 필요조건"으로 요구할 것이다(『실천이성비판』, 132). "실천적으로 가능한 최고선의 촉진을 의도하는 법칙의 주관적 효과는 …… 적어도 최고선의 가능성을 전제한다"(143). '대상에 대한 애착'이라는 인간의 욕구를 인정하지 않으며 오직 존경만을 야기하는 법칙은 이성의 궁극적 목적을 법칙의 규정근거로 삼으려는 욕구 때문에 더 확장된다. "법칙 개념의 종합적 확장은 자신의 행위 결과에 대해 중립적일 수 없는, 욕구를 지닌 존재자인 인간의 자연적 성격을 통해 일어난다"(『종교』, 6n.). "모든 도덕성이 한갓 이상으로 간주되는 것을 피하기 위해 이성은 최고선의 가정을 필요로 한다. 도덕성을 필연적으로 동반하는 최고선의 이념이 결코 현존하지 않는다면 그러한 결과를 피할 수 없을 것이기 때문이다"(『사유의 방향』, VIII, 139). 하지만 최고선이 "도덕적 마음씨에 동기의 확고한 발판, 즉 동기의 확실한 근거이자 성공적 동력"을 제공하기 위해 필요하다는 주장은 다른 곳에서 거부된다(『속설』, VIII, 279).

14 이 책의 205쪽 이하 참조.

체를 보유해야만 하는 인간적 제한 아래에 있다고 말할 수도 없다(왜냐하면 그 조건이 행복할 만한 자격이 있는 한에서만 행복 안에 도덕이 있으며, 심지어 그런 경우에도 도덕적 가치는 향유가 아니라 자격에 있기 때문이다). 분석론에서는 최고선 개념이 자립적 동인이라는 주장은 기각되어야 했다. 최고선을 향한 희망은 사실상 의무 개념만으로 추진되지 못하는 인간을 행위로 이끄는 필연적 동기일지 모르나, 도덕적 규범에 따라 품행을 규정할 때 이러한 인간적인 ─ 너무나 인간적인 ─ 사실의 수락은 분명 자율성의 포기이다.

따라서 최고선의 현존 또는 그 가능성조차도 그가 분석론에서 확립한 견해와 일관된 것이라고 주장될 수 없다. 즉 그것은 참된 도덕성의 동인으로서 논리적으로 또는 윤리적으로 필연적이라고 주장될 수 없다. 기껏해야 그 희망은 도덕성의 외양을 위해서, 어쩌면 인간이 획득할 수 있는 최고의 외양을 위해서 심리적으로 필요하다고 할 수 있겠다. 그러한 가능성에 대한 믿음은 순수하고 자율적인 도덕성의 적법한 동반자일 수 있겠다. 그러나 바로 이 "일 수 있겠다"가 "이다"로 바뀔 수 있는가? 이것은 경험적인 물음이며, 그에 관한 일관된 대답은 칸트의 저작 어디서도 찾을 수 없을 것 같다.

2. 실천과 관련해 최고선은 도덕법칙과 어떤 관계인가? 칸트에 따르면, 우리는 최고선의 실현을 추구하도록 이성에 의해 명령받는다. 그런데 최고선이 가능하지 않다면 도덕법칙은 허상일 것이다.[15] 바로 이 점이 그가 최고선의 가능성의 증명을 필수적이라고 생각한 이유일 것이다.

하지만 칸트는 이성의 이러한 명령을 독자들에게 소개하는 일을 대개 소홀히 여겼다. 정언명령의 정식 중 어느 것도 이러한 내용을 담고 있지 않았다. 법칙이 우리에게 요구하는 것과 직접적으로 관계된 저작인 『도

---

15 『실천이성비판』, 114. 이것은 다른 곳에서 강력히 부인된다. 이를테면 같은 책, 142-43; 『판단력비판』, §87(V, 451).

덕형이상학』에서는, 그가 여기서 전개하는 바로 그 개념인 최고선이 "의무인 동시에 목적"에 속하지 않는다. 이성의 이러한 명령이 왜 충분히 해설되지 않았는지 납득하기는 쉽다. 현존하지 않기 때문이다.

정언명령은 최고선의 개념 없이도 개진되지만, 적어도 최고선은 정언명령과 무관하게 별개의 명령으로 현존하지 않는다. 만일 내가 최고선의 촉진을 위해 도덕적 명령의 요구대로 하려고 온 힘을 다한다고 하자. 이때 나는 무엇을 해야 하는가? 그저 내가 이미 알고 있는 법칙에 대한 존경으로부터 행위하라. 이것 외에 나는 공과에 따라 행복을 분유하는 일을 절대로 할 수 없다. 그런 일은 포도밭의 일꾼이 아니라 우주의 도덕적 지배자의 소관이다. 그것은 **나의** 일이 아니다. 내 임무는 내 능력의 범위에서 최고선의 하나의 조건을 실현하는 일이다(143n.). 의무의 요건을 충족하는 명령과 구별되는 방식으로 최고선을 추구하라는 명령이 있다고 말하는 것은 칸트의 학설에 대한 심각한 오해이다.

따라서 앞서 제기된 세 물음 중 앞의 두 물음은 부정으로 대답되어야 한다. 최고선은 하나의 종합적 개념이지만, 그로부터 이끌어낸 모든 도덕적 귀결(동인 또는 대상)은 전체(완전선)가 아니라 그중 한 성분(최상선)에서 도출된 것이다.

문제의 진실은 최고선의 개념이 결코 실천적 개념이 아니라 이성의 변증적 이상이라는 점이다. 최고선은 칸트 철학이 담지할 수 있을 어떠한 실천적 귀결과 관련해서도 중요하지 않다. 실천적 문맥에서 그것은 오직 최상선의 개념에서 도출되었다는 것 외에는 아무 의미가 없기 때문이다. 이성의 건축술적 의도에서는 이성의 두 가지 입법,[16] 즉 이론적인 것과 실천적인 것을 하나의 이념 아래, 즉 도덕형이상학과 전적으로 구별되는 실천적-독단적 형이상학 아래 통일하는 일이 중요하다. 이성은 목적

---

16 최고선의 가정은 명백히 이론이성에 할당된다. 『순수이성비판』, A809-B837; 『판단력비판』, §§83-84; 『순수이성비판』, A839=B867 참조.

들의 혼돈을 참을 수 없다. 그것은 하나의 체계 내에서 목적들이 선험적으로 종합되기를 요구한다. 공정한 관찰자는 행복과 행복할 만한 자격의 어긋남에 찬동할 수 없지만, 자연과 도덕법칙 양자에서 칸트는 둘 간의 우연한 연결만을 발견할 수 있을 뿐이다. 따라서 만일 우리가, 이성이 그 자신의 만족을 위해 (그 신임장이 제시되기 훨씬 전에 권위와 더불어 명령하는 법칙에 대한 복종을 위해서가 아니라) 요구하듯이 목적들의 체계를 구상하려 한다면, 그러면 우리는 최고선이 가능하다고 가정해야 한다. 그러나 우리는 최고선의 가능성이 도덕성에 직접 필연적이라고 생각함으로써, 또는 우리가, 도덕법칙의 내용이나 대상에 의해서가 아니라 형식에 의해 규정된 우리의 의무와는 구별되는 최고선을 촉진할 의무를 지닌다고 생각함으로써, 칸트가 범한 오류에 빠져서는 안 된다.

4. 순수 실천이성의 이율배반

내가 방금 이끌어낸 결론을 받아들이는 독자라면 최고선 개념의 이율배반의 중요성을 거의 발견할 수 없을 것이다. 하지만 일관성 없게도 도덕법칙이 최고선의 가능성 또는 불가능성과 더불어 세워지거나 무너진다고 믿음으로써[17] 칸트는 이율배반에 상당히 과장된 중요성을 부여한다. 그는 "순수 실천이성의 자기모순"의 폭로가 우리로 하여금 비판에 착수하도록 강요한다고(109) 말하며, 『순수이성비판』의 이론적 이율배반과 동일한 역할을 이 이율배반에도 부여한다.[18] 분명 이것은 단지 상투어에 지나지 않으며, 우리가 그 이율배반을 검토할 경우에 우리는 실

---

17 『순수이성비판』, A811＝B839; 『실천이성비판』, 114.
18 이 책의 제2장 각주 4 참조. 하지만 『형이상학 서설』(§52 n.)에서 그는 이론적 이율배반의 유일성을 확언한다.

제로 그것이 이 위대한 역사적이고 체계적인 부담을 짊어지기에는 아주 보잘것없음을 목격할 것이다. 따라서 우리는 애석하게도 칸트가 통상 보여주던 뛰어난 기량이 이율배반의 논의에서 그다지 두드러지지 않음을 확인하게 될 것이다.

먼저 나는 칸트의 논변을 요약한 다음에 그의 의도와 합치하기 위해 어떠한 개정이 필요한지 고찰하겠다.

스토아학파와 에피쿠로스학파는 행복으로 인도하는 동인들과 덕의 동인들을 동일시하면서 최고선을 단순 개념으로 여겼다. 하지만 최고선은 주어의 분석을 통해 술어가 발견되는 단순 개념이 아니라 서로 독립적 두 성분을 지닌 종합적 개념이다.[19] 그러나 그것은 선험적 개념이다. 이성은 두 항 간의 필연적 연결을, 즉 행복할 만한 자격에 비례하는 행복을 요구하기 때문이다.[20]

그것이 종합적 개념인 한, 두 성분의 연결은 근거와 귀결의 관계여야 한다. 이 관계는 두 가지 가능성을 지닌다. 정립 명제: 행복 추구는 도덕성의 필연적이고 충분한 근거이거나 동인이어야 한다. 반정립 명제: 덕의 준칙은 행복의 필연적이고 충분한 조건이어야 한다.[21] 정립 명제는 분석론에서 밝혀졌듯이, 절대 불가능하다. 반정립 명제는 우리가 경험상 알고 있듯이, 이 세계 내에서 불가능하다. 왜냐하면 여기서 행복은 마음의 순전한 의도와 순수성이 아니라 상황과 영리함에 의존하기 때문이다. 이 세계 내에서 그것들의 연결은 모두 우연적이고 우발적이며, 이는 필연적 연결을 향한 이성의 요구를 충족하지 못한다. 그러므로 연결은 분석적이지도 않고 선험적으로 종합적이지도 않으며, 따라서 최고선의 개

---

19 스토아학파와 에피쿠로스학파는 피분석항(*analysandum*)을 무엇으로 보는가에서는 서로 다르지만, 종합적 개념을 부정한다는 점에서는 같다(『실천이성비판』, 112).

20 같은 책, 111, 113.

21 같은 책, 113. 여기서 내가 제시한 정립과 반정립의 두 이율배반적 명제는 칸트 자신의 서술이 아님을 밝혀둔다. 나중에 지적하겠지만 여기에는 논쟁의 여지가 있다.

넘은 "이성의 편에서는 불가능하다". 이율배반의 폭로와 더불어 최고선을 필연적 객체로서 추구하라고 명령하는 도덕법칙 역시 무효화될 수 있다.

그런데 두 번째 가능성의 경우에 절대적으로 그런 것은 아니다. 그것은 그 연결을 자연법칙과의 조화 아래서 찾으려고 가정하는 한에서만 그릇되며, 그때조차 단지 주관적으로만 그르다. 즉 우리의 이성은 어떻게 그것이 가능한지 상상할 수 없지만, 그것이 불가능함을 입증할 수도 없다(145). 인간의 초자연적 본성에 정립 명제의 진리를 할당함으로써 해소된 자유의 이율배반과 마찬가지로, 여기서 이율배반은 두 성분의 연결이 지성계에 할당됨으로써 해소된다. 이리하여 우리가 덕과 비례하는 행복의 분배에 필요한 힘을 가진 도덕적 존재에 의해 지배받는 지성계가 있다고 가정하면 최고선의 **가능성**은 확립된다.[22]

칸트는 그렇게 생각했다. 하지만 우리는 여기에 엄밀한 의미에서 이율배반이 없다는 점을 분명히 해야겠다. 첫째, "순수 실천이성의 자기모순"이 다루어진다는 그의 진술(109)에도 불구하고, 두 명제는 서로 모순되지 않는다. 둘째, 각 명제는 독립적인 근거를 갖지 않는다.[23] 그것들 중 하나는 그 자체로 거짓이다. 이율배반 전체는 고안되었고 인위적이다. 셋째, 우리는 그 해결이 칸트가 제안한 것처럼 제3이율배반과 유비적이라고 생각할 수 없다. 제3이율배반에서는 반정립 명제가 현상계에서, 정

---

22 같은 책, 119. 그 논증은 지성계를 통해 매개되지 않은 행복과 덕의 연결이 논의됨으로써 중단되었다(115-16). 이 문단들은 다른 나머지 논의와 별개로 떼어내어 "주해"라 부르는 편이 낫다. 이 점은 이미 제12장에서 다루어졌다.『순수이성비판』에 따르면, 최고선에서 덕과 행복의 연결은 신의 중재가 없는, 완전한 존재자들의 지성계에서 가능해지며, 이는 "자기 보상적 도덕성의 체계"라 불린다(A810=B838). 그러나 우리는 그런 체계로 충분치 않다. 아니 차라리 우리가 그 체계에 충분하지 않다고 말해야겠다.

23 이율배반의 각 명제는 "그 자체로는 모순이 없을 뿐만 아니라 그 필연성의 조건들을 이성의 본성 가운데서 발견하기까지 한다. 다만 애석한 것은 정반대의 확언 역시 그 편에서는 마치 타당하고 필연적인 근거들을 지닌다는 점이다"(『순수이성비판』, A421=B449).

립 명제가 지성계에서 변호된 반면, 여기서 정립 명제는 전혀 변호되지 않기 때문이다.

사정이 이렇다 하더라도 칸트의 의도에 더 부합하는 방향으로 이율배반을 다시 정식화하는 일은 가능하다. 나는 두 가지 정식화를 제안하겠다.

1. 정립 명제: **덕의 준칙은 행복의 원인이어야 한다.**

반정립 명제: **덕의 준칙은 행복의 작용인이 아니다.** 행복은 자연법칙의 인식에 대한 성공적인 적용에 따라서만 귀결될 수 있기 때문이다.

이것이 실제 이율배반이다. 명제들은 모순이지 반대가 아니다. 각각은 이성의 피할 수 없는 관심(도덕적 관심과 이론적 관심)을 표현한다. 그리고 각각은 이 관심들 중 하나를 위한 참된 정식이다. 게다가 이 이율배반의 해결은 제3이율배반의 해결과 일치한다. 반정립은 (덕의 편에서 보자면 안타깝지만) 감성계에서는 참이다. 털을 갓 깎인 어린 양도 모진 바람을 피할 순 없으며, 비는 정의로운 자에게나 불의한 자에게나 똑같이 내린다. 정립 명제는 "감관의 한갓 객체인 자연" 안에서 거짓이다(115). 그러나 지성계에서 유효한 법칙들(인격의 도덕적 의도의 법칙들)에 따라 (자연적 조건들 아래에서, 즉 감성계 내에서)[24] 행복을 분배하는 도덕적 통치 체제를 지닌 지성계가 존재한다면, 그 명제는 참일지도 모른다. 따라서 덕의 추구에 비례하는 행복의 희망은 그 가능성 자체가 배제되는 건 아니다.

이율배반에 대한 다른 진술[25]도 가능하며, 이것은 철저히 최고선에 주

---

24 칸트는 작용 결과가 감성계에 존재해야 한다고 말한다. 따라서 그는 이 보상의 자리로 서 다른 세계에서의 행복이 필요하기 때문에 불멸성의 요청에 기대는 것이 아니다. 그러나 이승에서 덕과 복의 조정은 없다. 내가 별개의 논의로 분리할 것을 제안한 네 문단, 이른바 "도덕성의 자기 보상적 체계에 대한 주해"는 이승에서의 도덕적 만족이 행복해지는 것이라고 말하지 않는다. 최고선에서의 행복은 내세의 것으로 암시될 뿐, 자연 체계 아래서 이루어지지 않는다. 따라서 영혼 불멸의 요청을 논하기 전에, 우리는 이 모호함, 즉 우리가 이 개념에서 발견하게 될 많은 모호함 가운데 첫 번째로 이것을 다루어야 한다(이 책의 제14장 제4절 이하 참조).

25 이것은 메서의 제안을 약간 수정한 것이다. A. Messer, *Kants Ethik*, 1904, p. 88.

의를 집중시킨다는 장점을 지닌다.

2. 정립 명제: **최고선은 가능하다.** 증명: 도덕법칙은 그것을 요구한다.

반정립 명제: **최고선은 불가능하다.** 증명: 덕과 행복의 연결은 분석적인 것도, 선험적으로 종합적인 것도, 경험적으로 주어진 것도 아니다.

해소: 반정립 명제는 자연법칙이 배타적 주권을 갖는 감성계에 대해 참이다. (근거로서의) 덕과 (귀결로서의) 행복의 종합적 연결은 **절대적으로** 불가능한 것은 아니기 때문에 정립 명제는 지성계에 대해 참일 수 있다.

각각의 정식화로부터 우리는 최고선의 개념이 불가능하지 않음을 확인할 수 있었다. 이리하여 최고선이 도덕적으로 필연적이라는 확신과 함께 칸트는 최고선의 실현 가능한 조건들에 주목하는데, 최고선은 우리의 지배와 권한 아래 있는 조건들 가운데 사실상 유일한 조건인 도덕성에 다른 조건들이 부가되는 한에서만 실현될 수 있다.[26]

5. 이론이성에 대한 실천이성의 우위

물음은 이렇다. 우리에게 이성 개념들을 사용할 권리가 있는가? 그리고 이론이성에 의해 구획된 인식 영역을 넘어서는 이성 개념들의 대상들을 승인할 권리가 있는가? 단순히 실천의 관심이 이론의 관심을 능가한다는 지적만으로는 충분하지 않다. 이론만으로 제3이율배반의 정립 명제와 반정립 명제가 결정된 것은 아니다. 이론이 이성의 유일한 사용이라고 한다면, 실천의 필요로 인해 결정을 내려야 할 상황에서 이론은 결정하지 못하는 동요 상태에 우리를 남겨둘 것이다.[27] 이 결정은 실로

---

26 (『실천이성비판』, 110에서 언급된) 임무의 이중적 구분은 이것과 연관된 것처럼 보인다. 그러나 이 구분은 변증론의 이어지는 절들을 구획하는 데 실제로 복무하지 않는다. 아마 칸트는 다른 두 요청들을 도입하기에 앞서 자유의 요청을 더 폭넓게 다루고자 의도했을 것이다. 그런 뒤에야 이 구분의 적용이 가능해졌을 것이다.

정립 명제의 편에서 본 결정이다. 정립 명제와 반정립 명제 사이에서 결정을 내리는 일에 대한 이론이성의 실패는 독단주의가 필요로 하는 "신앙"에 우리가 종사하게 하지만, 신앙에 대한 "학문의 형식"을, 즉 그 체계적 이성적 구조를 밝힐 수는 없을 것이다.[28]

순수 실천이성의 기능에 대한 분석론의 증명 이후, 이제 결정해야 하는 것 가운데 임의성 또는 비합리성의 잔존물은 없다. 우리는 "이성"과 "신앙"의 대비가 아니라 이론이성과 이론을 넘어서는 선험적 능력인 "이성신앙" 사이의 대비를 갖는다. 대비는 있지만, 반대가 필연적이지는 않다. 왜냐하면 (a) 상반되는 관심을 가진 두 이성이 아니라 두 관심을 가진 하나의 이성만이 있으며(121), (b) 실천이성은 우리가 이론이성이 수립하는 것과 상반된 방향으로 나아가도록 요구하지 않기 때문이다. 고전적 신학 용어로 말하자면, 신앙의 대상은 **이론**이성의 대상을 넘어가지만, 이성의 대상을 넘어가는 것은 **절대** 아니다. 이론이성의 대상과 상반되는 한, 신앙의 대상은 타당하지 않다.

이론이성은 무조건자에 도달하려고 추구함으로써 극한까지 탐구를 추구한다. 이로써 이론이성은 무조건자에 대한 어떠한 인식도 획득할 수 없지만, 이러한 인식 기능의 실행에 기여하는 모든 것에 관심을 둔다.[29] 따라서 이론이성의 참된 관심은 무조건자에 대한 특정한 인식이나 정의가 아니라 오직 사변의 어리석음의 제한에 있다. 실천이성의 관심은 "완전한 궁극목적과 관련해 의지의 규정"에 있고(120), 이러한 목적의 가능

27 『순수이성비판』, A475=B503.

28 같은 책, A470=B498.

29 칸트는 "관심"이란 용어를 일관성 없이 사용한다. 그는 관심을 (a) 능력의 사용 목적 및 (b) 그것의 실행을 전개하는 원리와 동일시한다. 이리하여 이론이성의 관심은 (a) "최고로 선험적인 원리에 이르기까지의 객체들의 인식"이고, (b) 질서정연한 진보를 방해하는 "이성의 기형들"을 통해 위반될 수 없는 한계 설정이다. (b)의 의미에서의 관심은 사변적 어리석음의 제한이다(『실천이성비판』, 120, 121). 이론이성의 관심은 독단적 형이상학자에게(a)로, 칸트와 같은 비판적 형이상학자에게(b)로 나타난다.

성을 입증하는 모든 것은 실천적 관심을 촉진한다.

두 관심은 표면적으로 상충하는 것처럼 보이지만, 이론이성의 관심이 성취할 수 없는 어떤 목적(사물 자체의 인식)이 아니라 단지 학문의 질서 정연한 진보를 확보하는 데 있다면, 그리고 실천이성의 관심이 인식이 아니라 행위의 규정에 있다면, 두 관심은 서로 대립하지 않는다. 그러면 후자의 관심을 촉진하는 판단은 전자의 관심과 양립할 수 있다. 그런데 이 판단은 이론적으로 참으로 간주된 인식판단이 아니라 다만 요청일 것이다.

『순수이성비판』은 그 자체로 이성의 이론적 관심을 넘어서는 실천적 관심의 우위를 확언할 여지를 마련해두었다. 사변이성은 순수 실천이성이 필요로 하는 이념들에 아주 작은 관심을 가진다.[30] 하지만 사변이성이 그 자신의 목표를 위해 필요로 하는 이념들은 순수 실천이성이 필요로 하는 이념들과 같다.[31] 그리고 이론이성은 그 이념들을 단지 미정적 개념들로서만 제시할 수 있다.[32] 만일 이론이성과 상충이 있었더라면, 실천이성은 자기편에서 "소유권"을 놓고 경쟁에 나섰을 것이다.[33] 대립이 없을 때, 문제는 오로지 어떤 준칙을 따라야 하는가와 관계된다. 말하자면 어떠한 비(非)경험적 대상들의 인정도 완고하게 거부하는 준칙인가(에피쿠로스의 규준), 아니면 선험적인 실천원칙과 불가분하게 결합되어 있지만 "사변이성의 어떤 가능한 통찰을 벗어나는(물론 모순되어선 안 되겠지만) 특정한 이론적 입장"(120)을 인정하는 준칙인가가 관건이다. 우위의 학설은 조화의 질서 대신 종속의 질서를 확립함으로써 관심의 차이가 양

---

30 『순수이성비판』, A798＝B826.

31 같은 책, A796＝B824.

32 같은 곳: "순수 이성은 자신에게 커다란 관심을 이끌어오는 대상들을 예감한다. 이성은 이것들에 다가서기 위해 순전한 사변의 길에 들어선다. 그러나 이것들은 이성에게서 달아난다."

33 같은 책, A777＝B805.

립 불가능성으로 이어지는 것을 방지한다. 이 종속의 질서에서 "모든 관심이 궁극적으로 실천적"이라는 이유로 실천적 관심은 우위를 점한다.[34]

만일 이러한 "이론적 입장들"이 실천적 관심을 통해 **요구될** 뿐만 아니라 **상충** 없이 자기 자신의 관심을 넘어섬을 이론이성이 보장할 수 있다면, 이 우위도 보장된다. 칸트는 그러한 요건이 실천이성의 이율배반의 해결과 최고선 개념의 필연성을 통해 구비되었다고 주장한다. 『실천이성비판』의 변증론 제2장의 제6~9절은 상충이 없음을 확립하는 데 할애된다.

6. 실천이성의 요청들[35]

칸트는 처음부터[36] 자신이 『실천이성비판』에서 쓰고 있는 "요청"(*Postulat*)을 수학자의 용어법인 '공준'과 혼동하지 말라고 경고한다. 그런데 오늘날 수학자에게 공준은 칸트가 생각했던 것과 다르기 때문에 문제들을 명료하게 하려던 칸트의 부연 설명은 (그 자신의 잘못은 아니지만) 오히려 더 모호하게 만드는 데 일조한다. 따라서 우리는 수학적 공준을 더 자세히 다룰 필요가 있다.

칸트와 그의 동시대인에게[37] 수학의 공준은 대상의 가능성이 선험적으로 인식될 때 대상의 종합을 위한 규칙을 직관에 부여하는, 자명한 실천명제(즉 기술적-실천명제)이다. 수학적 증명은 직관상에서 대상을 구성

---

34 같은 책, A816=B844; 『실천이성비판』, 121.

35 구체적인 요청들은 이 책의 제14장에서 논의될 것이다.

36 『실천이성비판』, 11n.; 『순수이성비판』, A234=B287 참조: "수학에서 공준은 오로지 종합을 함유하는 실천명제이고, 이 종합을 통해 우리는 비로소 우리에게 대상을 주며, 대상의 개념을 산출한다 ……." 또한 『논리학 강의』, §38; Reflexion 4370 참조.

37 C. Wolff, *Philosophia rationalis sive logica*, §269; Baumgarten, *Acroasis logica*, §250 참조.

하는 수단들에 의한 것이며, 공준은 그러한 구성을 위한 선험적 규칙이다. 이를테면 원을 구성하는 행위의 가능성이 요청받는 경우에 공준은 다음과 같다. "원의 중심 C의 둘레로 반지름 CA 또는 지름 AB인 원을 그리기."[38] 현대 수학에서 "공준"이란 낱말의 쓰임새는 칸트의 수학이론에서와 다르며, 사실상 그의 도덕철학의 의미에 훨씬 가깝다. 현대 수학은 "구성적"이라기보다 "연역적"이 되었고, 이제 공준은 특정한 수학적 목표의 성취를 위해 만든 가정이기 때문이다. 이리하여 공준은 이제 18세기의 방식으로 "하나의 점을 통해 하나의 선과 평행선을 구성하는 것"이라기보다는 "평면상의 하나의 선 외부에 있는 하나의 점을 통해서는 오직 하나의 평행선만이 존재한다"라는 가정이다. 이제 공준은 오직 직관적으로 확실하지 않다는 점에서만 공리(Axiom)와 다르며, 실천적이 아니라 이론적이라는 점에서는 공리와 같다. 오늘날에는 수학이 게임이론을 일반적으로 인정함으로써 공리와 공준의 차이는 단지 말뿐인 것이 되었다. 이에 반해 칸트에게서 공준은 직관적으로 확실하지 않다는 점뿐만 아니라 이론적이 아닌 실천적이라는 점에서도 공리와 달랐다. 그에게는 어떠한 철학적 명제도 공리적이지 않았다.[39]

그런데 철학에서 요청은 필연적 법칙의 승인으로부터 귀결되는 대상의 가능성 또는 현실성[40]의 진술이다. 실천명제는 법칙(정확히 말해 법칙과 결부된 명령)이다. 요청은 이론명제이지만, 이론적으로(즉 필증적으로) 확실한 명제는 아니다.

마찬가지로 칸트는 가설과 요청을 구별한다.[41] 어떤 X가 — 단지 현실

---

38 G. Martin, *Arithmetik und Kombinatorik bei Kant*, Itzehoe, 1938, pp. 19, 21 참조.
39 『순수이성비판』, A732 = B760; 『현상논문』, II, 278ff.
40 이것은 각각 『실천이성비판』(134)에서 진술된다. 또한 이 책의 제14장 각주 1, 2를 보라.
41 또한 전제와 요청도 구별한다. "우리는 장차 도덕법칙들에 대해서는 그것들이 하나의 최고 존재자의 현존을 단지 전제할 뿐만 아니라 또한 그것이 다른 방면의 고찰에서는 단적으로 필연적이므로, 당연히, 물론 단지 실천적으로만 요청한다는 사실을 제시할 것이다"(A634 = B662). 『실천이성비판』(142)에도 비슷한 구절이 있다.

적이든 필연적이든 간에 — 주어져 있고 Y가 오로지 X가 가능하다고 인식되는 조건 아래에서만 선험적으로 인식된다면, Y는 요청된다. 아니면 Y는 그것이 X의 설명을 위해 단지 가정되는 한에서만 가설적으로 세워진다.[42] 때때로 칸트는 그 차이가 마치 X의 설명에 포함된 의도들의 본성에 놓여 있다는 듯이 쓴다. 만일 X가 필연적이고 Y가 X에 선험적으로 불가결하다면, 그때 Y는 요청된다. 그리고 설령 Y가 X에 필연적이라 하더라도 만일 X의 인식이 임의적(이론적) 목표라면, Y는 가설적이다.[43] 바로 이러한 취지에서 칸트는 이를테면 도덕성(우리가 도식에서 X로 표기한)이 필연적이고 신은 그것에 불가결하기 때문에 우리는 신의 현존을 요청해야 하지만, 다른 한편으로 자연신학이나 사변형이상학에서 — 그 개념이 보다 본질적이지 못해서가 아니라 그 목표가 임의적이기 때문에 — 신은 단지 가설적이라고 말했다. 게다가 가설은 인식 내용의 증대를 통해 확실성에 이를 수 있는 인식의 일종(말하자면 과학적 가설)이거나, 혹은 단지 이성의 주관적 필요에 기초한다면 그것이 인식임을 자처한다 해도 도저히 인식의 위엄에 이를 수 없는 한갓 가정일 뿐이다. 반면에 요청은 새로운 사실들을 통해 보충되거나 수정되지 않으며, 그것이 적합하게 이해될 때에도 객관적 인식임을 자처하지 않는다. 그럼에도 불구하고 그것은 "종류상 전혀 다를지라도 정도상 어떠한 인식보다 열등하지 않다".[44]

다음으로 『실천이성비판』에서 요청은 "하나의 이론명제, 그러나 그것이 선험적으로 무조건적으로 타당한 실천법칙과 뗄 수 없이 결부되는 한에서 증명될 수 없는 이론명제이다"(122). 법칙은 행위를 요구하지 이론적 귀결의 승인을 요구하지 않는다. 우리는 그 이론적 귀결을 수용하

---

42 같은 책, A633＝B661. 따라서 요청은 『실천이성비판』에서 "가설적 필연성"이라고 불린다(11n.).
43 『실천이성비판』, 11n.; 『사유의 방향』, VIII, 141.
44 『사유의 방향』, VIII, 141.

지만, 그 까닭은 그 귀결이 명령되어서가 아니라 우리 자신을 도덕법칙 아래에 둘 때 그것이 "우리의 판단을 규정하는 원리이자, 물론 필요로서 주관적이기는 하지만, 동시에 객관적으로(실천적으로) 필연적인 것의 촉진 수단으로서는 도덕적 의도에서 참으로 여김의 준칙의 근거이기 때문이다".[45] 말하자면 최고선을 추구하라는 명령이 나에게 주어진다고 해보자. 나는 오로지 객관적으로 최고선이 가능하다는 조건과 주관적으로 내가 최고선의 가능성을 믿는다는 조건 아래에서만 그 명령을 따를 수 있다. 그러나 내가 어떤 것을 **믿으라는** 명령을 받은 것은 아니다(144). 그때 내가 객관적 증거 없이는 어떤 것들이 가능함을 인정하지 않는다고 한다면, 나는 내가 할 수 없는 일을, 또 내가 마땅히 해야만 한다고 인정하지 않는 일을 하라고 명령받은 것이 된다.

그런데 우리가 제3절에서 다룬 대로, 만일 최고선을 추구하라는 명령이 그저 내 의무를 다하라는 명령이라면, 도덕법칙과 요청의 밀접한 연결은 (자유의 요청을 제외하고는) 확립될 수 없다. 칸트는 이 연결이 이성적이라고 여기지만, 실상 그것은 말하자면 사변형이상학에서 (가설의 대상인) 신의 현존의 가정이 필요한 것과 마찬가지로, 주관적으로 이성적일 뿐이다. 그것은 인식이 아니라 한갓 "실천의 타당성"을 의미하는 "실천적 실재성"만을 지닌다. 하지만 사실상 이것조차 너무 과한 요구이다. 왜냐하면 인간은 자신의 의무 수행을 위해 (신앙의 형식으로) 어떤 보충물이 필요하다는 점에서 자연적 성격을 지니기 때문이다.[46] 이러한 사실

---

45 『실천이성비판』, 146. 『철학에서 임박한 영구평화조약 체결 고지』에는 —『영원한 평화를 위하여』와 혼동하지 않기를 — 요청이 어떤 대상으로 향하는 명령이 아니라 특정 준칙의 명령이라는 진술이 나온다(VIII, 418n.). 이는 (명령을 의미하는) 법칙이 실천적 요청이라는 칸트의 진술(『실천이성비판』, 46) — 그러나 같은 책, 132에서는 부정되는 진술 — 에는 부합하지만, 이 고립된 진술을 『실천이성비판』의 세부 사항들과 조화시키기란 불가능하다. 실제로 저 논문의 본론조차 이 주석에서의 진술과 조화시키는 것이 불가능하다. 저 논문의 본론에 따르면, 요청은 인식 불가능한 대상에 대해 실천적으로 필연적인 이론명제이다.

에 비추어볼 때, 칸트가 토마스 비첸만(Thomas Wizenmann)이 제출한 난제를 충족했다는 말에 동의하기는 힘들다(143n.).

최고선의 현존을 믿고자 하고 그 조건들의 현존을 요청하고자 하는 이성의 필요(*Bedürfnis der Vernunft*)는 "의지의 객관적 규정근거"로부터 실제로 생겨나지만, 이는 오직 "인간에게 불가피한 제약들" 때문에 생긴다. 따라서 그것은 "순수 이성의 필요"가 아니라 너무나 인간적인 이성의 필요이다. 하지만 나의 이러한 비판을 통해 칸트가 "신앙에의 의지"의 실용주의적 지지자들 틈에 편입되는 것은 아니다. 그 전형적 대표자인 윌리엄 제임스(William James)는 순수 이성이 자신에게서 실천적일 수 없다는 바로 그 이유에서 "신앙에의 의지"로부터 발원하는 "신앙의 권리"를 주장했다. 신앙의 실용적 필요는 이성이 우리가 도덕적이기 위해 참이라고 믿어야만 하는 것의 증명에 실패했다는 데 있다. 이러한 곤경 속에서 실용주의자는 우리가 "정념을 지닌 우리의 본성을 고려"할 권리가 있다고 주장하는 반면, 칸트는 한갓 이론적 인식능력을 넘어서는 이성을 고려하자고 제안한다. 따라서 칸트는 실용주의자가 결여하고 있는 신앙의 이성적 기준과 동기를 가진다. 그러나 내 논증이 정확하다면 **순수** 이성에게 요청들이 필요할 근거는 없다. 이는 순수 이성이 어떤 필요도 보유하지 않아서가 아니라 그것의 필요가 도덕적 명령의 정식화에 국한되기 때문이다. 만일 칸트가 "이성"이란 용어를 더 넓은 의미로, 즉 인간적 제약들 아래서 선의 촉진에 관계하는 것이라는 의미로 사용했다

---

46 "모든 인간이 (마땅히 그래야만 하듯이) 오직 순수 이성의 지침만을 법칙으로 간주하는 한, 그들은 [의무의 성취의 동기를] 충분히 가진 것이다. 세계의 운행이 야기할 도덕적 행실의 결과에 대해 그들이 무엇을 더 알 필요가 있는가? 그들은 자기 의무를 수행하는 것으로 충분하다. 설령 이승에서의 삶이 전부이고 어쩌면 행복할 만한 자격에 행복이 결코 부합하지 않는다 해도 그렇다. 그런데 이것은 인간이라면 피할 수 없는 한계에 기인한다 ……"(『종교』, VI, 7n.). 『정초』에서는 도덕철학이 이론철학보다 훨씬 더 인간 이성 특유의 본성을 격려한다는 진술이 있다(411-12). 요청의 학설은 분명 이것과 상충한다. 『정초』의 진술은 의무와 요청의 정식화가 아니라 법칙의 정식화와 관계된다.

면, 칸트와 실용주의자들 간의 의견 차이는 주로 표현상의 차이에 지나지 않았을 것이고, 칸트가 비첸만에게 답하는 방식이나 제임스가 자신의 논적들에게 답하는 방식이나 그 취지는 매한가지였을 것이다.

다시 칸트의 원문으로 돌아가보자.[47] 사변이성에게서 미정적이었던 명제들은 이제 대상들을 가진다는 것이 밝혀졌다(134). 그렇지 않았더라면 그 명제들의 비(非)현존은 법칙을 헛되이 만들었을 것이다.[48] 의무를 다하고자 의욕할 때, 설령 내가 글자 그대로 신에 대해 도덕적으로 확신한다 해도, 나는 신의 현존을 인식하지 못한다. **신의 현존**은 확실하진 않지만 **나**는 확실하다.[49] 주어진 의무를 다하고자 의욕할 때, 나는 마치 신이 현존하는 것처럼 행위하거나 "나는 신의 현존을 의욕한다".[50] 이를 통해 나는 신의 본성이나 최고선의 다른 조건들에 대한 어떠한 통찰도 얻을 수 없으며, 그런 것들에 대해서는 어떠한 종합명제도 불가능하다. 그 대상과 나의 개념을 연결할 직관이 주어져 있지 않기 때문이다. 이론이성은 이를 통해 아무것도 얻지 못한다. 실천이성은 그것들을 규제적 개념들로 사용했지만, 실천이성으로부터 그 개념을 건네받은 이론이성은 규제적 사용을 넘어서는 어떤 사용도 할 수 없기 때문이다(136). 따라서 도덕적 논증은 이론이성이 인식 가능한 것과 인식 불가능한 것 사이에 견고하게 쌓아올린 벽을 허물지 못한다. 이 대상들과 관련된 이론이성의 임무는 순전히 소극적이며, 경찰 기능에 그친다.[51] 그것은 광신을 막고,

---

47 변증론 제2장 제7절의 논증은 분석론 제1장의 부록 제2절(50-57)의 연장이다.

48 "이리하여 나는 피할 수 없이 신의 현존과 내세의 삶을 믿을 것이며, 그 무엇도 이 신앙을 흔들 수 없다고 확신한다. 왜냐하면 이를 통해 내 윤리적 원칙들이 지지받고 있는데, 내 눈에 나 스스로가 혐오스럽게 비춰지지 않고서는 그 윤리적 원칙들을 단념할 수 없기 때문이다"(『순수이성비판』, A828=B856).

49 같은 책, A829=B857.

50 『실천이성비판』, 143. 허구주의적(fictionalistic) 칸트 해석은 바로 이 점에 기초한다. 그러나 칸트는 허구주의의 입회 요건을 충족하지 못한다. 칸트에게서 신의 현존은 이론적으로 거짓이 아닐뿐더러 실천적 허구로 승인되어서도 안 된다.

51 『순수이성비판』, Bxxv.

그 대상들의 개념들을 감성화하고, 그 도덕적 기능마저 파괴하는 신인동형론적 요소로부터 그 개념들을 정화하며(141), 그 개념들에 대한 독단주의의 공격을 방지하는 일이다.[52]

7. 신앙과 무지

칸트가 요청에서 견지하는 인식 방식은 "순수 실천이성의 신앙"과 "도덕적 신앙" 또는 "이성신앙"이다.[53] 이러한 인식 방식을 통해 칸트는 과거에 철학 외부의 — 또는 철학에 적대적인 — 인식론적 자원으로 여겨지던 것을 철학 안으로 포섭한다. 칸트 이전에 신앙과 이성의 대조는 계시신학과 철학의 대조와 유사한 것이었다. 칸트와 더불어 여러 종류의 신앙이 구별되었고 그 가운데 하나가 철학 안에 편입되어 길들여지게 되었다.

신앙 또는 믿음이 아무리 이성적이더라도 그것은 인식과 대조된다. 인식은 주관적인 동시에 객관적으로도 충분한 근거들에 대한 동의이다. 순전한 의견은 객관적으로도, 주관적으로도 불충분한 근거들에 대한 동의이다. 그러나 신앙은 객관적으로 불충분하더라도 주관적으로 충분한 근거들에 대한 동의이다.[54] 주관적으로 충분한 근거들은 사변(독단적 신앙)과 계시 및 기독교 교리(역사적 신앙)에 필요하거나, 아니면 기술을 임의로 사용하려는 의도(실용적 신앙)에서 또는 이성이 의무를 충족하기 위해(이성신앙, 즉 순수 이성의 신앙) 필요하다. 전자가 이론적 믿음의 근거들이라면, 후자는 실천적 믿음의 근거들이다.[55]

---

52 같은 책, A829=B857.
53 『실천이성비판』, 126, 144, 146;『순수이성비판』, A828=B856;『사유의 방향』, VIII, 141;『정초』, 462.
54 『순수이성비판』, A822=B850.

순수 이성의 신앙은 경험을 넘어선 사유의 "공터"에, 즉 "두터운 안개와 곧 녹아내릴 숱한 빙산이 건너편 땅 기슭인 것처럼 현혹하는 폭풍우 치는 망망대해에, 가상의 제자리"[56]에 서 있는 우리 자신이 나아갈 "방향을 정하기 위해"(orientieren) 필요하다.[57] 이론이성은 직관의 결여로 인해 방향을 분간하지 못하기 때문에, 이는 실천이성의 대상을 향한 신앙이어야 한다. 사람마다 각기 다른 주관적 필요로는 이 대상의 규정이 불가능하다. 그러한 필요는 모두 인식 가능한 경험 대상과 관련되기 때문이다. 이 점에서 비첸만은 옳았다(143n.). 그러나 주관적이라는 것은 임의적이고 우연적임을 의미하지 않는다. "주관적"은 주관의 본성에 의존함을 의미하며, 이는 선험적으로도 후험적으로도 해석될 수 있다. 주관적 필요는 만족을 요구하지만, 이는 인식이 그 한계에 이르렀을 때에야 타당하게 만족될 수 있을지 모른다. 인식의 한계와 한갓 경계의 차이를 선험적으로 규정하는 일이 매우 중요한 까닭은 바로 여기에 있다.[58] 오직 우리가 이론이 막다른 길에 이르렀다고 확신할 때에만 신앙의 자원이 사용될 수 있다.

이 신앙은 명령될 수 없으며, 도덕적이기 위해 신앙이 필수적인 것도 아니다.[59] 그러나 신앙의 보유는 적극적인 도덕적 가치[60]의 향유이며, 도덕성은 "의심스러운 신앙"과 양립할 수 있지만 순수 실천이성의 대상의 가능성을 부정하는 독단적 불신과는 양립할 수 없다.[61] 그러나 어떤 의미

---

55 같은 책, A825=B853;『사유의 방향』, VIII, 141. 필리프 메를랑(Philip Merlan)은 교리적 믿음과 이성적 믿음의 구별은 칸트가 요한 게오르크 하만(Johann Georg Hamann)의 흄 번역서를 읽고 난 뒤의 반응으로 생겨났다고 추정한다. Philip Merlan, "Hamann er les Dialogues de Hume", *Revue de metaphysique et de morale* LIX, 1954, pp. 285~89.

56 『순수이성비판』, A236=B295; A395-96 참조.

57 『사유의 방향』, VIII, 136n.;『순수이성비판』, A475=B503.

58 『형이상학 서설』, §59.

59 『판단력비판』, §87(V, 452). 그러나 신앙이 없는 사람도 신앙이 있어야만 한다는 목적에 굴복해야만 한다. 스피노자는 칸트에 의해 그렇게 왜곡된 도덕철학자의 실례이다.

60 『형이상학의 진보』, XX, 298.

에서도 신앙은 마치 도덕의 전제인 것처럼 앞서지 않으며, 도덕적 훈련을 위해 필요한 정도 이상의 과잉을 함유한 신앙은 모두 미신이고 광신이다. 종교의 역사는, 기독교가 비밀리에 간직해온 이성신앙의 씨앗으로 역사적 신앙을 점진적으로 대체해온 역사이다.[62]

그러나 신앙은 『순수이성비판』에서 불가능하다고 입증되었던 종류의 인식에 대한 아주 보잘것없는 대체물이 아닌가? 결코 아니다. 이것이 칸트의 대답이다. 전(前)비판기에 그는 실로 초감성적인 것의 인식이 가능하고 또한 그것이 (도덕에 필수적이지는 않지만) 도덕의 필요와 양립 가능하다고 믿었지만, 비판기에는 다만 변증적 가상 때문에 그 인식 가능성을 부정했을 뿐만 아니라 이것이 단지 실천이성만이 아니라 이성의 승리라고 확언했다. 만일 초감성적인 것의 인식이 가능하다면 그것은 단지 이론적 인식의 연장이 될 테고, 자연과학의 절차나 결론들을 초감성적 영역에 불러들일 것이기 때문이다. 이는 기껏해야 이성의 양적 확대일 뿐, 더 확장적인, 그러나 상당히 다른 이성, 즉 실천이성의 사용을 배제할 것이다. 따라서 이성이 전개될 충분한 범위를 제공하기 위해 칸트는 말하기를, "나는 신앙의 자리를 마련하기 위해 인식을 지양해야만 했다".[63]

그런데 형이상학의 독단주의로부터 도덕을 구하기 위해 지불된 대가는 신앙의 또 다른 면인 무지이다. 하지만 초감성적인 것의 인식이 가능하다고 가정해보라. 더 나아가 내가 인식한 대상이 사실상 현상계의 법칙 아래 있는 대상이 아니라고 가정해보라. 다시 말해 이성적·사변적

---

61 『판단력비판』, §91(V, 472).

62 『종교』, VI, 116, 118 등: 『인류사의 추정된 기원』: 『학부논쟁』, VII, 38-47.

63 『순수이성비판』, Bxxx. 새뮤얼 테일러 콜리지(Samuel Taylor Coleridge)도 유사하게 말하기를, 신의 현존은 "도덕적으로 신의 영향력이 감소될 때에만, 그리고 강제로 굴복시킨다는 점에서 우리를 무가치하게 만드는 세계 메커니즘이 신앙생활을 희생함으로써 그 자신의 목적에 부합하지 못하는 결과를 감수할 때에만 더 명증하게 이해될 수 있을 것이다"(S. T. Coleridge, *Biographia literaria*, chap. x).

형이상학의 정립이 가능하다고, 그러한 형이상학이 "도덕성에 어긋나는—늘 독단적인—모든 무신앙"의 원천이 **아니라고** 가정해보라.[64] 우리가 신, 자유, 영혼 불멸에 대해 "고차원적 인식"—이것들을 인식한다고 허세 부리는 사람들은 칸트로부터 신랄한 경멸을 받았을 테지만—을 지닌다고 가정해보라.[65] 그러면 어떻게 되겠는가?

변증론의 마지막 절은 파우스트적 전통에서[66] 유명한 한 주제를 상세히 다룬다.[67]

이런 식의 불가능한 가정을 전부 인정한다 해도, 이러한 인식의 획득이 우리의 "전 본성"에 변화를 불러오지 않는 한, 이 인식은 이성신앙을 실용적 신앙으로 변화시킬 것이고 덕은 불가능해질 것이다(146). "대부분의 합법칙적 행위는 공포에 기인할 것이고, 소수의 합법칙적 행위는 희망에서 생길 것이나, 의무로부터의 행위는 없을 것이다. 그리하여 전지자의 눈으로 볼 때, 인격의 가치는 물론 세계의 가치 또한 좌우하는, 행위의 도덕적 가치는 전혀 존재하지 않을 것이다. **인간의 본성이 지금 말한 대로라면**, 인간의 품행은 순전히 메커니즘적으로 변환될 것이다. 거기서 모든 것이 꼭두각시놀이처럼 잘 연출될 테지만, 그 배역들 가운데 단 하나의 생명도 발견될 수 없을 것이다"(147, 강조는 인용자).

『순수이성비판』에서 칸트는 도덕적 관심이 독단주의의 편(정립 명제의 편)에 있다고 말했다. 정립 명제가 참이어야 한다는 것은 물론 순수 실천이성의 관심이다. 그러나 정립 명제가 참으로서 인식되어야 한다는 것은 인간적 제약 아래에서는 도덕적 관심과 충돌한다. 청년 시절, 즉 그의 도덕 이론이 발전되기 훨씬 전에 칸트는 말하기를, "우리는 신의 현존을 반드시 확신할 필요가 있지만, 그렇다고 증명이 꼭 필요한 것은 아니다".[68]

---

64 『순수이성비판』, Bxxx.
65 『실천이성비판』, 5; 『형이상학 서설』, IV, 373n.
66 특히 Chamisso's *Faust*(1803).
67 또한 『순수이성비판』, A476＝B304; A801＝B829 참조.

이제 노년의 칸트는 내세의 비밀 — 그가 『영을 보는 사람의 꿈』에서 다루었던 비밀 — 을 인식하려는 파우스트와 같은 시도의 위험성의 심원한 도덕적 뿌리를 발견한다. 저 인식의 부재 상황에서 우리는 법칙에 대한 존경을 통해 그 신비를 추측하거나 한순간 일별한다. 그러나 "신과 신의 경외로운 영원성은 우리 눈앞에 부단히" 현전하는 것이 아니다. 저 인식의 부재는 우리의 위태로운 인간적 조건을 감추기 위해서라거나, 우리가 자연적으로 행복을 추구하는 불완전한 존재임에도 불구하고 자율의 실행을 가능하게 하는 정신적 상태를 폐기하기 위함이 아니다. "따라서 우리가 신의 현존에 대한 인식이 아니라 그저 믿음을 가진다는 것은 좋은 일이다."[69] 계몽주의는 계몽 이전 시기에 과장되었던 신에 대한 인식과 신앙의 세속화를 추구한 까닭에 여전히 인식이 지닌 구원의 힘을 과장했다. 이에 반해 칸트는 루소와 괴테 사이에 서 있다. "어둡고 절박한 상황에 처해 있다 해도 선한 인간은 / 옳은 길을 잘 자각하고 있는 법이다"(*Ein guter Mensch in seinem dunklen Drange / Ist sich des rechten Weges wohlbewusst*).[70] 그에게 초감성적인 것에 대한 더 이상의 인식은 불필요할 뿐만 아니라 보유해서는 안 되는 것이다.

---

68 『신의 현존을 입증하기 위한 유일하게 가능한 증명근거』, 마지막 문장(II, 163).
69 Reflexion 4996; 『실천이성비판』, 148.
70 J. W. Goethe, *Faust*, Prolog im Himmel(천상의 서곡).

제14장

순수 실천이성의 요청들
—변증론 제2장 제4~5절 및 결론의 주해

1. 들어가며

제11장과 제13장에서 칸트가 "요청"이란 용어를 느슨하게 사용하며 그의 실천적 요청들의 목록이 등장하는 곳마다 바뀐다는 점은 이미 언급되었다. 이는 『실천이성비판』내에서도 상이하다. 신, 자유, 영혼 불멸의 가능성[1]과 현실성,[2] 최고선[3]의 가능성, 도덕법칙 자체[4]가 요청으로 명명된다. 그러나 이러한 상이함에도 불구하고 『실천이성비판』에서 그 뜻과 의도는 분명하다. 사려 깊게 공표된 바에 따르면, 세 가지 요청이 존

---

1 『실천이성비판』, 134: "이 세상에서 가능한 최고선의 **현존**을 명령하는 실천법칙에 의해서 순수 사변이성의 저 객체들의 **가능성**이 요청된다."
2 같은 책, 다음 문장: "…… 실천이성은 그런 객체들의 **현존**을 그 실천적으로 절대적으로 필연적인 객체, 즉 최고선의 **가능성**을 위해 반드시 필요로 한다." 같은 책, 125: "…… 최고의 파생적 선(최선의 세계)의 **가능성**의 요청은 동시에 최고의 근원적 선의 **현실성**의 요청, 곧 신의 현존의 요청이다."
3 같은 곳.
4 같은 책, 46. 그러나 같은 책, 132에서는 부인된다.

재하며, 그것은 의지의 실제적 자유, 영혼 불멸, 신의 현존이다.

우리는 이미 자유의 개념과 자유가 요청으로 명명되는 맥락을 논했다.[5] 따라서 이 장은 나머지 두 요청만을 다룬다. 하지만 그 요청이 어떻게 "증명"되었는가에 비추어 요청 개념의 재고찰부터 시작하려 한다. 그런 뒤에 두 요청 자체를 고찰하고, 윤리와 종교의 관계를 논하는 것으로 결론을 맺으려 한다. 그 마지막 절은 ― 그 절이 방법론에 뒤따르고, 변증론과 약간 연결되기는 하지만 ― 저작 전체의 결론에 대한 주해이다.

2. 도덕적 논증의 구조

칸트는 『실천이성비판』에서 "도덕적 논증"이란 말을 쓰지 않지만, 『판단력비판』에서 해당 논증에 저 이름을 붙인다. 비록 완전히 적합한 이름은 아니지만 그것이 널리 수용되고 있으니 거부할 필요는 없다. 그러나 우리는 "도덕적 논증"이 무엇인지 아주 분명하게 규정해야 한다. 그러지 않으면 그 명칭은 처음에 "도덕적"이라고 불렀던 논증과는 논리적으로 상당히 다른 논증들을 망라할 정도로 애매해질 것이다.

"해야 한다"를 포함하는 가치판단이나 실천적 명제는 단지 사실적인 전제들로 이루어진 논증으로부터 도출될 수 없다. 이것은 보편적으로 인식될 수 있다. 그런데 이 결론을 도출하는 생략삼단논법은 언제나 명백하다고 생각되기 때문에 단순히 생략되는, 어떤 숨겨진 가치-전제를 요구한다. 오직 철학자만이 "너는 두통이 있으니까 약을 먹어야 한다"라는 논증에 이의를 제기할 것이다. 물론 그가 그것을 삼단논법으로 완성하기를 고집할 때 그 작업은 자기 자신에게도 장황하게 느껴질 수 있지만, 그럼에도 그 논증은 가치-전제가 충족되지 않으면 타당하지 않다.

---

5 이 책의 제11장 제14절을 보라.

도덕적 논증은 **가치**-전제로부터 — 직접적으로, 아니면 사실적 전제를 매개하든 간에 — **사실적** 결론에 도달하는 방식의 논증이다.[6] 그런 논증은 형식적으로도 타당하지 않다. 칸트 정도의 기량과 위상을 지닌 철학자가 그러한 미숙한 실수를 저질렀으리라고 생각할 수는 없다. 그러나 도덕적 논증에 대한 보통의 해석은 그의 논증을 터무니없는 것으로 간주한다.

요청의 정의에서 칸트가 두 낱말을 강조하는 것은 그가 바로 이런 식의 오류에 처할 위험을 자각하고 있음을 보여준다. 물론 그가 미묘하고 은밀한 형식으로 그 위험을 마침내 피해갔는가의 여부는 해당 구절의 면밀한 고찰을 통해 밝혀져야 할 사안이기는 하다. 그는 말하기를, 요청은 "하나의 이론적 명제이지만 그것이 선험적인 무조건적으로 타당한 실천법칙과 뗄 수 없이 결부된 한에서, **그 자체로는** 증명될 수 없는 명제이다"(122). 우리는 여기서 "**그 자체로**"라는 말을 검토해야 한다.

명제가 이론적인가 실천적인가는 궁극적으로 명제의 기능에 달려 있지, 그것의 형식적 구조나 내용에 달려 있지 않다. 우리가 이 기능들을 분명히 하기 위해 구문론적이거나 의미론적인 수단들을 활용한다 해도 그렇다. "A는 B를 야기한다"는 이론명제이고, "네가 A를 갖고 싶으면 B를 해라"는 실천명제이다. "A는 B의 수단이다"는 양자의 특징을 공유한다. 우리가 실천적 전제("X를 원한다면 네 자신을 X로 인도할 것을 해야 한다")의 공급을 통해 이론명제에서 실천명제로 이행할 수 있듯이, 우리는 또 다른 전제의 공급을 통해 실천명제에서 이론명제로 이행할 수도 있을 것이다. 하지만 여기에 해당되는 유일한 전제는 가치-전제, 말하자면 삼단논법의 매개념이 가치-항이 되는 전제이다. 우리는 도덕법칙이 순수하게 이성적인 존재자가 어떻게 행위할 것인가를 선험적으로 서

---

6 가치-항이 매개념이라면, 당연히 하나의 사실적 결론은 두 개의 가치-전제들로부터 타당하게 도출될 수 있다.

술하는 이론명제라는 점과 정언명령은 이 법칙을 의지가 순수하지 않은 이성적 존재자에게 (실천명제로서) 명령형으로 표현한다는 점을 이미 고찰했다. 우리는 쉽게 하나의 삼단논법을 진술할 수 있고, 이로써 우리를 향한 실천적 명령으로부터 순수 이성적 존재자에 대한 이론적 진술을 도출할 수 있다. 내가 행위할 때 지켜야 하는 준칙은 이성적 존재자라면 지키는 것이다. 내가 지켜야 하는 준칙이 Y라면, Y는 순수하게 이성적인 존재자를 위한 준칙이다.

그런데 변증론의 요청 학설과 관련된 문제는 단순히 구문론적이고 형식논리적 차원의 것이 아니다. 우리는 다음과 같은 상황에 이른다. 실천명제가 주어질 경우에 칸트는 오직 그 실천명제와 더불어 이론명제도 추정되는 한에서만, 또 이론명제가 **그 자체로** 증명될 수도 논박될 수도 없다고 인식되는 한에서만 그것이 실천을 위해서도 타당할 수 있다고 주장한다. 따라서 실천명제에 실천적으로 부응할 필요성은 이론명제가 결여한 이론적 증거를 대체하고, 이론명제는 (심리학적으로가 아니라) 인식론적으로 주관적인 도덕적 근거들에 입각해, 즉 객관적 증거가 아니라 "이성의 필요"(*Bedürfnis der Vernunft*)에서 발견되는 근거들에 입각해 확정된다. 이렇게 근거지어진 이론명제가 바로 요청이다. 그것은 어떠한 이론적 목표를 위해서도 타당하지 않고, 그것을 지탱하는 모든 근거가 실천적인 만큼 그로부터 도출된 모든 결론도 그 실천적 태도에 제한되어야 한다.

만일 진리가 이론적(즉 인지적) 술어로 간주되어야 한다면, 저런 식으로 이론명제를 도출하는 것은 명제의 진리 인식에 아무런 기여도 하지 못할 것이다. 우리가 보겠지만 칸트는 자신이 의도한 "증명"의 정확히 타당한 한계에 항상 머무르진 않는다. 하지만 그러려고 애쓴다.

그가 옳게 말하듯이, 그런 논증은 어떻게 신, 자유, 그리고 영혼 불멸의 이념들(요청의 객체의 이념들)이 가능한지 또는 어떻게 이론적으로 규정될 수 있는지를 우리가 파악할 수 있도록 돕는 것은 아니다. 파악될 수 있는 것은 다만 그것들이 "도덕법칙에 의해, 그리고 도덕법칙을 위해 요청된다는 것이다"(133). 칸트가 옳다면 나는 최고선이 가능하다고 믿는 한에서만 그것을 추구하라는 도덕적 명령에 복종할 수 있으며, 이 객체들의 현존을 믿는 한에서만 최고선이 가능하다고 믿을 수 있다. 이러한 믿음은 최고선을 향한 한갓 주관적 소망에서 자라난 게 아니다. 그런 경우라면 그것을 추구하라는 명령은 가언적일 것이다. 또한 믿음은 어떤 이론적 목표를 위한 가설도 아니다. 가설이라면 나는 이 목표를 위해 그것이 필요하고 논박될 수 없음을 인식하는 한에서만 확신을 갖고서 어떤 이론적 목표를 위해 그 믿음을 견지할 것이기 때문이다. 칸트에 따르면, 내가 믿음을 포기하면서 동시에 도덕법칙에 대한 충성을 유지할 수는 없다. 나는 나 자신을 경멸하거나 혐오하지 않고서는 도덕법칙을 배반할 수 없다.

여기서 "할 수 없다"는 것은 선험론적 불가능성을 지시한다. 도덕법칙과 신의 현존의 관계가 분석적이지 않으므로 그것은 논리적 불가능성을 지시하지 않으며, 대개 인간은 사실상 어떤 안락함과 버팀목도 없는 세상에서 덕을 성취해왔으므로 심리적 불가능성을 지시하는 것도 아니다. 여기서 나는 "선험론적"을 『순수이성비판』의 의미로, 즉 선험적 종합명제의 조건들과 관련된다는 뜻으로 쓰고 있다.[7] 그러나 앞의 인용문에 나타난 선험론적 연결은 내가 받아들인 도덕법칙과 최고선의 객관적 조건

---

7 이것은 칸트가 쓰는 "선험론적"의 용법보다 명백히 더 넓은 의미를 지닌다. 칸트에게서 "선험론적"이란 일반적으로 선험적·종합적 인식의 정당화에 제한되며, 따라서 선험론 철학에 도덕이 들어설 여지는 부정되기 때문이다(『순수이성비판』, A15=B29). 그러나 거기서 이론적 인식 자체의 구조의 일부가 아니라 이러한 선험적 종합적 이론판단의 영역을 지시하는 다른 용어는 없는 것 같다. 칸트는 자신의 도덕철학과 선험론적 논리학의 유사성을 지적한 바 있다. 그에 따르면, 볼프의 보편적 실천철학과 자신의 도덕형이상학의 관계는 일반 논리학과 선험론적 논리학의 관계와 같다(『정초』, 390). 신의 현존에 대한 도덕적 논증은 『순수이성비판』에서 "선험론적 논증"으로서 언급된다(A589=B617). 『실천이성비판』에도 유사한 언급이 있다(113).

들 간의 연결이 아니다. 도덕법칙의 승인은 신의 현존을 요구하지도, 신의 현존에 대한 이론적 인식을 정당화하지도 않으며, 오직 신의 현존에 대한 나의 **믿음**만을 요구한다. 설령 신이 현존하지 않고 내가 단지 신의 현존을 믿을 뿐이라 해도, 도덕법칙에 대한 복종의 **실천적** 귀결은 동일하다. 따라서 요청은 참으로 인식될 필요가 없으며, 심지어 그것이 실천적 기능에 복무할 때에도 참일 필요는 없다. 칸트는 이러한 요청의 인식 불가능성을 늘 인지하고 있었다. 하지만 그는 도덕적 논증에서 요청들의 진리의 인식을 도출하지 않았음에도 불구하고 그가 그 진리들을 이끌어 냈다고 생각하는 것처럼 보이기도 한다.

만일 칸트의 요청 학설이, (누구도 자기 자신이 허위라고 인식한 것을 믿을 수 없다는 것만 제외하고) 믿음의 진리에 대한 어떠한 요구도 없이, 믿음의 필연성을 확언(심지어 증명)하는 식으로 그렇게 겸손한 형식으로 축소되었다면, 거기에 철학적 관심은 거의 없었을 것이다. 그것은 도덕 현상학의 관심을 끌지 모르나, 실천이성은 이론이 떠난 "공터"를 채운 격인 그런 논증을 통해서는 정당화되지 않을 것이다.

그러나 이와 달리 그 학설이 타당하다고 한다면, 칸트의 논증이 적법하게 수반하는 것은 다만 특정 요청들을 활동으로 만드는 필연성이지, 그러한 요청들의 진리가 아니다. 그러나 내가 말했듯이 칸트는 이런 식으로 자신의 결론을 제한하지 않는다. 곧이어 그는 요청들의 필연성의 증명이 미약하나마 이론에 기여한다고 여긴다.[8] 왜냐하면 실천적 논증

---

8 이렇게 확장된 실천적-독단적 형이상학은 이론의 일부분이지만, 그 명제들은 오직 실천적 관점에서만 타당하다. 따라서 그것은 (타당성이 결여된) 사변형이상학은 물론이고 (실천철학의 일부인) 도덕형이상학과도 구별된다. 칸트는 이론과 실천의 그러한 혼성에 대해 자세히 설명한 적이 없다. 하지만 그 토대는 우리가 여기서 고찰하고 있는 지점에 놓여 있다. 신의 현존에 대한 도덕적 논증은 "초감성적인 것에 대한 이론을 다만 초감성적인 것을 향한 실천적-독단적 이행으로서 정초하기에 충분하다. 따라서 그것은 본래 신의 현존에 대한 절대적(*simpliciter*) 증명이 아니라 단지 특정 관점에서(*secundum quid*), 즉 도덕적 인간이 가지고 있으며, 또 가지고 있어야만 하는 궁극목적과 관련해서,

은 "인식[즉 이론]으로 하여금 더 정확하게 규정하지 않고서도 그러한 대상들이 있다고 인정할 수밖에 없도록 강요하기 때문이다". 따라서 이론은 "확장"되지만 그 대상들에 대한 선험적 종합판단이 이루어짐으로써 실제로 사용될 수 있는 확장은 아니다. 하지만 이론이성에서 객관적으로 공허한("대상 없는") 이념들은 이제 "대상들을 가짐"이 밝혀진다. 대상들에 대한 인식은 확장될 수 없으므로 실천이성이 준 이 선물에 힘입어 사변이성은 소극적으로 "확장하는 것이 아니라 순수하게 해명하는 작업에 착수한다". 그렇지만 대상들은 존재한다, 즉 있다고 확언되며, 현존 범주가 적용된다.[9] 이론이 획득하는 것이 거의 없음을 강조함으로써 의혹을 달래려는 모든 시도는 흡사 혼전 임신을 한 젊은 여성이 자기 뱃속의 아기는 매우 작다며 항변하는 것과 다르지 않다.

그렇다면 칸트는 어떻게 "요청되어야 한다"에서 "요청은 대상들을 가진다"로의 이행을 정당화하는가? 순수 실천이성의 우위 학설에 의해서다(119ff.). 이 학설은 두 개의 이성이 아니라 (서로 양립 불가능하지 않은) 두 가지 관심을 지닌 하나의 이성이 있다는 확신에서 기인한다. 여기서 두 관심은 하나의 방향으로 나아가지만, 무조건자로 접근하는 두 경로 중 하나만이 흠결 없는 증거와 더불어 목적지에 도달할 수 있다.

이 학설은 훗날의 진리정합설(coherence theory of truth)의 선취이다. 만일 우리가 실천이성과 이론이성을 절연하고 오직 이론이성에게만 진리 정립의 특권을 할당한다면, 우리는 (a) 우리가 정합적인 자기 의존 체계를 확립할 수 없다는 점, 그리고 (b) 요청의 학설이 가정의 절차를 단지

따라서 단지 신의 현존을 가정하는 합리성과 관련해 신의 현존을 증명하는 것이다. 이 경우에 인간은 도덕적 원리들에 의거해 스스로가 만든 이념이, 마치 주어져 있는 대상에 의거해 만들어낸 이념이 똑같이 그러하듯, 자신의 결정에 영향을 끼치는 것을 허용할 수 있는 권한을 가진다"(『형이상학의 진보』, XX, 305).

9 이 문단의 모든 직·간접 인용의 출처는 『실천이성비판』, 135이다. 바로 다음 쪽에도 유사한 확언이 나온다.

실천적 활동으로만 정당화할 뿐 요청을 참으로서 정당화하지는 않는 상태에 머문다면, 인간 경험의 전 영역도 ─ 그 자체로 완벽히 이성적이라 해도 ─ 마찬가지로 세계에 관한 어떤 진리도 찾지 못한 채 남겨진다는 점을 깨닫게 될 것이다. 반면에 우리가 칸트를 따라 둘을 합쳐 생각해 이론이성의 불충분성을 실천이성의 우위를 통해 보완한다면, 우리는 방법론상 훗날의 관념론자들과 일치하는 길에 들어선다. 이 방법론에 따르면, 우리가 "현상들을 구제"하기 위해 믿어야 하는 모든 것은 ─ 현상이 경험-이론적이든 실천적이든 간에 ─ 어쨌든 참이다. 이런 식으로 상정된 객체들의 사변적 사용을 거부한 데서 칸트의 객관적 태도(*Sachlichkeit*) 또는 겸손함이 드러난다. 그러나 나는 그가 자신의 도덕적 논증을 단지 이러한 상정의 필연성을 위해서만이 아니라 이런 식으로 상정된 객체들을 위해서도 고려했음이 틀림없다고 생각한다.

3. 이념들과 요청들

『순수이성비판』에는 선험론적 이념들에 대한 상당히 다른 두 설명이 있다. 한 설명에 따르면, 도식화되지 않고 사물 자체에 적용될 때 범주들은 이념들, 즉 경험 내에 적합한 대상이 없는 개념들이다. 다른 설명에 따르면, 이념들은 이성의 본래의 소유물이며, 경험을 체계화하는 원리들로서 기능한다. 바로 이러한 무조건적 조건들의 개념들이 있어야만 경험이 성립될 수 있다. 두 번째 설명에서 이념들의 논리적 기원은 범주들의 실마리인 판단표가 아니라 이성이 사용할 수 있는 삼단논법의 유형에서 발견될 수 있다. 하지만 각 이론에서 이념들의 공통점은 다음과 같다. 이념들은 이성에 선험적으로 필연적이지만, 대응하는 직관 대상을 가질 수 없으므로 규제적 사용을 넘어설 경우에 반드시 변증성에 빠진다. 변증성은 해소되기는 하지만, 그럼에도 이념들의 필연성은 이념들이 실제로 대상들을 가짐이 증명됨으로써가 아니라 생각을 지도하는 데 불가결한 준칙들임이 증명됨으로써 구제된다. 이념들의 대상 보유 여부는 사변이성에 해결할 수 없는 문제로 남지만, 사변이성은 그 고유한 관심에서 볼 때 이 문제를 해결할 필요가 없다. 이념들이 인식으로서 거짓임은 증명될 수 없으며, 그것들이 준칙들로서 필수적임이 증명될 수 있다는 인식만으로도 사변이성에는 족하다.

칸트의 실천철학에서는 이념의 두 번째 이론이 중요하다. 그가 요청들을 다루는 의도는 두 번째 이론에서 도출된 세 이념이 대상을 가진다는 것을 밝히려는 데 있기 때문이다. 두 번째 이론의 세 가지 이념은 경험의 기체의 절대적 통일의 이념(영혼), 현상들의 조건들의 연쇄의 절대적 통일의 이념(세계), 만물 일반의 조건의 절대적 통일의 이념(신)이다.[10] 사변형이상학은 이 세 이념에 관한 연구이며, 각 대상의 실재성을 정의하고 입증하려는 시도이다. 『순수이성비판』은 각 대상에 관한 사변형이상학의 증명들을 검토한다. 첫째는 오류추리론, 둘째는 이율배반, 셋째는 순수 이성의 이상에서 다루어진다.[11] 이 이념들에 대응하는 세 가지 요청은 『실천이성비판』에서 발견된다. 이로써 칸트는 이론이성과 순수 실천이성이 같은 것을 지향함을 보여주려 한다. 그런데 그 대상은 "순수한 사변의 길에서는 이성으로부터 달아나는" 반면,[12] 실천의 길을 추구하면 분명히 붙잡을 수 있다.

---

10 『순수이성비판』, A334=B391; B395n.; 『판단력비판』, §91 (V, 473).
11 또한 약간 다른 맥락에서 그것들 각각은 둘째, 셋째, 넷째 이율배반으로 나타난다.
12 『순수이성비판』, A796=B824.

4. 영혼 불멸

칸트는 늘 영혼 불멸의 학설을 진지하게 대했다. 그러나 그 학설의 이론적 논증은 그다지 신뢰하지 않았다. 그가 아직 합리론 전통에 머무르던 때조차 불멸성의 전제는 "도덕성과 세계 안에서의 그 귀결의 불완전한 조화"에 있었다. 그러나 그는 노골적인 행복주의 이론을 견지하지 않았다. 도덕적 마음씨를 미래의 보상에 대한 희망보다 영혼 불멸의 믿음에 기초하는 편이 더 낫다고 여겼기 때문이다.[13]

『순수이성비판』에서 칸트는 영혼에 관한 모든 선험적 종합판단은 오류추리가 포함된 삼단논법을 통해서만 입증됨을 밝혔다. 그 논증이 장황하기는 하지만 진술의 요점은 매우 단순하다. 통각의 선험론적 통일에서 자아의 관념, 즉 "내 모든 표상에 동반될 수 있어야만 하는 '나는 생각한다'"에서 '나'는 단순 실체의 관념이다. 그러나 비록 실체로 생각되었을지라도 영혼은 실체가 인식될 수 있는 유일한 조건 아래, 즉 시간 속에 주어져 있지 않다. 따라서 영혼 불멸을 이끌어내야 하는 판단이 자아가 단순 실체라는 판단이라면 그것은 타당한 선험적 종합판단이 아니며, 영혼을 입증할 수 있는 종합적 술어 또한 없다. 영혼이 입증될 수 있다는 가상은 다음의 오류추리가 인지되지 않았기 때문에 일어난다. 즉 거기서 오류는 추론의 대전제는 실체의 순수 개념을 다룬 반면, 소전제와 결론에서는 실체가 시간상 현존하는 양태로서 생각된 데 있다.[14]

칸트가 재치있게 말하듯이, 이 이론적 논증은 "머리 꼭대기에 세워진 것 같아 그 증명을 편 학파조차 마치 팽이처럼 쉼 없이 그 주위를 회전하는 동안에만 그 증명을 유지할 수 있다".[15] 그러나 이론적 논증의 실패는

---

13 『영을 보는 사람의 꿈』, II, 373.
14 오류추리는 『순수이성비판』, B410-11에서 매우 간결히 설명된다. 영혼의 단순성으로부터 불멸성을 이끌어내는 논증에 대한 또 다른 논박은 멘델스존을 겨냥한 것이다 (B414ff.). 또 다른 논박은 두 번째 이율배반에 등장한다(A443＝B471).

적어도 "이성의 실천적 사용의 원칙들에 의거해 내세를 받아들일 권한, 아니 필연성"을 조금도 침해하지 않는다.[16] 물론 "세계를 위해 유용한" 논증은 이러한 비평의 영향을 받지 않으며, 사변적 논증의 실패는 이 문제에 대한 무익한 사변으로부터 실천적 연관으로 전환하려는 그 자체로 소중한 [이성의] "신호"이다.[17]

『순수이성비판』에서 보았듯이, "세계를 위해 유용한 논거들"은 칸트가 마침내 『실천이성비판』에서 받아들일 수 있는 증거가 아니다. 두 가지 이유가 있다. 첫째, 모든 기관은 그 고유한 기능에 적합하고, "인간의 타고난 소질(Naturanlage)"이 "현세적 삶"의 유용성의 한계를 훨씬 초월하며, 따라서 그 고유한 기능과 사명은 신체적 현존에 제한될 수 없다는 유비에 입각한 논증이 있다.[18] 둘째 이유는 영혼 불멸의 요청이 최고선에 직접적으로 필요하다는 것이다. 최고선 없이는 "도덕성의 훌륭한 이념들은 물론 찬동과 경탄의 대상이겠지만, 의도와 실행의 동기는 아닐 것이다".[19] 첫째 이유는 칸트가 존중하고 권면하는 — 이미 그 자신이 이론

---

15 같은 책, B424.

16 같은 곳.

17 같은 책, B421.

18 같은 책, B425-26; A827=B855 참조. 이것은 도덕적 믿음이 아니라 독단적 믿음이다. 왜냐하면 그 전제가 인간의 (도덕적) 본성에 대한 이론적 판단이기 때문이다. 이 유비추론은 『실천이성비판』의 도덕적 논증과 미묘하게, 그러나 본질적으로 다르다. 나는 다른 저자들에게서도 엄밀한 의미의 도덕적 논증의 어떤 선례도 찾을 수 없었다. 그러나 플라톤적 전통에서 유래하는 인간의 도덕적 본성에 기초한 독단적 믿음은 18세기에 널리 받아들여졌다. 일찍이 조지프 애디슨(Joseph Addison)은 그것을 정식화하면서 그 자신은 영혼 불멸에 대한 이보다 더 "강력한" 논증을 어디서도 본 적 없다고 말했다(J. Addison, *Spectator*, No. 111[1711]). 그 밖에도 에른스트 플라트너(Ernst Platner, *Philosophische Aphorismen*, §§1176-79[1782]), 멘델스존(M. Mendelssohn, *Phaedon*[1769]), 크루지우스(C. A. Crusius, *Anweisung vernünftig zu leben*, Part I, Thelematologie, §§218-21[1744]), 그리고 레싱(G. E. Lessing, *Erziehung des Menschengeschlechtes*, §§79[1780] 이하)이 그것을 정식화했고, 칸트는 이 저작들을 모두 읽었다.

19 『순수이성비판』, A813=B841; A811=B839 참조.

적으로 부당함을 입증했음에도 불구하고 — 목적론적 논증의 한 사례이다.[20] 이것은 나중에 다시 다루기로 하자. 둘째 것은 자율의 학설과 양립 불가능한 논증이며 후일 칸트에 의해 폐기된다.[21]

『순수이성비판』의 다른 곳, 즉 『실천이성비판』을 저술하기 직전에 추가한 부분에는 다른 두 논증보다 더 분명하게 『실천이성비판』의 학설을 예견하는 구절이 나온다. B판 서문에서 그는 영혼 불멸에 대한 믿음은 "우리 본성의 분명한 소질에 기초하지, (인간의 전 사명의 소질에 못 미치는) 시간적인 것에 의해서는 결코 충족될 수 없다"라고 말한다.[22] 이는 몇 달 후에 출현할 도덕적 논증의 암시처럼 보인다. 그러나 그것은 거의 부수적으로 언급될 뿐이며, 바로 앞 문단에서 언급된 이론적 가설 또는 독단적 믿음과 밀접하게 연결되어 있어서 『실천이성비판』의 논증의 기원으로 삼기에는 모호하다.

그러나 『실천이성비판』의 논증은 경제적 명료성의 표본이다. 해설의 편의를 위해 각 명제에 숫자를 부여해 다시 진술해보자.

1. 최고선은 의지의 필연적 객체이다.
2. 신성함 또는 도덕법칙에 대한 의도의 완벽한 적합성은 최고선의 필연적 조건이다.
3. 신성함은 감성적인 동시에 이성적인 존재자에게서 발견될 수 없다.
4. 신성함은 무한한 진보 속에서만 도달될 수 있으며, 신성함이 요구되기 때문에 이를 향한 무한한 진보는 의지의 참된 객체이다.
5. 그러한 진보는 이성적 존재자의 인격성이 무한히 지속될 때에만

---

20 같은 책, A623=B651.
21 『도덕형이상학』, VI, 490 참조.
22 『순수이성비판』, Bxxxii.

무한할 수 있다.

6. 따라서 최고선은 오직 "영혼 불멸의 전제" 아래서만 실현될 수 있다(122).

먼저 '진술 6'부터 해설해야겠다. 칸트에 따르면, 최고선은 "영혼 불멸의 전제" 아래서만 가능하다. 이는 오직 불멸함이 전제된, 즉 요청된 존재자에게서만 최고선이 실천적으로 가능함을 의미할 수 있겠다. 또는 영혼이 불멸하는 경우에만 최고선이 실천적으로 가능함을 의미할 수도 있다. 우리가 위에서 요청에 대해 말했던 것과 칸트가 요청에 대해 "나는 내가 이 세계 안에서뿐만 아니라 자연 연관을 벗어나서도 순수 지성계에서도 현존하기를 …… 의욕한다"(143)라고 말한 것에 비추어보면, 두 번째 해석이 선호되는 게 당연할 것 같다. 그러나 종종 그래왔듯이, 여기서 우리는 다만 칸트의 어법에 주의해야 한다. 그의 전(全) 저작에 걸쳐 자주 그는 논증이 "x"를 허용하거나 심지어 단적으로 요구할 때, "x의 개념"을 사용해 논증을 구성한다. 내 생각에는, 지금 이곳에서 그는 두 가지 선택지를 모두 의도한 것이 분명하다. 따라서 '진술 6'을 다음과 같이 재정식화해보자. "따라서 최고선은 영혼이 불멸하는 한에서만 실현될 수 있으며, 법칙을 인지하는 도덕적 존재자는 영혼이 불멸함을 전제해야만 한다."

'진술 1'은 이미 상세히 다뤄졌다.[23] 그러나 우리의 해설은 이 증명의 관건(*nervus probandi*)을 건드리지 못했다. 여기서 칸트는, '진술 4'에서 드러나듯이, 최고선의 두 번째 성분에 조금도 ― 적어도 직접적으로는 ― 관여하지 않는다. 여기서 그는 단지 덕과 그것의 완전성만을 다루고 있으며, 논증은 두 번째 성분의 전적인 누락에도 영향을 받지 않는 것처럼 보인다. 그렇다면 그는 왜 '진술 4'에서 다시 누락될 최고선의 개념

---

23 이 책의 제13장 제3절을 보라.

을 '진술 1'과 '진술 2'에서 불러들이는가?

내게 짐작되는 이유가 하나 있기는 하지만, 칸트가 그런 실수를 했으리라고 믿기 어렵기 때문에 제안하기 망설여진다. 그러나 더 신뢰할 만한 설명이 없다면 나는 요청론에 대한 다른 비평들이 인지하지 못한 것으로 보이는 이유 하나를 제안하고 싶다.

칸트 자신이 최고선을 완전한 행복과 덕의 완전성(즉 신성함)의 결합으로 정의했음에도 불구하고, 나는 그가 최고선의 "최상 조건"(최상선)[24] —이것은 덕이다— 을 덕의 최고 완전성과 혼동했다고 확신한다. 나는 이 개념을 "최고선의 최대 개념(maximal conception)"이라 부르겠다.[25] 말하자면 그것은 신성함의 조건 아래서의 완전한 지복(Seligkeit)이다. 만일 최대 개념이 칸트가 형식적으로 정의한 것(110), 말하자면 덕의 정도에 비례해 행복이 분배된다는 개념 —나는 이것을 "최고선의 권리 개념(juridical conception)"이라 부르겠다— 을 대체할 경우에 논증에 필수적인 전제가 공급된다. 이런 점에서 칸트가 최대 개념을 생각했다는 이유에서만 그는 최고선의 필연성이 신성함의 필연성을 수반한다고 가정할 수 있으며, 이어서 신성함의 필연성이 불멸성을 수반한다고 말할 수 있다. 그가 권리 개념에서 출발했다는 것은 신의 현존의 가정 아래에서 도덕성과 행복의 필연적 관계가 감성계에서 가능하다는 그의 진술을 통해 밝혀진다(115). 그리고 그가 최대 개념으로 변경했다는 것은 불멸성에 관한 절에서 "무한자"는 "그가 이성적 존재자 저마다에게 정해주

---

24 『실천이성비판』, 110. 이것과 같은 책, 122의 두 번째 문장 사이의 모순에 주목하라.

25 같은 책, 129: 가장 위대한 행복은 도덕적 완전성의 최고 정도에 완전히 비례해 결합된다. 비슷하게 『형이상학 강의』(Vorlesungen über Metaphysik, Heinze ed., p. 712) 참조: "두 가지 것이 최고선을 이룬다 —인격의 도덕적 완전성과 그 인격의 상태의 물리적 완전성." 『순수이성비판』(A810＝B839)에서 최고선은 한갓 이념이나 개념이 아니라 "이성의 이상"이라 불린다. 그리고 이상은 "오직 이념을 통해서만 완벽하게 규정된 개별 사물"이다. 그러므로 정의에 따라 **완벽히** 규정되는바, 최상선은 그 최대의 의미로 취해진 것이다.

는 최고선의 몫 안에서 자신의 정의에 부응하는 요건으로 엄격하게 명령되는" 신성함을 가차없이 요구한다는 진술에서 드러난다(123).

이제 최고선 개념의 오류를 수정하기 위해 '진술 1'과 '진술 2'를 통합해 재정식화하면 다음과 같다. (I) 필연적인 도덕적 명령인 "완전해지라"가 있다. '진술 3'은 인간 본성에 대한 슬픈 해설이라 하겠다. '진술 4'는 완전성이 (a) 일종의 상태이거나 (b) 어떤 상태를 향한 무한한 진보일 수 있음을 암시한다. 우리 인간에게 (a)와 (b)는 서로 다르겠지만, 신이 보유한다고 상정된 비(非)시간적 지성적 직관에서는 동일할 것이다. '진술 5'에 따르면, 인간의 현존에 끝이 없다면 (4, b)는 가능하다.

이제 전체 논증을 다시 진술해보자.

    I. 도덕적 명령은 인간이 완전(신성)해질 것을 요구한다.

    II. 어떠한 감성적 존재자도 완전성(신성함)의 상태에 있을 수 없다.

    III. 그러나 신의 눈에는, 완전성을 향한 무한하고 연속적인 진보는 최고선의 분배적 정의에서 어떤 상태로서의 완전성에 상응한다.

    IV. 이 진보는 오직 영혼이 불멸하는 한 가능하다.

    V. 따라서 도덕적 명령(I)은 영혼이 불멸하는 한에서만 실행될 수 있고, 이 명령을 인지하는 존재자는 스스로 불멸하다고 간주해야 한다.

이 재정식화에 대해 두 가지 반박이 있을 수 있다. 첫째 것은 논증이 전제 III에서 신의 현존을 가정한다는 반박이다. 그런데 이는 최고선의 두 성분 중 둘째가는 것이고 더 약한 것에 기반을 두고 있다. 칸트가 신에게 귀속시킨 지성적 직관에 대한 추정 III에 입각해서만(전제 I이 참이고 도덕법칙의 타당성이 인정될 때) 전제 I과 전제 II는 양립할 수 있다. 반면에 신은 최고선의 두 성분을 매개하는 한에서만 ─ 사실상 그것은 감성계에서 달성되지 못하지만 ─ 요청된다.

둘째 것은 전제 I의 정식화 자체에 대한 반박이다. "완전성"을 익숙한 의미로, 즉 상태의 뜻으로 새긴 다음에 저 명령을 "완전성을 추구하라"로 수정해 읽는 것이 더 단순하지 않겠는가? 우리는 신의 왕국에 안주하는 것이 아니라 그것을 추구해야 한다. 이것이 실로 내게 분명하게 요구되는 전부이며, 이렇게 정식화된 명령을 통해 도덕법칙은 "너그럽게(관대하게), 그리고 우리의 안락함에 맞춰 인위적으로 조작됨으로써 신성함의 자격이 조금도 박탈되지" 않게 된다.[26] 이러한 명령과 복종은 (신의 현존이 입증될 수 있다면) 흡사 신의 명령에 부합할 것이다. 우리에게 시간상 무한한 진보가 신에게는 상태가 되는 사변적 개념화는 여기서 없어도 무방하다.

최고선의 최대 개념을 권리 개념이 대체함으로써만 우리는 신성함의 상태가 무한한 진보 가운데서라도 달성될 수 있어야 한다고 말할 수 있다. 칸트의 글귀도, 칸트가 여기서 합리화하는 기독교 교리도, 의무의 목소리 자체도 최고선의 최대 개념을 요구하지 않는다.

그러면 요청으로 남는 것은 무엇인가? 희망뿐이다. "더 나쁜 것에서 도덕적으로 더 좋은 것으로의 지금까지의 진보에서 출발해, 그리고 이 진보를 통해 그가 알게 된 변치 않는 결의에서 출발해, 그 이상으로의 진보를, 자기 현존이 어디까지 이르든 간에 상관하지 않고, 심지어 이 생을 넘어서까지 나아가기를 희망할 수 있을 것이다."[27] 이 희망은 도덕적 마음씨의 자율성을 조금도 위태롭게 할 필요가 없다. 우리가 삶과 더불어 끝나는 도덕적 조건이 내세에도 변함없이 보존된다고 가정한다면, 마치 내세가 존재한다는 듯이 행위하는 것은 현명한 일이다.[28] 도덕적 마음씨

---

26 『실천이성비판』. 123. 이 기회에 나는 이전의 내 번역서(1956년판, p. 127) 해당 인용구의 첫 문장에서의 번역 오류를 교정하고 싶다. 거기서 "향하며"(toward)는 "도달하기 위해"(to reach)로 고쳐 읽어야 한다.

27 같은 책, 123. 희망은 축복받음의 희망을 내포한다(같은 책, 123n., 127n., 128-29).

28 『만물의 종말』, VIII, 330.

는 피할 수 없이 내세에 대한 믿음을 발생시키는지도 모른다. 그러나 그러한 믿음이 의무는 아니다.[29] 내 분석이 옳다면 칸트는 우리가 내세를 믿어야 할 그럴듯한 이유를 제시하지 못한 셈이다.

마지막으로 칸트의 영혼 불멸론의 두 가지 난점을 지적하겠다. 만일 영혼이 참으로 불멸하다면, 아마 죽음을 맞이한 영혼은 더 이상 시공간의 세계에 거주하지 않을 것이다. 칸트가 순수 실천이성의 활동은 시간 안에 있지 않다고 말할 때와 같이(98-99), 우리가 이에 동의한다면, 내가 지금 언급하려는 문제의 어려움만 배가된다. 만일 내가 영혼이 더 이상 시간적 조건 아래 있지 않다고 말한다면, "연속적이고 무한한 진보"가 의미하는 바를 이해하기는 불가능하다. 우리는 시간적 조건 아래서만 실체를 표상할 수 있다. 심지어 그것이 정당화되지 않음을 인지할 때조차도 우리의 언어는 시간적 조건에 순응할 수밖에 없다. 만일 우리가 영혼이 불멸하다고 말하고 이로써 그것이 영원함을 의미한다면, 우리는 이렇게 덧붙일 수 있겠다. "물론 우리의 지성은 영원함을 단지 무한한 시간적 지속으로만 표상할 수 있다. 그러나 영원함은 시간의 분량이 아니라 비(非)시간적이다." 그렇다. 그러나 우리는 영혼의 영원함의 전제가 연속적 변화의 관념 — 이는 비시간적이 아니라 시간적 양태다 — 을 포함함에 유념해야 한다.

다른 난점은 불멸하는 영혼의 행복에 관한 것이다. 이 문제는 불멸성의 논증보다 신의 현존의 논증을 해석할 때 훨씬 더 중요한 계기이다. 왜냐하면 행복이 최고선의 일부로서 필요하다는 것은 오직 후자의 논증에서만 조건으로 등장하기 때문이다. 설령 덕의 경우에 "순전히 이성에 의한 직접적 의지 규정만이 쾌감의 근거"라 해도(116), 그럼에도 더 이상 욕구에 의해 촉발되지 않는 존재자의 행복이나 지복은 표상되기 어렵

29 『실천이성비판』, 146. 그리고 그 믿음의 독단적이고 신학적인 형식에 관해서는 『종교』, Ⅵ, 128n.을 보라.

다. 지성적인 동시에 구체적으로도 매력적인 내세의 표상을 만들어내는 일은 쾌락주의 원리들에 근거하더라도 늘 똑같이 어려운 문제다. 그 원리들이 부정된다거나 그 원리들의 적용 조건이 영혼의 불멸성을 제거할 때, 행복이 덕의 보상이라고 말하거나 더는 감성적 욕구에 의해 촉발되지 않는 존재자에게서 최고선의 한 성분이라고 말하는 것은 불가능해질 것이다.

그러나 나는 죽음 이후의 삶의 표상에 대한 이러한 반박이 칸트를 괴롭혔다고 생각하지 않는다. 그는 결코 초감성적인 것을 이론적으로 규정하려고 시도하지 않았다. 이론적 근거짓기가 불가능할 뿐만 아니라 실천적인 의미도 없기 때문이다.

5. 신의 현존

『신의 현존을 입증하기 위한 유일하게 가능한 증명근거』(1763)에서 칸트는 데카르트적 형식과 상당히 다른 존재론적 논증을 제안했고, 그 책의 제2부에서 존재론적 논증에다 목적론적 논증을 보충했다. 『순수이성비판』에서 그는 데카르트적 형식의 존재론적 논증을 논박했지만, 그 자신이 고안했던 특수한 종류의 존재론적 논증에 대해서는 이후 단 한 번도 언급한 적 없다. 그것은 모든 존재론적 논증의 근본적 결함, 말하자면 한갓 개념으로부터 어떤 것의 현존의 인식은 불가능하다는 진단 때문에(139) 논박되는 대신에 사변적-합리론적 형이상학의 잔여물과 더불어 자연사했다.

『순수이성비판』에서 신은 단지 이념이 아니라 "순수 이성의 이상"이라 불린다. 신은 단일한 개별 실체이자 만물 일반의 현존과 통일의 근거로 생각되기 때문이다. 여기서 가능한 세 가지 이론적 논증이 분류된다. 존재론적 논증(완전성의 개념으로부터의 현존의 증명), 우주론적 논증(세계의 현존으로부터의 제1원인의 현존의 증명), 그리고 자연목적론적 논증(자연의 이성적 설계의 경험적 증거로부터의 증명)이 있다. 이것들이 유일하게 가능한 논증들이다. 왜냐하면 각 논증이 관계하는 전제는 한갓 개념, 현존의 개념, 그리고 구체적 현존의 개념이기 때문이다. 반박의 구조는 간략히 기술될 수 있다. 존재론적 논증은 부당하다. 왜냐하면 "신은 현존한다"는 종합명제이고, 따라서 직관 없이 증명될 수 없으나 초감성적 존재의 직관은 우리에게 필연적으로 결핍되어 있기 때문이다. 그런데 다른 두 논증들은 말하자면 신 개념으로 인도하기는 하지만 존재론적 논증의 형식을 은밀히 도입하지 않고서는 신 개념을 현실화할 수 없다. 그러므로 신의 현존의 이론적 증명은 모두 불가능하다.

그렇지만 목적론적 논증은 주목할 가치가 있으며, 심지어 그것의 형식적 오류가 드러날 때에도 주관적으로 설득력을 지닌다. 자연을 설계한 원작자로서의 신 개념이 자연의 질서정연함을 기대하도록 하는 규제적 이념으로 단적으로 사용될 때, 그 논증은 유용하다. 신 개념을 규제적 준칙으로서 사용하는 일은 늘 과학의 자연 이해에 보탬이 되고, 오용될 때를 제외하면 결코 해가 되지 않는다. 심지어 그 사용을 통해 발견된 사실들이 목적론적 통일의 기대를 뒷받침하지 못할 때에도 그렇다.[30] 그러나 자연신학의 터무니없는 요구대로 우리가 만일 자연 질서의 원천인 신을 인식 대상으로 삼는다면, 이론이성의 관심은 침해된다. 그런 경우에 신 인동형론에 입각해 신 개념은 "위력적이고 전횡적으로 자연에 목적을 부여하는 것으로 쓰일 뿐, 더 이상 우리가 물리적 탐색 과정에서 그 목적들을 찾아가는 더 합리적인 경로를 추구하도록" 돕지 않을 것이기 때문이다. 그런데 바로 이러한 탐색은 규제적 이념(regulative Idee)에 의해 지도되는데, 바로 이것을 통해 자연의 다양성은 최소한의 법칙 아래에서 설명될 수 있고 설계의 가정 아래에서 이해될 수 있다.[31]

---

30 『순수이성비판』, A688=B716.

따라서 이성의 나머지 이념들과 마찬가지로 적합하게 이해된 신의 이념은 이론이성을 통해 확정될 수 없는 미정적인 것이지만, 그렇다고 이론이 목표하는 바를 위해 확정될 필요도 없다. 이론은 오직 이념의 가능성이 보증되는 한에서만 이념을 사용할 수 있다.[32] 그러나 실천이성은 이러한 가능성에 기초해 확정적 진술을 필요로 한다. 이를 정당화하기 위한 첫 번째 시도는 이미 『순수이성비판』에서 실행되었다.

이 주해를 읽는 독자는 이것이 시도된 구절을 여러 차례 숙지했을 것이므로, 여기서는 짧게 상기시키는 것으로 충분하다. 최고선은 영혼이 불멸하고 신이 현존하는 한에서만 가능하다. 이 세계 안에서는 행복과 행복할 만한 자격이 일치하지 않으므로 영혼은 불멸해야 하고, 초자연적 행위 없이 일치가 일어날 수 없으므로 신이 현존해야 한다. 최고선은 의지의 필연적 객체이고, 따라서 최고선 및 그것의 조건은 반드시 요청되어야 한다. 그러나 비록 칸트는 최고선은 행복이 — 심지어 도덕성의 동기인 덕에 비례하는 행복도 — 아니라고 말하기는 하나, 그럼에도 최고선과 그것의 이러한 조건이 없다면 "도덕성의 훌륭한 이념들은 찬동과

---

31 같은 책, A692=B720;『판단력비판』, 서문, V.

32 이 장(章)의 각주 1과 2 참조. 칸트는 "가능성"(*Möglichkeit*)을 이중적 의미로 사용한다. 이리하여 때때로 그는 『순수이성비판』에서는 이념들의 가능성을 논증했다고 말하면서도, 또 다른 데서는 이념들의 가능성을 논증할 수 없었다고 말한다(『순수이성비판』, A558=B586;『실천이성비판』, 4, 132, 145). 처음 용례에서 "가능성"은 "논리적으로 가능함", 즉 모순 없이 생각할 수 있거나 (도식화되지 않은) 범주들을 통해 생각할 수 있음을 의미한다. 두 번째 용례에서 "가능성"은 "실재적으로 가능함", 즉 경험적 사유 일반의 첫 번째 공준의 의미에서 가능함(『순수이성비판』, A218=B266), 또는 실제 경험의 주어진 구조와 특정하게 연결됨을 의미한다. 신의 현존이 논리적으로 가능함의 의미는, 이를테면 다른 행성에 거주자가 있다는 것이 논리적으로 가능함과 같은 뜻이다. 여기서 신의 현존은 직관이 아니라 단지 개념에만 연결되었으나, 실재적 가능성은 이와 다르다. 『실천이성비판』의 의미에서 실재적으로 가능함은 (a) 논리적으로 가능함이면서, 동시에 (b) 실재성이 주어져 있는 다른 어떤 사실(이를테면 도덕적 사실)에 필연적으로 연관됨이다. 따라서 순수 이성의 사실은 한갓 논리적으로만 가능한 개념들을 논리적으로 가능한 것이 실재적으로도 가능하다는 인식으로 전환함으로써(『실천이성비판』, 66), 직관의 실천적 부연물이 된다(이 책의 233쪽 이하, 261쪽 이하 참조.)

감탄의 대상들이겠지만 의도와 실행의 동기들이 아닐"것이라고도 말한다.[33] 우리는 "초자연적 행위를 통해 도덕법칙에 효력을 주기 위해" 신의 현존을 요청한다.[34]

보상이라는 요소는 더 이상 『실천이성비판』에서 불멸성의 논증을 위한 주된 전제가 아니지만, 칸트는 그것을 이어지는 신의 현존의 논증에서도 생략하지 않는다.[35] 그럼에도 불구하고 자율 이론의 전개와 더불어 『순수이성비판』의 논증에 결정적 수정이 가해진다. 신의 현존에 대한 믿음은 최고선의 두 번째 요소가 필연적이라는 가정에 기초한다(124). 그러나 이제 그는 어떻게 그것이 동기로 기능하지 않은 채 현전할 수 있는가를 더 상세히 설명하는 데 성공한다. 앞에서 지적했듯이, 이것은 『순수

33 『순수이성비판』, A813=B841.
34 같은 책, A818=B846, A589=B617, A634=B662; Reflexion 6110, 6236.
35 단지 『종교』(VI, 101)에서만 칸트는 오직 최고선의 첫째 성분에만 근거해 신의 현존을 주장할 수 있었던 것처럼 보인다. 그에 따르면, 최고의 도덕적 선은 고립된 개체를 통해서가 아니라 도덕적인 나라에서만 성취될 수 있다. 이 도덕적인 나라의 설립은 인간의 힘으로는 불가능하며 다만 그는 그곳의 구성원이 될 자격을 갖출 수 있을 뿐이다. 그 실제적 설립은 오직 신의 은총으로만 가능하다. 덕은 이 은총에 알맞음이며(이제 은총이 행복할 만한 자격을 대체한다), 최고선은 신에 의해 설립될 수 있는 신국(神國)에 속한다. 따라서 신국을 추구하라는 도덕적 명령은 그러한 도덕적 입법자가 현존하거나 그가 신국에서의 보상과 무관하게 신앙과 희망을 정당화하기를 요구한다. 최후에 도덕적 논증은 고전적 형식으로 ― 한 군데만 수정된 채 ― 최고선의 두 성분을 모두 포함하는 식으로 제시된다(『판단력비판』, §87). 여기서 행복을 향한 인간의 자연적 욕구는 최고선의 정의를 위한 선행 조건으로 간주되지 않으나, 신의 현존은 인간이 스스로 도덕적으로 어떤 목표를 ― 비록 그 목표의 현실화가 그의 능력 밖의 일이라 하더라도 ― 필연적으로 설정할 수 있도록 하는 조건으로 간주된다. 이러한 목표는 추구되었으나 곧이어 자격이라는 도덕적 조건에 제약된 행복이 아니라 덕에 비례하는 만큼의 행복이다. 이와 유사한 대목이 『속설』, VIII, 280n.에 나온다.
비록 칸트는, 우리가 보았듯이, 도덕적 논증을 다양한 방식으로 변형하기는 했지만 그것을 포기하진 않았다(G. A. Schrader, "Kant's Presumed Repudiation of the Moral Argument in the Opus Postumum", Philosophy XXVI, 1951, pp. 228~41 참조). 『유작』의 "새로운" 학설이 도덕적 논증과 나란히 제시될 수 있다는 점은 또한 다음 연구를 통해 밝혀졌다. W. Reinhard, Über das Verhältnis von Sittlichkeit und Religion bei Kant, Bern: Haupt, 1927.

이성비판』의 결론을 타율적으로 보이게 했던 문제다. 이제 최고선과 그것의 조건을 가정하기 위한 근거는 인간이 본성상 행복을 추구하고 행복이 최고선의 한 성분이라는 데 있지 않다. 그 근거는 도덕적 명령이 바로 효력이 없지 않다는 데 있다. 그러나 만일 그것이 불가능을 명령한다면 **헛일일 테고**, 신이 현존하지 않으면 최고선은 (인간의 이해력의 한계 내에서는) 불가능할 것이다(145).

우리는 이제 이 요청에 대한 칸트의 논증을 요약할 준비가 되었다.

1. 행복은 현존하는 모든 것이 자신의 바람과 의지대로 진행되는 세계 안의 이성적 존재자의 조건이다.

2. 인간의 의지는 자연의 원인이 아니며, 자연과 인간의 의지의 원칙들이 완벽한 조화를 이루게 하지 못한다.

3. 따라서 도덕법칙(또는 자연법칙)은 인간의 도덕성과 행복의 필연적 연결을 기대할 만한 어떠한 근거도 갖지 못한다.

4. 그러나 최고선의 개념에 내재하는 그러한 연결은 최고선을 추구해야 한다는 명령을 통해 요청된다.

5. 따라서 최고선은 가능해야만 한다.

6. 따라서 최고선에 적합한 원인이 요청되어야만 한다.

7. 그러한 원인은 자신의 사유와 의지를 통해 행위하는 자연의 원작자일 수밖에 없고, 그러한 존재는 신이다(125).

명제 3부터 다루면서 이 논증을 검토해보자. 행복할 만한 자격과 실제 행복의 불균형은 있을 수 있으며, 적어도 명제 7의 의미에서의 신의 현존에 **반하는** 증거로 자주 간주되었다. 그렇다면 칸트는 어떻게 자신의 반대자의 이러한 전제를 신의 현존을 위한 논증으로 변화시키는 데 성공하는가? 대답은 어떤 추정된 이론적 사실, 또는 자연적 악의 문제를 "해결하기" 위해 흔히 사용되는 종류의 가설이 아니라 실천적 전제(4), 말하자면 "최고선의 실현을 추구하라"를 통해 발견된다.

우리는 이러한 추정된 명령에 대해 이미 충분히 해설했다.[36] 결과가 어떻든 간에, 단지 덕을 추구하라는 것만이 우리에게 주어진 명령임을 우리는 앞서 이미 논했다. 하지만 칸트는 도덕의 이성성의 이상을 견지하기 때문에, 최고선의 두 번째 성분을 본질적인 것으로 간주한다. 이는 변증론 제2장의 서두에서 기술된다. "단지 자기 자신을 목적으로 삼는 인격의 편파적 안목에서뿐만 아니라 세계 내의 인격 일반을 목적 자체로 여기는 불편부당한 이성의 판단에서조차" 행복은 최고선을 위해 요구된다(여기서 우리는 영국 철학자들의 "공정한 관찰자"[disinterested observer] 개념의 칸트적 변주와 마주친다). "왜냐하면 행복을 필요로 하고, 또한 행복할 만한 자격이 있으나 그럼에도 행복을 누리지 못하는 것은 전능한 이성적 존재자 — 우리가 논증을 위해 그러한 존재자를 상정해본다면 — 의 완벽한 의욕과 양립할 수 없기 때문이다."[37]

이것은 그런대로 무결해 보인다. 단, 그것이 전제 4, 즉 『실천이성비판』의 논증을 **도덕적** 논증으로 만든 실천적 구절을 완벽히 대체한다는 점에 주의하라.[38] 최고선의 확립을 추구하라는 추정된 명령은 이제 자격에 비례하는 행복의 분배라는 관념에 아무 기여도 하지 못한다. 최고선을 이성적인 것으로 간주하는 개념화에 기반을 둔 논증은 목적론적 논증의 개정이며, 그런 한에서 순전히 이론적이다.

물론 그것은 자연목적론적 논증이 아니라 단지 그것과 유비적이다. 그것은 목적론적 논증이되, 당면한 도덕적 명령이 아니라 이질적인 두 가지 성분을 조정하는 설계자를 요구하는 도덕적 현상에 기초한다. 『실천이성비판』에서는 도덕적 논증이 자연목적론적 논증을 질책하고 손상하

---

36 이 책의 366쪽 이하 및 377쪽 이하 참조.
37 『실천이성비판』, 110. 이 불편부당함의 실천적 귀결은 모든 사람을 각각 목적 그 자체로서 생각하는 것이다. 이는 같은 책, 131-32에서 도출된다.
38 외관과 달리, 칸트가 이러한 진술로 논점을 회피한 건 아니었다. 여기서 신의 표상은 최고선 개념의 확립을 위해 쓰인 게 아니다. 도리어 핵심은 불편부당한 관찰자의 표상이다. 따라서 만일 요구되는 능력을 지닌 불편부당한 관찰자가 있다면, 최고선은 실현될 것이다.

는 방식으로 비교되었기 때문에(138), 바로 이런 점이 분명하지 않았다. 그러나 그것은『판단력비판』의 마지막 목적론 부분에 등장하며, 종교론을 저술했던 시기에 이르면『실천이성비판』의 도덕적 논증은 한 난해한 각주에서 애매하게 처리된다. 새로운 목적론적 논증의 분명한 정식화는 『도덕형이상학』의 도덕적 문답법의 표본에서 이렇게 제시된다.

스승: 우리는 활동적인 선의지를 보유할 때 우리 자신이 행복할 만한 자격이 있다고(적어도 없지 않다고) 여깁니다. 그런데 우리가 그러한 활동적인 선의지를 의식한다고 해도, 과연 그것에 기초해 우리가 이 행복에 참여하리라는 확실한 희망을 가질 수 있습니까?

제자: 아니요, 그것만으로는 안 됩니다. …… 따라서 우리의 행복은 늘 한갓 소망으로 남을 뿐입니다. 다른 어떤 권능이 개입하지 않는 한, 이 소망은 희망이 될 수 없습니다.

스승: 혹시 이성은 인간의 공과에 따라 행복을 분배할 수 있고, 자연 전체를 다스릴 수 있으며, 자신의 전지함을 통해 세계를 지배할 수 있는 권능을 실제로 상정할 근거를, 말하자면 신에 대한 믿음의 근거를 그 자체로 갖고 있습니까?

제자: 예, 그렇습니다. 우리는 우리가 판단할 수 있는 자연의 작품들에서, 우리로서는 창조자의 표현할 길 없는 위대한 기예를 통하지 않고서는 달리 설명할 수 없는, 그토록 광대하고 심오한 지혜를 목격하기 때문입니다. 이로부터 우리는 이 세계에서 가장 고귀한 장식인 윤리적 질서와 관련해서도 이에 못지않게 지혜로운 통치를 약속하는 원인을 가집니다. 말하자면 우리가 의무를 위반함으로써 행복할 만한 자격을 잃게 되는 게 아닌 한, 우리도 행복에 참여하기를 희망할 수 있다는 것입니다.[39]

---

39 『도덕형이상학』, VI, 482; 또한『판단력비판』에 따르면, 목적론적 논증은 도덕이 바람직하다는 것을 우리에게 증명해준다(§91[V, 479]).

이 구절은 특히 주목할 만하다.『도덕형이상학』에 최고선의 논의는 없다. 신의 현존의 증명은 설계자, 순수성, 그리고 단순성으로부터의 논증이다. 이론적 논증으로서 그것은 "늘 존경심을 가지고 언급될 가치가 있지만"[40] 이론적으로 강제력이 있는 것도 아니고 존재론적 논증으로부터 독립적인 것도 아니다. 하지만 내 분석이 옳다면, 바로 그것이 도덕적 논증의 숨겨진 의미이다. 왜냐하면 도덕적 논증의 실천적 전제, 즉 온전한 최고선을 추구하라는 명령은 우리에게 두 번째 성분을 추구하라는 어떠한 책무의 부과도 없이 단지 이 개념의 내적 이종성에 대한 관심을 환기하기 때문이다.

그런데 실천적 논증에서 이론적 논증으로의 이행은 신 개념의 이론적 풍요에 보탬이 되기보단 도리어 그것을 감할지도 모른다.『순수이성비판』에서 제시되었듯이, 이론적 논증은 그 타당성을 가정하더라도 단지 원인이라는 — 신의 온전한 의미에 못 미치는 — 우주론적 개념으로만 우리를 이끌기 때문이다. 그게 아니면 이론적 논증은 유비적 추론을 통해 그 개념에 신인동형적 술어들을 덧붙일 것이기 때문이다.[41] 그런데 이러한 유비들은 결코 신 개념이 요구하는 최상급에 도달시켜주지 못한다.[42] 자연목적론적 개념화로부터 신인동형적 요소를 제거하면, 신 개념에 남는 것은 한갓 이름뿐이다.

역설적으로 들릴지 모르지만, 도덕적 논증은 자연신학보다 덜 신인동형적인 신의 표상으로 인도한다. 신에게 본질적으로 속하는 모든 술어는 단지 의지를 지닌 이성적 존재자를 정의하는 술어들이지(131n.), 경험적, 즉 심리적 개념들이 아니기 때문이다. 도덕적 인격성을 정의할 때, 우리

---

40 『순수이성비판』, A623-24=B651-52.

41 같은 책, A817=B845;『실천이성비판』, 140.

42 『실천이성비판』, 138-39. 이는 명백히 흄의『자연종교에 관한 대화』에 대한 반향이다. 신에 대한 자연목적론적 표상의 필연적 신인동형론은『순수이성비판』(A697-700=B725-28)에서 기술된다.

가 인간 지성이나 의지 — 전자는 우회적이고, 후자는 감성적으로 촉발된다 — 의 고유한 본성을 고려할 필요는 없고, 다만 지성과 의지의 규준적 관계만을 고려할 필요가 있다.[43] 이 관계는 신의 현존의 (도덕적) 논증의 출발점인 동시에 신 개념이 지닌 유일한 본질적 내용이다. 신 개념으로부터 이끌어낼 수 있는 모든 결론은 상호 관계 아래 있는 지성과 의지에 연관된다. 양자는 그 취지에서 모두 도덕적이다. 만일 우리가 신의 표상의 "감성화"를 시도한다면, 우리는 인간 본성에서 이끌어낸 경험적 개념들과 도덕적 존재자 일반의 순수 이성적 개념들을 뒤섞음으로써 그 도덕적 위력을 약화할 것이다.

따라서 유일하게 타당한 신학은 도덕신학이다. 신 개념은 자연학(또는 그 확장태인 형이상학)이 아니라 윤리학에 속한다(138). 윤리적 문제의식이 탐구되기 전까지 자연 탐구에 기반을 둔 형이상학은 이성신학을 필요로 하지 않았으며, 도덕적 반성과 더불어서야 비로소 신학이 출현하게 되었다.[44] 유사하게 세계의 궁극적 목적론은 자연적이 아니라 도덕적이다. 창조의 궁극목적은 도덕에 있는바, 그것이 최고선이다(130). 인간은 신의 명령에 대한 존경과 복종을 통해 — 비유적인 의미에서 칸트는 이것만 유일하게 허락할 것이다 — 신을 섬기며 찬양한다.

『실천이성비판』의 신학적 논의는 그것이 함축하고 있는 매우 흥미로운 철학적–윤리적 결론들이 더 전개되지 않은 채 여기서 마무리된다. 신 개념에 대한 이론적 관심은 세계의 통일에 대한 절대적 충분근거를, 모든 원인들의 원인을, 그리고 모든 목적의 목적을 찾는 것이다. 우리가 이 학설을 잠시 검토한다면, 변증론 제2장 제5절의 끝에서 두 번째 문단에서 마지막 문단으로의 이행은 그렇게 갑작스러워 보이지 않을 것이다.

---

43 『실천이성비판』, 137; 같은 책, 57;『정초』, 411-12, 425 참조.
44 『실천이성비판』에서는 그 발전이 아낙사고라스의 시대에 일어났다고 여기는 반면 (140),『순수이성비판』은 기독교 시대로 보는 것 같다(A817＝B845).

칸트는 말하기를, "목적들의 질서에서 인간은 (인간과 더불어 모든 이성적 존재자는) 목적 자체이다".[45] 그러나 어떻게 그런 결론이 나오는지는 『판단력비판』에서만 설명된다.

『판단력비판』에 따르면, 우리가 다른 모든 목적을 자기 아래 포섭하는 절대적 목적을 자연 안에서 발견할 수 없다면 자연의 합목적적 질서는 목적 없이 그 자체로서 판정되어야 한다. 이 절대적 목적은 자율적 의지라야 한다. 왜냐하면 어떤 존재자가 절대적인(상대적이지 않은) 가치를 갖도록 하는 것, 또 이와 관련해 세계 자체가 궁극목적을 가질 수 있도록, 즉 이성과 조화로운, 따라서 이성이 인정할 수 있는 체계를 가질 수 있도록 하는 것은 선의지이기 때문이다.[46]

이리하여 자연법칙 아래 있는 현상계의 목적은 지성계의 이념을 통해서만 종합될 수 있다. 지성계의 궁극목적은 도덕적인바, 목적들의 나라에서의 이성적 존재자들의 현존이다.[47]

목적과 자연적 메커니즘에 대한 우리의 개념화는 우리가 우회적 지성을 지닌다는 사실에 의존한다. 우리가 직관적 지성을 가졌더라면, 이 두 개념화는 한갓 규제적이 아니라 구성적으로 종합되었을 것이다. 오직 도덕적 자율이 목적 그 자체로 존재하는 한에서만 가능한 완전한 목적론적 질서의 규제적 이념 아래에서 이성의 두 가지 입법 — 이론적인 것과 실천적인 것에 대한, 또는 자연계와 목적들의 나라에서의 입법은 마침내 서로 양립 가능함이 밝혀진다. 오로지 우리가 도덕적 지배자에 의해 자연계의 입법이 일어난다고 가정하는 그런 세계에서만 최고선의 두 요소의 필연적 연결이 생각될 수 있다. 그렇지 않으면 우리는 최고선에 대한 이러한 구상을 포기하든지, 아니면 최고선이 단지 자연계 너머에서만 일

---

45 『실천이성비판』, 131. 상당히 다른 전제들도 있다. 『정초』에서는 같은 결론이 상당히 다른 전제들로부터 더 분명하고 설득력 있게 도출된다(429).

46 『판단력비판』, §86(V, 442-43).

47 같은 곳, 그리고 『철학에서 목적론적 원리의 사용』, VIII, 182ff.

어난다거나 도덕법칙과 아무런 상관 없는 법칙 체제를 구비한 세계에서 일어날 법한 불가사의한 사건이라고 가정해야 할 것이다.[48]

마침내 자연과 도덕의 간극에 다리를 놓는 것은 세계의 궁극목적인 최고선 개념, 그리고 그로부터 따라 나오는 신 개념이다. 이 개념들을 통해 칸트는 철학의 단일한 체계라는 목표에 거의 다가설 수 있으며,[49] 실천이성과 이론이성이 결국 하나이자 같은 것임을 입증할 수 있다고 여겼다. 그런데 양자를 통일하는 체계는 반성적 판단력에서만, 즉 구체적인 자연적-도덕적 귀결이 도출될 수 있게 하는 규정적 원리가 아니라 경험의 체계화를 인도하는 준칙에서만 현존한다. 만일 그것이 판단력을 위한 순전히 규제적인 원리에 머물지 않았더라면, 우리는 신학적 자연학과 신학적 도덕성 사이에서 이중의 모순에 봉착했을 것이다.[50]

6. 도덕성과 종교

신학적 도덕성, 즉 신에 대한 인식으로부터 도출된 도덕적 규칙들의 체계와 같은 것은 없다. 이 주장의 근거는 셋이다. 첫째, 우리에게는 그러한 인식이 없다. 둘째, 만일 우리에게 그러한 인식이 있어 그것을 도덕의 전제로 사용한다면, 도덕의 자율성은 파괴될 것이다. 셋째, 도덕법칙은 어떤 입법자에게도 의존하지 않는다. 신의 본성에서의 차이(또는 신의 현존 여부)는 의무 규정의 차이를 불러오지 않는다. 신학적 윤리학은 부당가정의 오류를 범한다. 우리가 지닌 신에 대한 온전한 개념은 ── 그것이 타당한 한에서 ── 우리의 도덕적 표상으로부터 자라나기 때문이다.[51]

---

48 『순수이성비판』, A816＝B844.

49 같은 책, A840＝B868.

50 『판단력비판』, §91, 마지막 문단.

51 『정초』, 408-09;『실천이성비판』, 139.

414

물론 이것은 실제로 참이 아니다. 신학적 믿음은 이성적이 아니라 본래 역사적이기 때문이다.[52] 그것은 계시 또는 계시라고 추정된 것에 근거하지 않고 결코 순수하지 않으며, 도리어 역사적이고 심리적인 우연들을 포함한다. 그러나 그것은 순수한 이성적 믿음의 씨앗도 은밀히 내포한다. 칸트는 이것을 종교에 대한 다른 저작들, 이를테면 『학부논쟁』과 『인류사의 추정된 기원』에서 밝혀낸다.

종교는 "모든 명령을 신의 명령으로 인식함이다. 다시 말해 제재 (Sanktion), 즉 낯선 의지의 자의적이고 그 자체로 우연적인 명령들이 아니라 각자의 자유로운 의지 자체의 본질적 법칙들로 인식함이다".[53] 그 법칙들은 입법자의 가정 아래에서만 명령으로 인정될 수 있지만 그 입법자가 반드시 법칙의 원작자일 필요는 없으며, 다만 종교에서 우리가 그 명령에 복종할 책무의 원천으로 그를 생각하는 것으로 충분하다. 신에 대한 의무는 없다.[54] 적어도 신의 현존을 믿어야 할 의무는 없다. 그러나 모든 의무를 마치 도덕적으로 완전할 뿐만 아니라 도덕과 자연의 양 영역에서 전능한 입법자의 신성한 명령처럼 간주하는 일은 도덕적 마음씨를 최고선의 희망과 연결하며, 법칙에 대한 존경에다 신을 향한 사랑과 외경의 차원을 추가한다.[55]

---

52 「칸트가 야코비에게 보내는 편지」(1789년 8월 30일)(XI, 76): "만일 복음이 일찍이 그 순수성으로 보편적 도덕법칙을 가르친 적 없었더라면, 순수 이성은 그 법칙들을 그렇게 완전하게 파악할 수 없었을 것입니다. 하지만 그것들이 주어지게 되었으므로, 이제 누구라도 그저 이성에 의해 법칙들의 옳음과 타당성을 납득할 수 있습니다."

53 『실천이성비판』, 129; 『판단력비판』, §91(V, 481); 『도덕형이상학』, VI, 487; 『학부논쟁』, VII, 36.

54 이는 의무를 자기 자신에 대한 의무, 타인에 대한 의무, 신에 대한 의무로 분류했던 볼프의 입장에 반하는 태도이다.

55 『도덕형이상학』, VI, 227; 『종교』, VI, 6n. 칸트의 열광적 추종자의 한 사람인 키제베터는 이것을 추가로 간주하지 않았다. 1790년 3월 3일 칸트에게 보내는 편지에서 그는 쓰기를, "나는 선생님의 도덕 체계의 원칙들이 기독교와 완벽히 조화를 이룬다고 확신합니다. 어쩌면 그리스도께서 선생님의 학설을 듣고 이해했더라면, 그분은 '그렇고 말고, 그게 바로 내가 신에 대한 사랑을 말할 때 의도한 뜻이라네'라고 맞장구를 쳤을지도 모

칸트는 전승되어온 종교적 전통에 도덕적 관념들을 완전히 새롭게, 우연히 수용한 것이 아니다. 처음부터 칸트의 윤리적 태도에는 종교적 겸허와 일관성이 있었고, 여기서 그는 다만 자신의 도덕 체계가 이미 종교의 본질적 요소들을 포함함을 주장한다. 적합하게 이해되는 한, 종교는 도덕의 신성함의 인정에 다름 아니다. 그의 전 윤리적 저술들은 처음부터 바로 이것을 옹호하기 위한 것이었다.

그럼에도 불구하고 종교의 정의는 윤리학에서의 코페르니쿠스적 전환에 의해 받아들여진 도덕법칙의 차원을 인정한다. '윤리법칙'(Sittengesetz)과 '도덕법칙'(Moralgesetz)은 칸트가 그 낱말을 썼을 당시 독일철학계에서 비교적 새로운 용어였다. 칸트 이전에 그 용어들은 자연법과 실정법을 보충하는 것으로서 신의 의지에서 도출된 도덕성의 법칙을 의미했다. 칸트는 볼프학파(이를테면 바움가르텐)와 볼프의 반대파(특히 크루지우스) 양자의 신정론적 학설에 맞서 도덕법칙의 개념을 세속화했다. 이로써 그는 이른바 "토마지우스 이래 최초로 비(非)신학적 철학적 윤리학"을 확립했다.[56]

여기서 주어진 종교의 정의는 도덕법칙에 어떠한 새로운 실체나 권위 또는 내용도 덧붙이지 않는다. 칸트가 신정론에 맞서 확보한 것은 윤리적 입장의 전환이라기보다는 도리어 도덕과 연결되지 않은 통찰의 독단과 원천을 보유하려는 종교 자체의 더 넓은 요구들의 제한이다. 종교의 정의는 말 그대로 취해져야 한다. 그것은 종교의 정의이지, 도덕 개념의 은밀한 변형이 아니다.[57]

롭니다"(XI, 137).

56 H. Spiegelberg, *Gesetz und Sittengesetz*, Zurich u Leipzig: Niehaus, 1935, p. 252. 이 책은 도덕법칙 개념의 발전에 대해 탁월하게 설명한다. 내 생각에는, 도덕법칙 개념의 점진적 전개와 그것이 자연법 및 신법과 차별화되는 지점에 대한 이러한 설명은 물론이고, 특히 그 개념과 용어법에서 칸트의 독창성을 이만큼 잘 보여준 연구는 극히 드물다.

57 『학부논쟁』, VII, 42. "신을 사랑하라"와 "네 이웃을 사랑하라"는 서로 동일한 윤리적 내용을 가진다(『실천이성비판』, 83). 칸트의 신학은 도덕적인 반면에 이신론자들의 신

유일하게 참된 종교인 기독교는[58] 또한 참된 도덕 이론을 포함하는 유일한 종교이다. 그것은 우리로 하여금 신적인 보상의 동인들과 별개로 신성함을 추구하라고 명령하기 때문에 타율적이지 않다. 그리고 그것은 어떤 역사적 독단의 승인에 기초해 법칙이 명하는 바를 인식하지 않는다. 그것은 스토아적 개념만큼 순수하지만 우리로 하여금 신성함(또는 지혜)이 신의 은총 없이 인간적으로 가능하다고 생각하도록 허락하지 않는다는 점에서 더 실재적이다. 인간적 무력함에 대한 이러한 고백 없이 도덕적 이상은 자연적 인간이 도달할 수 있는 수준으로 은밀히 격하된다. 하지만 도덕법칙의 숭고함을 마주할 때 적합한 반응은 오직 굴욕일 뿐, 스토아적 자만이 아니다(127n.).

7. 경탄의 두 대상

자연의 관조에서 생겨나는 자연신학은 자연적이지 않은 것을 관조함으로써 보충된다. 그것은 신을 관조함으로써가 아니라 — 우리는 신에 대해 다만 "추측"할 뿐이며, "경탄할 만한 그의 위엄"을 보지 못한다 —

학은 자연적이라는 사실을 예외로 하면, 도덕과 종교의 이러한 연결은 양자에게 공통적이다 — 이 연결에서 종교는 도덕의 내용에 아무런 기여도 하지 않는다. 따라서 칸트는 도덕성과 종교 사이에는 어떠한 질료적 차이(객체상의 차이)가 아니라 단지 형식적 차이만 있다고 말한다(『학부논쟁』, VII, 36). 매슈 틴덜(Matthew Tindal)의 다음과 같은 진술도 특징적이다. "그 자체로서 간주된 사물들의 이성에 따라 행위함이 도덕이며 종교는 신의 규칙으로서 간주된 동일한 이성에 따라 행위함이다"(Matthew Tindal, *Christiantiy as Old as Creation*, 1730; Leslie Stephen, *History of English Thought in the Eighteenth Century* I, 1876, p. 144에서 재인용).

58 『영원한 평화를 위하여』, VIII, 367n.: 단 하나의 참된 도덕성이 있으므로, 오로지 단 하나의 참된 종교만이 있을 수 있다. 유사하게 『종교』, VI, 107; 『학부논쟁』, VII, 36을 보라: 오직 단 하나의 종교가 있으며, 기독교는 그 종교의 가장 단적인(*schlichteste*) 형식이다.

우리 안의 "의무라는 천상의 목소리"에 귀를 기울임으로써 그러하다.

이성의 두 영역, 즉 이론적 영역과 실천적 영역은 저 유명한 결론에서 호소력 있는 표현으로 나란히 제시된다. "더 자주 더 오래 숙고하면 숙고할수록, 매번 더 새롭고 더 커지는 경탄과 외경으로 마음을 채우는 두 가지가 있다. 그것은 내 위의 별이 빛나는 하늘과 내 안의 도덕법칙이다" (161). 이 둘은 전에도 칸트에 의해 종종 함께 제시되었지만,[59] 이 구절에서와 같은 위대한 단순성은 없었다. 이 둘이 칸트 자신의 삶에서 감정적으로 깊이 연결되어 있었다는 것은 그의 어머니의 영향 때문임이 분명하다.[60] 칸트와 개인적으로 교류했던 초기 전기 작가들의 증언은 이를 충분히 뒷받침한다.

그러나 이 구절에서 표현된 진보는 단지 문체에 국한되지 않으며, 철학적이기도 하다. 이는 이전의 저술에서 칸트가 두 영역에서의 입법을 날카롭게 구별해내는 데 아직 성공하지 못했다는 사실에서 기인한다. 이전 저작들에서 칸트는 별이 빛나는 하늘을 인간보다 더 고결한 도덕적 존재자에게 가능한 처소로, 또는 죽은 뒤 우리 영혼이 자리하는 거처로 생각했다. 이제 저 모든 것은 비(非)도덕적 천문학과 비(非)자연적 윤리학이라는 상보적 구상에 의해 극복되었다. 즉 도덕법칙과 자연법칙의 관계에 대한 오래된 구상이 남아 있는 곳은 오직 '전형론'(Typik)뿐이다. 둘

---

59 『일반 자연사와 천체 이론』, 결론 마지막 문단;『고찰』, II, 208-09;『영을 보는 사람의 꿈』, II, 332;『신의 현존을 입증하기 위한 유일하게 가능한 증명근거』, II, 141. 파이힝거는 칸트가 선호하는 작가 중 한 사람인 세네카에게서도 이와 유사한 연결이 등장한다고 지적했다. H. Vaihinger, *Ad Helviam matrem de consolatione*, cap. viii("Ein berühmtes Kantwort bei Seneca?", *Kant-Studien* II, 1898, pp. 491~93 참조); 그러나 파이힝거가 지적했듯이, 세네카의 구절은 칸트의 비판기보다는 전(前)비판기 저작의 구절과 더 비슷하다.

60 자신의 어머니에 대한 외경심이 드러난 유명한 진술에서(R. B. Jachmann, *Immanuel Kant geschildert in Briefen an einen Freund*, 1804, neunter Brief), 그는 어머니가 "선의 씨앗을 뿌리고 길렀으며, 자신의 마음이 자연에 감동받을 수 있게" 했다고 말한다. 이 표현은 위의 금언과 동일한 결합을 보여준다.

사이의 극명한 대조는 — 둘의 조화가 위태로워지지 않는 한 — 그 대담한 구성에 활력을 준다. 과거에 칸트가 물리적 대상에 입각해 하나의 종합 — 자연목적론의 자명성, 즉 도덕적 기질의 자연본성적 기원 — 을 생각했다면, 이제 그는 인간 고유의 이성적 본성에 내재하는 대조적 면들의 종합을 기도한다. 별이 빛나는 하늘은 숭고해 보인다. 인간은 그것에 압도되어 처음에는 무력함을 느끼기 때문이다 그러나 그 하늘을 포착하는 그의 이성적 본성이 하늘이 드러내는 막대함과 위력에 압도되기보다 도리어 고양됨을 우리가 인식할 때, 인간은 하늘보다 더 높게 고양된다. 그는 숭고함이 자연에 속한다고 잘못 판단했으나 그것은 사실 이성적 존재인 자기 자신에게만 속한다.[61] 우리가 자연에 돌리는 숭고는 바로 우리 자신이 자연보다 우월하다는 실마리이다. 이것은 "우리가 우리 자신의 주체 안에 있는 인간성의 이념에 대한 존경을 객체에 대한 존경으로" 뒤바꾸는 일종의 치환이기 때문이다.[62] 별이 빛나는 하늘이 우리 안에 다만 간접적으로 일깨우는 감정은 그 자체로 숭고한 도덕법칙의 관조에 의해, 그리고 법칙을 구현하는 도덕적 행위자의 관조에 의해 직접적으로 일으켜진다. 인간 안에서 이렇게 일으켜진 굴욕은 숭고 그 자체이다.[63]

도덕적 관념들의 면면을 정교화하기 위해 자연적 개념을 이용하려는 경향이나 둘을 뒤섞으려는 경향은 이제 더는 남아 있지 않다. 그러나 하늘과 도덕법칙, 이 둘은 우리 앞에 그저 수사적 언표로 제출된 게 아니다. 심지어 마지막 결론에서도 칸트는 천문학의 역사와 유비적인 설명을 통해 도덕철학에 도움이 되는 가르침을 이끌어낸다.

그는 말하기를, "경탄과 존경은 물론 탐구를 자극할 수는 있지만, 탐구의 결함을 보충할 수는 없다"(162). 천문학적 탐구의 역사 속에서 수동적

---

61 『판단력비판』, §26(특히 V, 256).
62 같은 책, §27(V, 257).
63 같은 책, §28(V, 264);『실천이성비판』, 117;『고찰』, II, 215.

인 경탄과 인간적 결함의 혼합은 점성술로 귀결되었다.[64] 비슷하게 "인간 본성의 가장 고귀한 품성"이 계발되지 않은 채 도덕과 종교로 건너가면 광신이나 미신에 이른다. 천문학과 물리학의 과학적 탐구 방법의 완전성과 더불어 "세계 구조에 대한 명료하면서 이후에도 변치 않을 통찰"이 출현했다(163). 어쩌면 더 중요하게, 그것은 철학에 학문의 안전한 길을 제시할 모범이 될 수도 있다.[65] 그는 이제 윤리학의 탐구에서도 바로 이 방법을 추천한다. 비판적이고 방법론적으로 지도된 탐구라는 의미에서의 "과학", 그것은 "지혜로 인도하는 좁은 문"이다.

『실천이성비판』은 저 좁은 문을 여는 열쇠이다.

---

64 그는 『형이상학 서설』에서도 비슷한 유비를 이끌어낸다(IV, 366): "비판과 통상적인 강단 형이상학의 관계는 화학과 연금술의 관계, 또는 천문학과 예언적 점성술의 관계와 같다."

65 『실천이성비판』, 108 참조; 『순수이성비판』, Bxxiv.

이 책의 저자 루이스 화이트 벡(Lewis White Beck, 1913~97)은 미국 뉴욕 주에 위치한 로체스터 대학의 지성사 및 도덕철학 정교수로서 자신의 연구 이력 대부분을 근대 독일 철학, 특히 칸트 철학 연구에 헌신했다. "칸트에 동의하거나 반대하면서 철학을 할 수는 있지만 칸트 없이 철학을 할 수는 없다"라고 말했을 정도로 그에게서 칸트는 그 누구보다 중요한 사상가이자 연구의 중심이었다. 그는 칸트의『라틴어 저작선』을 포함해『형이상학 서설』과『도덕형이상학 정초』, 그리고『실천이성비판』같은 칸트의 주저를 영어로 번역했으며, 1970년 로체스터 대학에서 6일간 열린 '제3회 국제 칸트 학회'(the Third International Kant Congress: Held at the University of Rochester, March 30~April 4, 1970)의 조직위원장으로 칸트 연구의 국제화에 기여하기도 했다.

수많은 칸트 연구물 외에 그의 다른 주목할 만한 저서로는『6인의 세속철학자들: 스피노자, 흄, 칸트, 니체, 윌리엄 제임스, 산타야나의 사상에서의 종교적 주제들』(*Six Secular Philosophers: Religious Themes in the Thought of Spinoza, Hume, Kant, Nietzsche, William James and Santayana*,

1960),『초기 근대 독일 철학: 칸트와 그의 선배 철학자들』(*Early German Philosophy: Kant and His Predecessors*, 1969),『행위자와 관찰자』(*The Actor and the Spectator*, 1975) 등이 있다. 특히『행위자와 관찰자』는 철학사적 문헌 연구에 머물지 않고 백 자신의 고유한 행위철학을 전개한 저작으로서 이 책과 더불어 일찍이 독일어로 번역되기도 했다.

이 책은 1960년 초판이 발간된 후 수차례 재판(再版)되었으며, 반세기 가 지난 지금까지도 칸트 실천철학 분야의 고전적 연구서로 자리매김하 고 있다. 재판에 실린 출판사의 책 소개에서는 이 책의 위상을 다음과 같 이 서술한다.

> 이 책은 1960년 출간 즉시 칸트 학계의 빈틈을 메웠다. 그것은 칸트의
> 『실천이성비판』에 전적으로 집중된 최초의 연구서이며, 지금까지 쓰인 것
> 중 가장 실속 있는 주해서이다. 이 저작은 서양철학의 주요 문헌에 대한
> 길잡이로서 학생들은 물론이고 연구자들에게도 칸트 철학을 충분히 이해
> 하기 위해 반드시 필요한 도움을 제공한다.『실천이성비판』은 칸트가 실
> 천이성에 관한 자신의 사유를 하나의 통일된 논증으로 엮어낸 유일한 저
> 작이다. 루이스 화이트 벡은 이 논증을 고전적으로 검토할 뿐만 아니라 칸
> 트의 철학 및 18세기 도덕철학의 맥락 속에 전문적으로 배치해 보여준다.

벡도 머리말에서 언급하듯이,『실천이성비판』을 단독으로 집중 조명 한 단행본급 연구서는 거의 전무하다. 벡의 시대에도 그랬지만 오늘날에 도『순수이성비판』이나『도덕형이상학 정초』에 비해 정말 드물다. 드물 다는 이유로 이 책의 가치를 평가하고 싶지는 않다. 하지만『실천이성비 판』이 칸트의 주요한 철학적 기획에서 차지하는 중요성에 비해 오랫동 안 연구사에서 소외된 저작임을 고려한다면, 칸트의 바로 그 문헌을 집 중적으로 연구한 이 책의 중요성은 훨씬 더 부각되어야 마땅하다. 물론

칸트의 실천철학적 주제의 각론에 해당하는 연구들은 지난 세기에 비해 훨씬 활발히 진행되고 있으며, 이 책에서 보여준 벡의 입장과 상반되는 해석들, 이를테면 도덕적 동기부여의 문제 및 도덕성과 행복의 관계, 또는 최고선의 해석 문제와 관련해 벡과 상이한 해석을 하는 연구들도 꾸준히 제출되어왔다. 하지만 그럼에도 오늘날까지 이 책만큼 칸트의 실천이성비판 전체를 종합적으로, 그리고 깊이 있게 연구한 저작은 드물다.

원제에 따르면, 이 책은 일종의 '코멘터리'(A Commentary), 즉 서양의 문헌 연구 전통에서의 '주해'(*commentarius*)의 방법을 적용하고 있다. 저자가 머리말에서 밝히고 있듯이, 『실천이성비판』에 관련해 '주해'란 이름이 붙은 저작은 이 책 이전에 존재하지 않았다. '주해'는 동서를 막론해 문헌 연구의 오래된 방법론이다. 물론 고전문헌학이 분과학문으로 자리잡은 뒤 세부적으로 접근법이 분기했으나, 기본적으로 성서나 인류 역사에서 매우 중요한 문헌으로 평가받아 '고전'으로 셈해지는 주요 문헌들의 연구 방법으로서 고전이라는 단단한 요체를 더 풀어 해설하는 접근법이라 할 수 있다. 오늘날 문헌 연구에서는 관점의 상대화와 다각화를 강조하면서 특수한 관점에서의 재구성적 접근이나 해석학적 시도가 훨씬 더 주목을 받기도 하지만, 고전 연구에서 주해적 접근은 여전히 중요하다.

특히 고전 번역의 경우, 그것이 단순히 주어진 문장이나 글을 다른 언어로 옮기는 작업이 아니라 그것을 낳은 시대의 사상과 역사 그리고 문화를 옮기는 작업인 동시에 새로운 형식의 표현 장치에 원전을 새롭게 탄생시켜야 하기에, 달리 표현하면, 고전 번역은 고전의 문장들을 문법 규칙에 맞게 우리말로 옮기는 것만으로는 그 속에 담긴 뜻을 제대로 전달할 수가 없기에, 고전 번역에는 주해 연구가 반드시 수반해야 하며, 주해가 없는 고전 번역은 제대로 고전 원전의 일부분만 옮긴 번역이라 할 수밖에 없다"(안재원, 「서양고전문헌학의 방법론: 문헌 계보도, 편집, 번역, 번역, 주해」, 『규장각』, 32, 2008, 276쪽).

이는 칸트의『실천이성비판』에 대해서도 마찬가지로 적용될 수 있다. 번역이 아무리 탁월하다 한들, 단순히 번역서를 읽는 것만으로는 해소할 수 없는 수많은 이해의 어려움이 산재한다. 그것은 칸트 철학의 기본 개념을 이해하기 위한 여러 전제 때문이기도 하지만 지성사적 배경과 맥락이 불충분하기 때문이기도 하며, 또한 해석상의 여러 난점 탓이기도 하다. 벡이 시도하는 주해적 접근은 바로 이러한 고전 독해의 어려움을 상쇄하는 데 상당한 도움을 준다. 칸트 철학에 대한 기초지식이 부족한 독자들조차 숙독을 통해 이 벽돌과 같이 단단한 책의 외피를 뚫고 들어갈 수 있도록 실질적인 도움을 줄 뿐만 아니라 예비 연구자들도 문헌 연구의 기본적인 방법을 숙지할 수 있도록 안내한다.

이 책은 3부로 나뉜다. 네 개의 장(章)으로 구성된 제1부는『실천이성비판』에 대한 본격적 주해 작업에 앞서는 예비적 논의에 해당한다. 제1장은 칸트의 실천철학적 문제의식의 발전사와 더불어 그가『실천이성비판』의 저술에 이르게 된 과정과 맥락을 밝히고, 제2장은『실천이성비판』의 이해를 위해 반드시 필요한 한에서『순수이성비판』의 기초 개념과 구조를 다룬다. 제3장은 심리학의 3인칭적 관점과 달리 행위자의 1인칭적 관점에서 사고와 행위가 어떻게 매개되는지를 다루는 장으로서, 훗날 벡의 고유한 행위철학 저작『행위자와 관찰자』의 입론에 해당한다. 제4장은『실천이성비판』의 서문과 서론의 주해이지만, 동시에『도덕형이상학 정초』및『도덕형이상학』과의 변별점을 드러냄으로써 이 저작의 고유성을 분명히 한다.

제2부는 여덟 개의 장으로 구성되며,『실천이성비판』의 분석론의 주해에 집중된다. 여기서 벡은 분석론의 주요 문제, 즉 순수 실천이성의 실재성의 입증이라는 문제를『순수이성비판』과의 평행 관계 속에서 도덕법칙의 연역 문제로 번역하며, 이에 따라 분석론은 같은 대상, 즉 도덕법칙의 서로 다른 세 가지 연역인 형이상학적 연역, 선험론적 연역, 주관적 연역의 문제가 다루어진다고 해석된다.

형이상학적 연역은 분석론 제1장('원칙' 장)의 전반부(§§1-8)에서 실천이성 일반의 분석으로부터 소거법적 방식으로, 즉 간접적으로 순수 형식적 원칙으로서 도덕법칙에 도달하는 과정으로서 제6장부터 제8장의 논의가 이에 해당하며, 분석론의 제2장('대상 개념' 장)의 주해인 제9장 역시 이에 포함된다. 다음으로, 제10장은 선험론적 연역이 다루어지는 곳으로서 분석론 제1장 후반부의 "이성의 사실" 학설과 '연역' 부분의 주해이다. 다음으로, 분석론 제3장('동기' 장)을 다루는 제12장은 주관적 연역에 해당한다. 원전의 주요 구절들을 따라가는 제2부의 나머지 장들과 달리, 제11장은 칸트 실천철학의 핵심 개념인 '자유'를 주제화한다. 이 장에서 제출되는 칸트의 자유 이론에 관한 논의는 체계적이면서도 상세한 해설을 포함한다.

제3부는 두 개의 장으로 이루어져 있으며,『실천이성비판』의 변증론을 상대적으로 간략히 다룬다. 제13장에서는 변증론 전반부의 최고선의 이율배반 문제를 중심으로 주해하고, 제14장에서는 변증론 후반부의 순수 실천이성의 요청들을 다룬다.

이제 막 칸트 철학에 입문하는 사람이 다른 보조 자료 없이 칸트의 원전을 직접 읽고 이해하기는 어렵다. 물론 그 보조 자료, 즉 사전이나 주해서조차 쉽다고 말할 수는 없다. 그럼에도 개념을 분명히 익히고 여러 번 숙독한다면 차츰 더 명료히 이해할 수 있을 것이다. 다행히 지금은 우리말로 칸트 철학을 이해하는 데 상당한 도움이 될 수 있는 수단인 칸트 철학 개념어 사전이 두 종류 나와 있다. 하나는 사카베 메구미(坂部惠) 등 일본의 칸트 연구자들이 공동 저술하고 이신철이 옮긴『칸트 사전』(도서출판 b, 2009)이고, 다른 하나는 백종현이 쓴『한국 칸트 사전』(아카넷, 2019)이다. 특히 전자의 사전은 '네이버 지식백과'에서 무료 열람이 가능하다. 칸트 사전과 함께 이 책이 독자들이 우리말로 칸트의『실천이성비판』을 읽고 이해하는 데, 그리고 철학적 사유와 문제의식을 확장하는 데 기여할 수 있기를 바란다. 서양철학의 난해한 고전을 우리말로 읽고 생각할 수 있는 조건을 마련하고 확장하는 것도 여전히 한국 철학의 발전을 위한 길일 수 있다고 생각한다.

* * *

2011년 1학기 김상봉 선생님의 대학원 수업에서 『실천이성비판』 강독을 진행할 무렵, 이 책의 번역을 추천받았다. 해당 학기에 동료들과 일부 공동 번역을 시도하기도 했으나 별 진척이 없었고 이후 개인적 과제로 끌어안게 되었다. 그러다가 BK21 사업의 지원으로 다녀온 독일 트리어 대학에서의 해외 연수 기간에 박사 학위논문의 주제를 탐색하면서 상당 부분 초벌 번역을 진행했다. 초역을 끝낸 뒤에는 생계와 학위논문 진행에 집중하느라 원고를 오랫동안 묵혀두었다. 그럼에도 이 책의 번역을 완성하기까지 충분한 시간과 여력을 확보할 수 있었던 데에는 여러 선생님들과 기관들의 도움이 컸다.

먼저 전남대 철학과의 은사님들께 감사의 말씀을 드린다. 대표적으로 두 분의 은사님을 거론하고 싶다. 먼저 지도교수이신 김상봉 선생님께 감사드린다. 선생님은 처음 이 책의 번역을 권유하며, 철학 연구자로서 수련하는 과정에서 외국어의 정확한 번역과 특히 라틴어와 희랍어 등의 고전어 공부를 부단히 강조하셨다. 대학원 과정은 대체로 어학, 특히 고전어 공부라는 물과 불의 시련을 견뎌야 하는 것이어서 공부 길의 초반에 반감도 컸으나, 그것이 철학을 하기 위한 '아스케제'(Askese)라는 점을 나 스스로 납득할 수 있도록 선생님께서는 친절히 안내해주셨다. 또한 김양현 선생님께 감사드린다. 선생님은 대학원 첫 학기에 처음 '칸트 스투디엔'(Kant-Studien)을 소개해주시며 동시대 국제적 선행 연구의 중요성을 일깨워주셨고, 결혼한 뒤 가족의 생계 부양을 위해 학업을 잠시 중단해야 할 어려운 시기를 잘 헤쳐갈 수 있도록 마음 써주셨다.

전남대 대학원 철학과 'BK21 연대와 소통을 위한 철학교육사업단'의 연구장학생으로, 또한 이후 전남대 호남학연구원 'HK 감성인문학 사업단'의 연구원으로 일할 수 있었던 조건들은 생계와 학업의 연속성을 이어가며 이 책의 번역을 끝까지 완성할 수 있었던 결정적인 조건이었다고 생각한다. 당시 BK21 사업단장과 이후 호남학연구원장을 역임하신 조윤호 선생님께 감사드린다.

대학원 생활을 함께한 선배들과 동료 연구자들에게도 고마움을 전하고 싶다. 특히 라틴어와 독일어를 처음 배울 때 많은 도움을 주신 인문학교육연구소 소장 양진호 선배님께 감사드린다. 아주 오래전이지만 고마움은 후배들에게 갚으라던 선배의 말씀을 기억하고 있으며, 앞으로도 할 수 있는 한 실천하려 한다. 또한 동료 연구자 안승훈 박사와 정다영 박사에게 감사드린다. 두 분은 초역본 전체를 숙독하고 원문과 대조하면서 오탈자 및 오역 등을 바로잡아주었다. 초벌 번역을 함께 윤독해준 동료들의 면면도 물론 잊지 않고 있다. 전남대 철학과에서 만난 동료 연구자들의 공부 길을 늘 지지하고 응원하겠다.

편집자 권나명 선생님, 도서출판 길의 박우정 대표님, 그리고 이승우 편집장님께도 감사드린다. 아직 일천한 이력의 지방대 출신 연구자를 신뢰하고 학술 출판의 난항 속에서도 흔쾌히 이 번역서의 출간을 수락해주셨을 뿐만 아니라 후속 작업도 독려해주셔서 든든한 지원군을 얻은 것 같다. 앞으로도 학문 후속 세대로서 기대에 부응하기 위해 노력하겠다.

마지막으로, 가족들에게 감사드린다. 물심양면으로 늘 지지해주시는 양가 부모님께, 조카가 갓난아이에서 어린이로 자라는 동안 기꺼이 돌봄 노동을 분담해준 두 여동생, 설화와 미리에게, 그리고 "내 인생을 망치러 온 나의 구원자" 추주희 박사와 오한결 어린이에게 새삼 고마운 마음을 전한다.

2022년 8월 광주에서
오창환

참고문헌

I. 『실천이성비판』의 원전 판본

Critik der practischen Vernunft von Immanuel Kant. Riga. bey Johann Friedrich Hartknoch, 1788[*sic*]. p. 292 Zweyte, vierte, fünfte, und sechste Auflage[n], 1792, 1797, 1808, 1827.(Third edition not published; second edition was a double printing.) Reprint: Neueste mit einem Register vermehrte Auflage. Grätz [*sic*], 1796. Other reprints: Frankfort and Leipzig, 1791, 1795, 1803.

Rosenkranz, Karl, and Schubert. F. W. In Vol. VIII of their edition of Kant's works. Leipzig, 1838.

Hartenstein, G. In Vol. IV of his edition of Kant's works. Leipzig, 1838(in Vol. V of the edition of 1867).

Kirchmann, J. H. von. In the series "Philosophische Bibliothek." Berlin, 1869, 1870, 1882, 1897.

Kehrbach, Karl. In the series "Reclams Universalbibliothek." Leipzig, [1878].

Vorländer, Karl. In the series "Philosophische Bibliothek." Leipzig, 1906; 9th ed., 1929.

Natorp, Paul. In *Kant's Gesammelte Schriften*, Vol. V. Berlin: Königliche Preussische

Akademie der Wissenschaften, 1908, 1913.

Kellermann, Benzion. In *Immanuel Kants Werke*. Edited by Ernst Cassirer *et al.* Vol. V. Berlin: Bruno Cassirer, 1914, 1922.

Gross, F. In "Grossherzog Wilhelm Ernst Ausgabe" of *Kants Sämmtliche Werke*. Leipzig: Inselverlag, 1920.

Weischedel, W. in *Kants Werke*. Vol. IV. Leipzig: Inselverlag, 1957.

II. 「실천이성비판」의 번역본

Kant's Critique of Practical Reason and Other Works on the Theory of Ethics. Translated with a memoir of Kant by Thomas Kingsmill Abbott. London: Longmans, Green, 1873; 6th ed., 1909; reprinted, 1954.

Kant's Ctritique of Practical Reason and Other Writings in Moral Philosophy. Translated and edited, with an Introduction, by Lewis White Beck. Chicago: University of Chicago Press, 1949.

Immanuel Kant: Critique of Practical Reason. Translated, with an Introduction, by Lewis White Beck. New York: Liberal Arts Press, [1956].

Immanuelis Kantii Critica rationis practicae. In *Opera ad philosophiam criticam latine vertit Fredericus Gottlob Born, volumen tertium*. Leipzig: Impensis Engelhard Ben. Schwickerti, 1797.

French translations by Jules Barni (Paris, 1848), François Picavet (Paris, 1888; 2rd ed., 1902; reprinted with new Introduction by Ferdinand Alquié [Paris: Presses Universitaires de France, 1949]), and J. Gibelin (Paris: Vrin, 1945).

Italian translation by Francesco Capra (Bari, 1909; 7th ed., Florence, 1955, with Introduction by Eugenio Garin).

III. 이 책에서 인용된 칸트의 다른 저작들의 번역본(연대기적 순서에 따라 제시)

Principiorum Primorum cognitionis metaphysicae nova dilucidatio (1755). Cited as

"Nova dilucidatio." F. E. England, *Kant's Conception of God*, Appendix, pp. 213~ 52. London: Allen & Unwin, 1929.

The Distinctness of the Principles of Natural Theology and Morals (1764). Also called *"Prize Essay."* L. W. Beck, *Kant's Critique of Practical Reason and Other Writings in Moral Philosophy* (Chicago, 1949), pp. 261~85.

The Forms and Principles of the Sensible and Intelligible Worlds (1770). Cited as *"Inaugural Dissertation."* John Handyside, *Kant's Inaugural Dissertation and Early Writings on Space*, pp. 35~83. Chicago and London: Open Court, 1929.

Lectures on Ethics (ca. 1780). Translated by Louis Infield, New York: Century Co., [1930].

Critique of Pure Reason (1781, 1787). Translated by Norman Kemp Smith. London and New York: Macmillan Co., 1929.

Prolegomena to Any Future Metaphysics (1783). Translated by Lewis W. Beck. New York: Liberal Arts Press, 1951.

Foundations of the Metaphysics of Morals (1785). In Abbott, op. cit. Abbott's title is *Fundamental Principles of the Metaphysics of Morals.*

What is Orientation in Thinking? (1786). In Beck, *Kant's Critique of Practical Reason and Other Writings in Moral Philosophy*, pp. 293~305.

Critique of Judgment (1790). Translated by J. H. Bernard (1892). New York: Hafner, 1951.

Religion within the Limits of Reason Alone (1793). Translated by Theodore M. Greene and Hoyt H. Hudson. Chicago: Open Court, 1934.

Perpetual Peace (1795). Translated by Lewis White Beck. New York: Liberal Art Press, [1957]. (This Translation, with Akademie pagination, is included also in Beck, *Kant's Critique of Practical Reason* ···, pp. 306~45, but citation are to the 1957 edition.)

IV. 연구문헌

Adickes, Erich. "Korrekturen und Konjekturen zu Kants ethischer Schrift", *Kant-Studien*, V (1901), pp. 207~14.

Aster, Ernst von. "Band V und VI der Akademie Ausgabe", *Kant-Studien*, XIV (1909), pp. 468~76. (Review of the Natorp edition of the Kritik der praktischen Vernunft.)

Attisani, Adelchi. *Metodo attivo e metodo speculativo nella metodica della ragion pratica di E. Kant*. Messina: Sessa, 1951.

Ballauf, Theodor. *Vernünftiger Wille und gläubige Liebe. Interpretationen zu Kants und Pestalozzis Werk*. Meisenheim: Anton Hein, 1957.

Barni, Jules. *Examen des Fondements de la métaphysique des mœurs et de la Critique de la raiosn pratique*. Paris: Ladrange, 1851.

Beck, Lewis White. "Apodicitic Imperatives", *Kant-Studien*, XLIX (1957), pp. 7~24.

_____. "Les deux concepts kantiens de vouloir dans leur contexte politique", *Annales de philosophie politique*, IV (1962), pp. 119~37.

Bendavid, Lazarus. *Vorlesungen über die Critik de praktischen Vernunft*. Vienna: Stahel, 1796.

Bohatec, Josef. *Die Religionsphilosophie Kants in der "Religion innerhalb der Grenzen der blossen Vernunft" mit besonderer Berücksichtigung ihrer theologisch-dogmatischen Quellen*. Hamburg: Hoffman & Campe, 1938.

Brastberger, Gebhardt Ulrich. *Untersuchungen über Kants Kritik der praktischen Vernunft*. Tübingen: Cotta, 1792.

Caird, Edward. *The Critical Philosophy of Immanuel Kant*. 2 vols. London and New York: Macmillan Co., 1899 and 1909.

Cassirer, Ernst. *Rousseau, Kant, Goethe*. Translated by James Gutman, P. O. Kristeller, and J. H. Randall, Jr. Princeton: Princeton University Press, 1947.

Cohen, Hermann. *Kants Begründung der Ethik*. Berlin: Dümmler, 1877.

Cook, Webster. *The Ethics of Bishop Butler and Immanuel Kant*. Ann Arbor: University of Michigan, 1888.

Delbos, Victor. *La Philosophie pratique de Kant*. Paris: Alcan, 1905; 2d ed., 1926.

Döring, A. "Kants Lehre vom höchsten Gut", *Kant-Studien*, IV (1898), pp. 94~101.

Duncan, A. R. C. *Practical Reason and Morality: A Study of Immanuel Kant's Foundations for the Metaphysics of Morals*. Edinburgh: Nelson, 1957.

Eisler, Rudolf. *Kant-Lexikon*. Berlin: Mittler, 1930.

England, F. E. *Kant's Conception of God*. London: Allen & Unwin, 1929.

Eucken, Rudolf. "Über Bildnisse und Gleichnisse bei Kant", *Zeitschrift für Philosophie und philosophische Kritik*, LXXXIII (1883), pp. 161~93.

Fackenheim, Emil. "Kant's Concept of History", *Kant-Studien*, XLVIII (1957), pp. 391~98.

Fervers, Karl. *Die Beziehung zwischen Gefühl und Willen bei Tetens und Kant*. Diss., Bonn, 1925.

Fouillée, Alfred. "La raison pure pratique doit elle être critiquée?" *Revue philosophique*, LIX (1905), pp. 1~33.

Gahringer, Robert E. "The Metaphysical Aspect of Kant's Moral Philosophy", *Ethics*, XLIV (1954), pp. 277~91.

Gelfert, Johannes. *Der Pflichtbegriff bei Wolff und anderen Philosophen der deutschen Aufklärung mit Rücksicht auf Kant*. Diss., Leipzig, 1907.

Grassi, Leonardo. *Preludi storico-attualistici alla Critica della ragion pratica*. Catania: Crisafulli, 1943.

Guéroult, M. "Canon de la raison pure et Critique de la raison pratique", *Revue internationale de philosophie*, VIII (1954), pp. 333~57.

Gurewitsch, Aron. *Zur Geschichte des Achtungsbegriffes und zur Theorie des sittlichen Gefühls*. Diss,. Würzburg, 1897.

Haegerstrom, Axel. *Kants Ethik im Verhältnis zu seinen erkenntnistheoretischen Grundgedanken systematisch dargestellt*. Uppsala: Almqvist & Wiksell; Leipzig: Harrassowitz, 1902.

Haezrahi, Pepita. "The Avowed and Unavowed Source of Kant's Theory of Ethics", *Ethics*, LXII (1952), pp. 157~68.

Hegler, Alfred. *Die Psychologie in Kants Ethik*. Freiburg: J. C. B. Mohr, 1891.

Heidemann, Ingeborg. *Spontaneität und Zeitlichkeit: Ein Problem der Kritik der reinen Vernunft*. Ergänzungsheft der *Kant-Studien*, No. 75. Cologne, 1958.

_____. *Untersuchungen zur Kantkritik Max Schelers*. Diss., Cologne, 1955.

Heimsoeth, Heinz. *Studien zur Philosophie Immanuel Kants: Metaphysische Ursprünge und ontologische Grundlagen*. Cologne: Bladuin Pick, 1956.

Henrich, D. "Hutcheson und Kant", *Kant-Studien*, XLX (1957), pp. 49~69.

Höffding, Harald. "Rousseaus Einfluss auf die definitive Form der kantischen Ethik",
Kant-Studien, II (1898), pp. 11~21.

Jodl, Friedrich. *Geschichte der Ethik als philosophischer Wissenschaft.* Stuttgart and
Berlin: Cotta, 120.

Jones, William T. *Morality and Freedom in the Philosophy of Kant.* London: Oxford
University Press, 1940.

Josten, Clara. *Christian Wolffs Grundlegung der praktischen Philosphie.* Leipzig: Meiner,
1931.

Käubler, Bruno. *Der Begriff der Triebfeder in Kants Ethik.* Diss., Leipzig, 1917.

Khodoss, Claudie(ed.). *Kant: La Raison pratique.* Paris: Presses Universitaires de
France, 1956. (A very useful collection of texts, arranged by subject matter and with
glossary.)

Kiesewetter, Johann Gottfried Christian. *Über den ersten Grundsatz der Moralphilosophie*
··· *nebst einer Abhandlung vom Herrn Prof. Jacob über die Freiheit des Willens.* 2 vols.
Berlin: Carl Massdorff, 1790, 1791.

Knox, T. M. "Hegel's Attitude to Kant's Ethics", *Kant-Studien*, XLIX (1957), pp. 70~
81.

Krueger, Gerhard. *Philosophie und Moral in der kantischen Kritik.* Tübingen: J. C. B.
Mohr, 1931.

Lindsay, A. D. *Kant.* London: Oxford University Press, 1934.

Lippmann, E. O. von. "Zu: 'Zwei Dinge erfüllen das Gemüt...'", *Kant-Studien*, XXXIV
(1929), pp. 259~61; XXV (1930), pp. 409~10.

Lorentz, P. "Über die Aufstellung von Postulaten als philosophische Methode bei
Kant", *Philsophische Monatshefte*, XXIX (1893), pp. 412~33.

Marty, Fr. "La Typique du jugement pratique pur: la morale kantienne et son
application aux cas particuliers", *Archives de philosophie*, No. 1 (1935), pp. 56~87.

Mellin, Georg Samuel Albert. *Encyclopädisches Wörterbuch der kritischen Philosophie.*
5 vols. in 10. Züllichau and Leipzig, 1797.

_____. *Kunstsprache der kritischen Philosophie oder Sammlung aller Kunstwörter
derselben.* Leipzig: Fromann, 1798.

_____. *Marginalien und Register zu Kants Kritik der Erkenntnisvermögen. II.*

Kritik der praktischen Vernunft. Züllichau, 1795. Neuherausgegeben von Ludwig Goldschmitt. Gotha: Thienemann, 1902.

Menzer, Paul. "Der Entwicklungsgang der kantischen Ethik in den Jahren 1760– 1785", *Kant-Studien*, II (1897), pp. 290~322; III (1898), pp. 40~104.

Messer, August. *Kants Ethik: Eine Einführung in ihre Hauptprobleme und Beiträge zu deren Lösung.* Leipzig: Veit, 1904.

_____. *Kommentar zu Kants ethischen und religionsphilosophischen Hauptschriften.* Leipzig: Meiner, 1929.

Michaelis, Christian Friedrich. *Über die sittliche Natur und Bestimmung des Menschen: Ein Versuch zur Erläuterung über I. Kants Kritik der praktischen Vernunft.* 2 vols. Leipzig: Johann Gottlob Beigang, 1796, 1797.

Moritz, Manfred. *Studien zum Pflichtbegriff in Kants kritischer Ethik.* The Hague: Nijhoff, 1951.

Nahm Milton C. "'Sublimity' and the 'Moral Law' in Kant's Philosophy", *Kant-Studien*, XLVIII (1957), pp. 502~24.

Neckien, Ferdinand. *Die Lehre vom Gefühl in Kants kritischer Ethik.* The Hague: Nijhoff, 1951.

Paton, H. J. *The Categorical Imperative: A Study in Kant's Moral Philosophy.* London: Hutchinson [1946]; Chicago: University of Chicago Press, 1948.

_____. *In Defence of Reason.* London: Hutchinson, 1951. (See especially "Can Reason Be Practical?" [pp. 117~56] and "Kant's Idea of the Good" [pp. 157~77].)

Paulsen, Friedrich. *Immanuel Kant, His Life and Doctrine.* Translated by J. E. Greighton and Albert Lefevre. New York: Charles Scribner's Sons, 1902.

Peach, Bernard. "Common Sense and PRactical Reason in Reid and Kant", *Sophia* (Padova), XXIV (1956), pp. 66~71.

Porter, Noah. *Kant's Ethics: A Critical Exposition.* Chicago: Griggs, 1886; 2d ed., 1894.

Rosenthal, Gertrud. "Kants Bestimmung des Erziehungsziels", *Archiv für die Geschichte der Philosophie*, XXXVII (1926), pp. 65~74.

Ross, Sir [William] David. *Kant's Ethical Theory: A Commentary on the Grundlegung zur Metaphysik der Sitten.* Oxford: Clarendon Press, 1954.

Ruge, Arnold. *Die Deduktion der praktischen und der moralischen Freiheit aus den*

Prinzipien der kantischen Morallehre. Hab.-Schrift, Heidelberg, 1910.

Schilpp, Paul Arthur. *Kant's Pre-critical Ethics.* Chicago and Evanston: Northwesten University Press, 1938.

Schmidt, Karl. *Beiträge zur Entwicklung der Kant'schen Ethik.* Marburg: Elwert, 1900.

Schweitzer, Albert. *Die Religionsphilosophie Kants in der Kritik der reinen Vernunft bis zur Religion innerhalb der Grenzen der blossen Vernunft.* Freiburg: J. C. B. Mohr, 1899.

Seidel, Arthur. *Tetens Einfluss auf die kritische Philosophie Kants.* Diss., Leipzig, 1932.

Snell, Friedrich Wilhelm Daniel. *Menon oder Versuch in Gespächen als vornehmsten Punkte aus Kants Kritik der praktischen Vernunft zu erläutern.* Mannheim: Schwan & Götz, 1789; 2d ed., rev., 1796.

Stange, Carl. *Die Ethik Kants: Zur Einführung in die Kritik de prakrischen Vernunft.* Leipzig: Dietrich, 1920.

Teale, A. E. *Kantian Ethics.* New York: Oxford University Press, 1951.

Unger, Rudolf. "'Der bestirnte Himmel über mir': Zur geistesgeschichtlichen Deutung eines Kant-Wortes." In *Festschrift zur zweiten Jahrhundertfeier seines Geburtstages* [in Königsberg], pp. 239~63. Leipzig: Dietrich, 1924.

Vidari, Giovanni. "Sguardo introduttivo alla 'Critica della ragion pratica'", *Rivista di filosofia*, XV (1924), pp. 223~31.

De Vleeschauwer, H. J. *La Déduction transcendentale dans l'œuvre de Kant.* Paris: Leroux, 1937. (See especially Vol. III.)

Vorländer, Karl. *Immanuel Kant, der Mann und das Werk.* 2 vols. Leipzig: Meiner, 1924.

Webb, C. C. J. *Kant's Philsophy of Religion.* Oxford: Clarendon Press, 1926.

Whittemore, Robert. "The Metaphysics of the Seven Formulations of the Moral Argument", *Tulane Studies in Philosophy*, III (1954), pp. 133~61.

Wille, E. "Konjekturen zu Kants Kritik der praktischen Vernunft", *Kant-Studien*, VIII (1903), pp. 467~71.

Witte, Johannes. *Beiträge zum Verständnis Kants.* Berlin: Mecklenburg Verlag, 1874. (Contains one of the very few discussions of the categories in the second *Critique*, pp. 92ff.)

Wundt, Max. *Kant als Metaphysiker: ein Beitrag zur Geschichte der deutschen Philosophie im achtzehnten Jahrhundert.* Stuttgart: Enke, 1924.

Zilian, Erich. *Die Ideen in Kants theoretischer und praktischer Philosophie.* Diss., Königsberg, 1927.

Zwanziger, Johann Cristian. *Commentar über Herrn Professor Kants Kritik der praktischen Vernunft; nebst einem Sendschreiben an den gelehrten Herrn Censor.* Leipzig: Hischer, 1794.

＊ 나는 다음 두 저작을 찾을 수 없었다.

Rätze, Theodor Gottlieb. *Beilage zu Kants "Kritik der praktischen Vernunft."* Chemnitz, 1794.

Michaelis, C. T. *Zur Entstehung der Kritik der praktischen Vernunft.* Berlin, 1893.
앞의 책은 Rand, Benjamin. *Bibliography of Philosophy, Psychology, and Cognate Subjects* (Vol. III of Baldwin's *Dictionary of Philosophy and Psychology* [New York: MAcmillan Co., 1905]), Part I, p. 310, 뒤의 책은 *Friedrich Uberwegs Grundriss der Geschichte der Philosophie*, 12th ed., Vol. III, p. 716에 등재되었는데, 어쩌면 이 목록에 오류가 있을 수도 있다.

＊ 이 책이 인쇄 중일 때, 따라서 내가 그 문헌을 활용하기에 너무 늦었을 때, 『실천이성비판』의 주제에 대한 존 R. 실버 교수의 매우 교훈적인 연구 두 편이 나왔다. 이것들은 특히 이 책의 제9장 제3절과 제13장 제3절에서 검토된 주제와 관련이 있다.

Silber, John R. "Kant's Conception of the Highest Good as Immanent and Transcendent", *Philosophical Review*, LXVIII (October, 1959), pp. 469~92.

_____. "The Copernican Revolution in Ethics: The Good Re-examined", *Kant-Studien*, LI (1959-60), pp. 85~101.

인명 찾아보기[*]

- 여기에는 각주에서 언급된 문헌들의 저자들도 포함되지만, 단순히 참고문헌 목록에만 나오는 인명은 제외되었다.

Friedrich Gottlob) 35, 144n., 269n.

보스웰, 제임스(Boswell, James) 348n.

보캉송, 자크 드(Vaucanson, Jacques de)
288n.

보하텍, 요제프(Bohatec, Josef) 324n.

볼프, 크리스티안(Wolff, Christian) 26n.,
69n., 70n., 71n., 93, 144n., 149, 150,
158n., 163, 166n., 167n., 168n., 189,
190, 198n., 202n., 247, 269n., 320,
345n., 375n., 415n., 416

분트, 막스(Wundt, Max) 26n.

불린, 앤(Boleyn, Anne) 354

브라스트베르거, 게브하르트 울리히
(Brastberger, Gebhard Ulrich) 311n.

브로드, 찰리 던바(Broad, Charlie Dunbar)
187n.

브로크도르프, 케이 폰(Brockdorff, Cay
von) 102n.

블뢰머, 요한 하인리히(Wlömer, Johann
Heinrich) 23n.

비스터, 요한 에리히(Biester, Johann Erich)
97n.

비첸만, 토마스(Wizenmann, Thomas)
379, 382

쇼펜하우어, 아르투어(Schopenhauer,
Arthur) 22, 122

쉬츠, 크리스티안 고트프리트(Schütz,
Christian Gottfried) 33, 35n., 40, 82n.,
97n., 98n., 101n., 220, 230

슈라이더, 조지 A.(Schrader, George A.) 407n.

슈렉커, 파울(Schrecker, Paul) 69n.

슈바이처, 알베르트(Schweitzer, Albert)
313n.

슈틸링, 야코프(Stilling, Jakob) 235n.

슐츠, 요한(Schulz, Johann) 100

슐츠, 요한(Schultz, Johann) 101n., 288,
294n.

스트로스만, 프리드리히 빌헬름
(Strothmann, Friedrich Wilhelm) 69n.

스티븐, 레슬리(Stephen, Leslie) 417n.

스피겔버그, 허버트(Spiegelberg, Herbert)
416n.

스피노자, 베네딕투스 데(Spinoza,
Benedictus de) 310, 382n.

시지윅, 헨리(Sidgwick, Henry) 309n.

실러, 프리드리히 폰(Schiller, Friedrich von)
346, 350

싱어, 마커스 G.(Singer, Marcus G.) 128n.

| ㅅ |

산타야나, 조지(Santayana, George) 303n.

샤미소, 아델베르트 폰(Chamisso, Adelbert
von) 384n.

섀프츠베리(Shaftesbury, Third Earl of) 24,
25n., 27, 164

세네카, 루키우스 안나이우스(Seneca,
Lucius Annaeus) 418n.

셸러, 막스(Scheler, Max) 182n.

| ㅇ |

아낙사고라스(Anaxagoras) 412n.

아리스토텔레스(Aristoteles) 68, 74, 208,
279, 284, 349

아벨, 야코프 프리드리히(Abel, Jacob
Friedrich) 98

아퀴나스, 토마스(Aquinas, Thomas) 69n.

안데르손, 게오르크(Anderson, Georg) 36n.

애디슨, 조지프(Addison, Joseph) 397n.

키케로, 마르쿠스 툴리우스(Cicero, Marcus Tullius) 204n.

| ㅌ |

테텐스, 요하네스 니콜라우스(Tetens, Johannes Nikolaus) 102n.

토넬리, 조르조(Tonelli, Giorgio) 332n.

토마지우스, 크리스티안(Thomasius, Christian) 416

티텔, 고틀로프 아우구스트(Tittel, Gottlob August) 99n., 250

틴덜, 매슈(Tindal, Mathew) 417n.

| ㅍ |

파이힝거, 한스(Vaihinger, Hans) 99n., 214n., 418n.

페더, 요한 게오르크 하인리히(Feder, Johann Georg Heinrich) 98, 101, 102

페이턴, 허버트 제임스(Paton, Herbert James) 21n., 126n., 128n., 182n., 198n., 239n., 242

포세이도니우스(Poseidōnius) 204n.

포어랜더, 카를(Vorländer, Karl) 23n., 202n.

퐁트넬, 베르나르 드(Fontenelle, Bernard de) 344n.

프라이스, 리처드(Price, Richard) 74n., 166, 345, 348n.

프리드리히 대왕(Friedrich der Große) 37

프리드리히 빌헬름 2세(Friedrich Wilhelm II) 37

프리스틀리, 조지프(Priestley, Joseph) 178n.

프톨레마이오스(Ptolemaios) 47

플라톤(Platon) 68, 280, 397n.

플라트, 요한 프리드리히 폰(Flatt, Johann Friedrich von) 100, 101

플라트너, 에른스트(Platner, Ernst) 397n.

피스토리우스, 헤르만 안드레아스(Pistorius, Hermann Andreas) 38, 100, 101n., 197n.

피카베, 프랑수아(Picavet, François) 144n., 269n.

피히테, 요한 고틀리프(Fichte, Johann Gottlieb) 94n., 293

| ㅎ |

하만, 요한 게오르크(Hamann, Johann Georg) 382n.

하이데만, 잉게보르크(Heidemann, Ingeborg) 294n.

하임죄트, 하인츠(Heimsoeth, Heinz) 294n., 340n.

허드슨, 호이트 H.(Hudson, Hoyt H.) 144n.

허치슨, 프랜시스(Hutcheson, Francis) 24, 25n., 74n., 149n., 163, 165n., 166, 345

헤겔, 게오르크 빌헬름 프리드리히 (Hegel, Georg Wilhelm Friedrich) 230, 247, 343

헤라클레이토스(Herakleitos) 352

헤르더, 요한 고트프리트 폰(Herder, Johann Gottfried von) 26, 41, 102n., 192, 350

헤르츠, 마르쿠스(Herz, Marcus) 28, 29n., 322, 324

헤어, 리처드 머빈(Hare, Richard Mervyn) 235n.

호라티우스(Horatius) 98n.

사항 찾아보기[*]

* 칸트 저작의 제목 찾아보기의 경우, 언급 빈도가 과다한 3비판서와 『도덕형이상학 정초』
는 제외했으며, 중요한 특정 개념이 특정 저작에서 나타나는 경우에만 포함했다. 저작명
은 한국칸트학회의 '칸트 전집'이 제안하는 축약된 제목으로 옮겼다 ─ 옮긴이.

446

170, 181, 251, 257, 275